股市
极客思考录

Reflection
of a Stock Geek

十年磨一剑
之
龙头股
战法揭秘

彭道富·著

 海天出版社（中国·深圳）

图书在版编目（CIP）数据

股市极客思考录：十年磨一剑之龙头股战法揭秘 /
彭道富著. — 深圳：海天出版社，2015.6
ISBN 978-7-5507-1236-2

Ⅰ.①股… Ⅱ.①彭… Ⅲ.①股票投资—基本知识
Ⅳ.①F830.91

中国版本图书馆CIP数据核字(2014)第307103号

股市极客思考录：十年磨一剑之龙头股战法揭秘

GUSHI JIKE SIKAOLU:SHINIANMOYIJIAN ZHI LONGTOUGUZHANFAJIEMI

出 品 人　聂雄前
责任编辑　卞　青　廖　译
责任技编　梁立新
封面设计　谢继馨

出版发行　海天出版社
地　　址　深圳市彩田南路海天大厦（518033）
网　　址　www.htph.com.cn
订购电话　0755-83460202（批发）0755-83460239（邮购）
排版制作　深圳市斯迈德设计企划有限公司（0755-83144228）
印　　刷　深圳市希望印务有限公司
开　　本　787mm×1092mm　1/16
印　　张　26.75
字　　数　380千
版　　次　2015年6月第1版
印　　次　2016年7月第9次
定　　价　49.80元

谨以此书献给我的父母与妻子

作者介绍

彭道富，男，四川大学工商管理硕士，一线投资者，投资界花号"拈花成佛"，研究股市多年，擅长捕捉龙头股和超级强势股，善于抓住重大历史性事件带来的交易机会，精于分析行情、趋势、题材和热点。其投资思想兼收并蓄，投资体系杂糅了基本分析、技术分析、心理分析、博弈分析乃至中国古代的周易理论、中医理论，是一位地地道道的杂家。

本书是作者十余年投资生涯的思考与总结，其精髓是众多高手秘而不宣的"龙头股战法"，这是作者迄今为止第一次系统性、实战性地公开龙头股交易秘籍。与目前市场上流行的龙头股理论相比，作者的理论是用真金白银在血淋淋的股市中摸爬滚打换来的，而不是"理论总结"出来的，更不是"借鉴""参考"出来的，而且，作者更加注重分析龙头股背后的"宿命性"因素及其赖以生存的土壤，从整个庞大的交易体系来构建龙头股战法，这一体系囊括了风险的预估、趋势的研判、行情的把握、题材的分析和热点的透视等等，而不是孤立地就龙头股而论龙头股。另外，本书还奉上了作者屡试不爽的次新股战法和涨停板战法。

作者是一线交易者，热衷于真刀实枪的实盘交易，耻于文字游戏和纸上谈兵。本书是为实战家而写的，追求的不是理论上的完美和逻辑上的无懈可击，而是能为投资者的实盘操作带来实实在在的战果。

作者也期待能与读者进行思想火花的碰撞，其联系方式如下：

E-mail：orange800227@163.com

电　话：13725366009

微信号：orange800228

前 言 ▶▶▶▶▶▶

　　本书是我投资实践的思考与总结，每一个字都来自一线交易的感悟和体会，可谓啼血之作。我爱写投资总结，几乎每天都会把投资的得失、迷茫、痛苦、思考以及瞬间迸发出来的灵感记录下来，这么多年来整理的笔记有一大麻袋之多，这些可都是宝贝儿！是否把它们公之于众分享给大家，我纠结了很久。后来在一个论坛上看到一种观点，我才决定把它们整理成一本书献给大家。这种观点的大意是：

　　　　真正的高手其实是毫无保留的，藏着掖着的都还在路上。每个股市极客用心血换来的"独孤九剑"，都不敢轻易地说出来，生怕别人学去了。其实这是小农意识！有什么不能说的呢？真本事不怕学，说出来别人功力不到，也顶多是看个热闹，闻道则笑而已，理解不了的。即使别人理解学得精髓，那也是人家的功力到了，与你并没有太大关系。①

---

① 来源：淘股吧论坛，2004-10-11.http：//www.taoguba.com.cn/Article/1026585/1 在此向该论坛和作者表示由衷的感谢！

虽然这段话我不完全赞同，但是其"毫无保留"的共享精神和超然洒脱的自信，给我内心带来很大的震动，加之最近特斯拉公司宣布免费开放其所有专利，我觉得再藏着掖着就太小家子气了，所以最终决定把我的心血付梓。

回顾我的炒股历程，从踏入股市到今天已走过十余个年头，其间辛酸苦辣、五味杂陈。都说炒股不是"正常人"干的活，现在于我格外心有戚戚焉。选择炒股就是选择"不正常"的行当，没有什么比股市更加反复无常、翻云覆雨的，也没有什么比股市更加反人性的。没有炒股之前，以为股市就是赚钱最快的地方，提起炒股，马上就联想起发财、暴富、轻轻松松地赚钱，可是在股市混了 10 年后才知道，要在股市赚钱比在其他任何地方都难。铁一般的事实表明，对绝大多数人来说，股市不但不是赚钱的地方，反而是葬送金银、亏损连连的伤心地。

在股市摸爬滚打这么多年，我终于看明白一个事实——能真正从股市中赚钱的只有三类人：

第一类是参与利益分配的人，主要是权力部门、上市公司高管、基金公司经理、各种"庄家"以及他们身边的人，说得不好听点就是形形色色的老鼠仓和利益输送的对象。

第二类是卖"铲"者，即提供炒股"服务"的人，主要包括股评家、股市老师、股票培训师、专栏作家和兜卖软件的人，说得不好听点就是一群有意无意的黑嘴和骗子。

第三类是在股市浸淫多年，历经牛熊轮回、目睹沧海桑田，不断亏损、屡战屡败又屡败屡战并最终悟出一套稳定赢利的交易体系，进而百炼成"妖"的股市剩余者。

如果你不是第一类和第二类人，那么只有成为第三类人才能在股市安身立命，否则，最好的做法是永远退出股市。做第一类人需要资源，做第二类人其实是在"行骗"，只有做第三类人才是普通散户走向成功的唯一羊肠小道。而自从有股市以来，能最终走过这条羊肠小道的人少之又少，绝大多数人无法走过。所以，股市天生具有风险，而且其风险具有原罪性和宿命性。提到风险，我认为风险是股市的核心，如果解决了风险问题，利润将不请自来。我们所做的一切努力，所有的投资思想、方法、策略、工具，从根本上来说，都是为了解决风险，进而才是用来攫取利润。

我亲眼看到、亲身经历了太多的股市悲剧和灾难，故此痛定思痛，静下心来认真探究风险，所以本书把风险放到至高无上的地位，第一章就开门见山地研究风险。本书第一章从各个角度去观察和研究风险，我认为，风险的终极根源在于客观上的不确定性和主观上的犯错误，其中最大的风险是认识不到的风险。本书详细分析了风险的主要类型：随机性风险、执行性风险、局限性风险、反人性风险、逻辑背叛风险、情绪性风险、小数法则风险，以及数学逻辑上的不公平性产生的风险。风险的最可怕之处在于它无孔不入，只要你敢轻视它，哪怕你有丝毫的思想懈怠或者心存一丝侥幸，风险必将如期而至，而且是那么准时准点、守信守约、面目狰狞。我认为，炒股就是一个虎口拔牙的游戏，参与这个游戏最关键的是不要被老虎咬到，这个老虎就是风险。所以，我常跟人说，哪怕在睡觉的时候，也要睁一只眼睛。可以毫不夸张地说，风险关是股市的第一关，如果这一关过不去，其他一切问题都解决不了。在没有学会风险控制之前，你在股市里所做的一切，只不过是在为他人作嫁衣裳。

既然风险这么可怕，连很多大师甚至股市神童李费佛都倒在股市的血泊中，那我们该如何解决风险问题？这正是本书尝试回答的问题，也是我写这本书的终极目的。所谓十年磨一剑，这也是十多年来我对这个问题的思考与总结。

那么，到底应该如何来化解风险呢？股市有风险，投资须谨慎，这是大家面对风险普遍采取的态度，我却觉得这是一个极大的误区。谨慎永远解决不了风险问题，大家拿着真金白银来到股市，谁不谨慎呀？关键是很多人不知道该怎么谨慎，不知道想要赚大钱除了学会谨慎，还要学会冒险和激进，敢于在历史性的机遇面前孤注一掷恣意饕餮。我认为，面对风险最重要的是去认识它、去学习它。我们应该把口号改为：股市有风险，投资须学习。别小看这一细微的更改，很多银行家、大学教授、财务专家、经济学家，甚至诺贝尔奖获得者、企业家、政治精英、科学家等等，在很大程度上就是因为不愿意学习股市规律，以为凭借自己原有的专业和知识优势可以在股市"为所欲为"，才被股市"收拾"的。他们要么暴亏，要么出丑，要么被股市扫地出门，这其中包括大名鼎鼎的牛顿、丘吉尔、诺贝尔经济学奖得主默顿（Robert Merton）和斯科尔斯（Myron Scholes）。股市只欢迎虚心学习并有慧根的人，它从来不会因为你的尊贵身份对你网开一面。

那么，该如何学习呢？主要是外求和内求，同时还要反复实践，反复试错。外求是向别人学习，向市场学习，主要是观察别人的投资实践，总结市场的规律以及看书学习；内求是反观自我，从自己的投资实践中去思考和总结，同时分析自身的内心秉性和性格特征。唯有如此，才能到达股市彼岸。本书就是我外求和内求的结晶，我把这个过程称为"十年磨一剑"。

需要说明的是，我所磨的"剑"，不是某个具体的东西、某个指标、某个技术公式、某个秘密武器，而是对股市的深刻理解、对风险的有效控制，然后再在此基础上建立一套交易哲学、交易体系和一系列的决策工具和投资模型。这还不是终点，仅仅是个开始，它还需不断修炼、反复试错、不断修正、与时俱进，可以说，这是一场没有终点的马拉松。

本书就是对以上内容的展开和阐述，其核心是龙头股。龙头股战法是本书的精华和高潮，是我"十年磨一剑"的压箱底之作，我用最大的篇幅来介绍它。因为龙头理论会涉及很多对行情和市场的分析，故此我又在本书中专门用两章来介绍我酝酿已久的行情理论以及题材和热点理论，并结合股市实战一一阐述。这些都是术，它们依托在道之上，本书有两章是专门探究道的层面的，那就是股市思维和股市思想，它们虽然相对枯燥，却是交易技巧的根基。为了分享给更多的实用技巧给大家，本书又专门辟出两章写交易技巧，即涨停板战法和新股战法。最后，我还把零星的投资心得集结成一章，包括止损、资金管理、抢反弹、读书心得，并探秘了李费佛和索罗斯的投资世界。

我的投资逻辑是这样的，炒股最关键是解决风险问题，而股市的本质却是混沌的。对我们而言，最佳的做法是放弃混沌运动中随机性的一面而拥抱相对确定的一面。于是，我把股市的核心变为寻找确定性的游戏。我认为，股市虽然杂乱无章，但在某些情况下和某种程度上又残留或多或少的确定性，比如趋势行情、热点行情、题材行情，特别是龙头股行情。所以，把握住龙头股、趋势、题材、热点就等于把握住股市的命脉，这些正是本书的核心内容。我认为，任何技术分析和局部技巧都是见招拆招，唯有对行情性质和市场格局的判断，才是布局的境界。在本书中，我会花很大的篇幅来介绍如何分析行情和判断市场格局，而且，我会结合我操作过的大量案例来跟大家分享我是如何把它们用在实战中的。

我认为股市高手需要经历三个阶段：初级无意识—高级有意识—实践无意识。我的投资理论也经历这三个阶段，本书中介绍的投资方法和理论千千万万，但一到交易实战中我又当它们全部不存在，只靠无意识的"习惯"出招，也就是实践无意识。这如同毛泽东谈用兵，他说一到战场，就什么兵法都忘了，所谓运用之妙，存乎一心是也。这也是我对投资理论的态度，包括我自己总结的投资理论。但当我把这些理论变成文字写成书的时候，我总怕有所"忘记"。事实上，用书本理论这种方式来交流最大的遗憾在于无论你怎么努力，文字永远不能承载其所有，甚至不能承载某些关键内容，因为别人的成果融合了非文字因素，比如默认的假设和前提条件，比如经验、勇气、直觉、胆量、定力等等。在此，我提醒大家，本书同样跳不出这个局限。虽然我努力传达我所有的投资心得，但某些基本假设条件以及临危不乱的交易秉性，可能无法传达，而这恰恰是交易中极其重要的。希望大家把本书活着看，结合自己的投资经验和风格来灵活运用，同时能与时俱进，不断优化。任何交易诀窍，一旦稳定盈利，成为独门武器大赚特赚，就容易让人产生自信，认为是赚钱的不二法门，从此反复用该方法赚钱。但风水轮流转，5 年前的方法在今天未必必赚，因为市场变了。如果过去的方法不优化，过去越是成功，越会成为现时的累赘和负担，很多英雄就这样在大浪淘沙中被迫出局，这就是我反复强调要与时俱进的原因。所以，在我这里，投资不是一劳永逸的事情，所谓"十年磨一剑"，也是 10 年重新开始，这不是我谦虚，而是历经沧桑之后的肺腑之言。

我认为，成为股市高手是一个逐步积累又逐步否定的过程，在这个过程中要面对形形色色相互矛盾、相互攻击的理论。比如，有人号召做短线，认为炒股是"石火光中寄此身"，短线是养兵千日，用兵一时；而有人则主张做长线，认为炒股需要大格局，"蜗牛角上争何事"。再比如，有人说大力胜小力是股市正道，从而追求力压千钧之势；有人热衷四两拨千斤，从而追求一剑封喉之术；还有人痴迷于借力打力之法，深谙人性"黑洞"，从而游刃于极端疯狂和极度恐惧之中，获取巨大差价。如果单独看，它们都正确，但它们又充满矛盾，我们该怎么办？不要轻易肯定，也不要轻易否定，在实践中去验证。当然，这需要一个很长的过程，在股市，没有七八年、不经历一个完整牛熊更替、不目睹数以千计的成功与失败、不融会贯通各种投资理论，不足以成为股市高手，也没有资格在股市发言。经历十载春秋，虽然我不敢轻言自己是股市高手，但我已经找到如何成为高手的路，那就是建立以控制风险为核心、以深刻领悟股市运行规律为基石、以稳定盈利为最高目标的三位一体的交易体系。这套交易体系的核心在于 how，即该怎么做，但其根基是 what 和 why，即对当下行情的判断和对背后原因的洞察。本书中，龙头股战法、涨停板战法、新股战法、抄底、止损、资金管理就是回答 how 的，而行情理论和市场理论是回答 what 的，至于 why，我则用尽书中每一个字来回答，因为对 why 的回答几乎涉及股市的方方面面。这些内容综合起来，就是我要分享给大家的我这十余年的投资心得，这就是我的"十年磨一剑"。由于本人水平有限，难免有瑕疵，希望各路投资高手、前辈指正。

另，本书写作和出版过程中得到卞青先生的无私帮助，在此表示感谢。本书为了增加生动性，引用了一些媒体的报道和其他书籍的观点和材料，参考文献中尽量详尽列出，或有遗漏，敬请谅解。

目 录

1 风险篇：从我的投资经历谈对风险的认识

2　思维篇：投资需要"离经叛道"的股市思维

3　思想理论篇：投资理论的四个划分

4　行情篇：趋势与结构

5 市场篇：题材与热点

6 龙头股篇：擒贼先擒王

7　涨停板篇："面子"的风光与"里子"的冷暖

8 新股篇：亦正亦邪

9 拾遗篇：投资心得

1 风险篇：从我的投资经历谈对风险的认识

1.1 我坎坷的投资经历

1.1.1 大学岁月，初识股票

大学时期，我就开始接触股票。大三那年，学校开了一门"证券投资学"的课程，授课的是个女老师，她很喜欢炒股票。她上课的时候，常谈论炒股的事情，而且时常会讲她股友圈里的故事。她讲得眉飞色舞，我听得津津有味。从那个时候起，我就对股市充满无限的向往。为了听到更多股市的事情，我经常逃课到投资系去旁听，因为那个系的老师更能侃。他们系主任还经常邀请社会上的人来给我们讲股票投资，证券公司的、基金公司的、在电视上经常露脸的股评家，他们都请。我那个时候还不知道电视上的股评家有多么可恶，反倒很崇拜他们，因为他们懂得很多，好像对每个公司都了如指掌，而且个个口才极佳，说起股票来唾沫横飞，口若悬河。他们知道每个股票为什么上涨。更神奇的是，他们点评过的股票都有如神助一般，总有非凡的表现。所以，那时我经常去听他们讲课，而且抢坐第一排，认真记笔记，比学我自己的专业课还用功。

证券投资有实习课程，就是老师带我们去证券公司看别人是怎么做股票的。那个时候电脑还没有普及，很多人还窝在证券公司买卖股票。老师领着我们去证券公司交易大厅，我看到很多人围着一个股票机，指指点点，议论纷纷。第一次看到这种场景，让我想起小时候在农村看赌博的情形。农村的赌博是一圈儿人围着桌子，桌子中间是骰子，下注的人坐在前两排，后面是一圈儿围观和起哄的人，大家评头论足，争相下注。我突然有种奇怪的联想，证券市场不跟赌场一样吗？若干年后我才知道，证券市场还不如赌场呢，赌场是不能看底牌的，证券公司和机构连散户的底牌都能看到。所以，后来吴敬琏说，股市像赌场，基金太黑。我和同学跟着那个女老师去证券公司观看，老师给我们讲股票。那个时候证券交易大厅里有块很大的电子屏幕，就像火车站门口的一样，上面红红绿绿的，显示着股票的涨涨跌跌。老师就指着电子屏幕跟我们讲哪些股票涨，哪些股票跌，红色的代表什么意思，绿色的代表什么意思，怎么看成交量，怎么看牛股，讲到兴奋处，也会跟我们说哪个是她买的股票。记忆中，她比较喜欢高科技股。那个屏幕在我眼里很有魔力，红红绿绿的数字，让我充满无限好奇。当时我就想，那些数字到底是有人在背后控制呢，还是随机生成的？那些数字是可以预测的吗？还是永远是个谜？很多年后，我才知道，这个问题不但是我当时的难题，也是我今后永恒的追问。

在老师的鼓励下，我和我们班几个胆大的同学开了股票账户。不过，那个时候没有钱炒股票。但是，既然开了户，我就非常关心股票，到图书馆找来所有能找到的股票书看，还从书摊上买盗版书来看。记得那年春节，别人都出去拜年，我还窝在家里天天研究股票书。那个时候看的大部分书都是讲技术分析的，什么MACD、KDJ、RSI、布林线、江恩角度线等等，我记得当时光是股票计算公式就背了一大堆，比我在微积分和概率统计课上背的公式还多。不过，由于没有真刀实枪地操作过股票，看书的实际收获非常少，只是懂得理论知识而已。那个时候没有电脑，更别说下载股票软件看K线图了，对股票的认知仅仅是从书本中来，到书本中去。由于理论知识学了一大堆，期末的证券投资课考试，我考了第一名。我当时心想，功夫不负有心人呀。现在想起来，就算考 100 分，就算把所有的技术公式都熟烂于心，也不代表我就能从股市上挣钱。股票是实战的艺术，一百搭看似精美的理论，也不如一搭实战性的操作。

我大学毕业后，因为刚开始工作，工资很低，依然没有闲钱炒股票。直到工作后第四个年头，我才开始真正地投入到股票操作中来，而且，一发不可收。是成佛？还是成魔？管他呢！从此走上了一条"不归路"……

1.1.2 初入股市，天天看股评

大学毕业后，我去了西安工作。那是个相对单纯的城市。我们办公室很多人，但没有一个炒股票的，更没有人谈论有关股市的话题，偶尔有其他部门的人提起股票字眼儿，就被当成不务正业，好像流氓和混混一样。我最初在人力资源部工作，后来调到营销部门工作。在营销部门，出差机会就多了起来。2003 年，我趁出差之机来到广州。到了广州，我便喜欢上了这座城市。所以，后来我一离开公司，就径直奔广州而来。

在广州工作，接触的客户大多炒股票，我又顺理成章地在广州重新开了股票账户。从此，我就真刀实枪地战斗在股市的一线。我不知道别人一开始怎么选股票，我那时选股是看股评。说来也奇怪，我大学学过很多技术指标，诸如 MACD、KDJ、RSI 等等，但真正炒股时，我反而对这些指标根本提不起兴趣。因为那个时候媒体经常报道股灾，而那些亏损的人，他们研究得最多的就是技术指标。于是，媒体的报道让我从心里对这些指标的有效性产生很大的怀疑。加之，那个时候我刚走出校门没几年，发现学校学的东西很多没用，净是骗人的鬼话。后来极端到凡是学校学的东西都不信。当然，对于从学校学的证券投资知识，我也不会信，更不用。后来我的交易理论成熟时，我发现，不相信还真是对的，那些玩意儿都是一些纸上谈兵之人用来忽悠人的，多少年了，

不知道多少人因迷信技术指标而亏损累累。

那个时候就信股评，这是我走过的第二条弯路，大学时期学的技术指标算第一个。我想，很多人都跟我一样，走过这两个弯路。而我走过的弯路，还多着呢。我先来说说股评。那个时候的股评主要有两种：一是电视股评，一是报纸股评。那时博客和微博还没有兴起，网站上的股票文章还不多，黑嘴的主要阵营还在传统媒体那里。我不爱看电视，感觉电视上的股票是给大叔大妈看的，我要看高档次的报纸。后来想想觉得很搞笑，电视上和报纸上的黑嘴很多都是一拨人，都是忽悠人的，哪里还有高低之分，天下乌鸦一般黑。我为什么相信股评？因为当时心里是这样想的：

> 股评家代表着专业，他们是专门研究股票的。跟任何行业一样，看病要找专科医生，健身要找教练，学琴要去琴行，那炒股也一定要找股评家了。股评家天天研究股票，至少比我这个业余的懂得多。而且，股评家写的文章，个个妙笔生花，对上市公司分析得头头是道，专业呀！有他们的帮助，我会节省很多时间，少走很多弯路。他们都是各大媒体的红人，连电视台都请他们，有的证券公司也邀请他们讲课，他们一定是真的有料。要不，证券公司，还有电视台，难道都是傻子吗？

这是我当时真实的想法，我不知道多少人刚开始炒股时跟我的想法一样，也不知道现在有多少人依然存这种想法。这种幼稚的想法葬送了一批又一批的投资者，这是中国证券市场最不正常、最不干净、最藏污纳垢的一面。后来我明白，在股票市场除了自己，没有任何人能帮你赚钱。股市永远没有正确答案，股评家永远不可能给你答案。他们不是傻子，相信他们的人才是傻子。要想在股市里赚钱，只能内外双修，通过对股市本质的认识，加上反复试错，不断总结，才能走上投资正途。如果非要学习，也只能去向那些已经稳定赢利的人去学，而真正稳定赢利的人，很少去吆喝。即使你遇到真正能从股市中稳定赢利的人，他们告诉你的，也仅仅是他们的思维和方法，更多的还需要你自己反复验证和总结。

广州的媒体很发达，《南方都市报》《新快报》《广州日报》《南方日报》

《羊城晚报》，个个都有股市评论文章，但最火的算是《投资快报》，还有全国性热销的《金融投资报》《大众证券》《大江南证券》，还有比较权威的《中国证券报》《上海证券报》《证券时报》，它们都有荐股专栏。我当时也不去想为什么它们那么喜欢推荐股票。我赚了它们没有一分钱提成，它们无怨无悔，还花广告版面费来推荐股票，为什么？是为了扬名，还是为了做善事？管他呢，能赚钱就好。我重点不是看股评的内容，而是比较哪份报纸哪个机构推荐的股票准。有时候我会把以上报纸都买了，比较哪个股票被推荐的次数最多。我再搜集谁最值得信任。然后，我可以依赖它的评论来买股票。我为自己的这个小聪明而兴奋，心想，即使他们背后有某种不可告人的目的，我互相参考不就避免了嘛。一个人说假话，不可能大家一起说假话吧，更不可能大家一起说同样的假话吧？不能说我太天真，只能说股市太复杂。股评的龌龊之处在于，股评家自己也不知道什么是真话，他们只是背后利益方的摆设，但那时我哪里知道这个呀。我记得，有时候《金融投资报》推荐得准，过段时间《投资快报》又更准些。我就这样跟着换来换去，把买股票的决策权寄托在别人的手里。这等于把自己的投资命运交到别人手里，悲哀呀！但那个时候反而很兴奋，觉得自己很有能耐，找到一个买股票的秘诀，整天忙得不亦乐乎。

你还别说，这种做法还真能赚钱。很多时候，用错误的方法也能歪打正着地获得正确的结果，一点都不为奇。只是，终究有一天，你会为这些错误付出总的代价。我总结那个时候能赚钱的原因，不是看股评看得多，也不是股评家多么厉害，而是那个时候大盘比较好，很多股都很牛。

后来大盘转熊，我亏得一塌糊涂，任何股评都不管用了。我一度不相信股市，觉得里面都是骗子，连报纸和电视台都是帮凶。那时候身边的人也都诅咒股市，我们一起同仇敌忾，告别了股市。当然，也是因为没有钱了。这一别，就是几年。还好，当时年轻，本钱也不多，亏损没有伤及我的元气。

现在想来，当时的亏损是必然的，因为没有一点自己的思想，完全在别人的影子里活动，妄想通过别人的股评来赚钱。这种方式永远不可能正确。人的悲哀之处不在于犯错误，而在于一而再、再而三地犯同一种错误，虽然这在表面上不同，但本质上是同一性质的错误，这同一性质的错误，我还要再犯好几次才能避免。

1.1.3　寻找新的玩法，一脚踏进证券机构的研究报告里

到了2006年，大盘行情起来了。一开始我没有当回事，后来越来越凶猛，大宗商品行情已经形成气候了，有色金属股都飞上天了，宝钛股份、驰宏锌锗、山东黄金、江西铜业的走势都相当惊人，翻番后还在涨。当时，证监会主席是尚福林，他强力推进股权分置改革，股改股个个气势如虹，一个比一个疯狂。那时大盘攀到1600点以上，老股友们都蠢蠢欲动，摩拳擦掌。在这种情势下，我再次入市。

我是一个追求上进的人，而且会思变，这是我的优点。也正是这一点，让我在股市里走到了今天，从懵懂无知听信股评，到建立自己独立的交易系统。我再次入市时，认真地反思自己以前的错误，特别是为什么我那么努力，反而一无所获。我总结出两点：一是方法不对，一是市场太差。当时都跌到998点了，还怎么赚钱？那个岁月呀，有多少人叫天天不灵叫地地不应呀，能活着出来就算不错啦。还好，那时我钱不多，退出了，逃过了最撕心裂肺的熊市。后来市场转好了，大盘重上1600点，牛市仿佛来了，当务之急是改进我的方法。

我反思我以前的做法，看报纸读股评是不可信了，股评的黑暗我算领教过了。既然电视和报纸上的股评都不可靠，那么到底从哪里获得的股票分析可靠呢？这个时候，我的思维还是局限在从外部去寻找答案，总希望找到一个可信的靠山，一个可靠的帮手。这虽然比迷信股评前进了一步，但本质上还是一样，把希望寄托在某种外部力量。这个误区伴随我很久，也是造成我亏损的主要根源。后来，我终于找到了一个比报纸和股评家更加权威的大靠山——投行和证券公司。中国的很多证券公司和投行是不分家的，既有投行业务，也有证券经纪业务，以下统称它们为证券机构。我做了研究，觉得证券机构是最权

威、最专业的机构，它们客观、专业、严谨，都是由博士、硕士组成的团队，还有专门的研究员和调查人员去上市公司实地调研，它们代表着证券行业的主流和标准。我越看越觉得自己发现宝了，真是踏破铁鞋无觅处，得来全不费工夫。我几乎狂叫起来，终于找到利器了！我开始幻想着借助证券公司的力量来实现稳赚不赔的美梦。

那个时候，我没日没夜地看证券机构的研究成果。有个叫理想在线的网站，可以下载研究报告，还有其他几个网站，也可以下载，都是 PDF 格式的，主要有机构晨报、策略报告、行业报告和调研报告。我几乎把能下载的报告都下载下来看，读得如痴如醉，书中自有黄金屋呀。中金证券、中信证券、上投摩根、申银万国、国泰君安、国信证券、德邦证券、广发证券、万联证券等等，主要的证券机构的研究报告只要能下载到，我都读。我到现在还记得，那时天天用鼠标点击这些研究报告看，导致严重的肩周炎，足见我有多么用功。

虽然后来有段日子我恨透了研究报告，觉得那只不过是高级的骗人手段而已，但是，客观地评价下我这段日子，读研究报告对开拓我的宏观思路非常有帮助，我从此学会了用基本分析的方法去看股票。至今我依然有个习惯，无论炒作哪只股，我都先去收集它的资料，实在太忙，我就百度下。我不会在完全不了解一只股票的情况下去买卖它。

读研究报告还有一个很大的好处，就是我基本上把 A 股的几千只股票都了解个底朝天，说出一只股票，就知道它是哪个行业，是大盘股还是小盘股，基本面如何，是绩优股还是绩差股。到后来炒作题材股和热点投资股的时候，我能迅速找到与某个题材对应的相关股。这种功底就是当年看研究报告打下的。

读研究报告帮我逮住了一些牛股，最让我得意的是中国国航。那个时候国航刚刚上市，很多资金都不看好它，IPO 上市首日即跌破发行价，低迷得很，以至于公司不得不回购股票维持股价。这么一个低迷的股票，我从研究报告中发现了它的独特之处：

1. 人民币升值的趋势已经初见端倪，而航空公司是人民币升值最大的受益者之一，且是最直接受益者，因为它们都有大量外币负债；

2. 航空股是消费升级的受益者，那时候国内国外旅游呈现爆发之势，作为交通工具，航空将大大受益于这种趋势，本质上，航空才是消费升级的第一受惠者。那个时候很多人把消费升级盯在消费品上，而独独忘记了交通运输的航空，券商的研究报告帮我看到了这一点，当时的博时基金也因此而大举买入它。

基于以上两点，我就果断地买入国航，这个股从2元多起飞，一直上涨到30元，是个很大的牛股。正是研究报告帮我发现了它。

不过，那个时候我发现，研究报告推荐的大多是中长线股票，而我的性格比较急躁。仅仅看研究报告，已无法满足我的急性子。就在这个时候，我开始慢慢接触更多的技术分析。

1.1.4　徜徉在技术分析的世界

我嫌弃基本面分析赚钱太慢，特别是在2007年春节，个股"鸡犬升天"，我再固守基本面，就显得特别"傻"。于是我又涉猎了很多技术分析的书，企图从技术分析的角度找到更快赚钱的法宝。

2007年，我接触到白青山写的《民间股神》①系列图书，我读到采访李丰的文章，立即被K线理论的魅力迷住了。后来我才知道，那其实是日本K线大师本间宗久的发明。当初看到那篇文章，我震动很大。因为我内心早已把技术分析边缘化，认为技术分析都是骗人的东西，但是读到李丰的采访录，我发现他把K线分析得非常精妙，实战性很强，一点都不玄，很接地气。比如，在低位的单日带量大阳线代表主力建仓，可以引起高度重视；再比如，在上涨

---

① 白青山. 民间股神（第三集）[M]. 上海：上海人民出版社，2007：46~158.

过程中，上影线不代表上涨乏力，反而是上涨的指南针。看来我得重新认识技术分析。李丰强调，黄金 K 线理论的关键是把握住价、量和相对位置，一旦熟练掌握，非常有用。读完李丰的理论，我恍如被洗脑，又开始重新研究技术分析，特别是 K 线理论。原来技术分析没有错，关键是用在谁手里。从此，我迷上了技术分析。我研究技术分析的路径和思维深深受到李丰的影响，至今，我无论用多少技术分析的工具，诸如成交量、均线、波浪理论、黄金分割等等，K 线理论依然是最主要的研究要素。顺便说一句，我认为价格是一切技术分析的核心，绝大多数的技术分析都是在价格的基础上衍生出来的，研究技术分析必须研究价格，而价格的记录者正是 K 线，一定要重视 K 线。

为了学习 K 线理论，我多次亲自跑到深圳去听李丰的课，把他的课程总结成笔记，装订起来，现在还珍藏着。我还找了技术分析的原著来看，包括丁圣元翻译的日本的关于 K 线的书《日本蜡烛图技术——古老东方投资术的现代指南》[①]，还有《期货市场技术分析》[②]。我在 K 线的研究上下了很大的功夫，也许超过李丰本人的力度。而且，我的角度和思路，远远超越了 K 线本身。我把 K 线理论和基本面分析相结合，把 K 线和波浪理论结合起来，把 K 线和博弈理论结合起来，从此，我分析股票的水平有了极大的提高。

除了 K 线，我还学习了很多技术分析的知识。比如波浪理论、均线理论、指标理论、MACD、成交量理论、形态理论、江恩理论、时间周期理论等等，特别是后面五种。

学了很多技术分析之后，我对股市有了新的认识，我用技术分析的工具和方法，寻找到很多赚钱的机会。我把技术分析和券商研究报告相结合，逐渐摸索出自己的操盘模式。但是，单纯的技术分析有很多弊端，它最大的危险性在于对它的痴迷和盲从。任何单一指标和单一分析工具都是不健全的，要想在股市中赚钱，必须深刻理解股市本质，然后建立自己的交易体系。技术分析的价值不在于它单独使用，而在于它和其他分析方法结合使用。那个时候，我学技术分析打下

① 史蒂夫·尼森 . 日本蜡烛图技术——古老东方投资术的现代指南 [M]. 北京：地震出版社，1998.
② 约翰·墨菲 . 期货市场技术分析 [M]. 北京：地震出版社，1994.

1

风险篇：从我的投资经历谈对风险的认识

的基础，在帮我认清股市、建立交易系统方面，起到了不小的作用。

但是，当时技术分析带给我的是时赚时赔。我既利用它，又要防止被它捉弄。

1.1.5 与黑庄合作，听信小道消息，深受其害

2007年上半年，是我记忆中A股最红火的时候，买什么什么涨。去饭馆吃饭，每桌都在谈股票。我身边的朋友个个都去开户，证券交易大厅的开户队伍比火车站门口的队还长，想开户得先预约。凡是经历那个时期的人，无不为股市疯狂，"人有多大胆，地有多大产"，那个仿佛遍地是黄金的年代，赚少了都不好意思说。

股市是个神奇的地方，但也是公正的地方。不属于你的钱，即使你赚了，也不是你的，只是暂时保管在你口袋里，总会有一天会被股市拿走。股市的极度火爆引来管理层的调控，"5·30""半夜鸡叫"，犹如一声惊雷突袭而来，股市说变脸就变脸，暴跌呼啸而来，而且是以跌停的方式连续下挫，很多人在这轮调整中一下子输掉了40%多的利润，上半年的成果化为灰烬。那个时候我持有的是辽宁成大，也损失惨重，眼看它天天下跌，我最后只能斩仓出局。我之所以一直持有辽宁成大，是中金证券的研究报告经常推荐它。有了这个教训之后，我对证券机构慢慢开始怀疑。"5·30"之后，大盘经历了将近两个月的调整，在这两个月里，我无论怎么操作，包括看研究报告、用K线技术，都赚不到钱，后来亏得一塌糊涂，葬送了牛市时收获的果实，还搭进去很多本金。我再次对股市有点灰心了。

就在这个时候，我认识了很多自称"私募"的人，他们声称自己有专门的资金来操控股票。我跟他们沟通了几次，慢慢地被他们说动心了。我觉得，如果他们说的属实，其实赚钱很容易，比我用技术分析和基本面分析都来得轻巧。我发现自己是很容易被人说服的，从另一个角度来说，这也说明我的内心是向多种可能性开放的。我从一开始相信股评家，到后来相信证券机构，再

转到现在相信"私募",都足以证明这一点。"私募"在那个时候还是个新鲜词,听起来很高雅,也容易在散户中造成信任感。他们都声称自己比证券机构推荐的股更准,因为他们每推荐一个股,都有资金在后面推动,而证券机构仅仅理论上看好某个股而已。我一听,觉得也对。如果有资金在背后推动,那什么研究水平都比不了。跟"私募"合作有个条件,就是他推荐股票给我,赢利后三七分成。我觉得可以接受,只要股票能赚钱,分出去 30% 算什么。那个时候我对自己的炒股技能还不是很有把握,也想尝试其他可能性,兴许他们说的是真的呢?我就这样跟他们"合作"了。

其实,他们哪里是真正意义上的私募,他们是黑庄、骗子,他们活跃在中国股市多年,利用股民的无知大行其道,发黑心财。私募只是他们找来的好听的词汇,换个马甲骗人而已。他们中的典型代表就是北京首放,后来被调查。那个时候,我哪里知道这么多,只是觉得他们说的话,从逻辑上分析可行。于是,就与深圳的一个"私募"合作。操作的第一个股就让我上当,那个教训到现在还让我刻骨铭心。"私募"告诉我买南山铝业,价格是 36.79 元,时间是 2007 年 8 月 28 日上午,我如实买入。买入后,这个股就进入了震荡调整。那个时候大盘越过 5000 点,正红红火火向 6000 点进攻,而我手上的南山铝业死活不涨了。我就打电话问"私募"是不是有问题,"私募"回答说,放心吧,我们有资金在里面呢。我就熬着。震荡一个月后,南山铝业突破了我的买入价,我问"私募"是不是获利了结。"私募"说刚刚赚钱,你要耐住性子,拿得住股票才能赚得到钱。再后来,一根阴线,南山铝业进入慢慢下跌的通道。"私募"还一直让我不要卖,说在洗盘,洗洗会涨得更高。我没有听他的话,在亏损 30% 后强行卖出。后来这个股再也没有回到我买的价格,从此进入慢慢下跌的过程,最低曾跌到 4.16 元,几乎是我买价的十分之一。

我再没有给那个"私募"打过电话,他们水平太臭了,当时我还没有认识到这种行为的欺骗本性,以为是"私募"操盘水平的问题,而不是"私募"这个操作模式本身有错误。于是,我又找了一个"水平更高"的私募合作。换个"私募",好像运气来了,操作了好几个股票都赚钱了。我以为自己找到真

1

风险篇:从我的投资经历谈对风险的认识

正的私募了，非常高兴。直到操作香江控股，我才发现天下乌鸦一般黑。"私募"让我在 2007 年 12 月 3 日 28 元处买入香江控股。买入后这个股曾经上涨一周，我觉得很满意。但是后来大跌两天，"私募"说别怕，继续持有；后面又跌了个大阴线，"私募"还是说，别怕，继续持有。直到这个股跌到 22 元，我才被迫止损。止损是我很好的优点，这是我大三时证券老师告诉我的，无论什么时候止损，止损永远不会错。止损的优点一直伴随我进行股票投资，让我少亏了很多次钱，躲过了"998"的低点，也躲过了南山铝业的大跌，这次又躲过了香江控股的跌势。香江控股最低跌到 2.28 元，还不足我买入价的十分之一。

顺便阐述下我对止损的看法。我认为，止损永远不会晚，止损永远不会错。哪怕止损错了，也是在正确基础上的错。止损错了顶多让你少赚，但是止损永远可以保证你不破产。很多人，特别是期货界的朋友，对止损有看法，认为频繁的止损是错的。我不同意这种看法，频繁的止损顶多是战术上的错，但它依然是战略上的正确。很少有人因为止损而破产或者暴亏，倒是很多人因为不止损而破产和爆仓。至于如何止损，那是技巧的问题，但是大前提必须是把止损作为一种思维习惯，并且把止损永久地加入到自己的交易系统中。这样，才能保证你在市场中永远活着。

血淋淋的现实让我看清了"私募"的真面目，他们水平很臭，还不如我。我再也不跟他们有任何关系了。但是，后来还是上了次当。有个自称"私募"的人，每天收盘后都发信息给我，告诉我明天哪个股会涨停开盘，连续给我发了两个星期。他每次发的股票，第二天果然都是涨停。我觉得好神奇呀，这才是真的私募，这才是真的背后有资金运作。我心里想，哪怕是骗子，我也再试一次。那个时候大盘正经历熊市的暴跌，反正我用自己的分析方法也赚不到钱，不如跟他们"合作"尝试一下。这次的合作的方式是交 8000 元，成为他们的会员，然后在每天收盘前提前接到短信。我想，哪怕是赚一笔，也把会员费赚回来。我就打了钱。结果，第二天我再也收不到任何短信，打电话过去，对方关机，且从此消失了。我那个懊悔呀，我怎么这么笨呢，自己怎么不动脑子，哪里有这么好的事情呀，如果对方真的能有那个水平，他不早就发达了？

"私募"的黑幕故事我还经历过一些，就不一一赘述了，慢慢的，我就了解到他们的无耻，我对所谓的"私募"黑庄骗子算彻底看清。他们让我亏钱根本就不是什么水平高低的问题，而是他们根本就没有想过用水平赚钱，他们是在行骗，靠抓住股民追求安全盈利和一夜暴富的心理来赚钱。今后凡是有此类电话，我一律挂机。在中国证券市场，没有任何一家机构是被证监会批准的靠收取会员费或提成费赚钱的私募，凡是此类机构，一律非法。有一年中国证监会和公安部门集中打击证券非法活动，北京首放的老总汪建中被抓，媒体爆料汪建中曾用类似手法获利 1.25 亿元，真黑呀。此后，这类机构少了很多，但是在股市上，他们从来都没有彻底消失，很多是变个名词和花样来继续坑蒙拐骗。这类私募，他们所谓的有资金在运作，完全是广告词汇，是用来吸引股民上钩的。他们对股民的心理把握很准，他们知道用什么样的说辞来打动散户，他们是中国股市里地地道道的寄生虫。

我与"私募"的几段"缘分"让我更加深刻地认清了活跃在股市圈里的黑暗文化，也彻底断了依靠消息赚钱的念头。赚钱只能靠自己，任何外人都不能帮你赚钱。如果有谁说可以提供股票给你赚钱，那他一定是有意或无意的骗子。

当时我的股票技术已经小有修为，为什么我还愿意跟"私募"合作？我也仔细分析过：一是自己的分析水平再好，也不可能百分之百准确，总是有亏有赚，而"私募"打着资金推动的幌子来赚钱，听起来安全性更高，谁不想赚确定性的钱？二是我对自己的炒股水平还没有从内心深处建立强大的信任感和绝对的安全感。三是我这个人喜欢相信多种可能性，我从不轻易否定一个东西。四是我内心有逃避风险、追求绝对确定性的一面，而且还有暴富的想法，这是人性之魔，一旦被人点燃，很容易上当，要克服这种心魔必须靠修炼。后来读《股票作手回忆录》[①]，我发现杰西·李费佛也吃过这种亏。我相信在股市中

---

① 埃德温·拉斐尔.股票作手回忆录 [M].上海：上海财经大学出版社，2006.

混的人，或多或少都受过这样那样的骗，这是人性的弱点。杰西·李费佛后来总结道：不要相信所谓内幕情报、小道消息，这些只能让你亏损。他说："我宁愿犯自己的错误，也不愿意犯别人的错误。"看来，我与大师都犯过同一种错误。后来我读到爱比克泰德的一句话，彻底从内心深处把依靠别人消息赚钱的模式驱除，他说："如果将你的身体交给一个陌生人任意处置，你一定会感到愤慨。那么，当你将自己的精神交给一个偶遇的陌生人任意处置时，你难道不感到羞愧吗？"国学大师陈寅恪认为最理想的境界：独立之精神，自由之思想。我觉得这不仅是中国知识分子应该追求的境界，同样也是股市里每个人应该追求的境界。很多大师都反对依靠小道消息来炒股，不管这种小道消息来自哪里，不管是内幕人、私募、基金经理还是上市公司老板等等。因为你一旦把决策权交给别人，也就把自己股市命运的缆绳拱手让人。尼采说，我的大脑不是别人思想的跑马场。从那以后，我的账户就再也不是别人消息的跑马场。

1.1.6　用尽浑身解数，难逃熊市厄运

A股从 2007 年的 6124 点一路跌到 2008 年 1664 点，历时 1 年多，很多股票从五六十元跌到三四块，哀鸿遍野，很多股民连本带利输个底朝天，甚至时有媒体报道，有些老股民暴死在证券交易大厅。这是 A 股历史上跌幅最大的熊市。不但散户亏，基金也亏得一塌糊涂，大海退潮的时候，原来基金经理们也没有穿"内裤"。熊市不仅击垮了股民的账户，更是打垮无数股民的信心和希望，很多股民从此永远离开了股市，至今谈起股票还是深恶痛绝。在这个过程中，我也被深深击中，只是我的精神没有被击垮，大熊市反而更加激发起我战胜股市的斗志，这是我能成功走出低谷，并找到一条稳定盈利之路的关键。

如果从波浪理论来分析本轮下跌行情，大盘从 2007 年的 6124 点跌到 2008 年年底的 1664 点可以界定为一个完整的五浪过程。第 1 浪下跌即 A 浪下跌，是从中国石油的领跌开始，这个时候很多人还以为是正常洗盘，甚至还喊出一万点；第 2 浪即 B 浪，曾有小幅度反弹，很多人欢呼雀跃，仿佛正

在一万点的征程上；第3浪即C浪，下跌如万丈悬崖，迅雷不及掩耳，让人措手不及，葬送了多头的希望，很多所谓的明星基金经理都被套在C浪暴跌中，我亏损最多的也是在C浪的暴跌中；第4浪小幅反弹，发生在2008年的4月前后，那个时候是奥运会之前，大家猜测会有维稳行情，农业股一时"鸡犬升天"，大牛股隆平高科脱颖而出。但是汶川大地震的灾难突然来临，这不但是国家的灾难，也是股市的灾难，地震那么大的破坏，使得经济雪上加霜，大家一下子彻底悲观起来。"5·12"之后，大盘开启了又长又臭的第5浪下跌，这一浪跌幅时间最长、幅度最深，把最顽固的多头都绞杀死了，很多民间股神都死在这个过程中，所谓多头不死，熊市不止。很多人躲过A浪下跌，躲过C浪下跌，但是在抄底的时候被第5浪下跌绞杀。此时，恰逢美国次贷危机集中爆发，雷曼兄弟倒台，AIG被收购，高盛也岌岌可危，巴菲特出手相救后还风雨飘摇，国际国内形势一片惨淡，环球同凉热。

　　熊市来临之前，我还是很自信，因为我学了很多炒股技术和知识，自认为是股市"高手"。作为一个爱学习的人，我广泛阅读证券机构的研究报告，几乎对主要上市公司的基本情况如数家珍。我自认为，对上市公司基本面研究透彻了，即使亏，也亏得不多，因为有"业绩支撑"。我还学了很多技术分析的知识，对K线理论的研究更是下了很大的功夫。波浪理论，形态理论，各种技术指标，甚至江恩理论，我都用心研究过，我觉得我比其他很多人懂得多。即使在我跟"私募"合作的日子里，我还是保留独立分析。客观地来说，我那个时候的股市技能确实小有修为，我的博客点击率很高就是证明。当时我在中国证券网和网易上开博客，每天夜里写分析股市的文章，点击率还一度排到前十名，很多粉丝每天必看我的文章，还有很多人发邮件向我请教有关股市的问题。有个证券专业的本科生给我写邮件，说我写的股市分析比他老师讲的东西实在多了。我博客的文章很多是关于基本面分析的，也有技术分析的。我对中石油开盘价的预测曾经非常准确，很多人还在博客留言赞美我。《十年一梦》[①]的作者青泽说

---

① 青泽. 十年一梦 [M]. 北京：企业管理出版社，2006.

过，大亏的人不是一无所知，他们有的懂得很多，只是在某些关键的时候大亏几笔而已。说得真好，于我心有戚戚焉。我在熊市来临之前其实是储备很多"余粮"的，基本面分析、技术分析、私募的"帮忙"、我自己的总结等等。但是，最容易在股市里亏损的往往还不是一无所知的人，而是刚刚总结一套投资理论、有点三脚猫功夫、却不知江湖险恶而又急于入市的人。当时的我就是这种人。

当熊市 A 浪下跌来临的时候，我和很多人一样，觉得是正常洗盘。那个时候，很多一线券商都还是看多，我也深受券商研究报告影响，觉得大盘洗盘后还会继续上升，至少奥运会之前大盘不会大跌。所以，"狼来了"我没有当回事。我翻开那个时候的笔记，我交易的股票有中国神华、中国国航、御银股份。中国神华是受研究报告影响买的，中国国航和御银股份是我自己的独立判断。A 浪下跌中，中国神华让我大亏，但是御银股份和中国国航反而让我赚了一把。整体上，在 A 浪下跌中，我基本持平。躲过这次大跌，我的信心一度爆棚。

后来大盘进入 B 浪的反弹，很多股曾经有过一个半月的春天。在反弹中，我依然持续赚钱。这种赚钱进一步麻痹了我，让我觉得下跌不过如此。

C 浪的下跌突然来临，大盘以迅雷不及掩耳的速度崩溃。其实，我这里是事后分析才说得这么轻松。当时没人知道那是熊市的开始，更没有人知道 C 浪的下跌是以暴跌方式来临。这种情况就如同今天的房价，很多人以为房价肯定不会跌，政府的 GDP 在房价上，房价不可能跌，有刚需撑着呢，即使跌，政府也会救市。大多数人都以为暴跌之后是买入的好机会呢，我的观点也是如此。顺便摘录两段我那个时候的日记：

1. 花旗银行事件引发了全球性的危机，A 股未能幸免。但是，今天下午，反弹的号角已经吹响。下周一、周二是反弹行情，估计到下周二下午就能进入真正热点主升浪行情。

反弹行情有反弹的法则，一般来说，跌得越狠反弹得越高。所以抢反弹要有以下几个条件：第一，跌得深，跌得狠，好有反弹的空间；第二，质地好，基金也被套，这样主流资金才出来解救自己；第三，有反弹的迹象。

2. 今天大盘出现大幅跳水，主要有两方面因素：一是美国和港股的大跌，A股产生了一定的联动性；二是主力要清洗获利盘，以便今后更好地上行。出现大跌之后，大盘要做的核心工作是进行热点切换，从近期较强势的板块切换到其他板块。

对本次大跌的判断，我认为是主力借助外国市场的利空进行洗盘，大盘今天带量急跌，不要害怕。其实最害怕的跌，是慢跌以及政策性利空下的急跌，如果没有政策性利空的急跌，其实并不可怕，这是我的判断。刚刚收到的消息，存款准备金率又提高0.5%，这一下会让金融股洗盘一步到位，估计明天大盘会低开，然后反复震荡后走高，新的热点开始反弹。

那个时候我把大盘的下跌当成主力借国外市场的利空来洗盘。我内心一直盼着反弹，同时积极布局反弹股。我还清晰地记得那个时候我买的股票：广百股份、新安股份、香江控股、山河智能、张裕A。其中，香江控股是"私募"忽悠我买的，广百股份是我根据技术分析突破买入模式买进的，新安股份是我根据基本面研究报告来买的，张裕A是根据技术面和基本面结合来买的，山河智能是根据基本面来买的。买每只股都有正当的理由，都是师出有名。各种理由让我深信不疑，我对自己的判断把握性很大。那个时候我是全仓押注。结果，我买的股同时暴跌，这是我从来没有遇到过的。以前亏损，顶多是我投资组合中的某个股亏，现在是一起亏损。我当时都傻蒙啦，不愿意承认，不敢打开账户看。我当时的第一想法是不可能，大盘不可能这样跌下去，奥运会还没有开呢，管理层肯定不会让股市这样跌，政府肯定会救市。所以，我没有减仓，一直等待反弹，我每天从新闻里寻找利多的消息，寻找股市反弹的理由。其实股市系统性暴跌时，我们不要去找理由，先减仓再说。当技术面和基本面发生冲突，一定要以技术面为准；当基本面和技术面一致的时候，一定要全仓做多或做空。那个时候我还没有认识到这一点，有点越跌越买的味道。我顽固地认为，大盘下跌是受美股下跌影响的，一旦美股站稳，我们的股市马上会反弹。可是，当美股不跌的时候，A股大盘还在跌，我期待的反弹没有出现，反而是更大的下跌，那种感觉像被抽耳光。看着重仓股一天天暴跌，就像身上的皮被扒了一层又一层，最后连账户都不敢看了。

暴亏之下，我的第一反应是报复、是报仇、是扳回损失，一定要把亏的钱捞回来。那个时候正好赶上中煤能源IPO上市，机构研究报告也给予很多溢美之词。中煤能源上市当天，恰逢大盘小幅度站稳，我觉得反弹的机会来了。而且，那天出利好了：

> 《人民日报》刊发了胡锦涛总书记在中共中央第三次集体学习的讲话，胡锦涛强调："要正确把握世界经济走势及其对我国的影响，充分认识外部经济环境的复杂性和多变性，科学把握宏观调控的节奏和力度，尽可能长地保持经济平稳较快增长。"
>
> 2月1日，《上海证券报》《中国证券报》《证券时报》等分别发表评论性文章，解读胡锦涛总书记的讲话，关注在目前内忧外患的形势下，宏观调控是否存有调节余地等问题。
>
> 《中国证券报》在题目为《科学把握宏观调控节奏和力度政策信号或将"解冻"市场》文章中表示，从历史经验来看，国家保持宏观调控政策的灵活操作值得期待。

我觉得大盘会报复性反弹。我挑选了中煤能源作为扳回损失的工具。原因是：

> 1. 做次新股是我的强项，我多次在次新股上获利，比如西部矿业、北辰实业、工商银行、宁波银行、招商轮船。

2. 我认为一波反弹来临，急先锋往往是次新股，因为次新股容易收集筹码，激起人气，比如当年的工商银行、北辰实业。

3. 中煤能源的同类股中国神华上市后曾经被爆炒，此次中煤能源价格定位更便宜，很可能会有联想效应。

4. 中煤能源上市第二天已经有机构席位大举买入。

我是做了认真研究的。于是我把其他股票斩仓，腾出资金来重仓出击中煤能源。没想到中煤能源比谁都凶，跌得一塌糊涂，把我扳回利润的幻想彻底粉碎。人在走霉运的时候，喝口凉水都塞牙。真是靠山山倒，靠水水流。我把自己在中煤能源上的失败归结于倒霉，归结于小概率事件，是时运不济。当然，有运气的成分，但是从根本上说，还是我对股市的本质没有深刻的认识，还没有建立一套完整的交易体系。更不明白，暴亏之后，第一件事不是扳回损失，而是退场休息。退一万步讲，即使当时我在中煤能源上赚了一大笔，我也逃不过那个大熊市。因为我没有从根本上建立一套系统性赚钱思维和正确的操作模式，没有对熊市的杀伤性有根本性的认识。

中煤能源失手之后，我的本金所剩无几。但我并没有去休养生息，而是杀红了眼，想找更多机会扳回成本。这是炒股中最可怕的事情，与股市对抗，与趋势对抗，不顾市场环境去强行交易。凡是在股市中浸淫多年的老手都明白一个金科玉律，亏损后的第一件事不是扳回成本，而是休息。谁犯了这个戒律，谁就容易栽跟头。我对这个法则有切肤之感，就是拜那个时候的亲身经历所赐。那个时候的大盘正处于C浪下跌中，我却四处找机会赚钱。我更加勤奋地阅读券商研究报告，每天夜里分析股票的技术走势，寻找哪怕一线的战机。我几乎用尽了我学过的所有股票知识，无论是技术分析、基本面分析，还是博弈分析，都无济于事。

按照波浪理论，C浪下跌是最凶猛的一浪，如果躲不过C浪，几乎没有几个人能活下来。我恰恰选择在C浪下跌中四处出击，结果是显而易见的，落了个遍体鳞伤。那个时候，我还没树立大局观，对波浪理论的认识还不够深入，更没有把趋势理论研究透，总期望靠自己的聪明才智扳回损失。后来读到美国卡普拉的《短线交易大师——工具和策略》①以及范·K.撒普的《通向财务自由之路》②，我发现书中提出一个极其重要的因素：时机。交易者要在正确的时间去交易，在正确的时间才能有好的市场，要到有"油"的地方去。交易者可以在正确的时间买入错误的股票而发大财，也可以在错误的时间买入正确的股票而倾家荡产。我当时犯的正是选时错误。只可惜我太晚才看到这两本书。我企图在错误的时间和下跌的趋势中去赚钱的梦想，被无情的股市给击溃了。账户里的钱告诉我，我不能再玩这样的游戏了。我又一次想到大三时证券老师的教诲，止损永远不晚。我就在 2008 年奥运会开幕之前，停止股市交易——我被股市赶出来了！

1.1.7　熊市冷暖：一把辛酸泪

　　大盘好的时候，我花钱如流水，大手大脚惯了。一旦账户钱被股市拿走，就不得不变成吝啬鬼。那个时候爱看《证券导刊》和《股市动态分析》，但是面对几块钱的杂志硬是不舍得买。想想在股市里亏那么多钱，白花花的银子呀，光靠积蓄，得多久才能一点一点地积攒起来？有次站在报摊只看不买，看久了，被报摊老板赶走。那种屈辱感，至今历历在目。

　　我统计着熊市夺走我多少利润，时间久了，数都数不清了，反正很多钱。我想起小时候爸爸让我去前面村子买酒，那个时候是散装酒，还买不起瓶装酒，太贵。有次我踩着泥巴路灌了一斤散装酒。当时我还小，很调皮，就把酒瓶拴个绳，来回悠着走。结果，在回来的路上一不小心把瓶子悠飞了，瓶子碎了，酒水流淌一地。一块五毛钱一瓶的酒没了，我吓得久久不敢回家。现在想想多少瓶酒没了，越想越伤心。

　　有时候看到别人比自己亏得还多，我心里多少有点宽慰。有个好朋友爱

① 奥利弗·瓦莱士，格雷格·卡普拉. 短线交易大师——工具和策略 [M]. 北京：地震出版社，2004.
② 范·撒普. 通向财务自由之路 [M]. 北京：机械工业出版社，2009.

炒股，在 2007 年赚了一笔钱。他家亲戚一看赚钱，就纷纷凑过来，把钱也给他炒，几个亲戚加上他自己，一共凑够 50 万元。可是到了 2008 年年底，只剩下 5 万多元，我印象中他好像重仓中国铝业。钱亏了那么多，他跳楼的心都有。亏钱还不是最大的事，家庭纠纷来了。亲戚死活不相信在股市里亏那么多，去年还赚得好好的，怎么今年说亏就亏了呢？昨天钱还在，今天就没了，到哪里说理去？有个亲戚硬说钱被贪了。关键的时候，人情薄似纸呀。也许亲戚是故意不承认现实，想要回钱，那些可都是养命钱呀，老百姓辛辛苦苦得多久才能攒够几万块钱呀。那个时候还不像现在，那时没有通货膨胀，钱还很值钱。我看到他比我惨多了，心里仿佛舒坦些。人性真可恶！武大郎非要找个更矮的人来减轻自己的痛苦感。

还有个更悲惨的故事，有个深圳的好友亲口跟我讲的。她有个股友，跟她在同一个证券交易大厅炒股，两个人隔壁，一人一台电脑。那个时候炒权证炒得厉害，很多权证一天就能涨几倍，暴利刺激了人们的欲望。她那个股友就是权证的爱好者。有一次，那个股友看好一个权证，把 30 万元全买上。第二天好像有什么事情，没有来炒股。第三天早上开盘，发生了奇怪的一幕。

他打开电脑输入账户密码——

"电脑怎么了，账户里 30 万元怎么不显示了，电脑怎么出问题了？"他说。

他重启下电脑，再打开账号，30 万元还是不显示，电脑是不是哪里坏了？

他又把电脑重启，又重复地打开账户，30 万元还是没有显示。

他一连又重启好几次，30 万元都没显示。

他跟我那个朋友说，能不能用下你的电脑，我的电脑出问题了，账户显示不了。我朋友用她的电脑打开他的账户，结果还是不显示。

怪了！30 万元哪去了？

叫来证券公司的技术人员，一查，电脑没有问题呀，他账户能打开。

那账户的 30 万元资金怎么不显示了？

"你买的是认沽权证，归零退市了。"证券公司的人看了历史成交后告诉他。

退市？归零？

……

他的脸色顿时就变了。

没表情！脸上顿时没有任何表情！我那个朋友说，她看得清清楚楚。

那种脸色好像是从地狱抓上来的人一模一样，都变成绿色的了。我朋友说。

他又下意识地来回做了几次打开关闭账户的动作，反复地看，嘴里还嘟囔着什么。

但账户里原有的 30 万元还是无影无踪。

也许他第一次重启电脑打开账户后，就知道电脑没有问题，只是他不愿意承认账户归零，不敢面对现实。电脑一次次重启，只是他自我欺骗而已。不知道他为什么买认沽权证，艺高人胆大？还是输错代码了，把认购权证的代码输成认沽的了？还是不知道认沽权证的风险性？反正，30 万元连张纸都没有买到，说没就没了。我朋友说，当时的情景她一辈子都忘不了，她亲眼目睹了 30 万元巨资瞬间蒸发对人的打击有多大——就是直接可以把活人的脸色瞬间变成死人脸色！后来，她再也没有在证券公司见到过他。

我见过亏损的，没有见过一下子把所有的钱都亏掉的。股市的风险之大，无论如何强调都不为过。如果你不了解股市的风险，你就永远不要在股市里混。无论你赚多少钱，那都不是你的。因为你只能赚到你看得懂的钱，看不懂的钱，即使你赚得再多，迟早会还给股市。这是真人真事，也许那位老兄从权证里赚过很多钱，尝到权证的甜头，但是他没有看透权证的风险，结果连裤子都赔进去了。

有次机缘巧合，我在广州遇到《民间股神》系列图书的作者白青山，我就问他炒不炒股。他说不炒。或许他采访过很多"股神"，知道风险有多可怕。我的很多朋友都问我能不能教他们炒股，我一般都是回复他们不要炒股。我知道炒股不是"正常人"干的活。不经历至少一个牛熊轮回，不付出很多真金白银的学费，没有博览群书苦苦钻研，是不可能从股市中赚钱的。不愿意付出那么大的时间成本和精力成本，怎么可能从股市盈利？表面上看，股市赚钱很容易，其实股市赚钱比任何行业都难。很多人只看到股市赚钱的一面，而看不到股市要人命的一面。我有个朋友在深圳平安工作，业余炒股票，后来把50万元亏得没剩几个子儿。奥运会前夕，我在广州中信广场的麦当劳遇到她，差点没认出她来。因为她以前是长头发，可是眼前的她头发东少一块西少一块的。她说，每亏一万块钱，她就把自己的头发剪下来一绺，来惩罚自己，后来亏了几十万块钱，所以头发都不成样了。这样变态的例子太多了。有个股票培训公司的老总发誓，大盘不反弹他就不理发，后来长发及腰了。熊市里千奇百怪的事情多着呢。

我为什么不厌其烦地讲熊市里的风险？因为我觉得熊市的风险讲得再多都不为过，只有深刻体会到风险的人，才能在股市中赚钱。利润是什么？利润只不过是你回避风险之后的副产品。

熊市中总有一些人按捺不住抄底，但更低的熊市葬送了一批又一批人。我虽然从奥运会前停止了做股票，但是一直没有离开股市。我观察着股市的变化，感受着熊市的气氛。其实，熊市最可怕的不是出利空，而是出利好。熊市的利好几乎都是出逃的时机，每出个利好都是一个新高。经不住诱惑的人很容易在利好的时候去抄底，结果死在第十八层地狱。

2008年，我在股市看不到任何希望，于是去读研究生。接下来，在读书的同时，我也换了另一种视角去研究股市。我没有离开股市，而是去准备"猎枪"去了。

1

风险篇：从我的投资经历谈对风险的认识

1.1.8 再度出山，投资修为蒸蒸日上

2008 年后，美国次贷危机愈烧愈大，各国政府开始救市，时任国务院总理温家宝抛出 4 万亿计划，一石激起千层浪，股市风生水起。

在奥运会之前，我暂停了交易。4 万亿计划实施后，我又开始了新的交易，因为有行情了。但是，这次出山，我已不是以前的我了。这中间发生了什么？

我性格中有非常上进的一面，这个优点一直伴随着我，感谢上天赐给我这么好的礼物。熊市击垮了我的账户，但是却激发了我的斗志。我在灵魂深处坚信：炒股一定有方法。于是我就做了两件事：

1. 总结。把自己以前的每笔交易都翻出来，逐笔分析。把赚钱的分为一类，把亏损的分为一类。研究做每笔交易时的大盘环境和该股的技术形态、基本面，总结各自的原因。

2. 学习。博览群书，拜会高手，同时参加股票培训班（具体的情况在此后的行文中会详细给大家介绍。）。

从此，我的炒股技术有了极大的提高。至少，我不会被套住了。我认清了市场环境的重要性，对趋势有了深刻的洞察，对龙头股、热点和题材、分时图等都有了进一步的认识，自己也总结了很多操作模型和交易法则。我带着这些再度来到股市，打了几个漂亮的翻身仗。2009 年，我成功操作莱茵生物、海王生物、华兰生物、恒邦股份；2010 年到今天，成功操作了珠江啤酒、珠江钢琴、广州药业、国海证券、广晟有色、陆家嘴、苏宁云商、万向钱潮、百元裤业、成飞集成、北方导航、明家科技等等。

当然，我也会亏。但是我的操作技巧经过反反复复的历练，总体是慢慢进步的。我逐步接近稳定盈利的阶梯。特别是 2009 年之后，大盘步入熊市和震荡，我却每年都比上一年盈利多，整体盈利水平也大大超过 2007 年之前的

大牛市。

　　或许有人问我是不是找到了什么秘诀，我觉得唯一的秘诀就是认真地总结自己的每一笔交易，无论对错，我都反复分析。从自己的交易历史中去学习，是最有价值的。2010年之后，我还参加了很多股市培训课程，现在想起来，虽然那些课程对我没有直接的意义，因为很多所谓的秘籍和绝招，我早已超越，而且其中还有很多是误人子弟的损招。但是，我开阔了眼界，拓宽了分析问题的视角。我认为重点不是学习某种技巧，而是分析股市的角度和思维。我能从错误的技术中看到正确的分析角度，也能从错误的结果中看到有价值的分析过程。这是促使我进步的很大催化剂。

　　这几年来，我结合自己的实战经历，再融合我看过的海量书籍，逐步总结了很多交易方法，我的交易体系日臻完善。更重要的是，我对股市本质的理解一步步加深。我认为，任何技术、方法和工具，必须依托在对股市本质认识的基础上。你的经历不同，你的教育背景不同，你运作的资金大小不同，你的交易周期不同（长线、短线），你对股市的理解就大不一样。但是，这没有关系。关键是你要有与你操作风格相匹配的股市世界观。比如，你是做长线的，你必须从长线的角度去理解股票的本质是什么，股市的长期波动又是受什么因素主导。如果你是做短线的，你必须理解股票短期波动的本质是什么。错位分析，也许你理解得很对，但是你可能会亏钱。比如你运作大资金，却天天研究超短线，这样就很难赚钱。因为大资金本身会造成股价短期的巨大波动，流动性是个很大的问题。通过反复试错和总结，当你能做到交易的风格和你的股市世界观相匹配时，你离稳定盈利就很近了。

　　写这本书的目的，就是想把我对股市本质的理解以及在这种理解基础上建立的各种交易方法和策略进行总结和梳理。接下来的几章，我会从不同的角度去谈谈我对股市各个侧面的看法。

1.2 我的"铸剑"历程：投资方法和投资思想演进

我是一个爱琢磨事的人，股市的不确定性和反复无常，正是我爱研究的对象。如果对股市没有热爱，仅仅是为了赚钱，我早就离开股市了。爱琢磨事的性格加上对股市的热爱，让我多年来能心无旁骛地在股市中深入思考问题。

凡是炒过股票的人，都有一种想法，那就是怎么才能多赚钱。很多人都在找这个答案，有人四处打听，有人博览群书，有人最后放弃，有人误入歧途，有人干脆说股市就是骗人的东西。那么，到底存不存在某个秘密武器，一旦找到，就可以稳赚不赔呢？在武侠小说中，人人都渴望得到某种秘籍和绝招，好成为绝世剑客。股市是不是也有某个绝招，一旦练成，就可以一招制胜，独步武林呢？我也苦苦追求着，希望找到某个秘密武器。我把这个过程称为"铸剑"。

1.2.1 第一阶段：向外求

一开始我深信不疑，炒股一定有方法。这个方法一旦找到，就像找到钥匙，能轻松地打开股市这把锁。于是我到处找，钥匙在哪里？我这个时期的想法是，股市的答案在外面某处，某位大师或高手已经总结好，要么是某个技术指标，要么是某个公式，要么是某个交易模型，要么是某个内幕信息，等等。不管怎样，我的任务就是找到它，学会它，就像令狐冲找到风清扬学到独孤九剑一样。我把这个阶段称为向外求，从外部找答案。

这个过程从大学时就开始了，那个时候主要学 MACD、布林线、KDJ、RSI 等等，它们怎么计算，代表什么意义，怎么在股市中应用。后来学 K 线理论、形态理论、波浪理论、江恩理论、价值投资理论、无风险套利理论，甚至是马科维茨的资产组合理论。总体来说，关于向外求方面我主要学习两大类理论：技术分析和基本分析。在这里客观评价一下它们。

技术分析理论：有用，但是单用非常危险，它必须彼此验证，更重要的是它只能作为参考，而不能直接进入决策。技术分析理论的核心是价格研究，记录价格轨迹的是 K 线，即 K 线是技术分析的核心。其他的指标和工具，绝大多数都是在价格的基础上生成的。如果不把 K 线理论研究透或对其视而不见，而去天天纠缠指标和公式，那是舍本逐末。

技术分析确实有些绝招和秘密，但是那永远不是大道。如果你陷入对技术分析某种绝招的追求中，最终会陷入迷途。我曾有段时间反复研究技术分析，因为我觉得总有更好的某种技术指标比我手里的好，只要找到，就可以不亏损了，就可以获得暴利了。于是我翻遍股票书，也在论坛上到处看别人的帖子，结果还是不满意。无奈再去找，多次重复这个过程，很辛苦，后来收获也不是很大。有些绝招和秘密别人分析得头头是道，但是自己拿来一用，根本不是那么回事。技术分析的有效性在于它所适用的市场环境，当市场环境好时，所有的技术分析都赚钱；当市场差时，所有的技术大师都会死去。后来我放弃了在技术分析领域找秘密指标的想法，转而分析技术指标最朴素、最常识的含义，反而另开一片天地。

除了 K 线理论，我对形态理论和波浪理论的价值也比较认可，但是，我不完全套用它们，我使用它们时都把它们改造得"面目全非"。我用形态理论来分析龙头股，我用波浪理论来做强势回踩，我把它们结合使用来做长庄股。江恩理论我基本上是把它当哲学书来读，很少直接用他的技术理论。我认为，江恩理论是技术分析的集大成之作，但是，江恩又把他的理论神秘化，甚至与《圣经》和中国的二十四节气打通关系。我曾深入地研究国学，包括《周易》，试图在二十四节气找到股市规律，其实这个世界上还没有人能做到，基本上都是瞎扯。国内有些人还用六十四卦来分析股市，我基本上没有见到成功的，六十四卦更多的是个噱头，本质上还是要用股市本身的规律来分析问题。股市的本质是不确定性，任何试图在这种不确定性上面建立固定的模型都是错误的，无论是从《圣经》中找答案，还是从《周易》中找答案。江恩对技术分析贡献大，但是他也把技术分析引入迷宫，从他之后，技术分析再也没有大的

1

风险篇：从我的投资经历谈对风险的认识

进步。江恩对股市的最大贡献是他总结了一套股市的经验和思维方法，而不是江恩周期循环和江恩角度线、江恩六方形这些具体的技术工具，江恩所有作品，我最推崇《江恩华尔街45年》①。

基本分析理论：有用，但必须会用。基本分析法是我最常用的分析方法，无论炒作龙头股，还是布局热点与题材，还是看趋势，我都会分析其基本面。比如，炒作龙头股的时候，我一定要研究题材是否正宗，而这个判断依据就是基本面。2009年，炒作医药行业龙头股，我就是通过基本面分析找到华兰生物这个龙头的。无论怎么炒作，都不可能脱离上市公司的基本面而凭空想象。即使凭空想象，基本面因素仍然是想象和炒作的起点和落脚点。所以，永远不要忘记基本面。但是，基本分析至少有三个缺点：一是分析对象的滞后性，你获得的数据和资料都是已经发生了的；二是分析对象容易造假，上市公司提供的资料假的很多，诚信是个大问题；三是用得不好，它反而会麻痹人，比如有业绩支撑，基本面好，股价越跌越值钱，这些都是麻痹人的一面。但是基本分析不能缺席。我所认识的炒作高手，所谓的民间股神，无论他们的炒作思路如何千差万别，但有一个共同点，他们都会反复研究公司的基本面。只是他们研究的基本面和价值投资者的视角不一样。

我用基本面分析的习惯源于我看研究报告，至今，我依然有阅读研究报告的习惯，虽然研究报告让我亏损过，它不能直接为我带来利润，但是我可以通过阅读研究报告知道主流的基金在想什么，知道研究机构的主流看法和情绪。

技术分析和基本分析，其实都是从外部求，是从外部找力量，本质上都是希望把研究对象数量化或者模型化。可是，股市的本质是不确定性、随机性和有限认知性，想以一个固定的模型来在这样一个不确定的市场盈利，如同给上帝号脉，从逻辑上是很难成立的，而实践中也是亏损累累。

向外求，越研究，工具、指标、模型会越庞大，这样会把股市搞得越来

---

① 江恩.江恩华尔街45年[M].北京：机械工业出版社，2009.

越复杂。我后来终于意识到，向外求会把我带到无底洞。我认识到仅仅从外部寻找某种答案，很难有大的出息。这个时候，我读到了《海龟交易法则》[①]，这本书告诉我，除了交易的对象，还应该研究自己：交易者本身。于是，我又开始回头向内求。

1.2.2 第二阶段：向内求

向内求是研究投资者本人，研究自己。这主要是做两个工作：一个是分析我自己过去的所有交易，一个是分析自己的性格和交易倾向。

《海龟交易法则》给我很大的震撼，在很多方面我都受益良多。书中讲的情绪交易陷阱，让我佩服，它把人的心理写得太好了。举例如下：

损失厌恶：人对避免亏损有一种强烈的偏好。比如，你亏了一万块钱，第二天你又赚回来了。整个过程你没有任何得失，但是你很开心。这就是你避免了亏损。很多人在交易的时候，总觉得不亏钱远比赚钱重要。我同样是这种心理，这个心魔在很大程度上困扰着我，我曾过度追求确定性而错过很多机会。很多时候，暴利不是来自于无风险或确定性很高的交易，而是来自于有限风险的交易。不敢冒险的人，永远不能有大的成功。当今的大企业家如马云、史玉柱都有冒险的本性。

处置效应：很多人会提前兑现有利润的股票，却拿着亏损的股票。这是很多人赚不到大钱的原因。正确的做法是截断亏损，让利润奔跑。

结果偏好：人会根据结果来判断事情，而不会考虑决策质量本身。很多人用错误的方法也能赚钱，但是后来一定会大亏。

近期效应：过度重视近期的数据和经验，会忽视整个样本。比如，最近几天成功地做了几次突破模型并赚钱了，就很信突破模型，而忘记以前用突破模型大亏的历史。

---

① 柯蒂斯·费斯. 海龟交易法则 [M]. 北京：中信出版社，2007.

锚定效应：过度依赖某个参照物。比如，某个股票从 5 元涨到 15 元，总是感觉股价很高了，因为心里总想着它是从 5 元涨上来的，而不考虑 15 元本身是否贵贱。5 元就像一个锚一样。再比如，有人问你，中信证券是值 10 元还是 12 元？你可能会猜是 8～15 元之间，而不是去想 1 元或者 100 元，因为提问者巧妙地设置了一个锚。

此类的东西还很多，比如前景理论、信奉小数法则、盲从效应、心理账户、懊悔理论、沉淀成本效应等等。后来我读研究生时读到行为经济学，才发现这些理论几乎都快成了经济学的显学了，诺贝尔奖都颁给丹尼尔·卡尼曼了，他正是行为经济学领域的大师。很庆幸我能接触到《海龟交易法则》，它带给我新的研究视角。后来，我又读到马博的《从亏损到赢利——股票、期货、外汇实战总结》[①]一书，书中写了很多行为金融学的内容；在攻读研究生期间，我又认真看了一本此类的书，《赌客信条：你不可不知的行为经济学》[②]。这三本书点燃了我思考的火种。我开始尝试用这些理论来分析我自己的心理情绪和交易风格。

我把自己的交易记录拿出来，认认真真研究每笔交易。我记得《十年一梦：一个操盘手的自白》的作者青泽说过，每一张单都投射出人性的色彩、品性的贵贱。我非常认可这句话。你是什么人性，你就有什么样的交易单；每张交易单的背后是每个人的人性。把我的交易记录拿出来反复研究，我发现我有很多"毛病"：

> 我喜欢做短线，我的很多交易单都是冲着短线去的。我总是有意无意地去回避长线交易。
>
> 我喜欢做闹腾的股票，做市场焦点的股票，结果是要么大涨，要么大跌。反正我不喜欢坐冷板凳，不愿意做清冷的股，这种风格让我的风险加倍放大。

---

① 马博. 从亏损到赢利——股票、期货、外汇实战总结 [M]. 北京：企业管理出版社，2008.

② 孙惟微. 赌客信条：你不可不知的行为经济学 [M]. 北京：电子工业出版社，2010.

我容易早盘交易。10点之前，如果大盘涨得很好，我就忍不住动手，我的很多交易单都有这个特点。如果早盘我的股涨得慢，我就会耐不住性子，容易把它们卖掉。

我喜欢做涨停的股，涨停的股对我意味着过瘾，我讨厌不死不活的股票。

我很容易听信别人，我的很多单是受别人影响买的，特别是所谓的小道消息，我的侥幸心理很重。

我的随意性交易太强，有时候已经计划的交易，但是受到盘面变化就临时改变。

我总是过早地卖出股票，有些股票哪怕多拿两天，甚至两个小时，就会有行情，但是我在山脚下就出货了。

我太冲动，总想扳回成本，很容易报复性交易，容易失去理性，结果很多次造成更大的亏损。

我把我的交易秉性也当成股票一样来分析、解剖，然后批判，向自我开炮。我总结了我的所有交易风格，发现我的交易有个巨大的特点：利润大，风险也大。我是个爱冒险的人，也经常被风险打回原形。当我找到这个病根后，我就逐步在这方面去完善自我。从此之后，我特别注意如何去控制风险。我几乎找遍别人控制风险的方法，比如仓位控制、建立交易程序和模型、寻求趋势保护、加强资金管理等等。后来，凡是见到有关风险控制的文章和书籍，我都去收集，然后认真地对照自己的做法。这样做后，我的交易秉性出现了巨大的转变，甚至一度变得小心起来。受到期货界人士的影响，我的过度追求确定性，曾经导致我的交易缩手缩脚，失去很多交易机会。后来我又反复修正自己的交易方法，慢慢地才在风险控制上有了更深的理解。到2012年时，我已能在自己的实盘交易中游刃于胆大包天和胆小如鼠之间。我能轻松做到该大胆时能孤注一掷、放手一搏，该小心时又能卑微懦弱，不敢越雷池一步。这些都是向内求修得的正果。

1

风险篇：从我的投资经历谈对风险的认识

与市场的距离也是我重点要解决的问题。以前我的心老是放不下，总想看盘，总想每秒钟都在电脑面前，生怕错过每个跳动。如果不在电脑旁边，心里就一直惦记着股票，感觉总有心事放不下。收盘后，心里又久久不能释怀，恨不得一天 24 个小时都交易股票。我相信很多从股市一路走过来的人都有这个毛病。我后来强制自己离开市场，要与盘面保持距离。一开始我要求自己每天只看一个小时的盘，再后来要求自己买了股票后就不要看盘，再后来我就强制自己只在早盘、午盘和收盘前三个时段，各看 10 分钟的盘面。当我这样做时，收益没有降低反而提高了，我心里也就慢慢克服了盘面的诱惑。现在，即使我全仓买股票，看不看盘对我已没有多大心理影响。其实，人的福报大抵都由累世的修行决定，能赚亿元等级还是千万元等级也许都已注定，何必天天趴在电脑面前苦苦挣扎？这样一想，也就慢慢放下纷繁复杂的盘面，由它去吧。

管理好自己的情绪，管理好自己的内心，一只眼睛盯着交易市场，一只眼睛盯着自己。这种做法让我慢慢走向淡定和从容。虽然有时也会旧毛病重犯，但是我总有办法去战胜它们。没有这一阶段的修炼，我不可能走向成熟。后来我读到很多大师的书，他们都强调这一点。别小看了这个修炼过程，其实很难也很漫长，没个 5 年 8 年的，很难修成。即使到今天，我依然不敢说自己完全战胜了内心的魔鬼。

1.2.3　第三阶段：内外双修

2009 年，我读了很多期货界人士的书，我发现期货界的高手对风险更为重视。比如青泽在给《金融交易学》①作序的时候，写了这么一段话：

> 当时有这么一个疑惑：如果我们只在自己有把握的时候才操作，那么由于趋势行情的稀缺性，在没有大行情的大多数日子里，我们坐在电脑显

---

① 投资家 1973. 金融交易学——一个专业投资者的至深感悟 [M]. 上海：上海财经大学出版社，2010.

示屏前一直看着行情而不动，期货交易是一件多么单调乏味的事啊！

我觉得青泽的观点是，就应该去做那种确定性的事，做有把握性的事，如果做不到，大多数时间宁愿坐在电脑前不动。交易本应该是单调乏味的事情。

当我第一次读到这些文章，我的内心那个激动呀。这不正是我缺乏的品性吗？反复对照我的那些亏损的交易单，不就是没有做到确定性和把握性才导致的吗？我仿佛一下子找到了知音，找到了心目中的"圣杯"！

在这之后，我变得小心翼翼起来，每笔交易我都追求确定性，结果又走向另外一个极端，我失去了很多大的交易机会。也许我错误理解了青泽的话，也许期货和股票有很大的不一样。这个时候我意识到自己向内求求得过度了。

从理论上来讲，追求确定性和把握性永远没有错。但是，我意识到另外几个问题：

1. 技术水平不一样，确定性不一样。在别人那里是确定性的事情，在你这里也许是风险。

2. 过分追求确定性，会失去冒险精神，也会失去试错机会，试错是发现真理必不可少的途径。

3. 确定性和把握性其实是唯心的，必须有唯物的技术与之相对应，主观与客观相结合。

过度地追求确定性很可能会让人失去冒险精神。正如索罗斯的老搭档斯坦利·朱肯米勒所言：看明白了，就要做一头勇敢的猪。连索罗斯本人都说，看对和看错都不重要，关键是看对了你押了多少仓位。新兴市场投资教父墨贝尔斯则干脆喊出：街上血流成河，即使流淌的是自己的血，也要大胆地买。这些大师以自己的实践和傲人的投资成绩来验证大胆和勇猛具有可贵性的一面。

我猛然觉得，过于向内追求容易走向唯心主义和唯我主义，会让人变得懦弱。股市是客观的，它需要懦弱，但更需要勇猛。股市有它艺术性的一面，因为它讲求交易者的技术水平和情绪；但它也有科学性的一面，它的价格在某些程度是可以借助外在工具和模型来分析的，我应该把向内求和向外求结合起来。既控制自己的情绪，把冲动和随意性交易降到最低，把握好股市艺术性的度；又适度放纵自己内心试错的欲望，发现新的交易技术和预测工具。于是，我重新审视我的交易清单，既从中寻找交易者个人性格的因素，又从中寻找技术和模型的因素。前者主要是从失败的交易中去找，后者主要是从盈利的交易中去总结。这样，我发现了一片新的天地。

很多人都爱学习大师，学李费佛、安德烈·克思妥拉尼、巴菲特、索罗斯、彼得·林奇、王亚伟、民间股神，但鲜有人学自己。在我的进步过程中，我觉得向自己的交易历史去学习、总结自己的交易得失，比向任何大师学习更重要。事实上，在投资的成长路上，总结自我比学习别人更重要。学自我加上学别人，我觉得这两种结合起来的内外双修，才是成为股市高手的不二法门。当我悟透这点后，我的交易自信和从容度很快上升了好几个档次，我不再固执于某种绝对的东西了，看任何理论我都有了新的视角。我既学外部，寻找合适的交易工具和决策模型，又反求于己，努力完善自己的情绪和交易性格。二者结合，使我逐渐探索出了适合自己性格的交易体系。

1.2.4 第四阶段：反复修炼

在向内求和向外求的偏见解除之后，我建立了新的股市世界观，我的交易体系成形了。这一切，是建立在对股市的深刻理解的基础上。股市的本质是什么？如果你按照教科书，你肯定失望。经典的股票理论认为，股票是被分割的上市公司的治理权，每一股都代表对上市公司剩余价值的最终索取权。而股市，就是股票的交易场所。可是，在中国完全不是这么回事。如果在国外市场，巴菲特完全可以通过市场联合其他股东改组董事会，选择 CEO（首席执行官），这在中国你能做到吗？谁能改组中石油的董事会？而且，国外分红，很多股东是通过上市公司盈利来赚钱，而在中国不可能，中国的上市公司中分红的凤毛麟角。据《上海证券报》报道，截至 2011 年 4 月 28 日，沪深两市共 373 家企业 5 年未分派任何红利和红股，甚至有 225 家公司 2009 年和 2010 年连续实现盈利，却依然一毛不拔。在这种情况下，我们的盈利模式一定跟其他市场不一样。我们只能从股票价格波动中赚钱。而我国股市只能做多，真正意义上的做空还没有来临。即只有在股票上涨时才能赚钱。而赚钱的唯一因素就是你的筹码低于平均筹码，就是你买得比别人便宜。不光你这样想，其他人也这样想，所以 A 股到最后成了一个典型的击鼓传花游戏。这就是股市的本质，我们 A 股的本质。所以，你要研究的是怎么把筹码以高于你的价格倒给别人。但别人比你傻吗？既然来到股市，都是人精，谁比谁傻呀？你既然在股市上玩，就必须直面风险，你想把筹码高价倒给别人，别人还想把筹码高价倒给你呢，于是股市就成了一个转嫁风险的游戏。

我的研究认为，如果你不把风险转嫁出去，你永远不可能战胜股市，你永远摆脱不了亏损的命运。所以我反反复复寻找答案，从别人的经验中学习，从自己的经验中学习，最想学到的就是风险控制。这也是我为什么把风险放在本书第一章的原因。

通过反反复复的思考和研究，我发现解决风险问题必须和大多数筹码放在一起，即让市场的主流资金来保护自己。什么是主流资金？趋势！做多的趋势是主流资金。要么是主战场上的做多趋势，要么是局部战场上的做多趋势，你必须和做多趋势在一起。这就如同政客即使知道某个政策是错的，但是只要大多数选民支持，他也必须这样做，因为选民就是趋势。真正的对错没有意义，大多数人认可的对错才有意义。

要解决风险，还必须与最强者在一起，只有强者才能保护你。在股市上，谁是强者？龙头股、涨停板股、热点股和强势题材股。这些具体的内容，本书后面会专门分析。在某种程度上，我这本书就是为了解决风险而写的。我认为，风险是悬挂在每个投资者头上的达摩克利斯之剑，如果你不去解决它，它随时都会落在你的头上。

在对股市本质和风险的理解基础上，我结合自己的经验建立了自己的一

1

风险篇：从我的投资经历谈对风险的认识

套交易体系。而且为了优化、修正我的系统，又做了两方面的工作。

一方面，在实战中优化。我把自己总结的东西用到具体的股票交易中，这个过程很心酸，经常被股市捉弄。当我总结一套交易方法并自以为找到尚方宝剑，信心满满地交给市场去检验时，没想到等我的不是盈利而是亏损。举个例子，我喜欢做突破股，但是总有很多假突破在等我。一开始遇到假突破时还以为是运气不好，是小概率；但当一而再、再而三地遇到假突破时，我就不得不修正我的技术了。我觉得自己的模型不够严谨，总结的样本不够大，于是又推倒重来，重新构建自己的模型，这样推倒重来好多次。几乎每个模型都是这样，让我筋疲力尽。最容易让人亏损的是两种情况：一是在指数高位迷恋价值投资，越跌越买；二是刚学点技术诀窍，懂得点三脚猫功夫，不知江湖险恶，反而以为老子天下第一，打遍天下无敌手，盲目入市。我属于后者，我走出这个误区是一个长期的过程。要知道，在这个过程中，我反复试错，反复被市场戏弄，这对账户资金是个很大的打击，我是用真金白银来验证我的模型，都是流血之后得到的"干货"。即使如此，我还不能保证这些"干货"永远有效，还要根据市场的变化与时俱进。不过，通过市场验证得到的技术，给了我很大的回报，越到后来我越觉得它们有效。这些都是反复修炼、百炼成金的回报。

另一方面，学习、借鉴和吸收高手的经验，把别人的法宝融入自己的体系。从2008年起，我就潜下心来反复研读白青山写的《民间股神》系列图书1~7集。以前我不是很重视这些书，但是在账户大亏后，我不得不逼着自己去找方法，整个人就变得谦虚起来。东山再起最典型的人物史玉柱曾说过，人在成功的时候，总结的经验都是扭曲的，只有失败的时候总结的经验才是可靠的。我非常欣赏史玉柱的这句话，我经历2008年大熊市，可谓在失败中学习，所以我更能体会别人书中关于风险的描述。我对李丰的黄金K线理论特别入迷，更对落升的投资方法倍加欣赏，后来我根据落升的思路，加上自己的方法，总结了一系列操作龙头股和题材热点股的方法，这些内容会在本书后面慢慢与大家一起分享。在熊市中重读《民间股神》，更给我很大的鼓舞，因为书中很多人都是从重大亏损的深渊里爬上来的，这给我很丰富的精神食粮，激发了我的斗志，这些比单纯地学习技术更有意义。后来，我已经不满足这些，又参加了很多证券培训机构举办的培训班。广州当时最有名的股票培训公司是炼金术公司和股龙公司，他们邀请了很多"名师"来讲课。我参加了好几个，后来通过其他方法，几乎把所有名师的课件都搞到手，躲在自己的小屋里天天研究。说句公道话，这些所谓的"名师"大多数名不副实，当然也偶有高手。不过，我感兴趣的不是他们讲的内容，而是他们的思路和研究股票的视角。很多老师都有自己的独特思路，虽然他们在这些思路下总结的技术和模型未必有我的水平高，但是每个思路背后都代表一种角度，沿着那个角度走下去，我能走到更远的地方，这是我最大的收获。《楞伽经》中说：如愚见指月，观指不观月。学习别人的高招，不能做愚者，只见指月之指，而不见所指之月。我对各路"股神"的学习，就是努力见"月"而不执迷于"指"。

通过这两方面的努力，我的交易哲学、交易体系和具体的战法、工具、模型有了很大的提高，我对股市一方面充满敬畏，一方面又充满信心。敬畏的是股市的风险和不确定性；充满信心的是我在战胜风险的探索中，走了一条正确的道路。

1.2.5 第五阶段：十年磨一"剑"

很多人在股市挣扎了半生，依然亏损。别说十年磨一剑，就是一把菜刀也没有磨成。我认为，关键是路径错了。

回顾一下我自己的路径：首先，迷路在"门外"，企图从外部寻找答案，总以为这个世界上有具体的某个技术、某种方法、某个公式，一旦找到就无往而不胜。这种找"秘密武器"的方法没能带我走出股市的泥潭。因为股市是实战艺术和科学实践的结合，不可能像一把钥匙开一把锁一样，找到把固定的钥匙就可以打开股市这把大锁。千万不能迷信有哪个大师或者股神能发明一个方法，一旦学到手，马上就可以稳赚不赔。从我在股市的经历来看，股市永远不存在这个东西。如果你按照这个路径去找，你一定会迷失在股市的迷宫中。

1

风险篇：从我的投资经历谈对风险的认识

然后，我从自身去找原因，我以为之所以亏损，一定是我人性上存在某种缺陷，没有控制住自己的情绪和欲望。我试图通过自我审判来走上股市的康庄大道。这种努力确实让我进步很大，我把自己的非理性进行了管理，在交易中，我把人性不确定性的干扰降到最低。在炒股实践中，我总是一眼盯住市场，一眼盯着自己。但这还不够，这很容易滑入自我感觉的深渊，而且从极度冒险转为极度胆小。在股市中，单纯的大胆和单纯的胆小都是错，能在股市赚大钱的一定是抓住大行情的人，在该建仓的时候疯狂买入，胆大包天；在别人都疯狂的时候胆小如鼠，伺机抛售；同时游刃于二者之间，在两个极端疯狂中获取差价，这才是真正的高手。

于是我追求内外双修，反复试错，不停地修炼，终于慢慢找到一条正确的路。我从来不敢说我找到了稳赚不赔的法宝，但是我敢说我找到了一条通往法宝的路。我所言的十年磨一剑，也就是十年找一条道，找到了，就是悟道者，没找到，就是还没觉悟。这是我对十年磨一剑的认识。

我重新申明，我要在股市铸的"剑"，不是某个具体的东西，不是某种指标、某个技术分析、某个公式、某个秘密武器，股市真正的"剑"是指对市场的深刻理解、对风险的有效控制，然后在此基础上建立的一套交易哲学、交易体系、交易系统和一系列决策工具和决策模型。这还不是终点，而仅仅是个起点，它还须与时俱进，反复试错，不断修正和完善。如果以为追求到某个单一的指标、单一的技术和窍门，以为这个世界上某个角落还存在某种秘密武器，找到后就可以独步股市，那就大错而特错。别说十年磨一剑，就真的连一把菜刀也磨不成。

1.3 我对风险的理性认识

在交易实践中，我深入骨髓地体会到理性认识风险十分重要。前面，我也从感性上谈到了熊市的辛酸和风险的可怕，但这远远不够，下面我再从理论上深入地谈谈风险。我用的很多词汇和术语与教科书上不太一样，我是按照自己在股票实战中的感悟去描述的，抛弃了教科书的空洞说教，融入了实践的精髓，使之更加有血有肉。

1.3.1 我的基本风险观

如果你解决了风险问题，那么利润将不请自来。如果你没有解决风险，那么你赚再多的钱，市场总会有一天把你清算得干干净净。我的基本风险观是：风险是天生的，风险是股市的原罪；风险是宿命的，无论是大师、股神还是普通股民，一旦涉足股市，风险就永生伴随，投资的命运就是面对风险的命运。

1.3.1.1 风险的"原罪"性

以前，没有炒股的时候，以为炒股是赚钱的行当，提起炒股，就与发财、暴富、轻松赚钱联系在一起。可是亲身经历股市后才明白，要在股市赚钱，比在其他任何地方赚钱都难，股市其实是灾难、破产、坑人害人最多的地方。如果不经历千锤百炼，甚至几次破产，不可能成为股市中稳定赚钱的人。即使经历几次破产，也无法保证今后不再破产。青泽说过：期货市场是有经验的人获得更多的经验，有钱人变得一无所有的地方。其实，股票市场也好不到哪里去。可以说，股市是亏钱容易赚钱难的地方。而且，在实业中，你亏钱了还知道亏给了谁，可是在股市上，你亏钱了还不知道亏给了谁。这是个毫不讲理的市场。

股市也有"原罪"，每个炒股的人从第一次炒股到最后一次炒股都面临这个"原罪"，这个"原罪"就是风险。人的罪恶需要洗礼，股市的风险原罪也同样需要控制。没有洗去原罪的人，无法赎身，无法进入天堂；没有洗去股市风险"原罪"的人，无法长久赢利，无法在股市立足。在股市里，没有六七年，不经历至少一个牛熊轮回，不目睹数以千计成功与失败的案例，是不可能总结一套稳定赢利体系的，更无从战胜股市。

可以说，股市的风险是天生的，从有股市的那一天开始，它就来临。风险无时不有，无处不在，无孔不入。只要你炒股，它就如影随形，又阴魂不散，是每个炒股的人每时每刻必须面对的事情。

经历股市牛熊，我深深地明白，股市的第一特性是风险而不是财富。当我身边的人让我教他炒股的时候，我总是劝他们不要炒股，因为我确实没有见过几个散户能在股市中真正赚钱。我身边的人大多是亏的，这是血淋淋的现实。这么多年来，我见过的真正从股市中赚钱的只有三类人：一是老鼠仓，就是与基金经理和权贵的利益攸关者；二是历经牛熊更替百炼成精，通过自己的反复总结和学习，大彻大悟的人；三是形形色色的股票培训老师和股评家，这类人可以称之为卖"铲"的人。除了这三种人，再没有其他人。但是，这三种人，特别是前两种人都是凤毛麟角。如果你不是这其中的任何一种，请永远离开股市。我有个朋友说得好，他说对散户的最佳投资建议就是退出股市，永远地退出。股市是零和游戏，不，是负和游戏，国家还抽走印花税，证券公司还抽走交易费用，实业资本还抽走原始股。这是一个让绝大多数人亏损的市场。但是总有很多人心存侥幸，总认为自己高人一筹不会亏，这种心理，造成股民像韭菜一样层出不穷，割完一茬又一茬。

风险是股市的"原罪"，股市的设计方式本身就是少数人赚钱，多数人亏损。股市的风险如同一个咒语，谁敢无视它，谁就被咒语击中。系统性风险，非系统性风险，不一而足。只要你敢轻视，哪怕是丝毫的思想松懈，或者是一丝的侥幸心理，风险都会如期而至，而且是那么准时准点，那么"守信守约"，那么面目狰狞。很多人都说，我亏了是运气差，本来计划得好好的，突然遇到国家出利空政策了。其实，没有什么运气，一切都是"原罪"。只要你在股市中混，你就永远摆脱不了股市的"原罪"。股市的本质就是易亏难赚。

我做个形象的比喻，炒股就像是虎口拔牙的游戏，做游戏之前的第一件事就是想方设法不要被老虎反咬，然后才去想如何拔牙。这个游戏是小概率、高难度的，送死很容易，成功很难。

这就是炒股人的"原罪"。谁让你炒股来着？

1.3.1.2　风险的宿命性

凡事皆有命。如果股市也有命，那么风险就是它的宿命。

说风险是股市的宿命，还有个原因是股市要了很多人的"命"，终结了很多人的投资"命运"。在历史长河中，一赚二平七亏损，这是炒股人命运的写照。不但是普通散户，大师的命运也好不到哪里去。我们来看看投资大师和股神们的投资"命运"：

朱利安·罗伯森，避险基金的教父级人物，老虎基金的掌舵者，他在巨大成功后的第 20 个年头遭遇惨败。

迈克尔·斯坦哈特，短线杀手，投资天才，他在第 27 个年头遭遇惨败。

比尔·米勒，被誉为超越彼得·林奇的投资大师，在第 18 个年头遭遇惨败，次贷危机中险些全军覆没。

丹尼斯，大名鼎鼎的海龟交易法则的鼻祖，他的海龟弟子有 13 人，交易记录显示——平均年收益率 80%！一时风光无二，成为巨富，但是 1988 年丹尼斯巨亏 50%，资产缩减过半，次年他正式退出投资界。

格雷厄姆，巴菲特的恩师，价值投资之父。1930 年损失了 20% 以上，1932 年又亏掉 70% 之多，接近破产了。后来凭借《证券投资》的稿酬才再度起家。

费雪，投资大师，已经预见 1929 年股市泡沫破灭，但还是身不由己买入自认为便宜的股票，几天之中损失了几百万美元。

美国长期资本公司，曾经纵横投资界无往不胜的航母级投资公司，诺贝尔经济奖获得者亲自坐镇，一度是华尔街学习的榜样，但在俄罗斯这个浅滩中折戟，败于小概率事件，最后破产。

牛顿，伟大的科学家，智商超过外星人，却难逃股市亏损的厄运。

丘吉尔，伟大的政治家，能击败希特勒的飞机导弹，但在美国投资股票失败。

李费佛，史上最伟大的投机手和股市天才，数次破产又数次东山再

1

风险篇：从我的投资经历谈对风险的认识

起，最风光的时候连 JP.摩根都求他停止放空，最后依然难逃厄运，被股市打败，后来用手枪结束了自己的一生，留下遗言：我的一生，是失败的一生。

索罗斯，金融大鳄，1987 年认为日本股市泡沫巨大，做空日本股票，结果惨败，日本股市牛到了 1989 年。他同时鼓吹美国股市会坚挺，日本股市将会崩盘，而结果正好相反：美国股市崩盘了，日本股市却坚挺。其旗下的量子基金当年损失了 32%。量子基金 1999 年曾不看好科技股，但 2000 年后却高位买入科技股，最后大亏。

上海某基金管理公司的总经理当初是从台湾股市 1000 多点开始进入的，一直做到 10000 点，资金从 50 万元滚到了 8000 万元。她在 10000 点的时候担心股市过于狂热把股票全部抛了，手上握有的全是现金。但台湾股市最后上冲到 12000 点之上，三年多时间增值了 160 倍。她在台湾股市从 12000 点跌到 7000 点的时候，认为股市已经跌去 5000 多点了，也该反弹了吧，于是又进去了，结果股指又跌掉了 5000 点，她不得不认赔清仓，三年的财富化为灰烬。

曹仁超，香港股市大佬，他在 1972 年香港股灾前的 1200 点开始看空，结果差点被公司解雇。后来港股达到 1773 点后大幅下跌，到 1974 年跌至 400 点，老曹躲过大熊，信心爆棚。1974 年 7 月港股跌至 290 点，老曹认为可以抄底，拿出全部积蓄 50 万元买入和记洋行，该股已经从 1973 年股市泡沫的 43 元一路跌到 5.8 元。世事难料，后来 5 个月港股再度下挫至 150 点。和记洋行跌至 1.1 元。老曹流血斩仓，亏损达 80% 以上。

他们都是公认的最成功、最伟大的投资大师，或者是伟大的社会精英，但同样都无法避免某个年份和时期的惨败。

这样的例子，不胜枚举，也许这就是股市的命。股市的风险还具有一个很特殊的特性，那就是只要你疏忽，它总会来。它不像敌人，你疏忽的时候，它可能不来，这是概率；但是股市的风险，不是概率性事件，只要你敢轻视它，它必然会来，准时、准点。我们的思想深处来不得半点马虎。所以，我经常爱跟炒股的人说一句话：睡觉的时候，也要睁一只眼睛。

1.3.2 关于股市最大风险的思考

我认为，最大的风险不是已知风险，而是未知风险，就是你想不到的风险。这是最可怕的，对投资者的打击也最大。因为想不到你就不可能设防，而不设防无异于让风险长驱直入，如入无人之境。

未知风险分两类。第一是人类的认知水平局限，存在认识不到的地方和认知错误的地方。必须承认，人的认知是有限的。金融大鳄索罗斯，有那么高的投资水平，依然说，人的认知是可错的、有缺陷的，人对很多认知只能证伪，不能证实。他的很多投资都是建立在可错性的基础上。他把基金的名字改为量子基金，就是受到量子力学测不准原理的启发，告诉人们金融市场是充满无限随机性的。可错性曾经帮索罗斯攻击英镑、攻击东南亚诸国，连背靠内地的香港都受到很大的威胁。索罗斯以他的成功投资告诉我们可错性的普遍性和正确性。

未知风险的第二类是个体没有认识到的风险。这个风险已经被专家和其他投资者认识到，但是具体个体投资者还没有认识到。你所认识不到的，都可以说是你个人的风险。比如，本书中曾举例子说某个朋友投资权证亏损 30 万元，对他来说，认沽权证的归零风险就是他的个人认知风险。这类风险很常见，记得 2008 年次贷危机中，很多香港明星，如张学友、曾志伟等都买了雷曼兄弟的理财产品，银行里的销售人员还保证有 10% 的收益，结果暴亏。有媒体报道张学友身家损失过半，不得不重出江湖，靠举办演唱会再捞金。曾志伟也很惨，他的女儿曾宝仪在博客上哭诉："这回真的血本无归，恐怕连人生都要重新开始。"当初很多人都以为没有风险，银行理财产品哪里有什么风险？其实，如果稍微认真地研究下雷曼兄弟在香港发行的理财产品，就很容易找到风险，只是张学友他们没有认知风险而已。这是典型的个体未能认知的风险，明星歌唱得好、戏演得好，不见得投资也做得好。

未知风险的可怕在于，它攻击你的系统，在你认识不到风险的地方冷不丁出现。如同你认识不到老虎会吃人而去接近老虎，你说风险大不大？未知风险就是这么可怕。未知风险也叫无知风险，它可怕的本质是你对它不设防。如果你认识到某某是风险，一般你都会设防。但是，如果你认识不到的风险，你根本就不可能去设防，也不知道如何设防。当你不设防的时候，哪怕风险的等级很低，也足以致命。比如，当年我泱泱大国，武林高手辈出，什么太极拳、形意拳、八卦拳、铁砂掌等等，那都是硬功夫。但是，无论水平再高，第一次去对阵洋枪洋炮，都死得很惨，因为那玩意儿你根本就没有见过，你不知道有多厉害。

所以，我们要扩大自己的视野，要多看看别人的投资教训，多总结案例，从失败中学习。我们至少要熟知各个品种的交易规则，不要让自己死于无知。要做到这点，必须勤于学习，认真总结。投资任何一个产品，必须了解风险，注意风险条款。投资复杂的金融产品，必须找可靠的律师和理财师来把关，而不能轻信销售人员。

股市的未知风险部分可以预防，比如个体认知风险可以通过学习来逐步消除；但是，有些风险根本无法预防，这与人类的认知有关；有些风险想都想不到，如同流行性疾病，在疾病史上，每隔一些年份，某些病毒就会有变异，以新的面孔出现，同时带来新的疾病，比如 SARS 病毒带来"非典"，H5N1 病毒带来禽流感。当人类还无法认知的时候，会有很多风险发生，死亡在所难免。股市的未知风险也类似。随着金融衍生品的复杂化和其内在组合的盘根错节，新的风险防不胜防。比如，美国次贷危机爆发后，很多人认为美国不安全，就投资欧洲。按照以前的认知，这叫避险，逃避风险中心，躲进安全港。但是，次贷危机突然爆发，美国流动性一下子吃紧起来，很多美国机构反而抛售海外资产来救美国本土，结果欧洲、亚洲股市大跌，让那些投资欧洲的人损失惨重。此类风险就是新的风险，是以前未能认知到的，超越了个体的认知范围，也超越了当时金融界的认知范围，这就是当时的认知局限，是未知风险的典型例子。

种种的未知风险警示我们每个投资者，我们要对股市保持永恒的敬畏，永远不要以为自己可以完全战胜市场。在投资的时候，最好多想一步：万一踩到地雷怎么办？对自己总结的交易方法和技术工具，不要持以"满"的态度。

很多投资者最容易亏损的时候，往往不是什么都不懂的时候，而是刚刚总结一套交易技术、以为找到了股市金钥匙的时候，这个时候人最容易变得自信勇敢而又激进，急于尝试自己的法宝，但是无情的股市会来个当头一棒。会犯这种错误，一方面是因为技术分析和交易体系会有局限性，另一方面就是认知的局限性，以为自己找到了股市的规律，其实未认知的部分比认知的部分还多得多呢。我记得我总结了一条涨停战法的时候，非常兴奋，以为自己找到了涨停股的秘密，结果一追涨停就失败，连续追了几次涨停，损失惨重。我冷静分析自己，原来是未认知风险太多了。于是我又反复查阅历史上涨停股的规律，反复总结，才把未认知风险逐渐降低。现在我再追涨停，风险就小很多。这让我认识到，人与未认知风险的斗争，是一个长期的过程，需要反复试错。

1.3.3 股市的数学逻辑：无论翻倍了多少次，破产只需一次

股市残酷性的一面还包括它那天然的"不公正"性，如果你亏掉 50%，需要赚 100% 才能扳回；无论你赚了多少个 100%，只要你亏一个 100%，就完蛋。这就是股市的数学逻辑，一个十分不公平、不公正的逻辑。假如你有 100万元，第一天涨停，第二天再跌停，看似两个相同的动作，但是你的资产却是 99 万元，还亏了 1 万元；而如果第一天跌停，第二天再涨停，你的资产还是 99 万元，照样是亏 1 万元，所以，数学是"偏心"的。再举个例子，假如你有 100 万元，第一年赚 40%，第二年亏 20%，第三年又赚 40%，第四年亏20%，第五年赚 40%，第六年亏 20%，这 6 年下来你猜猜收益率为多少？才5.83%，还不如 5 年期凭证式国债票面利率。数学总是站在不利于投资者的一面。这个逻辑如果细讲，我能讲出三层意思：

1

风险篇：从我的投资经历谈对风险的认识

1. 零存整取。如果你从 10 万元赚第一个 100% 是 20 万元；再赚一个 100% 是 40 万元，再赚一个 100% 是 80 万元；可是如果你在第三个翻番后，只要亏一次 100%，你就破产了。

2. 易亏难赚。如果你有 100 万元，假如亏 50 万元，即亏了 50%；如果你再要想回到 100 万元，你需要赢利 100%。

3. 搅动情绪。如果你从 50 万元赚到 100 万元，你会信心膨胀，胜利会冲昏头脑。心理账户的逻辑也会告诉你，反正钱是赚来的。你在暴利后会很容易助长骄傲情绪，很容易降低开仓条件和标准，会贸然在胜利的光环下大胆买卖，这个时候最容易亏损。可是，如果你从 100 万元亏到 50 万元，你的自信和情绪会受到很大打击，要么缩首缩脚不敢开仓，要么急于扳回损失仓促开仓。无论哪一种，你的理性都会被情绪扰乱。

这样看，你最好别亏。数学的逻辑告诉我们，小幅、稳定、持续的盈利才是最佳选择，暴利反而不是最好，暴亏当然是最差。数学背后的逻辑要求我们，股市存在着典型的"拉偏架"逻辑，它零存整取，天然就有缺陷。

1.3.4　风险的主要类别

我讲的风险类别，不是教科书上的风险类别，我不会按照教科书把风险分为简单的系统性风险和非系统性风险，那样没有多大的指导意义，我是按照我在股票实战中遇到的风险问题来给风险分类的，这样更贴近操盘本身。

1.3.4.1　随机性风险

股市本质上是混沌的，有确定性的一面，也有不确定性的一面。不确定性，就是随机性。股市的本质是不确定性，股市在大多数情况下是不确定性的、随机性的，只有在少数时间是确定性的。即使是确定性的一面，其中也包含着不确定性的因素。参与股市交易的是千千万万个机构和个体，谁也不能拍胸脯说，下一步的股价是多少，因为下一个价格是他们合力形成的，意外随时都可能产生。

随机性在股市容易表现为意外、倒霉、小概率。有过交易经验的人都知道，当我们小仓买入时，可能连续很多次都赚钱，后来突然来次重仓，股市却突然来个利空，暴跌起来。这种情况可以解释为点背，也可以解释为意外，这就是典型的随机性风险。其实，在股市里哪有什么是意外，任何事情的突然发生，都是它本身的秉性使然。

在统计学上有个概念叫游程，它可以解释所谓的"运气"。比如，以抛硬币为例，可能会出现以下结果（1代表正面，0为反面）：

1110010100101111111111100010000000101010

连续出现若干个1或者若干个0都是很正常的，虽然概率上是50%。无数次小额盈利可能是出现无数次1，一次重仓大亏，可能是恰好遇到0，这是很正常的事情。

随机性风险的存在告诉我们，在股市里做任何事情都不要做得太"狂"，永远都要留一手。无论你的交易模型和决策工具多先进，你都要留好退路，因为随机性风险随时可能来临。后来读索罗斯的传记，发现索罗斯永远都给自己留后路。即使是主张集中投资的巴菲特，也从来没有把所有的资金都押在一只股票上。

随机性风险会给投资者带来一个很大的麻烦，就是单笔巨大亏损。这种亏损连股神都躲不过。比如1987年10月19日，美国纽约道琼斯平均指数狂跌508点，跌幅22.6%，经历黑色星期一，索罗斯就没有躲过这一天，在剧烈的崩盘下巨损3.5亿多美元，他全年的盈利在短短几天内被席卷一空。如果在股市经历时间够长，几乎所有的投资者都经历过巨大的单笔亏损。这仅仅用风险意识不够、技术不成熟、交易体系不完善是很难解释的，这就是随机性风险的可怕性。

随机性风险还告诉我们，很多时候市场的价格是随机的，有些时候找不到股市上涨或下跌的原因时，不要苦苦纠缠，它们也许是随机生成的，没有为

1

风险篇：从我的投资经历谈对风险的认识

什么。索罗斯经历 1987 年 10 月的黑色星期一后，道琼斯指数绝地反击，以此为底，走上了轰轰烈烈的大牛市，只是索罗斯畏于基金赎回风险和流动性，不得不斩仓。他的单日巨大亏损，就没有为什么，可能只是随机性风险故意给他上一课。

随机性风险还告诉我们，大亏之后，不要过于悲伤。有的亏损，也许不是你的错，而是你运气不好，中了随机性的招。如果能这样理解，对建立我们良好的交易情绪很有意义，千万不要让随机性风险打击我们的自信。

现在有些技术分析流派喜欢把股市的研究精确化，甚至把股价精确到小数点后两位数。从我的股市哲学来看，这会走入死胡同。股价的本质就是随机性，对它的预测只能是概率化和粗线条化，而不能机械化。高等数学有门分支，叫模糊数学，我觉得用它研究股市比用精确数学更有用。技术分析的集大成者江恩有个段子，说他能精确地预测小麦期货在某个时间点一定会到 1.20 美元，注意，这可是精确到小数点后两位。江恩信誓旦旦地说，如果小麦期权收市的时候不到 1.20 美元，就说明他的整套分析方法都是错的。结果小麦期权果然分毫不差正好收盘在 1.20 美元。注意，结果也是精确到小数点后两位数。第一次读完这个故事，我对江恩佩服得五体投地，太牛了。从此，我苦苦地从江恩理论中寻找答案，纵使我翻遍江恩的书，也学不到江恩这个本事。我认识无数股市高手，我从没看到他们中有谁学到了江恩的这个本事。后来随着我对股市本质认识的加深，我觉得江恩那个故事是虚构的。江恩不可能有那个本事，世界上也没有人有那个本事。技术分析的本质是大数法则，它追求的是高概率，目的是建立概率优势，而不是像解数学题那样，给出一个唯一的答案。

随机性风险要求我们把自己的交易体系建立在一套组合上，不要豪赌单次交易的成败。只要你的交易系统是高概率的盈利，是小亏大赚，你就可以长期在股市立足。用一个交易体系而不是单次交易的成功率来决定股市命运，这才是炒股的正道，这个道理连赌场都在用。有个故事，说沙特王子想跟赌王打赌，说：我们玩抛硬币游戏，出正面我给你 50 亿元，出反面你的赌场归我。那么赌王是怎么来回答的呢？我们来听听：

"这个游戏固然公平，但是不符合我们博彩业的行事法则。我们开赌场不做一锤子买卖，而是小刀锯大树。如果你真的想玩，我们就玩掷骰子，1000次定输赢。你赢了，可以把我的产业拿走，我赢了，只收你 20 亿元①。"

沙特王子听罢，只好退出赌局。为什么赌王不愿意一局定输赢？因为赌王惧怕随机性风险。赌场的盈利并不是简单地靠赌场风水，而是靠一套赌博体系，在这个体系里不是单次定输赢，而是久赌庄家必赢的模式。赌场的盈利模式就是最大限度解决随机性的风险。沙特王子也明白这个道理，对于赌客，久赌必输，只有单次赌博博运气才能击溃赌场。赌王不愿意单次赌博，而是用1000 次的赌博体系来赌，沙特王子当然能明白其中的利害，所以他退场了。

股市的随机性和赌场虽然不一样，但是内在逻辑是相通的。股市的随机性风险也比较大，所以，要想长期盈利，必须向赌王学习，建立一套"赌博"体系，用多次交易来回避随机性风险。

大数法则告诉我们，只要交易的次数足够多，事情就会到它应有的概率。所以，当决策模型建立在高概率基础上，只要交易的次数足够多，随机性风险就可以避免。这就是我强调建立交易体系的原因。这也是我为什么认为江恩成功预测小麦期权价格到 1.20 美元是不可能的，因为江恩把自己押到单次交易上了，随机性风险随时可能把江恩击溃。以江恩的聪明，他不会干这事。同理，我也反对把股市的研究机械化，用解数学题的方式分析股市，得出一个具体的数，以此来显示自己的预测水平之高。其实，明白随机性风险的人都知道，这都不是人干的活。

总之，随机性是股市本质的体现，我们能通过交易体系来规避随机性风险，但是，在更大逻辑上，交易体系本身也具有随机性风险。随机性的本质就是不确定性，不确定性是股市的核心特征。所有交易者，终其一生都要与不确定性做斗争，也必将终其一生与随机性风险相伴。

---

① 孙惟微 . 赌客信条——你不可不知的行为经济学 [M]. 北京：电子工业出版社，2010：77.

1

风险篇：从我的投资经历谈对风险的认识

1.3.4.2　执行性风险

我们在股市中都犯过一种错误，就是明知故犯。这种错误理性能认识到，但是实践中无法避免，我将其冠以执行性风险之名。这种风险在股市中普遍存在，在每个人的投资经历中还屡见不鲜。

很多在股市失败的人，并不是对股市无知，也不是对风险不了解，而是风险控制失败。很多人理性驾驭不了感性、潜意识和不良的习惯。明知山有虎，偏向虎山行。范伟演过一个角色，把灯泡含进嘴里，拔不出来了。医生问他为什么要把灯泡塞进嘴里。范伟事后说，他看到说明书写的不要把灯泡含在嘴里，他就想试试是不是真的。很多人当笑话看，这不是犯贱嘛。你还别笑，股市里这种人多的是。这是一种秉性，一种人的劣根性。就如同人会自杀一样，股市中也有人求亏。精神分析大师弗洛伊德有个理论：每个人内心深处都有一种求死的欲。这种理论可以解释为什么有人作践自己、糟蹋自己，在股市上表现为"博傻"，在金钱上表现为求死欲。好像每天不糟蹋一下自己、每天不亏点钱心里不舒服似的，这种行为叫自我拆台。罪恶感同样能带来刺激和高潮，这就是执行性风险的根源。当然，我们所讲的执行性风险没有那么严重，我只是借助这个理论来讲执行性风险背后的人性逻辑。《魔山理论》[①]讲过一个故事，大意是说蝎子要青蛙背它过河，青蛙反对，因为青蛙怕蝎子蜇它。最后蝎子说：

"你弱智啊，你背我到河中间时我蜇你，你死了我还能活吗？"

青蛙觉得也对，就同意背蝎子过河。可是游到河中间，青蛙突然感到背上一阵撕心裂肺的痛，直觉告诉它，蝎子还是蜇了它。青蛙愤怒地问："我下沉了，你也要死，你这是自杀吗？"你猜蝎子怎么说？

"谁想自杀啊？我蜇你完全是出于下意识。"

蝎子蜇青蛙，就是我们所说的执行性风险。从理性上说，蝎子肯定知道它

---

① 唐伯志. 魔山理论 [M]. 北京：中国三峡出版社，2008：14~15.

和青蛙是命运共同体，但是蝎子还是管不住自己。这就是没有管好风险控制。

执行性风险是逻辑和行为的错位造成的。逻辑的认知是理性的，它只对理性负责。而行为是理性和感性统一的，它有时候会失去理性而滑向感性的深渊。这就是为什么我们很多人都做过很臭的交易。即使大师和股神，也有很多败笔。这一理论也可以用于解释为什么有的股民懂得很多，而账户却是一直亏损。

执行性风险很难克服。傅雷在家书中就写道："在这个年纪，即使理性上认识到，也未必能够心甘情愿地接受，只有慢慢磨炼。"傅雷是写给孩子的，其实，何止是孩子，成人也是这样，谁都知道不抽烟、不喝酒、多运动对身体好，生活作息有规律对身体好，可是又有几个人能坚持做到？股市中很多人理性上认识到风险，但是在交易中总是管不住自己的手。这种风险需要修炼才能克服，同时，我们也可以通过设置交易程序来避免。现在基金的管理在很大程度上都避免了这一点，这是靠程序和制度来解决的。比如，决策和执行分开，投资要经过投资委员会，买卖股票的名单要经过委员会讨论，先划定范围。基金经理买卖的时候只能在规定范围内选择，选择后，还要交给另外的下单员去执行。对于个人投资者，无法像机构那样严格按程序来做，但是我们可以尝试给自己的投资建立程序。比如，与盘面要保持一定的距离，最好不要一天24个小时都趴在电脑前，避免受盘面过分干扰。再比如，买卖前读一段投资警言，等等。

不过，我们再努力，执行性风险永远消失不了。机构虽然用程序和制度在某种程度上克服了执行性风险，但是如果把机构的决策委员会看成一个整体，他们的思维趋同化和盲区仍然会让他们遭受执行性风险，机构"博傻"不比散户少。机构本质上也是由一个个的人构成的，是人就有执行性风险。个人与机构，莫不如此。

1.3.4.3 局限性风险

在物理学上，牛顿的经典力学是有局限性的，它只适用于宏观低速物体，面对微观高速物体的运动它就不适用。

列宁说得好：真理再往前走一步，哪怕仅仅是一步，也会变成谬误。任何一个理论都是有局限性的，它的应用，都是讲条件、讲背景的。有的理论虽然现在是绝对真理，但是随着认识的加深，也会被发现其适用性是受限制的。牛顿经典力学也曾经被认为是绝对真理，但是爱因斯坦的相对论一问世，牛顿的局限性就立即现出原形。

股市也是一样。很多的技术分析、技术诀窍，都是建立在微观市场上的，都是对细节性的规律和阶段性的总结，是局部的、易变的、脆弱的，并不能上升为普遍的投资原则和策略。但是，很少有人认识到这一点，或者很多人不会承认这一点。君不见，在牛市中，很多人总结个一招半式，会个三脚猫功夫，就自吹自擂，"股神"满天飞。可是一旦到了熊市，个个都销声匿迹。也不是他们懂得的东西是错的，而是环境变了，牛市的技术只适用于牛市，拿到熊市，一做一个亏。就拿突破买入模式来说，在熊市中，假突破太多了，光这一项就足以葬送很多"股神"。

我们一定要搞清楚，自己的交易系统是建立在牛市的基础上，还是建立在熊市的基础上。在牛市建立的交易系统容易勇猛激进，在熊市建立的交易系统容易缩手缩脚。最安全的交易系统是经历几个牛熊轮回后建立的。2008年的大熊市，之所以那么多人亏，是因为很多人把自己在2006年大牛市的交易规律用在大熊市了。正如马云所言，天变了，你拿过去的那套玩意儿，不行了。

局限性风险不但表现在牛市熊市的局限上，也表现在不同交易品种的局限上。比如，小盘股的规律未必适合大盘股；高价股的规律，未必适合低价格；股票的规律，不一定适合权证；A股的技巧，不一定适用B股；股票的规律，不一定适合期货；中国股市的规律，不一定适用美国股票。前段时间刚看过一个报道，很多人用炒A股的方法炒美股，结果亏得一塌糊涂。

局限性风险还表现在不同投资理论之间。短线投资方法，就不适合长线投资者；价值投资者的理论也照样不适合短期投资；趋势投资理论，同样不适合信奉套利模式的投资者。你在自己思路指导下形成的策略、理论和方法，只局限在你的地盘，一旦跨过界，就不再是普遍适用的"真理"了。

局限性的风险在于，你怎么知道你的交易系统是局限的？是哪些局限？你总结的规律是否具有普遍性？是否具有迁移性？

局限性风险很大程度上与你对股市认识的深刻程度有关、与你总结规律的环境有关、与你的统计样本有关。很多决策模型，只有有足够多的样本支撑，才能具有高概率，而且这些样本必须来自于不同的市场环境和不同的交易品种。我经常见到很多人刚总结几个股票，其样本根本不具备广泛性，就急于得出结论，结果闹出笑话。

这个道理说起来容易懂，但是在炒股的时候就经常犯糊涂。2008 年大熊市的时候，很多明星基金经理被熊市撕破光环，很大的原因就是很多年轻的基金经理根本就没有经历过熊市，博士、硕士基金经理们都还幻想着用牛市总结的规律来做熊市，当然亏得一塌糊涂。民间股神也好不到哪里去，很多股市大佬自以为找到法宝，没想到熊市一来，很多人中枪倒下。其中缘由也是他们把牛市中建立的交易系统用在了熊市。对此，我个人也有深刻的体会。追涨停模式是一个典型的牛市交易模型，我有段时间把它用在熊市，经常是刚刚追上涨停板就打开，当天就套好几个点。我也经常与一些高手交流经验，发现没有意识到自己交易模型局限性的人不少，每个人的"独孤九剑"里都有破绽。

解决局限性风险的办法就是还原你交易系统诞生的土壤，它来自于哪里，就适用于哪里，就在哪里去应用，不要越界。这说起来简单，可是在股市上，能真正认识到这点的人不多，能真正做到的人更少。

局限性风险对"大人物"更适用。很多在自己领域里堪称天才的人，来到股市都遭遇翻船，上面提到的歌神张学友就是例子。下面我再举几个例子。牛顿是物理学和数学天才，他炒股却遭惨败，并因此曾留下名言：我能计算出天体运行的轨迹，但我算不出人心的疯狂。丘吉尔是英国的政治天才，但是去美国开户炒股却亏损。2006 年发生在 A 股中的例子更典型。当时牛市已经确立，而经济学家成思危却在 2006 年 12 月 4 日接受采访说："那些认为明年股市上 4000 点的人头脑发热了，我不相信明年股市能上到 4000 点。"结果，

2007 年股市不但上了 4000 点，还一度上到 6124 点，比他不相信的点数还高了 53.1%。

这些大人物在各自的领域都是领军人物，为什么他们看错股市？本质原因是局限性风险。他们在自己领域一言九鼎，但是那种知识和认识不一定适合股市。股市有自己的逻辑，只有认真研究股市的人才能搞懂股市。牛顿的经典力学、丘吉尔的政治学、成思危的经济学、张学友的漂亮嗓音，无论水平再高，都不能轻易迁移到股市上来。股市不会因为你是天才和大师，就对你网开一面。这就如同医学，现在的医学分科越来越细，即使你是伟大的科学家，你也不能轻易地对某个医学分支发表意见。但是在股市，很多人就不懂这个道理，政治家、经济学家，甚至大学教授、记者、电台主持人，都爱对股市指手画脚，什么这有泡沫、那有风险，结果话音没落，股市就给他几个耳光，使他威信扫地。其实他们是不懂得局限性风险，不承认炒股就像医学的某个分支一样是很专业的活。没有亲自经过炒股洗礼不可能成为股市专家，那些以为自己的智商无所不能、以为自己在其他领域建立的知识优势可以"捞过界"、能随便对股市得出结论的大人物们，往往都被股市的现实冷嘲热讽。局限性风险专门治这种看不起股市的大人物。股市比其他任何领域都特殊，如果你是文学家，你绘声绘色地谈历史一点都不足为奇；如果你是物理学家，你对数学发表真知灼见很正常；如果你是歌星，你把电影演得入木三分也很常见；如果你是政治家，你对军事高谈阔论没人觉得意外。但是，在股市，如果你不是专门研究股票并亲身经历过股票买卖，你绝对不可能是炒股专家。因此，我一直强调，股市没有权威，不要轻信任何人，哪怕他获得诺贝尔经济学奖，哪怕他天才如牛顿。股市的局限性风险不给我们面子，也同样不给天才们面子。

局限性风险从理论上说很简单，也容易理解，但是我们经常不知不觉犯此类错误，平凡的股民如此，高贵的牛顿也如此。局限性风险警告我们，一定要警惕自己交易模型的适用环境，一定要密切关注大盘背景的变化，一定要破除权威迷信，一定要走独立思考之路。

问题的关键是，无论我们怎么突破局限性风险，我们都或多或少被局限性风险所局限。

1.3.4.4 反人性风险

不知道有人细想过没有，股市其实是反人性的，炒股是反人性的游戏。

比如，我们都知道，人性中容易接受勤劳致富，可是在股市里，是否赚钱与勤劳关系不大。也许你很勤快，每天下班都回去研究股票，但还是摆脱不了亏损。在股市里，你越勤快，有时候还越亏损；谁频繁交易，谁完蛋得早。著名的投资人李驰的信条是：越不繁，越不凡。说的就是这个道理。

人性中还有这样一个现象：亏损后，马上急于扳回。这是股市中的大忌。现实生活中，知耻而后勇，受辱之后立志报复，以牙还牙，以血还血，这是天经地义，非常符合人性。但是，在股市中的正确做法却恰恰相反，大亏之后应该去休息，而不是急于报复。因为报复情绪下的开仓都是受情绪干扰的，很容易连续亏损。股市里要懂得忍气吞声，调转枪口，及时投降。这些都是现实中的卑劣情操，但却是股市中的高贵品质。我在自己交易经历中，深刻体会到这一点。2008 年大熊市中，越报复越亏，越急于扳回损失，损失就越大，就像掉进一个无底洞。血的事实告诉我，只有懂得休息的人，才有东山再起的机会。

人性中有同情弱者的情结。但是股市中，却盛行趋炎附势、远离弱者的逻辑。股市讲究力量，它是强者恒强的游戏。很多人害怕强势股，害怕涨停板，害怕上涨，一遇到这种情况就不敢买，恨不得躲得远远的，觉得很不安全；他们一心想躲进那些不涨的股身上，好像和弱势股在一起很有安全感。这种人很难在股市混下去。股市里的安全来自于主流资金的保护，主流资金在哪里，哪里就是安全的地方，而主流资金集中的地方就是热点和强势股，主流资金宣泄的渠道就是暴涨。

人都是有感情的，但是股市的规律是不讲感情的。股市有句名言：不要和股票谈恋爱。正确的股市思路是看交易体系，凡是符合交易体系的股，都是好股。可是在现实中，很多人喜欢和股票谈恋爱。记得我大学证券老师就有这个习惯，她喜欢高科技股，与高科技股有感情。还有很多人喜欢上海股，与上海股有感情。还有人喜欢金融股，与金融股有感情。这些都是正常人性，但是股市的游戏是反对这个的。

股市并不适合按照正常人的逻辑去玩。股市的反人性风险，让参与者大多亏损，这正是股市风险的人性根源，因为大多数人都是按照正常人性去思考。这个理论告诉我们，当我们买股票的时候，最好反着去想。当所有的人都恐惧的时候，我们应该贪婪；当所有的人都疯狂的时候，我们应该考虑退出了。

我们经常看到，很多利好一出，股价就见顶；利空出来，反而股价暴涨，其根源就在这里。我们应该去利用股市的这个"潜规则"，看到股价背后的因素，既不要被暴涨冲昏头脑，也不要被暴跌吓着。但是，大多人还是用正常人的人性禀赋去思考，所以，反人性风险在股市里永远存在。

1.3.4.5 逻辑背叛风险

每个事物都按照其内在逻辑去运行，每个人都按照其自有逻辑去思考。如果这个逻辑突然变了，会是什么结果？

我们先举个例子：

如果 A，则 B。

假设这个逻辑运行了很多年，大家习以为常，后来就变成常识了。并且在这个逻辑上又衍生出其他一系列的逻辑。但是突然有一天——

出来了 A，可结果是 −B。

会出现什么情况？

如同每天太阳都从东方升起，突然有一天，太阳从西方升起，会是什么情况？

天变了！

也许你会说，尽瞎说，太阳怎么能从西方升起？但在股市里，太阳就有可能从西方升起。我们先来举个现实中的例子。

有一个基本逻辑，你用别人的产品和服务，你得给人家钱，这是天经地义的，是经济学的基本常识，等价交换。比如，你买别人的车，你要向别人付钱；享受别人理发服务，你得给理发师钱；你坐飞机，得给航空公司钱；你去吃饭，得给饭店钱……总之，你享受别人的产品和服务，你就一定得给钱，天下没有免费的午餐。可是突然有一天，有人宣布：我的"饭"大家随便吃，我不要钱。这个时候你会怎么想？这个人肯定是骗子，要么就是傻子。如果这个人既不是骗子又不是傻子呢？那一定是"天"变了，太阳从西边升起了。

对，太阳从西边升起了。

请问，你用微信，你给腾讯钱吗？相对于电信公司来说，微信不就是免费的吗？微信不就是西边升起的太阳吗？

背后发生了什么？

腾讯不是活菩萨，不是慈善机构，它不收钱，那是因为它赚钱的逻辑变了。今天的互联网就是这样，还有很多产品正在排队等着你免费用呢。对于电信公司来说，这就是逻辑背叛的风险，这是商业逻辑，我们下面要讨论的是股市的逻辑。

也许你会说，这种例子在现实中不多。对，是不多，但是在股市里很多。

比如，业绩好时股价会大涨，有业绩支撑的股跌不到哪里去，这在很长一段时间都是统治股市的逻辑。可是，股市突然就背叛了这个逻辑。业绩好的股票突然变成领跌的股票，业绩不再为股价担保。这个时候，那种固守好业绩好股价的逻辑不就是有很大的风险吗？这种现象在 2007 年年末 A 股暴跌的过程中还少见吗？很多人迷信业绩，股价越跌越买，到现在都没有解套呢。

再比如，强势股遇到利空暴跌后，会有反弹。很多人根据这个逻辑建立了做强势股回踩模型，在暴跌的底部布局，寻找反弹。可是，这个逻辑也有背叛的时候，很多强势股一泻千里，从不反弹。这样的例子比比皆是。

还有，突破即买入逻辑、趋势跟踪逻辑、价值投资逻辑、龙头股逻辑等等，所有这些逻辑，都有背叛自己规律的时候。这就构成了很大的风险。

1

风险篇：从我的投资经历谈对风险的认识

其实，任何一种技术分析理论、任何一种决策模型，其背后都是一种逻辑。这种逻辑越成功，你对它越依赖，你就越难突破它。它可以把你送到辉煌的顶峰，也可以一夜之间离你而去把你送到地狱。这就如同多年的铁哥们亲兄弟一夜之间背叛你，从背后向你捅刀子。此种风险，防不胜防，是股市中最特殊的一种风险。

在实业中，我们也经常见到这种情况。爱迪生是伟大的发明家，他发明灯泡，把光明送到千家万户，他在电力革命时代独领风骚。其手下员工福特建议他生产汽车，但因为爱迪生依赖电力革命的逻辑太久了，他完全接受不了福特的建议。于是福特辞职，创立福特汽车公司，让便宜而又整齐划一的 T 型车风靡美国。这个时候通用汽车崛起，通用汽车认为那种便宜而没有个性逻辑的时代过去了，美国人进入了个性化逻辑的时代，于是推出个性化的汽车，福特死活接受不了这个逻辑，依然顽固地生产整齐划一的 T 型车，结果被通用汽车超过，直到小福特接手，福特汽车才缓过劲儿来。越是在旧的逻辑里成功，越是容易被新的逻辑打败。IT 行业同样上演过这一幕。IBM 固守硬件的逻辑，被软件逻辑的领先者微软超越；当微软固守软件逻辑时，它在互联网领域找不到方向，被谷歌打得找不到北；当谷歌沉迷于搜索的逻辑时，推特和脸谱又给谷歌上了一课；当脸谱和推特沾沾自喜时，WhatsApp、微信又异军突起，移动互联网逻辑又突然来临。每一次逻辑变化，都是对旧有逻辑的摧残。这种摧残在实业中还留有情面，使之不至于一败涂地，而且变化速度比较慢，逻辑的背叛也不是 180 度的彻底转弯。可是在股市中，逻辑背叛往往是新逻辑与旧逻辑的彻底决裂，是 180 度的大转弯，一次逻辑背叛就有可能让投资者倾家荡产。

举个米勒的例子。米勒是价值投资的信徒，他的逻辑就是低价买入好公司。米勒的这个逻辑给他带来了很大的成功，其投资收益连续 15 年战胜标准普尔指数，事实上其成绩超越了彼得·林奇，一度被誉为米勒王朝。但是，米勒在 2008 年的次贷危机时依然按照以前的逻辑行事，"街上血流成河的时候，就是买入的时候"，他连续买入贝尔斯登、美林、房利美、房地美、AIG，这个名单大家都熟悉，这就是一张次贷危机破产公司名单，米勒被他信奉多年的逻辑重创。任何逻辑都有背弃自己的时候，价值投资也不例外。

这个道理还可以用中国的武术来解释，比如，用太极拳、八卦掌对阵西洋枪，当子弹射来的时候，任何招式都是无力的。因为太极拳、八卦掌的逻辑是身体与身体的较量，洋枪的逻辑是工具与工具的较量，这二者不是一个逻辑。当八卦掌出掌的时候，它的逻辑是对抗对方身体的某一部分，可是对方回避这个逻辑，射来一发子弹，这对八卦掌来说，就是一个巨大的逻辑性风险。也许这个例子不是很贴切，但我想表达的是，在股市里存在一种逻辑性的冲突，一种路径的背叛，这是一种巨大风险，这种风险启迪我们要对股市保持永久性的敬畏。无论你的交易系统多么完善，无论你用自己的绝招赚了多少钱，都不能自满，都要意识到有一支冷箭一直躲在你的背后。

逻辑背叛有两种类型：一是彻底背叛，换个新玩法，比如微信彻底颠覆短信；一是偶尔背叛，背叛后还会回到原来的逻辑轨道，比如上述米勒的例子。最可怕的还不是第一种风险，而是第二种。第一种是改朝换代，一切按照"新朝"的规矩来，越是迷恋旧逻辑，越是习惯"前朝"，结果越惨。第二种则像开车熄火，重启后照样玩，只是这种"熄火"若发生在股市，其结果是灾难性的。

股市中逻辑背叛的例子比比皆是。比如，遇到利空认沽权证就暴涨的逻辑，就给我上了一课。2007 年 5 月 30 日，管理层上调交易印花税，加强股市监控，调查内幕交易，同时处罚广发证券上市中的内幕事件，辽宁成大被强行停牌，一揽子利空呼啸而来，股市暴跌。但是，认沽权证暴涨。以后出现一个几乎固定的逻辑，凡是股市出现重大利空，认沽权证总是暴涨。

后来轮到了南航权证，它也是认沽权证，我时刻等着它。终于机会来了，美国股市暴跌，A 股也暴跌，中国经济面临严重下滑，我认为大利空来了。于是我就买了南航权证，结果南航权证一泻千里。我买这个股的逻辑基础变了，利空则认沽权证涨的逻辑背叛了我。这次失败给了我很大的教训，让我亲身体会到什么叫逻辑背叛风险。其实，这样的例子还有很多，南航权证案例算比较典型的一个。

1

风险篇：从我的投资经历谈对风险的认识

逻辑性风险是非常特殊的风险，这种风险——特别是第二种逻辑背叛风险的特殊之处是你明明知道它会发生，但却不知道它什么时候会发生。价值投资的信奉者不会因为逻辑背叛风险而放弃价值投资，技术分析的依赖者也不会因为一两次技术分析失效而放弃技术分析。可以这么说，这种逻辑背叛风险就是一潭浑水，你明知道有，但你躲不过。

1.3.4.6 情绪性风险

情绪是股市里的很大风险，因为任何人都不是绝对理性的。情绪总会放大或者缩小人们对股市的认识。香港股神曹仁超在他的《论战》中写到那些狂妄者是怎么受到过度自信的情绪干扰的：他们往往自信心太强，可能已经有点霸气，自以为真的了不起，警惕性太弱。狂妄之时，过去的成功原则都不能够坚守。傲慢与偏见，经常带来灾难。胜利之后，往往带来失败的因子；狂热之后，便是痛苦的起源，成功与失败、赚钱与亏损，往往只有一念之差，而情绪正是干扰这一"念"的极大因素。

除了狂热和自信，还有很多情绪干扰人的交易，比如报复心理、懊悔心理、赌性、急于求成、侥幸、冲动、追求刺激等等。值得一提的是侥幸心理，它是一种非常可怕的负面情绪，很多人在侥幸心态下会降低买股标准，结果偷鸡不成蚀把米。

冲动同样会给投资带来困扰。记得在2007年，我有夜间复盘的习惯，每天夜里都会反复研究股市，很冷静、很客观地分析第二天的走势以及操盘计划。可是，第二天一开盘，看到花花绿绿的交易盘面，马上就把昨天冷静思考的计划抛到脑后，加入追涨杀跌的队伍中去。有时候股市行情具有很大的魔力，任你再冷静思考，它都会用狂热和恐惧击溃你。

很多人在情绪的干扰下会做蠢事，比如，一个投资者有两只股票，一只赚钱，一只亏损，如果此时需要用钱，这个投资者往往倾向于把赚钱的那个股票卖了，留下亏损的那只。可是，股市的逻辑是强者恒强，正确的做法是截断亏损，让利润奔跑。即使在实际生活中，你也应该知道怎么做，比如，你有两个杂货店，一个赚钱，一个亏损，如果让你关掉一个，大多数人都会关掉亏损的那个店。可是一到股市人就容易犯糊涂，往往会卖掉赚钱的留下亏损的。

心理学家卡尼曼曾专门对此进行研究，有兴趣的读者可以去读读他的文章。卖掉赚钱的，留下亏损的，正是他研究的处置效应理论，这是人非理性的重要表现。卡尼曼是心理学家，有趣的是，他开创的理论被冠以行为经济学理论，并因此而分享诺贝尔经济学奖。诺贝尔经济学奖有两次颁给非经济学人士，卡尼曼是其中一位，还有一位是数学家纳什，就是电影《美丽心灵》中的主人公，他创立了纳什均衡理论。行为经济学里还有很多类似的非理性的论述。比如，反应过度偏差、羊群效应、赌徒谬误、锚定效应、前景理论、心理账户，等等。

情绪还会极大干扰操作。在实盘交易中，投资者面临巨大心理和精神压力，这是一个隔岸观火的人完全不能体会和感悟的。有时候市场走势看上去非常明显，很容易坐收渔利。但实际上，一旦你在市场上用真金白银建立了头寸，你对市场的判断就不再像原来作为旁观者那样客观超脱和轻松，你的情绪会参与其中，你内心无法抑制的巨大变化，恐惧、贪婪、怀疑、焦虑、患得患失、反复无常等都可能扭曲你的思维，扰乱你的心智，你甚至会变成你自己原来很反感的那个样子。你会惊奇地发现你和原来嘲笑的对象没有什么不同，结果，看起来很简单的交易，会在七情六欲的干扰之下变得神经错乱、一塌糊涂、乱七八糟。即使你当初的判断往往无比精准，也有可能颗粒无收。情绪性风险就是这么残酷和无情。

1.3.4.7　小数法则风险

股市的风险类型还有很多，我不再一一赘述。最后再讲一个小数法则风险。

小数法则也可以归为行为经济学范畴，我把它借用到股市里，是为说明一种风险。小数法则是指一种心理偏差，人们迷信小样本中某事的概率分布。比如，在不确定性的情况下，人们会抓住某个局部特征直接进行推断，而不去考虑更大范围的真实概率。局部特征越典型，则根据该特征进行决策和推断的权重越大，从而忽视整体概率。而且，人们还会根据一个事件在记忆中的典型性来评估其出现的概率，越容易被记忆起、越容易被大脑搜索到的，则其主观概率就越会被夸大。

郎咸平有篇文章抨击中国文化迷信小概率。他说，中国人崇拜小概率事件，比如，中国人对以少胜多的战役非常钟情，反复传颂，什么官渡之战、草船借箭、赤壁之战等等。其实，这种崇拜是很危险的，大概率的情况应该以多胜少，以强胜弱。真正以少胜多的概率非常小，如果我们的思维一直崇拜小概率事件是很危险的事情。

仔细想想，很有道理。就依兵法为论，最经典最古老的兵法《孙子兵法》写道："十则围之，五则攻之，倍则战之，敌则能分之，少则能守之，不若则能避之。"这里讲的就是以多战少，而不是去创造奇迹。如果你深读《孙子兵法》，就会发现它不推崇奇迹思想，它没有侥幸思维，它是讲力胜的。如果没有力胜，就要通过智力创造条件力胜，在《孙子兵法·兵势篇》里讲得很清楚："故善战人之势，如转圆石于千仞之山者，势也。"就是要创造如同在山顶滚下圆石一样的"势"，这在本质上还是力胜。《孙子兵法》虽然也讲用"奇"，但是这个"奇"不是讲奇迹，更不是讲小概率，而是讲出奇招，并且是建立在"以正合"的基础上。整个孙子的思想，就是用大的攻击小的，要么是智大，要么是力大。毛泽东的军事思想就非常精彩地借鉴了《孙子兵法》。毛泽东的军事思想一个很重要的地方就是集中兵力，伤其十指，不如断其一指。

为什么反对小概率，反对小数法则？因为这是一个很大的误区。就拿今天的创业来说，很多人看到马云、史玉柱创业成功就非常后悔自己没有创业。可是，如果认真地去统计，与马云、史玉柱同时代同背景创业的人成千上万，成功者也就是马云、史玉柱、马化腾这么几个。如果从整个大样本来看，创业失败是高概率，成功反而是低概率。但是，人们往往只看到马云、马化腾、李彦宏这些成功的人，而忽略创业失败的人。这是典型的心理偏差。

这种现象对股市有什么警示？股市里小数法则的心理偏差更常见。比如，有人在贵州茅台上长期持有获得很大的成功，于是得出结论，持股时间越长越好，还是价值投资管用呀。他得出这个结论的时候，有意无意地忽略了其他长期投资亏损的人。不是他智商有问题，而是小数法则在起作用。很多道理如果不发生在股市，都容易理解，一旦发生在股市，往往就糊涂了。茅台的长期持有者盲目推崇长期投资，正是被这种单一样本给迷住了。在股市里讲得最多的故事还不是贵州茅台，而是万科。经常看到严肃的媒体和知名的教授以万科为例，讲长期投资有多么可贵，煞有介事地说，如果你当初以一块钱买入万科，一直持有到今天，会变成几百几千云云。这是典型的小数法则，因为不统计大样本，仅仅以万科为例，永远说明不了问题。

再比如，有人在中国铝业、工商银行、北辰实业三个股票上连续做了三次突破买入模式，都获得了巨大成功，赚了很多钱。于是就得出结论，突破买入模式真是有效呀，屡试不爽。同样，他也没有去统计更大样本的概率，只是这三个股大赚给他印象太深刻了，让他刻骨铭心，小数法则让他心理产生偏差。

这种例子你会觉得很"愚蠢"，但是发生在你身上的时候，你往往不会觉察，所谓当局者迷，旁观者清。我在股市里见过太多的人，刚在两三个股上赚到钱，就宣称自己找到赚钱模式了，还向我传授应该怎么选股。你还别笑，仔细回顾一下你的历史，你肯定也干过这样的事。就拿生活中的例子来说吧，君不见很多女人一次谈恋爱失败就咬牙切齿地说，男人没一个好东西！也有人扶一次老太太被讹钱，就说所有的老太太摔倒了都不能扶。这都是小概率法则的心理偏见。

从这个角度，我认为小数法则不但是一个法则，更是一种风险。这种风险在现实生活中的伤害可能没有那么大，因为在现实生活中的变化不大，样本也不多，很多事件是孤例，你总不能让一个女人找几十个男人谈恋爱来统计好男人的概率吧。可是股市不一样，很多事情一旦发生在股市，无论是好事还是坏事，往往都会被无限放大，因为股市的样本大，股市的变化快，小数法则的风险在股市里就大了。

有个寓言故事，本质上也是小数法则，那就是守株待兔。你会觉得很可笑，但是在股市里，守株待兔每天都在发生。农夫的守株待兔顶多让农夫荒废庄稼，而股市里的守株待兔却很容易让股民蒙受巨大亏损。

我以前也经常受小数法则的影响，举个记忆最深刻的例子吧。2006年年底，我在招商轮船这个新股上赚了近50%，因为它连拉了4个涨停板，太刺激了。我从来没有赚过这么多，这个事情给我的印象太深刻，对我的冲击太大了。于是，我就痴迷上了大盘蓝筹次新股。我得出一个规律：业绩好的大盘蓝筹股，刚刚上市容易被爆炒。于是，我在接下来广深铁路和大唐发电这两个蓝筹的IPO上市时，第一日就大量买入，结果短线暴亏。现在想想，这正是落入小数法则的陷阱。

明白小数法则风险对我们的最大意义在于建立自己的交易系统和决策模型的时候，会看得更远。让我们跳出就事论事，进入更大的样本中去观察事物。即使能看到小数法则风险，我们依然不能保证自己不入迷。因为股市是知不易，行更难。特别是小数法则风险，最容易旁观者清，当局者迷。即使我们天天谨慎小心，依然不能保证我们不陷入小数法则陷阱。

1.3.5　风险的根源在哪里

我们谈到了种种风险，那么这些风险是从哪里来的呢？其根源何在？

如果刨根问底来探讨风险的终极问题，我觉得是客观上的不确定性和主观上的犯错误。

客观上，股市的本质是不确定的。不确定性是股市的灵魂，也是股市的魅力所在。从我们踏入股市，到我们离开股市，我们始终要面对不确定性。只要我们在股市一天，就要与不确定性相伴一天，我们面对的是一个随时可能会变脸的市场，这是股市最大的风险。没有人能完全战胜股市的不确定性，当有人说明天大盘会调整到多少点，我就觉得好笑，股市又不是他家的，这是个随机性的市场，他怎么能未卜先知？所有企图给股市建模（数学模型），企图用定量和公式化来战胜股市的做法，都是徒劳的，资本公司做不到，诺贝尔经济学奖得主做不到，牛顿做不到，江恩做不到，其他人也都做不到。我们只能把不确定性缩小，把风险降低，而不能把不确定性变成确定性。从反证法来说，如果有人能解决不确定性，那他一定是天下首富。股市有句名言：能预测三天行情，就可以富可敌国。如果真有能准确预测行情的人，那么股市也就没有必要存在了，因为股市的钱最终会流到他一个人手里。所以，千万不要相信所谓股神的瞎吹，更不要企图在股市找到一个一劳永逸的技术或公式。

不确定性是股市风险的总根源，如果股市是确定性的，股市就没有风险，股市也就不必存在了。正是有不确定性的存在，我们在主观上的错误才显得十分可怕。

主观上犯错误使得风险得以兑现，并放大了客观上的不确定性风险。仅仅是不确定性的存在，风险就已经够大了，主观上再犯错误，那风险更是被成千上百倍地放大。主观上犯错误的风险很多，集中表现在认识上的无知和行为上的"犯贱"。认识上的无知是不学习、不总结、不反思造成的，这种情况在股市中非常常见。很多人来到股市就是为了挣钱，好像这里钱多得没人要似的，以为来这里就有钱，根本就没想去学习。即使是农民也会向经验丰富的老农民学习，当个理发师也需要向师傅学习，甚至去饭店当服务员也需要培训学习才能上岗，为什么很多人来到股市不学习而就直接想发财呢？不学习只能造成无知，而无知者只能当股市的"炮灰"。学习了，还未必能赚钱，何况不学习？巴菲特的老搭档芒格说得好：在我的一生中，没有见过任何一个人可以不阅读却在一个博大精深的领域中获得成功，一个都没有。可是在股市中，不阅读不学习的人比比皆是。

"犯贱"是指自己管不住自己，这种情况在每个人身上都存在，大师也不例外。有的是意识到了却管不住自己，有的是因为存在思维、情绪和心理误区而管不住自己。前者表现为执行性风险，后者表现为情绪风险、小数法则风险、非理性和局限性风险。

无知和"犯贱"葬送了一批又一批股民，它和不确定性一道构成了股市风险的终极根源。如何解决这个问题呢？中国奇书《渊海子平》上有句话说得好："先天何处？后天何处？要知来处，便知去处。"这种思维也类似于中医上的治病思维：来路便是出路，邪从哪里来，病从哪里除。要想防御风险，最好借鉴这种思维：风险从哪里来，就从哪里去防御。降低客观上的不确定性，减少主观上的错误，风险自然就降低很多。至于如何做，本书会陆续分析。

1.3.6　如何化解风险

股市有句名言：股市有风险，投资需谨慎。这暗含一种逻辑：解决风险最好的办法是谨慎。我觉得这是错误的，很容易误导人。为了说明这个问题，我先引用广东省南方期货公司王毅讲的一个故事。王毅说，他外婆的苗族村寨路不好走，有一次一个年轻人天黑急着赶回家，走到桥中间时一不小心滑下去了，所幸手疾眼快急中生智抓住了桥上的横梁，于是悬在半空中。天黑不见五指，更看不清桥下有多深，这个年轻人唯一的希望就是有人经过这里来搭救他一把。运气不济，大半夜过去了也没有人经过这里，这个年轻人一直在那里吊了一个晚上。第二天天亮了，这个年轻人放眼往下一看，你猜看到什么——他发现自己的脚底到河滩的距离不到 10 厘米。年轻人泄气地松开了手，为了这 10 厘米他整整吊了一个晚上。[①]

这个故事道出了一个很深刻的道理：风险的可怕就在于不认知。如果那个青年能知道桥下有多深，他能吊一个晚上吗？股市也一样，股市里的很多风险是不认知造成的。当一个人不学习、不总结、不反思，对股市认知有限时，那么股市的风险对他就是无穷大；当一个人努力学习，认真研究股市，他就可以把风险降到很低。由此，我觉得，股市里的风险不是谨慎所能降低和规避的。故事里的年轻人小心翼翼抓住横梁，这种谨慎并没有解决问题，反而使他备受煎熬身心折磨，而黎明的光线让他认知了"风险"，才化解一场"灾难"。认知才是化解风险的最关键因素，而不是谨慎。

---

① 王毅. 道破天机：解读股票指数黄金期货市场投资制胜的策略 [M]. 广州：广州出版社，2008：7~8.

面对风险最大的态度应该是加强认知，而认知的关键在于学习。这里的学习是广义上的学习，不仅指学习书本知识、政策法规、交易制度，还包括向自己的交易历史学习、自我的反思和总结，更包括向股市本身这个"战场"学习，从战争中学习战争。只有学习，才能认知风险；只有认知风险，才能预防风险，所以，我强烈建议证监会和证券公司把那句话改为：股市有风险，投资须学习。倡导学习比倡导谨慎强一万倍。谨慎是无法解决风险的，反而容易让人缩手缩脚，患得患失，这是投资的大忌。在股市里，人们拿的是真金白银，很多人拿的还是养老钱，谁不谨慎呀。关键是很多股民不知道怎么谨慎，不知道什么时候该出手，什么时候该止损。所以我强调认知股市、勤于学习。股市如同战场，我们知道所有的战争都是关系生死存亡的，主帅面对的也是很大的风险和压力，但是哪个主帅是因为谨慎而战胜的？打开最经典的中西方军事典籍——孙武的《孙子兵法》和克劳塞维茨的《战争论》，看看哪个是把谨慎放在首位。他们最强调的是对战争规律的认识。历史上天纵英才的伟大军事家，如孙武、白起、霍去病、李靖、岳飞、成吉思汗、毛泽东等，哪个是因为谨慎才傲视天下的？谨慎是认知风险之后的附属品。只有认知了股市，才知道哪里该谨慎，哪里该冒险，什么时候谨慎什么时候放手一搏。

认知不一样，完全可以把风险定义得不一样。有人觉得风险大，但是如果你认知高，你反而可以看出机会。别人怕的，正是你乐于见到的。举个索罗斯的经典案例。柏林墙倒塌后，金融局面一度比较混乱，市场相当动荡，东德人大举涌入西德并享受西德的福利，这造成大规模的赤字预算，加剧通胀，从而使货币贬值，拖累马克。很多人对这个市场非常害怕，也相当谨慎。但是索罗斯看重东德西德合并之后的马克，根据他的反身性理论，认为马克应该会涨，德国央行会提高利率，马克反弹在即。于是，在很多人认为是风险的市场，索罗斯让其助手德鲁肯·米勒去执行做多马克的计划。起初，德鲁肯·米勒只准备购入 10 亿美元。当时索罗斯就急了，他们之间有经典的对话：

索罗斯问："你建了多大的仓位？"

"10亿！"德鲁肯·米勒回答。

索罗斯则不屑地反问："你把这也叫作仓位？"

这句话成了华尔街的经典名言。索罗斯面对机会的时候，就是放手一搏。他建议德鲁肯·米勒把仓位大幅提高，扼住机会的咽喉不松手，要有做猪的勇气（It takes courage to be a pig）。结果马克兑美元上升 1/4，索罗斯获得惊人的回报。

索罗斯在别人谨慎的时候为什么勇敢得像头猪？因为他的认知跟别人不一样，他重新定义了东西德合并之后德国金融市场的风险与机会。这才是投资最需要的眼光，仅仅靠谨慎，永远不可能取得索罗斯那样的成绩。在股市上，我们到处都能听到各种各样的声音，记者、经济学家、媒体、教授、股评人、证券公司客户经理、基金经理、政府官员等等，有的说股价严重透支业绩，泡沫越吹越大，风险来了；有的说股市市盈率很高，应该清仓；有的说后市看好，大胆买入，等等。之所以如此，就是对风险的认知不一样。有人认为是风险，其他人恰恰认为是机会。如果我们仅仅是谨慎，永远也不知道该怎么办。我们所要做的是去认知，并根据自己的认知去判断风险。对别人是风险的东西，也许对我们就意味着机会。就像小马过河的故事一样，长颈鹿认为没有"风险"，松鼠认为有"风险"，长颈鹿之所以在松鼠认为有"风险"的地方说没有"风险"，是因为长颈鹿用自己的身体重新定义了"风险"。所以，提高自己的认知，可以重新定义风险，可以获取别人意想不到的高收益。索罗斯、巴菲特无不如此。巴菲特之所以敢在别人都恐慌的时候贪婪，就是因为他的认知告诉他，那是别人的风险而不是他的风险，对别人意味着风险，对他却是机会。我就比较喜欢做龙头股，那种涨起来像疯子一样的股，很多人避之不及，觉得涨得很高了，风险大了，而我恰恰觉得那里充满了机会。如果不认知，把机会当成了风险，岂不白白丧失大好时机？

当然，我不是完全否认谨慎，投资中谨慎的态度也很重要，但是谨慎与认知比较起来，我更重视认知，更重视学习。

总之，认知是解决风险的第一步，提高认知可以获取超额收益，认知的提高可以重新定义风险，在别人认为是风险的地方，却恰恰是我们饕餮的大餐。认知不一样，不但可以重新认识风险，还可以颠倒风险和机会，把机会误认为是风险，把风险误认为是机会。我们与其去讲谨慎，不如去提高认知，加强学习。这就是我对风险的态度。

1.3.7　战胜股市

提到战胜股市，我们首先要厘清一个观念——什么是胜？我们从田忌赛马讲起。

田忌赛马是个广为流传的故事，发生在 2000 多年前的战国时期。军事家孙膑帮田忌出谋划策，在总体实力不如对方的情况下，通过调整策略战胜了齐威王。具体是，田忌的三等马出战齐威王的一等马，田忌的一等马出战齐威王的二等马，田忌的二等马出战齐威王的三等马，结果三局两胜，田忌破天荒地赢了齐威王。

田忌之所以胜，是因为孙膑帮他重新定义了"胜"。胜利不是每场都赢，而是胜多败少。赢家要懂得主动放弃，要懂得策略变化，要懂得从整体上看问题。这种胜利观，就是我倡导的股市的"胜"。胜是一系列赢和输的组合，胜利者只是去赢得总体格局上的多数胜利，而不是渴求每战必胜。股市中随机性占主导，天生就充满不确定性，不可能每次交易都赢利，所以要会放弃、会止损，取得股市最终胜利的一定是拥有一套高胜算交易系统的投资者，而不是自诩百发百中的"神枪手"。

战胜股市需要一套胜多亏少的交易系统，这套交易系统必须建立在对股市深刻理解的基础上，同时必须时时刻刻把防范风险放在重要位置，这就是本书终极的观点。

认知股市、建立赢多亏少的交易系统、防范风险，三位一体。如此，才是股市正道，这种综合就是我称为十年磨的"剑"。其核心就是选择不确定性

1

风险篇：从我的投资经历谈对风险的认识

低的交易，力求高胜算，把风险降到最低。具体内容会涉及股市思维、行情理论、市场理论、龙头股战法、涨停板战法、新股理论等等。这些内容综合了我的交易思想和交易系统，是我对股市深刻认知的精华，我会在后面的章节中详细说明。

1.4 本章回顾与总结

本章详尽回顾了我的交易历程，特别是那些失败的经历以及在熊市中的挣扎，它们让我尝尽苦头。今天来看，这些经历都是宝贵的财富，让我对风险有了切肤之痛，对股市心存敬畏。为了这份敬畏，我开始埋头研究如何面对风险，如何盈利，并把这个心得分享给大家，特别是我研究路径和投资思想的变化过程，我把这个漫长的过程称为"十年磨一剑"。这个"剑"不是某种秘密武器和具体的技术或者指标，而是对股市本质的深刻认知以及在此基础上建立的交易系统。这个系统首先面对的就是风险，因为风险是股市最可怕的地方。为了认知风险，我从各个角度去观察和分析它，并追根溯源，探讨股市的不确定性和我们在交易中容易犯的错误。要战胜风险必须先认知风险，知道风险的可怕，了解风险的原罪性和宿命性，知晓风险的各种类型及其根源。风险如同幽灵，从我们进入股市的第一天便如影随形、阴魂不散，不解决风险问题，我们永远不能进入持续盈利的大道。如何面对风险，如何解决风险，如何最终在股市中盈利，是本书的核心。在接下来的章节中，我会从不同的角度来具体回答这个问题。无论是我要介绍的股市思维还是形形色色的投资理论，无论是将要探讨的趋势还是龙头股，无论是对题材热点的分析还是涨停股的把握，都是在回答以下问题：如何规避风险？如何选择不确定性低的市场？如何少犯错误？如何正确认识股市？欲知详情，请关注接下来的章节。

② 思维篇：投资需要"离经叛道"的股市思维
——深刻洞察股市里的潜规则

提到思维，当今最火的当属"互联网思维"。马云和王健林打赌 1 亿元人民币，雷军和董明珠赌 10 亿元人民币，加之阿里巴巴 IPO 和腾讯公司微信的流行，互联网思维被推到前所未有的高度。大佬们发现，互联网思维正在颠覆一切，它太重要了，所以各路"诸侯"开始虚心学习互联网思维。

股市思维也同样重要。可以说，思维几乎能决定结果，有什么思维就有什么行为模式，最终就有可能会带来什么结果。互联网思维造就一大批优秀的互联网公司，如阿里巴巴、腾讯、百度、小米、奇虎，而正确的股市思维也培育了成果丰硕的投资精英。正因如此，我们在探讨具体投资策略和方法之前，先来探讨股市思维。

股市思维，就是炒股的思维方式，包括有意识思维和无意识思维两种。股市思维会直接影响投资策略和思考问题的方法。我倡导正确的投资思维，符合股市特色的思维。也许这种思维听起来离经叛道，也许和现实世界格格不入，也许不道德，但只要能带来持续盈利，都是正确的股市思维，因为衡量股市思维正确与否的唯一标准就是账户里资金的多少。股市是反人性的游戏，所以股市思维也大都与常人思维不一样。那么我们应该拥有哪些正确的股市思维呢？

2.1 "逆"思维

——你敢不敢成为市场上一小撮逆流而动、特立独行的孤独者？

逆思维，就是反着想，逆流而动，逆常规而为，也可以说是反向思维、逆向思维。用军事术语说，就是"兵者，诡道也"。

股市是反人性的游戏，如果顺着想很容易跌进主力设计的圈套，就必须逆着思考。

我们经常在股市里见到的见光死、利空出尽是利好、利好公布就见顶，这些正是主力反向运作的典型例子。正是因为主力喜欢反着运作，所以我们的思维也要反其道而行之。当然这个"反"不是为了反而反、为了另类而另类，而是在思考问题的时候要能跳出常人思维。

举个例子。1997年2月19日，我国改革开放的总设计师邓小平去世，当天股市大幅低开。这个时候，正常思维是利空。邓小平是我国改革开放总设计师，他从十一届三中全会开始力挽狂澜、大刀阔斧地推动我国经济改革。可以说，没有邓小平就没有我国的市场经济体制，也没有证券市场，我们炒股的事也许要推到若干年后。这样一位伟人去世，对市场的利空可想而知。当天开盘市场即给予反应，大幅低开，仿佛也验证了利空的判断。我们这种分析就是典型的"顺"思维，可是市场后来的走势是"逆"思维。大盘低开后，逐渐反弹，一根低开大阳线拨云见日，随后的几个月，大盘牛气冲天，走出一段波澜壮阔的行情。如果不懂得反着想，不懂得逆向思维，你就不可能抓住这波行情。当你还在担心害怕的时候，指数轻舟已过万重山。伟人邓小平去世，这当然是很大的利空事件，但是，我们应该从另外一面再想想，我国改革开放的大势和格局已经确立，这种大势不因他的去世而改变；还有，伟人去世，管理层会格外注意维稳，这样很容易走出好的行情。在这个时候，关键是看你能不能逆向思考，从利空中看到利好，从悲观中看到乐观。

同样是1997年，另外一件事情也是遵循逆势思维。7月1日香港回归，当时中国人的民族自豪感空前高涨，形势一片大好。可是，恰恰就在香港回归的前后，大盘加速暴跌，市场逆大众判断而行，这时主力又一次"逆流而动"。如果仅仅按照顺思维看问题，不懂得在一片繁荣中看到危机，早被市场埋葬。对于散户来说，最害怕的就是股价低位的时候保守，股价涨上去了一片火热的时候，反而激进勇猛。

这样的例子看多了，我就养成一种习惯，每当市场一片繁荣火热的时候，我反而格外小心，每当市场突然暴跌冷清的时候，我倒更加留意其中跌出的机会。我会在暴跌和洗盘中去买便宜货，也会在市场歇斯底里的时候时刻警惕风险。反着想常常给我带来丰厚的利润，更重要的是给我带来不一样的思维。我的强势回踩战术以及龙头股买点的选择，都具有逆思维的基因。

很多人喜欢追涨停，以前我也喜欢追涨停，我对涨停的研究还很深，本书后面有一章专门探讨涨停问题。追涨停是典型的顺思维，这种做法易获暴利，但是风险大，容易大起大落。后来我研究出一种"赌客信条"，专门跟追涨停对着干，是追跌停、追暴跌股。后来我发现追暴跌比追涨停利润率高多了，而且风险反而小很多，这就是逆思维的秘密。图2.1就是利用逆思维去追跌停（箭头处），结果让我逮住了两次短线操作的机会，买点都在 -7% 以下，每次操作的短线利润都在15%以上。我后来在这种方法的基础上总结了很多短线追跌的方法，其安全性和利润率都超过追涨，这就是逆思维的成果。这对那种眼睛只往"上"看、憎恨下跌的"正"思维是一个极大的超越。我认识一些私募基金经理，他们运作的理念是"好股困境"，这和我倡导的逆思维不谋而合。

2

思维篇：投资需要『离经叛道』的股市思维

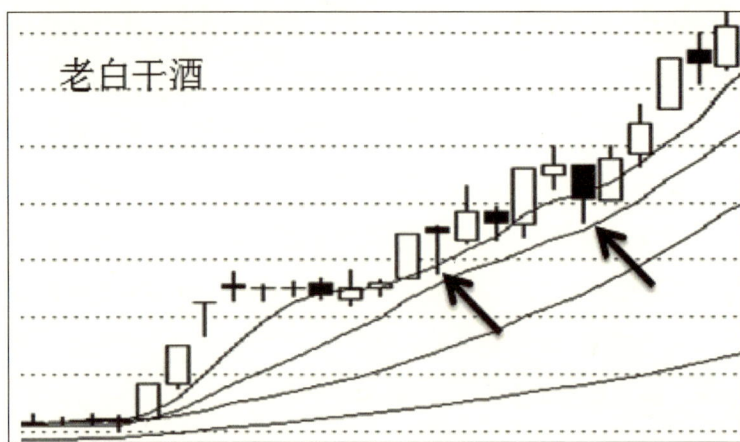

图 2.1　老白干酒 2009 年的局部 K 线图

　　主力喜欢逆向思维是因为主力和散户的运作模式迥然不同，主力资金庞大，如果不去逆向操作，就很难捡到足够的低成木的筹码。主力在下跌过程中建仓和在洗盘中收集筹码比在暴涨时收集更容易、更从容，所以，主力在暴跌中建仓比在上涨中建仓更为普遍。同理，主力也喜欢在拉升中出货，因为暴跌中主力很难出货。这就是我倡导逆思维的最直接原因。

　　树立逆思维还有一个好处，不会因为暴涨而眼红，一股脑冲进去被套；也不会因为下跌而心惊胆战，赶快卖掉，缴枪投降，结果刚卖掉就上涨。逆思维会让我们从容冷静地面对市场，最大限度摆脱情绪风险的困扰。

　　很多人喜涨不喜跌，这种思维必须扭转，只要逆向去思考一下，就会有另外一番天地。当你对涨没有特别偏好的时候，你就开始进入逆思维的境界，股市给你的回报也一定会超出你的意料。我本人一开始就喜欢追涨，觉得顺市而为过瘾，可是收益总是大起大落。后来我果断采取逆思维，不局限于追涨，敢于在下跌中寻找宝贵筹码，顿时得心应手起来。现在对于非常看好的股，我不是急于去追涨，而是寻找重大利空重创它的时候去买。我已经习惯了逆思维。我现在已经能从容地在急跌中去建仓，在重大利空中寻找利好。

逆思维既是一种智慧，也是一种勇气。你敢不敢在暴跌的时候出手，当别人都害怕、避之不及的时候你敢不敢横刀立马？这是需要极大勇气的。我们用文字说起来容易，但是实盘中面对千股跌停、哀鸿遍野的时候，做起来是需要很大勇气的，甚至要有泰山崩于前面不改色的非凡气质，同时还要有顶住孤独的压力和面临连续暴跌的风险。当然，逆思维不是蛮干、不是见到暴跌就买。逆思维更需要智慧，它是建立在战略上蔑视敌人战术上重视敌人的基础上、建立在取大势而弃小势的前提下、建立在对个股基本面技术面详尽判断的基础上再采取逆思维。逆思维不是"逆势"思维，逆思维也不是简单的逆向投资，而是一种思维方式，一种考虑问题的角度，一种思想。我本人反对逆势而为，也不太爱做逆向投资的事情，但是我不缺逆思维。总之，逆思维是股市哲学观，它的根本目的是塑造特立独行的交易品格。

2.2 "少数派"思维

——群众永远是错的，真理掌握在少数人手中

有句名言：群众的眼睛是雪亮的。但是，在股市中群众却是错的，真理永远掌握在少数人手中。成功的投资者必须远离群众，特立独行，做"少数派"，走一条永远孤独的路。

少数派思维和逆思维有点像，但后者侧重于对市场的观点，侧重于勇气；少数派思维侧重于对人群、对"群众"的态度，侧重于情绪。少数派思维要破除权威迷信、破除从众思想，不随大流，不人云亦云，一旦看准了就敢于和天下人作对，做独行侠。股市是我与市场之间的关系，与别人何干？炒股是我自己的事，越少和别人掺和越好。股市大作手李费佛有段话说得好：我没有追随者，我自己的事情自己干，而且总是单干。我凭借自己的脑子赚钱。股价朝着我预测的方向发展时，并不是靠朋友或伙伴推动市价。股价朝不利我的方向发展时，也没有人能使它停下来。所以我不需要把我交易

的事情告诉别人，当然我身边有不少朋友，但我总是一个人独自交易。这就是我一直单干的原因。

我很反对和一群股民在一起七嘴八舌地交流股市，因为真理从来都不在群众那里。炒股是少数人赚钱的游戏，注定了只有少数派才能赚钱。据《与索罗斯一起走过的日子》①介绍，2007年夏，索罗斯召集全美20多位最有实力的基金经理开会，索罗斯对他们说狼来了，可是大多数基金经理不听。在危机来临之前，只有两位基金经理认同索罗斯的观点。结果只有作为少数派的索罗斯和这两位基金经理抛售地产股，后来事实证明索罗斯是对的。不久次贷危机爆发，其他基金经理深陷泥潭，而索罗斯当年盈利32%，次年在次贷危机旋涡最深处，索罗斯还能盈利10%以上。事后，索罗斯还反复说，金融海啸已经山雨欲来，他反复说狼来了，可惜没有人听呀。国内也有一个这样的例子。2007年，当股市极度暴涨时，赵丹阳发现基金经理和散户的情绪空前一致，他意识到风险临近了，于是有意识地减仓控制风险。这个时候他选择做个少数派，把自己旗下的私募基金清仓，这一行为招致基金界的冷嘲热讽，甚至说他是个失败者、胆小鬼，其实他是不折不扣的少数异端分子。后来市场做了他的知音，他清仓不久，大盘就一路暴跌，很多股票从他清仓时的五六十元甚至上百元跌到几元。这就是做少数派的成果。

当然，少数派不是为了唱反调而唱反调，而是倡导独立判断，最大限度地不受外界"噪声"干扰，特别是普通散户情绪的干扰。做少数派最主要是要敢于和天下人为敌，当别人恐惧的时候我们贪婪，当别人贪婪的时候我们恐惧。我们提倡这种思维是因为股市是少数人赚钱的游戏，做大多数的下场只能是人为刀俎我为鱼肉。索罗斯曾一针见血地指出：一个优秀的投资者首先要小心构造一个合理性又绝不同于大众看法的投资假说，这种假说和市场的普遍看法差异越大，那么通过市场检验后获得的利润价值就越大，相反，如果投资假说一开始就和大众看法采取了普遍一致的态度，那就意味着假说价值越贫乏。②

① 梁恒. 与索罗斯一起走过的日子 [M]. 广州：广东经济出版社，2012：210~211.
② 郭飞舟. 乔治·索罗斯金融投资思想研究 [D]. 上海：复旦大学，2005：96.

所以，越与众不同越好。

周易中的卦都是少数的爻决定整个卦的性质，比如离卦是一阳二阴三阳，但是中间的阴爻决定了整个卦的性质，其代表是中女。周易思想就是少数统帅多数的思想。其实人类历史上都是少数统治多数，今天的各个领域也几乎是少数人统治多数人。这和股市思维一样，少数人赚钱多数人亏损，少数人赢了多数人。这是我倡导少数派思维的根源所在。

2.3 正合奇胜思维

——守正出奇方能以道御术

"正合奇胜"源自《孙子兵法·势篇》，原文是：凡战者，以正合，以奇胜。其意思是以正规的作战去做准备，以异于正规的作战去获胜。李靖在《唐太宗李卫公问对》①中对这个问题进行了更深入的探讨：凡将，正而无奇，则守将也；奇而无正，则斗将也；正奇皆得，国之辅也。并举例，诸葛亮七擒孟获，是正兵；李靖自己平突厥，是奇兵。同理，卫青与匈奴正面交锋，是正兵；霍去病千里奔袭深入敌后，是奇兵。奇正相合，才是军事家制胜的法宝。

股市同样需要奇正相依。没有正，就无法得道；没有奇，就无法施展战术。李靖自己率奇兵突袭突厥的成功，他也承认有正兵配合，"若非正兵，安能致远"，倡导"奇正分合，密切联系"②；诸葛亮七出岐山，只用正兵而无奇兵，结果只能是无果而终，英雄泪满襟。股市的正奇之道更是如此。

从风险上说，"正"是防御保守，"奇"是冒险激进。如果没有风险控制，再多盈利也会最终亏掉；如果没有冒险进攻，投资不会有大作为。巴菲特持股几十年是长期赌，索罗斯短期攻击是短期赌，他们都是敢于孤注一掷的大冒险家。"正合"就是做任何投资都要把本金的安全放在第一重要的位置，"奇

---

① 李兵. 中华兵书宝典 [M]. 北京：京华出版社，2006：254.
② 姜国柱. 中国军事思想简史 [M]. 北京：新世界出版社，2006：160.

胜"就是瞅准了敢于赌一把，在机会来临时放手一搏。二者结合就是既要控制风险又要勇猛激进，当风险大于机会的时候要胆小如鼠，当高胜算机会来临的时候敢胆大包天。

从资金量上来说，大资金要以正合为主，小资金要以奇胜为主。资金量太大时，必须把安全放在第一位，追求的是稳定基础上的增值；小资金时必须敢于冒险，只有这样才能变成大资金，如果2万元3万元的，每年收益20%～30%，有意义吗？股市是大者求稳小者求快的市场，这样才符合正合奇胜。

从技术分析的角度来讲，大趋势是"正"，局部小趋势是"奇"。在大趋势上绝对不能含糊，不能逆着大势下重仓；小的逆反趋势恰恰是我们的机会，是出奇制胜所在，可以在小逆反趋势上果断下筹。在大牛股的局部洗盘处买股，既顺了大的趋势又逆着小的趋势，这是典型的正合奇胜思路的操作。

从分析的层面上来讲，基本面是"正"，题材和技术面是"奇"。一个股票中长期的走势还是基本面说了算，但是中间过程还受技术面和题材的影响。奇正结合就是既讲基本面又要看技术面和题材面。长线投资必须把正的一面放在第一位，短期投资更依赖技术和题材面，这是另一种正合奇胜。

总之，正合奇胜思维就是要以道御术，取势明道优术，把稳定性和灵活性充分结合。正合奇胜思维对炒股最大的好处是摆脱教条，从必然王国进入自由王国，既把握住大道又能灵活地操作。如果没有正思维，在股市中将陷入极大的风险，第一章讲的那个炒认沽权证的例子，还有很多人炒ST股血本无归的案例，都是只懂用"奇"不懂用"正"。在我的炒股经历中，大起大落的阶段都是不懂用正思维造成的，高风险的交易也大多是太想出奇制胜了。另一方面，不懂用奇，永远也不会有大出息，天天看基本面天天琢磨着那点本金，畏首畏尾，患得患失，一辈子也体会不到把握住暴利性机会的那种酣畅淋漓的快感，更不会有孤注一掷、快意恩仇的那种潇洒。只有正奇结合，游刃于安全和冒险之间者，才能在股市中翻江倒海，游刃有余。

2.4 随机应变思维

——不是你要怎么玩，而是市场邀请你怎么玩

随机应变是一切以市场为唯一裁判，跟随市场的变化而变化。

投资如同选美，不能自以为是，不能按照自己的标准来选，要按照市场的标准来选。问题是市场的选美标准也一直在变，有时候以大盘股为美，有时候以小盘股为美，有时候以科技股为美，有时候以资源股为美。随机应变就是随时去发现市场新的选美标准，按照新的标准去操作。

欧洲股神安德烈·科斯托兰尼说，要学会听股市的"背景音乐"，是大调还是小调？股市奏什么乐我们跳什么舞。这就是随机应变的精髓。

为什么强调随机应变？因为市场总是善变。市场有时候喜欢小盘股，但是一转身就绝情而去，移情别恋在大盘股身上；有时候青睐低价股，但转瞬又去攀高价股的高枝。记得2006年开始的大牛市，市场标准也是经历几次嬗变，一开始市场的选美标准是有色金融股，后来股改股又成新宠，到第三阶段金融股和地产股拿到接力棒。等到2007年春天市场标准又转移为低价股和小盘股，"5·30"之后市场审美又再次转向，大盘蓝筹股蒸蒸日上，小盘股开始了下跌的征程。不仅仅市场上的板块和主题在变化，涨速和节奏也经常变化。一句话，市场喜欢变。所以我们也要变，要与时俱进，不能固守自己旧有的思路；要放弃自己的意志，追随市场的意志；放弃自己的口味，追随市场的口味；放弃自己的舞步，追随市场的舞步。如果不这样做，很容易偏离市场热点和主题，天天看着大盘涨而与自己无关，甚至指数天天涨自己还天天亏，赢了指数不赢钱。

大机会都在市场的主流题材和热点上，这些都是随着市场的变化而变化，如果我们不及时发现并追随这种变化，我们就会被股市边缘化，这是很危险的事情。想炒好股，必须学会看股市脸色的变化，以变应变。

炒股要以市场的标准为标准，不是你要怎样交易，而是市场邀请你怎

么样交易，并且这种邀请有时是风度翩翩、彬彬有礼、简单明了，我们只需按照市场的方式去做就是了。这就是随机应变。

2.5 以赚钱效应思维取代牛熊思维

——赚钱才是硬道理

牛熊思维根深蒂固，仿佛牛市就是等着数钱，万事大吉，熊市就是股市打烊，闭门谢客，否则就等着亏损。事实远非如此！熊市中照样牛股辈出，牛市中照样有人亏损累累。2013年是熊市吧，大盘跌153.15点，跌幅6.75%，但是2013年牛股辈出，比如网宿科技、外高桥、掌趣科技、奥飞动漫、卫宁软件、奋达科技、上海钢联等等。与此对比，2007年算是大牛市吧，大盘从4000点左右狂奔到6124点，但是2007年经历"5·30"和后来的分化行情，很多人在当年反而亏损。这告诉我们，牛市不保证赚，熊市也不一定会亏。

我发明一个新的概念来取代"牛熊"，那就是赚钱效应。"牛熊"是对大盘最基本最大框架的描述，它无法表达股市细节和赚钱的难易，赚钱效应恰恰能做到这点。赚钱效应是指在某个大盘环境下或某个股票上，赚钱的难易程度和大多数人都赚钱的状况。比如，不断创新高的股票，就是最具有赚钱效应的股票；市场火热、逻辑单纯、炒作主线明确的市场环境，就是最具赚钱效应的市场环境。反之，则是非赚钱效应。

用赚钱效应思维代替牛熊思维，能摆脱牛熊教条，并更加细腻地分析股市。根据我多年的交易经验和思考，我觉得好的赚钱效应应该符合以下标准：

第一，逻辑的单纯性。市场逻辑越单一、越简单，越容易赚钱，因为容易识别，一目了然。比如炒业绩，如果某段时间就是以炒业绩为最大逻辑，那我们就选择业绩好的炒就行了。如果市场存在多种逻辑线条或者炒作逻辑经常转换，那就不是好的赚钱效应。

第二，热点和题材的清晰集中度。如果市场热点和题材比较集中，这样的市场就容易产生赚钱效应；如果市场热点凌乱，题材分散，经常上演一日游行情，就谈不上赚钱效应。

第三，技术分析的有效性。技术分析在好的行情时有效性很高，换言之，技术分析屡试不爽的大盘环境应该是赚钱效应好的市场环境。很多情况下，技术分析是事后解释的完美工具，但是事前预测则有时准确，有时失误。当事前预测概率提高时，就说明市场赚钱效应来了。比如，突破买入这种技术分析，如果经常突破失败，则说明市场处于非赚钱效应行情；如果突破很容易成功，则说明赚钱效应行情很好。

第四，洗盘的剧烈程度。赚钱效应区，洗盘往往有规律，而且短凑，甚至日内洗盘；如果洗盘是剧烈和持久的，洗盘方式飘忽不定，一定不是赚钱效应。

赚钱效应如果用一句话表达，就是赚钱的难易程度。对于大盘，主要是看市场环境，关键是看以上四个方面；对于个股，关键看个股能不能持续走出独立行情。我们常说，行情来的时候，怎么做都赚，指的就是赚钱效应行情，而不一定非要是牛市，局部小行情也算，甚至反弹过程中也充满赚钱效应行情。举个例子：图2.2是2013年部分上证指数走势图，图中A点是8月22日，B点是10月10日，如果仅仅从上证指数看，这段行情算是震荡行情，AB之间的行情与A点之前的半年行情比较，应该没有多大区别，甚至还没有8月22日之前的行情平稳。但这段时间是不折不扣的赚钱效应行情。彼时，炒作逻辑单纯——上海自贸区；热点和题材集中——上海股和土地改革股；技术分析有效性很高；关键个股的洗盘非常温和短暂。这是闭着眼睛买股都很容易赚钱的行情。这就是赚钱效应思维，如果非要等到牛市来临再做，这种思维会让你错过股市白送钱的行情。

2

思维篇：投资需要「离经叛道」的股市思维

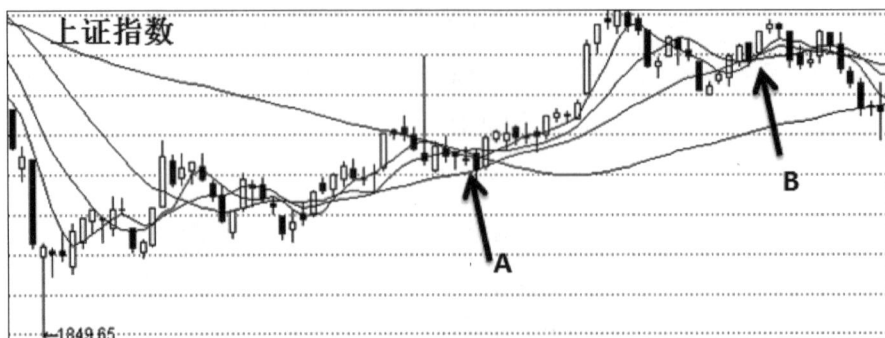

图 2.2　2013 年部分上证指数图

我们再把眼光放远点，观察从 2007 年的 6124 点到今天，如图 2.3，大盘是典型的熊市状态，从波浪理论也可以清晰地数到下跌的 A、B、C 三浪，B浪是一波反弹，其他全是下跌态势。如果我们用牛熊思维看，这是一个典型的垃圾市场，是个跌幅又深、下跌时间又长的熊市。

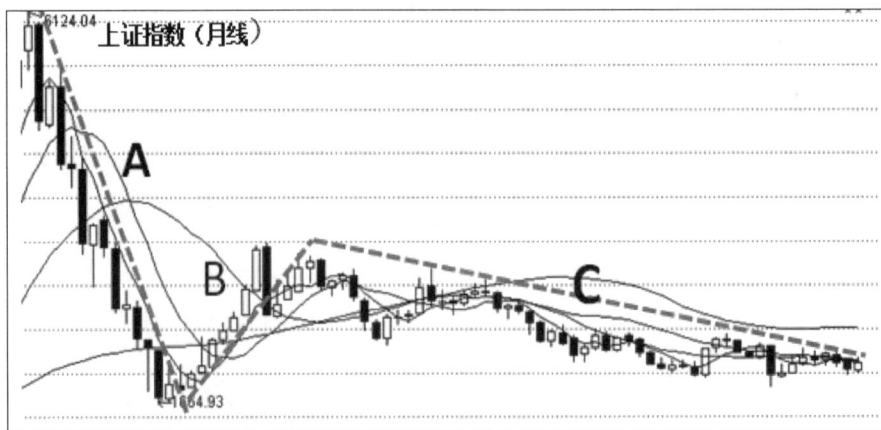

图 2.3　2007 年至今的大盘 K 线图（月线）

依据牛熊思维来判断，根本不值得做。但事实上，这段大熊市中有好几个赚钱效应区，抓住了可以大赚一把。最典型的是 2008 年春农业股行情、

2009 年的四万亿行情、2010 年稀土和煤炭股行情、2013 年自贸区行情，如果加上走出独立行情的个股行情，赚钱效应不胜枚举。

赚钱效应思维跳出"牛熊"这个大而空的概念，直接和行情本身接轨，能在熊市中寻找黄金，也会在牛市时提醒你保持警惕。赚钱效应思维告诉我们，炒股的关键就是要找出赚钱效应的市场环境和个股。当市场没有处于赚钱效应的时候，我们尽量少做，把风险放在第一位，当赚钱效应来了的时候，我们要勇猛激进，甩开膀子大干一场。我最接受不了的是在市场不好的时候强行交易，当市场处于赚钱效应的时候又畏首畏尾，这是典型的穷苦命。我们找工作都找工资高的、离家近的、工作轻松的，我们在股市里赚钱为什么不能这样呢？我们要找那种有赚钱效应的市场环境和独立行情的个股，而不是把时间和精力浪费在非赚钱效应上。这就是我提出赚钱效应思维的意义，后面我会用专门一章来阐述行情问题，到时候再深入讨论。

根据我的经验，市场赚钱效应好的时候，不一定是大盘大涨的时候，而是人心思涨而市场资金又配合的时候，这个时候机构和散户齐心协力，管理层也倍加呵护股市，这才是赚大钱的时候。典型的例子就是 2009 年温总理 4 万亿计划出台的时候，那时大盘从 6124 点跌到 1664 点，人心思涨，而管理层又呵护股市，温总理在外国访问的时候还问身边的人股市怎么样，这是一个典型的机构、散户和政府合力做多的时候，那个时候的赚钱效应非常明显，甚至超过大牛市。其实，很多暴跌之后的反弹行情，都会有一波赚钱效应。另外，当市场有题材和故事的时候，赚钱效应也非常明显，比如 2010 年 10 月前后，稀土概念横空出世，那个时候的赚钱效应比 2007 年时还夸张。我会在后面的行文中陆续提到这些案例。

2

思维篇：投资需要『离经叛道』的股市思维

2.6 树立赢家思维，抛弃专家思维

——股市只有赢家，没有专家

前文我已说过，炒股是你和市场之间的关系，与别人无关。但是，股市偏偏是"专家"最多的地方。经济学家、政府官员、大学教授、报社主笔、记者、基金经理、证券分析师、股评家、财务专家、银行家等等，都喜欢当股市专家，对股市指指点点，说这里有风险那里有泡沫。记得《华夏时报》有位名人从2013年到2014年，一直说创业板有风险，从800点开始说，一直说到1200点，再到1500点，可是涨得最好的一直是创业板。专家什么时候看对过股市？

其实，股市哪里有专家？我们在"局限性风险"那节分析过，其他领域的知识优势在股市不管用，捞过界最终伤害这些"专家"自己的名誉。股市有自己的逻辑，除非你能从股市中赚钱，否则你永远不是专家。很多人凭借自己的名声和职位，以为可以对股市发号施令，可是他们忽略了一个最根本的问题：炒股是不是一个专业？是不是一份像医生和律师一样的专门工作？如果是，为什么不经过专门的学习和操练就信口雌黄呢？作为一个名人或其他领域的"专家"，你敢对医生做手术指指点点吗？你敢对律师办案指指点点吗？那你为什么敢对炒股指指点点呢？

道氏理论的创始人查尔斯·道说得好，投资是一种事业，它既不是猜测，也不是赌博，而是工作[①]。这个观点与李费佛高度相同。炒股不但是一种专门的工作、一种专业性很强的专业，而且是实践性的专业，其难度比外科手术还要大。在股市里只有一种"专家"，那就是在股市里真正赢钱的人，即赢家。只有在股市赚钱的人，才有资格对别人的操作指指点点。否则，连你都是外行，或亏损累累，或从来没有炒过股票，有什么资格教导别人？很多报社主笔和经济学家就容易犯这个错误。炒股实践和耍嘴皮子完全是两码事，炒股者身临其境所面临的精神和心理压力，是那些隔岸观火的专家永远体会不到的。

---

① 张弘林.西方股票投资思想的演变与当代中国股市研究[D].上海：复旦大学，2006：45.

所以，在这个市场上，不要相信专家，除非他能盈利。在股市，最需要防范的是三种人：一是政府管理层，某些官员，他们喜欢说股市泡沫严重，风险来临，其实他们压根就不炒股票，他们的判断更多是政策导向而非真实观点；二是电台、电视台、报社的记者，这帮人更不能信，而这帮人也最爱说，特别是记者经常写一些骇人听闻的文章，其实他们根本不懂股票；三是经济学家，他们从经济大势来看股市，这是典型的捞过界，问题是股价不是宏观经济的简单反映，如果经济形势能决定股价，那炒股太容易了。这三种人中，经济学家最迷惑人，有的德高望重，还富有社会良心。很多人觉得人家是经济学家，对股市的判断一定比我们准，其实未必。长期资本公司有诺贝尔经济学奖得主坐镇，照样亏得一塌糊涂，最终破产。中国至少还没有哪个经济学家获得过诺贝尔奖，他们凭什么比长期资本公司判断得还好？经济学家的特长是经济研究，即使是经济学内部，也有很多分支和细分学科，在那些细分学科内部也是隔行如隔山，他们凭什么隔着更远的山能看清股市呢？所以，别信什么专家。

为了破除迷信专家的心理，我再举个更具有震撼性的例子。我们看看腾讯控股创始人兼主席卖腾讯控股的案例。根据凤凰网、香港《成报》和港交所公开的资料，我整理了以下马化腾卖腾讯股票的记录：

2005 年卖股

2005 年 7 月 12 日～14 日，马化腾共减持 1000 万股，占已发行股本的 0.57%；每股出售价介乎 6.2～6.231 港元，套现总额约 6210 万港元。

2008 年卖股

2008 年 5 月 26 日，马化腾减持 30 万股，每股平均价格 67.24 港元，套现超过 2017.2 万港元，其持股量降至 12.7%。5 月 30 日减持 5 万股，平均价 69 港元；6 月 2 日减持 30 万股，平均价 69.016 港元。

2008 年 6 月 2 日，马化腾以平均价 69.016 港元减持 300 000 股，套现逾 2070 万港元，持股比例下降到 12.67%。随后在 6 月 4 日、5 日、6 日分别减持 300 000 股、230 400 股、40 000 股，共套现 4065 万港元。

2008 年 11 月下旬，马化腾一路减持股份。11 月 20 日、21 日、24 日、25 日，马化腾分别减持 1 618 800 股、4 554 800 股、3 600 000 股，以及 2 074 200 股，共套现约 4.8576 亿港元，持股比例降至 11.97%。

2010 年卖股

2010 年 6 月 7 日，马化腾在场外减持 500 万股，每股作价 102.7 港元，远低于市价，套现 5.135 亿港元，其持股比例降至 11.2%。

2011 年卖股

2011 年 3 月 28 日，马化腾在场外卖出了 200 万股腾讯股票，每股平均价格 67.806 港元。当天每股的收市价 192.5 港元，马化腾的出售价格仅为其 3.5 折。

2011 年，马化腾于 8 月 29 日出售 500 万股，套回现金 7.216 亿港元。马化腾持有腾讯控股股份降至 10.33%，持股量为 1.8889 亿股。

为了直观，我把马化腾卖股的时间和位置在图 2.4 中标上箭头，即图中 ABCDEFGH，从图中我们可以很直观地看到，作为腾讯控股的老板、创始人、CEO，马化腾没有几次卖得"正确"，除了 D 和 F 卖个相对的高点，其他几乎都是在低点卖，有的甚至在历史性的大底部卖，有的刚卖股价就飙升。其实还有更震撼的一次，那就是马化腾连 QQ 都想卖，后来因为没有人按照他的叫价接手才没卖成，每当回忆起这件事情马化腾都唏嘘不已。这说明两个问题：第一，掌握所有内幕信息者和公司基本面者，也未必就是股票专家，也不一定能卖好股票；第二，创业家、企业家、管理家未必就是股票专家。连马化腾这样的超一流企业家都卖不好自己公司的股票，我们还迷信什么专家？我从来不觉得马化腾水平不高，相反，我觉得小马哥是国内最早、也是最彻底具有互联网思维的人，更是伟大的创新家和企业家，但这些不构成他是股票高手的理由。只有认真研究股票并经过历史证明是持续盈利的，才是唯一的股市"专家"，否则，无论他是谁，哪怕是上市公司的老板，哪怕他掌握关于上市公司的所有信息，哪怕是诺贝尔奖获得者，都不配做股市专家！

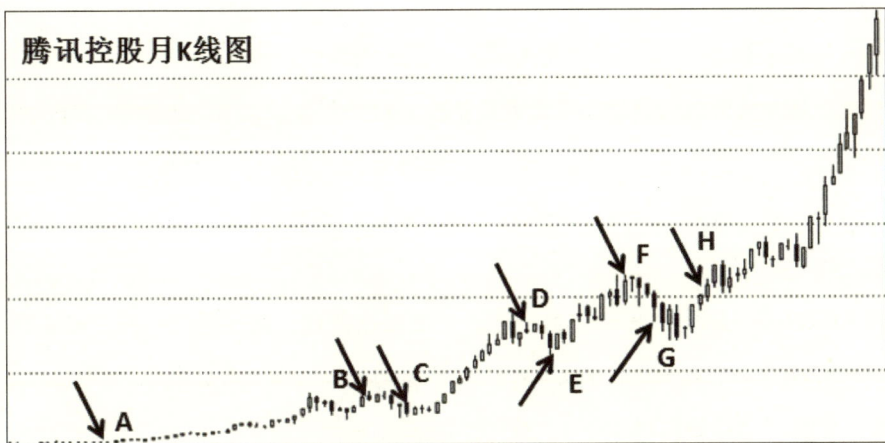

图 2.4　腾讯控股上市以来的 K 线图（月线）
及马化腾卖股时间点的标识（截至 2014 年 2 月 22 日）

　　A 股有个很不好的文化：不懂股票、不炒股的"专家"喜欢对股票发表意见，有的还在报社开专栏、上电视讲股票，甚至出书出专集，著作等身；而真正长期赚钱的人，很少写文章公布自己赢钱的方法，因为这凝聚了很多心血和秘密，不想向外人道也。我们能看到的股市文章，绝大部分都是垃圾和纸上谈兵，这就是我们炒股那么难的原因之一——真谛看不到，尽阅读伪专家的烂文章。

2

思维篇：投资需要「离经叛道」的股市思维

2.7 捂股代替"炒"股思维

——利润是捂出来的

利润是捂出来的，不是炒出来的。这是我在股市里学到的最精华的一句话。

捂股不仅是长线投资者的法宝，也是短线客的法宝。在我眼里，短线投资也不是今天买明天就卖，它也需要捂住。对于龙头股，对于主升浪，对于热点和题材，只有捂住了，才能赚大钱。那些今天买明天卖而不懂得捂住好股的"炒"股者，永远只能是一群偷鸡摸狗、小打小闹的"跳蚤"，终身与大鳄级别无缘。

对于超级好股，我们必须捂住，比如贵州茅台，腾讯控股；对于超级题材和市场上的龙头，我们也必须捂住。捂股与长线短线无关，与定力和眼光有关。我比较喜欢炒短线和中线，我发现短线有时候更需要捂股，因为短线介入的都是最强势的时段，错过一两天就错过二三成的收益，更重要的是，对于短线极品龙头股之类的暴涨股来说，如果错过两三天，也许永远就错过了。龙头股其真正的主升浪至少持续两周以上，即使是最肥的"鱼身"，也需要守候才能吃到。2013年的智能穿戴题材的龙头奋达科技的主升浪持续2个多月；2009年的禽流感题材的龙头莱茵生物的主升浪，前后持续3个多月。如果捂不住股，哪里能抓住主流利润？

炒股天才杰西·李费佛说："我的观点从来没让我赚钱，总是坐着不动让我赚钱。"可见大师是多么看重捂股。特别是在牛市，特别是在好股上，更要坚持捂股。《股票作手回忆录》上记载一段非常经典的话，是杰西·李费佛与老帕特讨论关于捂股问题的，我认为这是该书最精彩的地方："对不起，哈伍德先生，我并没有说我会失去我的工作，我是说我会失去我的仓位，等你像我这么老了，像我这样经历了许多好景和恐慌之后，你就会明白失掉仓位是任何人都无法承受的，就连约翰·D.洛克菲勒（John D.Rockefeller）也一样。我希望这个股票会回档，你可以在大跌的时候补仓，先生。但是我自己只能按照多年的经验进行交易。我为这些经验付出了很高的代价，不想浪费第二次学费。但是我仍然像钱存银行里那样感激你。这是多头市场，你知道的。"① 老帕特的话深深地刺激了杰西·李费佛，他的声音一直在杰西·李费佛耳边缠绕："亲爱的小兄弟，如果我现在卖出那个股票，我会失去我的位置，那么我该上哪儿呢？"当我第一次读到这段话时，所受的震撼非常大，我发现以前来回炒的做法是错的，天下第一投机高手，居然都是讲求捂股的，看来炒来炒去的做法确实是错的呀。很多人把这段话理解为长线投资者要捂住股，其实我从中更看到短线投资者也要捂股，因为短线时更需要捂住暴涨的那段空间。接着听杰西·李费佛怎么说："对市场做出正确的判断一点也不算什么。你在多头市场总能找到许多一开始就做多的人，在空头市场也能找到一开始就做空的人……既能做出正确判断又能持仓观望的人太不常见。我发现这是最难学习的一件事，但是，只有在股票作手牢固地学会这点之后，他才能够赚大钱……在多头市场，投资人的游戏就是买进后捂着，直到你认为多头市场已接近尾声……放弃设法抓住最后一档——或第一档，这是任何人都能够学会的最有帮助的事情。这两档是世界上最昂贵的东西，他们让股票交易者付出了数百万美元的代价。这些钱累积起来已经多到可以造一条横贯美洲大陆的水泥高速公路。"② 这种思想是我捂股思维的直接来源。为什么要捂股？没有比这里论述得更明了的了。

腾讯控股的投资者应该对杰西·李费佛捂股理论感同身受。很多人发现QQ的伟大，其背后的腾讯一直是中国互联网的领头羊，微信的问世，连马云都心惊胆寒。这么好的股票，很多人都看好，但是这其中总有一群人想在上面做波段，结果却失去"位置"，最后看到腾讯控股一路上涨，悔恨不已。如果说这种超级好股是捂股的特例的话，很多短线爆发股的例子告诉我，哪怕你是市场的短线幽灵，你也必须足够地捂股才能赚钱。提起巴菲特，都知道他是长

① 埃德文·拉斐尔. 股票作手回忆录 [M]. 上海：上海财经大学出版社，2006：91.
② 埃德文·拉斐尔. 股票作手回忆录 [M]. 上海：上海财经大学出版社，2006：91~93.

线投资者，是捂股的高手；提起索罗斯，很多人会说他是短线炒作大鳄，应该不善于捂股，其实这是天大的误会，索罗斯的短线也不是今天买明天卖，索罗斯几个重大投机案例，都是在捂股上下了功夫，例如狙击英镑，索罗斯前后准备很久，从布局德国马克开始，再试探性地在英镑上建立空头仓位，整个过程是一个连续剧；索罗斯攻击东南亚也是前后布局很久。捂股不是短线和长线的分野点。

当然，我这里说的捂股思维不是说拿着不放，把时间拉长做长期投资，而是说要捂住关键的利润带，把大行情带来的利润吃完，而不是做跳蚤。在其他市场也是如此，拿房地产来说，我们知道，2006 年以来的中国房地产牛市给投资客带来极大的利润。这其中最大的原因是房地产黄金十年的牛市，但是还有个原因容易被忽略，那就是房地产的交割没有股票那么容易。试想，如果把房子都变成股票，交易非常简化，只要动下鼠标就可以完成买卖过程，这个过程一定会比股市更扣人心弦，可是，还会有那么多炒房客赚钱吗？

好的市场，好的股票，还必须加上会捂股才能赚到大钱。炒来炒去很容易让人变得鼠目寸光、没有出息，海盗也不是天天都出来打劫呀！其实，勇敢和冒险，不应仅仅是押注重仓，还应该包括敢于押注时间，即捂住股票。只有这样，才能在行情来的时候收获暴利，才能实现三年不开张，开张吃三年。有时候我会想，股市会不会和人世间一样，厮守才有感情，"愚忠"才能获得回报？如果从捂股的角度上讲，股市是有"人情味"的，如果总是做墙头草，也许终身也不落好。

2.8 先透支后还债思维

—— 股市是个败家子

法国路易十五有句名言：我死后，哪管它洪水滔天。这是典型的自私自利、及时享乐思想。管他呢，先享受吧。这种思想对人类毒害无穷，但是股市有种思维与这不谋而合。很多题材、业绩、故事、概念，在股市里总是先被爆炒、暴涨，其股价百倍甚至千倍于其本身价值，出现严重的泡沫，然后再回归其价值。这个逻辑很神似路易十五生前享受而不管死后洪水滔天的逻辑。我把这种现象叫先透支后还债，炒股要有这种思维。

以纳斯达克为例。纳斯达克是美国创业板，云集了美国乃至全球的高科技企业。上世纪 90 年代末，互联网作为一种新事物横空出世，一大批与互联网有关的高科技企业被市场当成宠儿，遭到爆炒。凡是与互联网有关的，几乎都是鸡犬升天，什么雅虎、思科（见图 2.6）、微软、戴尔等股票涨到几百倍甚至千倍市盈率。纳斯达克指数（见图 2.5）一路狂奔，创出 5132.52 点的高点。那个时候，互联网作为新生事物，被股市赋予新概念和题材，仿佛是新世界的来临，市场"嗨"到极点，这种疯狂连股市大师索罗斯都难幸免，也趟了互联网的浑水。这是一个很典型的先透支市场。市场出现百年难遇的大好题材，出现了技术革命性的创新，主力肯定不会放过这个机会，透支行情理所当然。在这个过程中，如果你做空，哪怕你的观点是对的，也会被市场击溃。当透支行情来的时候，我们必须顺着这个势。当然，还债行情会来为它擦屁股，纳斯达克至今没有达到 2000 年 5132 点的高点，还债行情用了 14 年还没有还清。

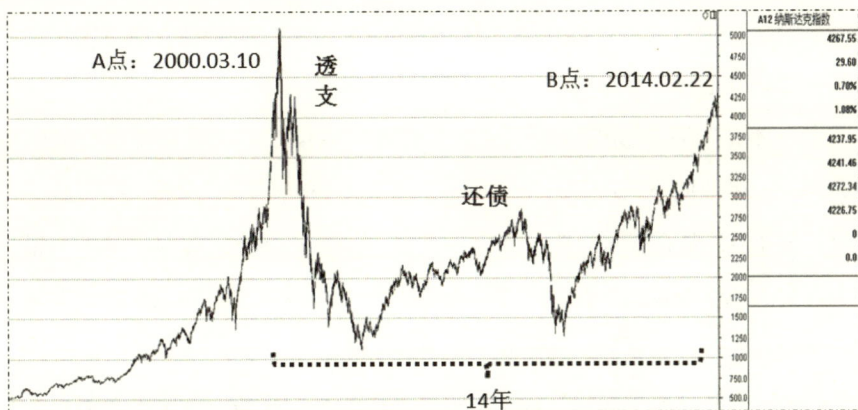

图 2.5　纳斯达克上市以来的 K 线图

2

思维篇：投资需要「离经叛道」的股市思维

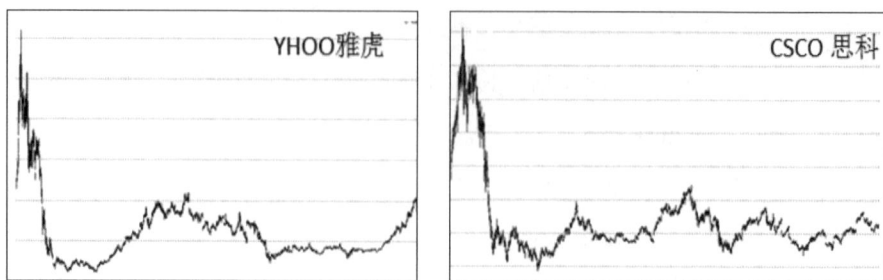

图 2.6　雅虎和思科上市以来的 K 线图

　　了解这种现象有什么意义？意义太重要了！股市对新东西的炒作有自己的逻辑，这个逻辑是先把股价炒上天，再用时间来还债。这就是很多人看不懂股市而天天喊风险、喊泡沫的原因。股票怎么可能没有风险，怎么可能不产生泡沫？没有风险、没有泡沫那还叫股市吗？这正是股票自己在透支自己行情的逻辑，这是股市游戏的一部分。至今，还有很多人说我们的创业板不值得投资，风险太大了，市盈率都多少多少倍了。这些人都是外行，一点也不懂得股市先透支后还债的潜规则。

　　我们可以利用先透支后还债的现象来抓住透支行情，把股价最惊心动魄、最荡气回肠的涨幅一网打尽。纵观 A 股的题材炒作，最暴利的股哪个不是出自透支行情？透支行情就是主升浪，就是"鱼身"。如果不懂这个秘密，见到暴涨就喊泡沫、就喊风险，恐怕也把握不住最大的行情。

　　股价不是对基本面的反映，而是对想象力的反映，这就是透支行情的根本原因。如果把握不住透支行情阶段，也许只有还债行情等我们。股市其实是个"坏孩子"，要么就涨过头，要么就跌过头，它永远不会按照学院派的想法去老老实实地反映价值。这就是很多所谓的专家看不懂股市的原因。如果听信了经济学家的话，看到股价高于估值就袖手旁观，那我们将错过最好的行情。A 股里的妖股是最典型的透支行情，它也是最暴利的行情；龙头股涨起来也大多属于透支行情，它也是我最推崇的交易品种。

先透支后还债思维能让我们从容地面对泡沫和风险。当大行情来了的时候，不要管它有没有泡沫，做就是了。2007 年大牛市来临的时候，哪个股票没有泡沫？但是股价照样天天涨，钱照样天天赚。2008 年大盘跌到 1664 点，哪个股票没有低估？但是股价天天跌，一买一个亏，这就是透支行情和还债行情活生生的例子。机不可失，时不再来；天予不取，必受其咎。不要刻舟求剑，拿着价值评估那套体系来丈量股价，股价不是基本面的必然反映，而是对未来憧憬的反映。请神容易，送神难，基本面把"神"请来之后，"神"就由不得基本面了，它会自己表演，直到疯狂尽头。透支行情是春暖花开，还债行情是冬寒料峭。花开堪折直须折，莫待无花空折枝。

索罗斯说，股市是非理性的，这种非理性能把股价"漂"到很远，在"漂"到头之前，我们要跟着它一起，千万不要逆势而为，反手做空，因为非理性可能把股价"漂"上天，我们要注意的是，在"漂"不动的转折点提前"拐大弯"就是了。他的这种哲学正是对透支行情的经典描述。

当然，透支行情背后就是还债行情，佛魔相伴。我们享受透支行情，也要随之戒备还债行情的来临。问题是，即使你不参与透支行情，你也要承受市场上的还债行情。比如，市场不会因为你没有在 2007 年透支行情中大赚一把，就在 2008 年还债的熊市行情中放你一马。

2.9　求变求新思维

——主力总是喜新厌旧

求变是选择将要巨变——当然是往好处变——的公司；求新是选择新生事物、新的行业、新的题材。此处的求变与上文的"随机应变"不同，随机应变是个人跟随市场"审美"的变化而变化，主观要适应客观；此处的求变是指选股标的在今后一段时间会有重大变化，是指投资对象的变化。

不要选择一成不变的公司，要选择正在或将要发生变化的公司，要么业绩爆发，要么上马新项目，要么研发新技术，要么开发新市场，要么推出新产品，要么管理层的主要领导发生变化。哪些是一成不变的公司？高速公路、铁路、机场，这些很难有大的变化，除非有政策变化，每年在交通上的人流出现巨变很难，今年路上跑多少辆车明后年也差不多，选股尽量回避这样的公司。要选择充满变化的公司。比如，互联网是当今世界最大的变化，所以互联网公司的股价在中外都风头无二，美国四大互联网巨头 Facebook（脸书）、谷歌、苹果和亚马逊的市值总和占纳斯达克 100 指数和纳斯达克 100ETF 指数总市值的 27%。中国马年刚过，网宿科技就晋升 2014 年第一高价股之位，该股 2010年业绩递增 -2.1%，2011 年递增 44%，2012 年递增 89%，2013 年一、二、三季度分别递增 49%、57%、86%，年报预增 113%~143%，这就是变化。腾讯控股春节还不忘给人惊喜和变化，微信红包赚足了眼球，微信这个移动互联网门票再次让业界对腾讯充满想象力，因为它对互联网生态的改变太大了，虽然目前微信不能给腾讯贡献多大利润，但是未来它可能侵蚀掉阿里巴巴，甚至把6 亿用户全部变成 6 亿客户，这个变化足以让腾讯股价的估值从 1000 亿元提升到 1500 亿元乃至 2000 亿元，直追谷歌和亚马逊。谷歌也是同样充满变化，2014 年 2 月 10 日，谷歌（见图 2.7）市值达到 3941.04 亿美元，超过埃克森美孚（见图 2.8）的 3912.02 亿美元。美国有很多伟大的公司，比如沃尔玛（见图 2.8）、辉瑞、埃克森美孚，它们都是百年根基业绩优良，但是不得不让位给新生高科技企业。为什么，因为这些老家伙的未来一眼可以看穿，没有什么新玩意，而谷歌、亚马逊（见图 2.7）则不一样，你不知道它们明天会带来什么，它们拥有创造未来的能力。我们对比一下图 2.7 和图 2.8，前者是全球顶尖的互联网公司，后者是全球顶尖的传统企业，它们的股价走势有很大区别，互联网龙头企业一路狂奔，而传统企业则一波三折，甚至徘徊停滞。不是说传统企业不盈利了，有的传统企业甚至比互联网企业利润还高，但是传统企业的股价就是涨不过互联网企业，原因无他，缺变化耳。甚至同样是变化，变化快的超过变化慢的。图 2.9 是苹果和微软的走势图，可以很清晰地发现苹果的崛起和微软的衰落，背后的原因是乔布斯带来的苹果一路变革，从智能手机、掌上电脑、音乐甚至电子书等等都占据行业一哥地位，让苹果充满变化，而微软除了 Windows 之外，你很难再找到它在其他领域有什么革命性的变化。所以，变化小的涨不过变化大的。再对比图 2.7 和图 2.9，我们又会发现苹果落后于谷歌、亚马逊，特别是最近，为什么？因为苹果的灵魂乔布斯仙逝后，资本市场至今没有看到苹果有什么革命性的新动作，而谷歌和亚马逊则不一样，除了主营业务之外，安卓系统、谷歌地图、地图眼镜、智能穿戴、机器人、电子商务等新的项目一个接一个，资本市场就喜欢这种变化和新东西，如此而已。国内也是如此，搜房网的市值都逼近恒大了，小米也力压海信，因为后者可一眼望穿，前者前途无量。

图 2.7　谷歌和亚马逊上市以来的股价图，截至 2014-02-22

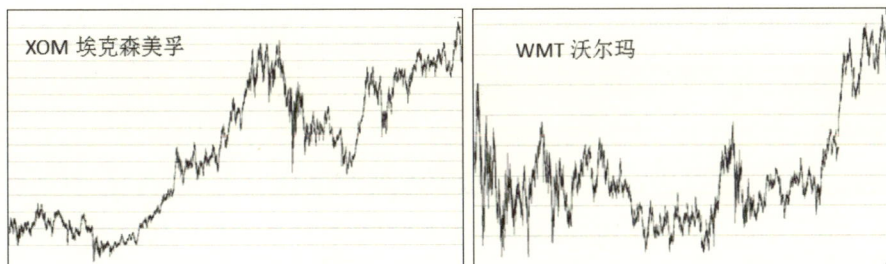

图 2.8　埃克森美孚和沃尔玛上市以来的股价图，截至 2014-02-22

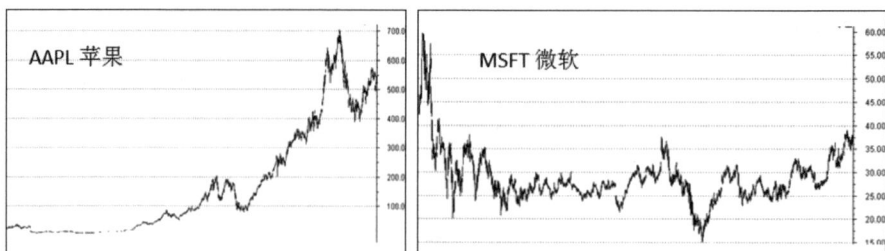

图 2.9　苹果和微软上市以来的股价走势图，截至 2014-02-22

不但互联网和传统产业比较起来占优势，传统企业内部比较起来也是充满变化的涨幅高过一成不变的。一句话，这个世界喜欢变化的东西。"新"是最大的变化，求变必然要求新。新事物、新技术、新题材无一不是宠儿。"新"意味着没有见过，哪个主力肯放过这么个好玩意？

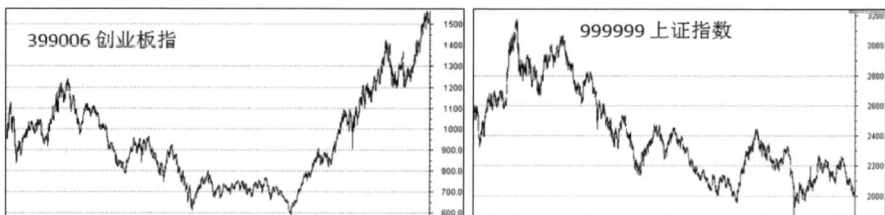

图 2.10　创业板上市以来的创业板指数和上证指数走势图，截至 2014-02-22

我们对比创业板上市以来的创业板指数和同期上证指数（见图 2.10），创业板指数明显跑赢上证指数，而且越来越显示后劲。其中原因就是新和变，创业板相对主板本身就是新事物，更重要的是创业板内部大多是新行业、新技术的企业，变化远远超过上证的那些传统企业。以大盘蓝筹为代表的上证，虽然营利性很高，但是市场不买它的账，因为它没有变化。最典型的就是银行业，中国特色的金融环境让银行业大赚特赚，2011 年，工行、建行、中行、农行、交行五大银行的净利润总额达到 6808.49 亿元，相当于日赚 18.65 亿元，民生银行行长洪崎甚至说"银行利润那么高，有时候自己都不好意思公布"。即便如此，银行股还是死活不涨。市场是对利润好感，但市场最喜欢的还是明天的利润，喜欢变化和新鲜，也就是预期。

A股有个惯例，逢新必炒。创业板刚诞生，吉峰农机从28元炒到100元上下；中国中铁是第一个在A股上市后又在H股上市的国企，这种情况从来没有过，主力对其也是抓住不放，仅仅一个月零五天就暴涨了74.34%；紫金矿业IPO按一毛钱面值上市，这也是破天荒的事情，因为以前从来没有过，这当然是新情况，结果该股上市当天就被爆炒202.95%。诸种情况，不一而足。这些都是炒新鲜，炒不一样。这就是变化的逻辑。

求变、求新，本质是求"希望"。上世纪火车是希望，人们炒铁路股；后来私人汽车是希望，人们炒汽车股；再后来电子产品是希望，人们炒电子股；今天互联网是希望，人们就炒互联网股。人们愿意给希望无限憧憬，希望就是预期，预期就是想象力，这些东西是无法用估值和基本面来定量的，当股票处于这个阶段，必然会先透支行情，这就是为什么要有求变、求新思维。

2.10　混沌思维

——投资是模糊数学的分支

本节涉及很深的理论阐述，不过我不追求学术上的严谨，而是寻找通俗的表达。

混沌，通俗来说就是确定性和随机性组成的复杂系统，混沌运动介于确定性和随机性之间，通常情况下表现为随机性，但在另外情况下又有很强的确定性。比如，宏观上存在很高的稳定性和确定性，而微观上又是完全随机性。股市就是天然的混沌市场。股价具体怎么走，存在很大随机性，而在某些特殊的时刻和特殊的K线组合下，又是高概率事件。

混沌思维可借鉴模糊数学来解释。模糊数学又是一个非常复杂的概念，

2

思维篇：投资需要"离经叛道"的股市思维

但必须阐明的是，它不是糊涂，不是和稀泥，不是将就，不是差不多。数学本身是精确的，追求唯一性，要建模；而模糊又是排斥精确，追求粗线条。模糊数学就是以不确定的事物为研究对象，处理复杂的、系统的、非线性的问题。

举个例子吧。考研的时候，数学老师教了个很好的解题思路。遇到求面积的选择题，很多情况下不好求，或者运算起来很费力，可以干脆不算出面积，转换思路，算出面积大概在某两个值之间，然后看 ABCDE 五个选项哪个在其中就可以了。比如，算出的面积在 2~3 之间，题干给出的选项如下：

A. 1.2　　B. 1.5　　C. 2.2　　D. 3.2　　E. 4

那么直接选 C 就是了。这种思路就已经很接近模糊数学了，从这个例子我们可以初步感受到模糊数学的价值。

在现实社会中，尤其是人文、社会科学、管理等"软科学"领域，参数和变量甚多，各种因素错综复杂、盘根错节，造成很大的不确定，没有分明的数量界限。比如，比较漂亮、善良、单纯、管理卓越、富有经验、领导才干、金融泡沫……这些概念很难用简单的是非或者数字来精确定量，它们是模糊的东西，模糊数学就此开始有用武之地。模糊数学提供了一种研究不肯定和不确定问题的新思路新方法。

模糊数学由美国控制论专家 L.A. 扎德（L.A.Zadeh，1921~ ）教授所创立。他于 1965 年发表了题为《模糊集合论》（*Fuzzy Sets*）的论文，从而宣告模糊数学的诞生[①]。L.A. 扎德教授最初思考计算机为什么不能像人脑那样进行灵活的、智能的思维与判断问题。计算机记忆超人，计算神速，然而当其面对模糊状态时却"一筹莫展"。其原因在于传统的数学，例如康托尔集合论（Cantor's Set），不能描述"亦此亦彼"现象。[②] 也就是，传统数学追求精确性、唯一性，追求模型的完全科学性。康托尔集合论要求其分类必须遵从形式逻辑的排中律，论域（即所考虑的对象的全体）中的任一元素要么属于集合 A，要么不属于集合 A，两者必居其一，且仅居其一。这样，康托尔集合只能

---

① 引用自百度百科，http://baike.baidu.com/view/24364.htm
② 同上。

表现"非此即彼"，而对于外延不分明的"模糊概念"则不能反映①。这就是计算机为什么不能像人脑那样灵活、敏捷地处理模糊信息的重要原因。L.A.扎德教授为此提出了"模糊集合论"。这便是模糊数学的起源，它来到世间，既可用于"硬"科学方面，又可用于"软"科学方面。

根据 L.A.扎德教授的观点，在复杂系统中，存在大量非线性、多变的情况，复杂性和精确性形成了尖锐的矛盾。L.A.扎德教授从实践中总结出这样一条互斥性原理："当系统的复杂性日趋增长时，我们做出系统特性的精确然而有意义的描述的能力将相应降低，直至达到这样一个阈值，一旦超过它，精确性和有意义性将变成两个几乎互相排斥的特性。"②也就是说，复杂性越高，有意义的精确化能力便越低。复杂性意味着因素众多，难以精确掌握，而且人们又很难对全部因素和过程都进行精确的考量，只能抓住其中主要部分，忽略掉所谓的次要部分。这种情况与股市天然相似。股市也存在互斥性原理：当你用精确的数值去计算涨跌时，得出的结论与现实中有意义的结果往往相互冲突，甚至南辕北辙；当你放弃精确的描述，选择模糊的、粗线条的、大框架数字来描述时，反而很接近股市本身。这就是说，研究股市不能追求传统数学的精确思维，要用混沌的模糊思维。这与索罗斯的哲学根据——证伪主义也不谋而合。索罗斯认为，一项陈述的内涵越丰富，那么它出错的概率也就越高，相应的也就越容易被证伪。这也就是为什么索罗斯反对用科学主义和数学方法来解决股市问题。

就拿典型的股价突破前期高点为例来说吧。股价敢于突破，说明解放了套牢盘，主力志存高远，这可以作为一种买入决策模型，即突破买入模型。但是，你不能把这个当成数学公式，每次突破你都去买。因为影响股价的因素太多，大盘环境不一样、政策力度不一样、市场情绪不一样，股价表现都会不一样。市场是混沌的，我们只能说股价突破后再上涨是大概率事件，是高胜算模型，而不能把它变成简单的数学式的条件反射，见到突破就买入，

---

① 引用自百度百科，http://baike.baidu.com/view/24364.htm
② 同上。

其实，现实的股市里假突破太多了，海龟理论的创始人丹尼斯最后就败在频繁的假突破上。

股市的本质是不确定的，是随机性占主导的，但是在某种特殊情况下又存在确定性，比如重组概念股，我们敢百分之一百地说它明天会一字涨停。随机性占主导，我们必须把风险放在第一位，保持对股市的敬畏；存在确定性，说明股市在某些情况下有规律可循，可以认知，可以利用。我今后要介绍的具体交易方法就是针对股市的确定性一面，风险控制则是针对随机性的一面。股市混沌，我们也必须有混沌思维。

提到混沌思维，必须提到巴契里耶开创的随机漫步理论，该理论认为股市完全随机，下一步会怎么走没有一点规律可循，完全不存在确定性，精挑细选的股票和大猩猩掷飞镖选的股完全没有两样，投机的数学期望为零。混沌思维承认随机性占主导，但同时也承认确定性的存在，而随机漫步理论则否认一切确定性。相比较而言，随机漫步理论是完全的不可知论和完全的不可预测论，我认为这种看法是极端和绝对的。按照巴菲特的说法，如果股市真的是那样的话，他还在街上当报童呢。混沌理论认为人具有主观能动性，股市具有一定程度上的可认识性，但又不否认股市的复杂性和随机性，可以说混沌理论是对随机漫步理论有效的回击。以前，没有理论工具，总是无法从理论高度看破随机漫步理论的缺陷，现在混沌理论正好解决这一难题。混沌思维既是可知论，又是随机论。

具体到股市中，我认为主升浪行情单边行情是典型的确定性行情，趋势理论可以很好地解释并预测这种确定性；震荡行情是典型的随机性行情，鸡毛行情更是随机性行情的表现，在这种情况下，我们只能轻仓或者空仓。

很多人对股市的研究，喜欢公式化，君不见各大媒体的各路股神几乎每天都干预测股价涨跌的事，这是典型的自欺欺人。如果能把握住股市里5%的确定行情就足够我们赚钱了，怎么可能每天都预测准？更奇怪的是某些技术派人士对股价的预测精确到小数点后两位，他是神仙呀？股市是混沌的，他怎么有那个本领？正是从这个意义上，我说江恩预测小麦期货在某个时间点一定会到 1.20 美元的事是编造的。因为股市不是传统数学，无法精确建模，无法生成一个唯一的值。混沌思维是模糊数学，江恩怎么可能在模糊领域得出一个精确到小数点后两位的具体值呢？

现在很多人迷信电脑化、软件化炒股，我觉得这也是犯了同一个错误，把股市当精确数学。当然，我不反对用电脑软件，这样可以帮我们省去很多选股时间并克服情绪干扰，但电脑软件永远代替不了人的判断，它只能给我们提供帮助，我们不能完全依赖它。长期资本公司的数量化模型是诺贝尔经济学奖得主帮助设计的，结果不照样难逃破产厄运？现在还有一种数量化投资，它已经不是简单的传统数学，而是融入模糊数学和混沌的理论，这正是混沌思维在股市里的应用，在这方面西蒙斯走在了前列。

我们对股市的研究不能追求绝对，只能追求高胜算，即大多数情况下会怎么样。这会让我们有准备，不至于被随机性风险彻底击溃。我对自己的任何交易策略和方法都有一丝危机感，因为我不知道的东西太多。就拿趋势来说，即使是已经很确定的趋势，也可能反生逆转，我只能说跟随趋势比较安全，但我不保证绝对正确，所以我绝对不会放弃我的"安全带"，那就是风险控制。本书后面所介绍的所有方法都不是百分百的，而是建立在高概率、高胜算的基础上，在通常意义上，它们是有效的，但它们也会背叛。

混沌思维还要破除因果观。股市里不存在简单的因果。比如，因为业绩预增，所以股价涨停？哪有这么简单的事！如果这个因果成立，为什么另外一只个股业绩预增更多反而股价下跌呢？因果观是典型的数学思维，比如我们中学数学的证明题，几乎都是因为什么，所以什么。这是线性关系，但股市是非线性的。股市需要的不是因果关系，而是相关关系，即股价的涨跌与某因素高度相关，但不受它决定。相关因素既不是充分条件，也不是必要条件，而是关联条件。如果树立这种思维，我们炒股时就极大地摆脱了机械思维，也不会看到利好就一股脑闯进去，看到利空马上就被吓出来。现在 A 股市场上大多数人都摆脱不了因果思维，包括很多专家名人。我们经常看到媒体上有人写文章，因为某某某，所以今天股票必然大涨。扯淡，股市有这么简单吗？相关性思维就是要打破这种简单的二元思维、线性思维，树立混沌思维。

总之，股市是混沌的，随机性占主导，但又充满局部的确定性，这决定了我们既能认知它，却又不能认知它。我既反对不可知论，又反对完全战胜股市的理论。如果我们抱着精确的思维，可能永远得不到标准答案；如果我们退而求其次，从模糊数学角度，粗线条地、高概率地、宏观地去认识它，又会发现另外一番光景。这就是我提倡的混沌思维。

2.11　本章回顾与总结

炒股是一个特殊的专业，它是一份工作。既然是专业，就需要专门的思维，没有经过股市洗礼的其他任何领域的思维都不能轻易迁移到股市中来。股市本身是反人性的，它需要与众不同，听起来还离经叛道的思维模式，但正是这种思维才能让我们在股市中长期盈利。逆思维、"少数派"思维、正合奇胜思维、赚钱效应思维、随机应变思维、赢家思维、捂股思维、先透支后还债思维、求新求变思维、混沌思维，是股市制胜的十大思维，我的交易体系就是在这种思维的潜移默化下总结出来的，后面章节所介绍的所有交易方法和策略，都是这十大思维的具体化。

3 思想理论篇：投资理论的四个划分

有了正确的思维，还须有正确的思想，才能形成一套完整的股市哲学观和方法论。索罗斯之所以成为大鳄，与他的哲学素养和投资思想是分不开的；巴菲特也是因其独特的哲学思想才最终成为大师。

本章中，我们来讨论投资需要什么样的思想、什么样的理论。既然目前媒体传播的投资技能鱼龙混杂，搞不清来龙去脉，很不专业，那就让我们从历史源头来寻找真正的投资思想吧，从真正意义上搞清楚投资理论的源与流、门派与发展，追根问底，正本清源。杜鲁门说过，你不能预测未来的唯一原因是不了解过去，所以我们要从历史长河中去寻找投资的养料，选择适合A股的投资思想和理论。

2012年，本人为了完成研究生论文《中国医药行业上市公司投资价值展望》[①]，查找了大量资料，其中有一篇很有价值的博士论文《西方股票投资思想的演变与当代中国股市研究》[②]。该文是我所见过的对西方投资思想最完善、最专业的归纳与总结，我的论文大量吸取了该文的思想与观点，并结合自己的

---

① 彭道富.中国医药行业上市公司投资价值展望 [D].四川大学硕士论文.2012.
② 张弘林.西方股票投资思想的演变与当代中国股市研究 [D].上海：复旦大学.2006.

股市经验。本章中我将把我对投资思想理论的认识和分析分享给大家，很多内容源自我当年的硕士论文，特此说明。

3.1 西方投资理论的源头

1611 年荷兰第一家证券交易所成立后，人类正式进入了证券投资时代。为了满足经济发展和海外殖民的需要，英国和法国也相继成立了证券交易所。但是早期的证券交易充满欺诈和投机，荷兰、英国和法国相继出现了投机泡沫狂潮，比较有名的是荷兰郁金香泡沫、英国南海泡沫以及法国密西西比泡沫。

早期三大经济泡沫曾经重创欧洲经济，同时也重创人类对股市的希望。人类创立证券之后，一开始尝到的不是它的甜头，而是它的灾难。荷兰、英国、法国，是当时欧洲最先进的资本主义经济体，它们无一例外地被投机泡沫袭击。这不得不让人们深思。

在欧洲早期投机狂潮中，人类深深地感受到了证券的杀伤力，人们曾经一度谈股色变，把股票交易等同于赌博，甚至等同于毒品，有的政府曾经一度取消证券交易。证券投资在人们心灵深处布下了恐怖的阴影。

欧洲早期三大经济泡沫以其极大的破坏性向人们展示了证券风险的恐怖，在往后很长一段时间内，人们谈股色变，人类的灵魂被股票烙上灾难的印记。风险如同幽灵一般，盘旋在每一个证券投资人的心灵上空。今后的证券投资，每向前一步，都不得不直面"风险"二字。也可以说，证券投资往前发展的道路，就是理性战胜风险的道路，就是回答如何去迎战风险的道路。

我们真正认真思考证券投资本身、从理性角度去认识投资、从实践中去总结投资理论，进而创造出伟大投资思想的，是从美国的证券投资开始的。

1792 年 5 月 17 日，华尔街 68 号的一棵梧桐树下，24 个经纪人签署了《梧桐树协议》，纽约证券交易所宣告诞生。从此，美国接过欧洲的棒，开始了轰轰烈烈的证券投资实践。

美国早期的证券交易可以说是掠夺和赌博，四处充满黑暗和肮脏，内幕交易层出不穷。由于美国信奉市场主义，即最少干预的政府就是最好的政府，政府管制在华尔街一直遭到反对，美国证券交易就在自由放任的情况下野蛮成长，这就更加加剧了华尔街内幕交易的兴风作浪。人们对华尔街的证券风险充满恐惧，那是一个弱肉强食的时代，这个强盗和赌徒做主的地盘，好人和上帝都对此嗤之以鼻。

美国面对这种情况，不是一味恐惧，也不是政府出面介入来解决证券投资存在的问题，而是大批投资人士积极探索解决方案。其中最有影响、也最成功的是查尔斯·道、格雷厄姆、杰西·李费佛和马克维茨。

查尔斯·道为华尔街重新正名，其投资思想和方法论开辟了技术分析投资流派；杰西·李费佛以其传奇的投资实践，在投资实务界引起强烈共鸣，后经凯恩斯、索罗斯以及丹尼尔·卡恩曼等人的努力，最终发展为心理分析投资流派；格雷厄姆则从企业的基本面入手研究公司的内在价值，其投资思想发展为基本分析流派；马克维茨的投资理论则开创了现代理论金融派。

3.2 技术分析流派

华尔街是好的地方还是坏的地方？华尔街是赌徒和魔鬼的天下还是投资者的天下？查尔斯·道在思考着很多美国人思考的问题。

查尔斯·道是技术分析的鼻祖，他的股市理论开创了技术分析流派。他振聋发聩地提出，股票市场是商业的晴雨表。关于股价运动，查尔斯·道提出："我们可以说并且必须强调提出，它有意识地创造了一种科学而实用的晴雨表。请注意温度计与晴雨表的区别。温度计能记录某一时刻的实际温度，正如股票记录器记录实际价格一样，但是晴雨表特有的功能是预测。这是它的价值所在，也是道氏理论的价值所在。股票市场是我国商业的晴雨表，这个理论告诉你如何分析它。"①查尔斯·道深信股市能预测未来，"股票交易所的交易规模和交易趋势代表了华尔街对过去、现在和未来的全部理解，并适用于经过预算的未来"②。华尔街能反映经济生活的一切，即使面临操纵，股票市场仍能给予回答。道氏甚至形象地指出，关于农业，"华尔街知道的事情比所有农民加在一起知道的事还多，包括已经被农民忘记的事"③。市场比任何人都知道得多，任何集团都无法操纵基本趋势。这就有力地回击了"股市操纵论"和"赌场论"。道氏在人类历史上第一次为证券市场正名：晴雨表。

道氏强烈反对把股市当赌场，相反，他对股市投机者给予很高的评价。他为投机者正名，他认为把股市当成赌场一开始就是错的，这是别人嫉妒投机者。他很认同同时代投资实务领域杰出人士杰西·李费佛的话："投机是一种事业，它既不猜测，也不赌博，而是工作。"④

道氏理论进一步阐述，平均价格包容消化有关股票的一切因素——基本面的、政治的，甚至战争的。道氏在 1901 年 7 月 20 日的《华尔街日报》上这样写道："市场并不是一只在风中摇摆不定的气球。从整体上看，它代表一种严肃的、经过深思熟虑的努力，那些有远见、信息充分的人正在试图让价格与现存价值或在不久以后的将来存在的价值相适应。"⑤这种思想经过发展，成了技术分析的三大基石之一：市场行为包容一切。

道氏之后，技术分析理论沿着道氏的三大基石——市场行为反映一切、股价呈趋势性运动、历史会重演——大踏步前进。艾略特的波浪理论，约翰·墨菲等人发明的形态理论，以及后来发明的均线理论、指标理论、趋势理论，直到后来技术分析的集大成者江恩发明的江恩理论，最终把技术分析推向巅峰。

① 威廉·彼得·汉密尔顿. 股市晴雨表 [M]. 海口：海南出版社，1999：40 ～ 41.

② 威廉·彼得·汉密尔顿. 股市晴雨表 [M]. 海口：海南出版社，1999：41 ～ 42.

③ 威廉·彼得·汉密尔顿. 股市晴雨表 [M]. 海口：海南出版社，1999：47 ～ 48.

④ 张弘林. 西方股票投资思想的演变与当代中国股市研究 [D]. 上海：复旦大学，2006：44 ～ 45.

⑤ 威廉·彼得·汉密尔顿. 股市晴雨表 [M]. 海口：海南出版社，1999：66 ～ 67.

技术分析否认股市是赌场和内幕操纵的乐园，为证券市场正名。它怎么规避风险呢？选择和趋势在一起，趋势上升就做多，趋势下降就做空。另外，技术分析通过对股价和成交量的历史数据，提炼出若干图形和指标，根据这些图形和指标来回避高风险的股价区域，从而避免损失，同时，这也是它获取收益的路径。

从查尔斯·道开创道氏理论以来，经过艾略特、约翰·墨菲、威廉等人的继承和创新，最后经过一代大师江恩的努力，技术分析终于达到顶峰。技术分析是投资人士对证券市场理性分析的一种路径，它选取价格为核心研究对象，辅以时间和成交量，以周期性和趋势为研究重点，夹杂着对交易技巧、成交量、形态和指标的研究，成为投资界特别是中小投资界比较流行的一种投资流派。技术分析派首次为证券交易正名，把证券市场提升到经济晴雨表的高度。技术分析发明的很多名词和方法成为今天投资界共同使用的术语，比如指数、止损、趋势、成交量、周期等。但是技术分析经过江恩之后，如同进入了迷宫，也给投资者带来了一些误导，现实世界的中小投资者使用技术分析绝大多数陷入了亏损的尴尬境地。不过技术分析的价值不能因此被抹杀。技术分析为我们提供了一种观察股市的方法，也为我们分析股市提供了工具，如同 X 光片为医生看病提供了依据一样，我们既不能对技术分析完全依赖，也不能对技术分析提供的投资思想视而不见，应该辩证分析。

3.3　心理分析投资流派

杰西·李费佛，股市神童，14 岁就开始了他的投机生涯，一生唯一的职业就是证券期货交易。他的投资方法和思路开创了心理分析流派。李费佛观察股市与其他流派不一样，他的理论不是以任何假说为前提，他研究的逻辑基础是：市场事实上是什么，然后我们应该怎么办？

李费佛一边思考其他投资者如何思考，一边研究价格如何运动。

首先，李费佛和道氏一样看重趋势，但是李费佛对趋势的认识比道氏更加微观和丰富。趋势理论也是李费佛思想的精髓。（1）赚大钱只能在大趋势当中。"我开始更加明确地看到，赚大钱必须要在大波动中赚。"[1]他把趋势看成好朋友，甚至看成盟友，"但是我可以告诉你，自从市场开始按照我的方向走的时候，我有生以来第一次感到我有了盟友——世界上最强大最真实的盟友：基本趋势"[2]。（2）趋势有它自身强大的力量，趋势一旦形成，会自我强化。"但是在大势看涨或看跌时，就连世界大战也无法阻止股市成为一个多头或空头市场。"[3]（3）趋势在时间上具有持续性，"真正的趋势不会在它们开始那天就结束，完成一次真正的趋势是需要时间的"[4]。所以赚钱靠的不是想法，而是等待。

其次，"追随领导股"（follow the leader）。领导股也叫领头羊，领导股不但有领涨的特质，而且具有预测的功能，那就是当领导股不再上涨的时候，可能趋势要终结。李费佛说："如果你不能从领头的活跃股票上赚到钱，你也就不能在整个股票市场上赚到钱。"[5]

再次，李费佛发现价格运动的秘密：价格沿着阻力最小的方向运动。"为了便于解释，我们干脆这么说，价格像其他事物一样，会沿着阻力最小的路线移动，哪儿省事，便往哪儿移，因此如果上涨阻力小于下跌阻力，价格就会上涨，反之亦然。"[6]

李费佛还充分认识到了投资者的非理性，强调投资时机和对股市保持谨慎，注意止损和防范风险。他提出的做领头羊类股票和赚大行情的利润的观点在今天变成了技术分析派和心理分析投资流派的常识和金科玉律。但是，李费佛的理论连自己都没有贯彻始终，晚年的他交易状况糟糕，饮弹自杀。

---

① 埃德文·拉斐尔. 股票作手回忆录 [M]. 上海：上海财经大学出版社，2006:112 ~ 113.

② 埃德文·拉斐尔. 股票作手回忆录 [M]. 上海：上海财经大学出版社，2006:121 ~ 122.

③ 埃德文·拉斐尔. 股票作手回忆录 [M]. 上海：上海财经大学出版社，2006:85 ~ 86.

④ 杰西·利佛莫尔. 世界上最伟大的交易商——股票作手杰西·利佛莫尔操盘秘诀 [M]. 北京：地震出版社，2007:14 ~ 15.

⑤ 杰西·利佛莫尔. 世界上最伟大的交易商——股票作手杰西·利佛莫尔操盘秘诀 [M]. 北京：地震出版社，2007:17 ~ 18.

⑥ 爱德文·拉斐尔. 股票作手回忆录 [M]. 上海：上海财经大学出版社，2006:143 ~ 144.

李费佛的投机思想必须与时俱进，而实现这个使命的人物是凯恩斯、索罗斯和后来者。

凯恩斯不但是经济学泰斗，同时也是一个股票交易者，他在《就业、利息和货币通论》这部巨著中用一个章节来专门讨论股票市场。凯恩斯的理论形象地体现在他的"选美比赛理论"上：关键不是选择自己认为漂亮的，而是选择其他大多数人认为漂亮的。凯恩斯之后，索罗斯从理论和实践上更加深入地发展了心理分析流派的投资思想。

索罗斯投资思想深深受到他的哲学老师卡尔·波普的证伪主义的影响，特别是"不确定性"观念深深植入他的骨髓，他甚至把自己的基金名字由索罗斯基金改为量子基金，因为量子力学的测不准定律正符合他的哲学信仰。

首先，索罗斯从哲学大师卡尔·波普证伪主义的精神出发，提出认知的"可错性"。

索罗斯的全部世界观和金融思想的基础就是认识的"可错性"理论。他认为，我们对事物认知所取得的任何成果都是暂时的，也都是进一步需要证伪的对象，其反映在金融市场上，则是市场定价通常是错误的。

第二，可错性的认知和基本面之间是互动的，这种互动被索罗斯冠以"反射性"之名。从而，索罗斯跳出单纯对"物"——价格——的研究，把"人"的因素纳入金融市场的研究范围。认知的可错性容易形成种种偏见，所以"反射性"也可以用偏见和基本面之间的互动来描述。

第三，基于认知可错性的反射性的市场理论，索罗斯坚持认为金融市场最大的特征就是"不确定性"，任何企图通过归纳方法来获得"确定性结论"以及企图通过科学的方法来给市场量化的努力都是错误的。偏见和基本面之间的互动时时刻刻都给金融市场带来不确定。

第四，由以上世界观出发，索罗斯认为投资决策是一种追求暂时利润的"炼金术"。索罗斯眼中的投资其实是一种"试错"："金融市场的发展是一个不断验证投资者市场猜想的历史过程——人们可以从某个合理的逻辑猜测起点出发，构造某种反射性的市场假说并将其付诸投资，然后以市场实际发展进程

3

思想理论篇：投资理论的四个划分

来检验假说的有效性：假说为市场接受，那么市场将因反射性作用而强化趋势，投资者可以从趋势把握中获得超额利润，否则投资者应该尽快抛弃原有假设并寻找新的起点。"①索罗斯的投资思想有复杂的哲学因素，他本人野心又过大，企图构建的包括金融投资、开放社会和经济市场观等内在逻辑统一的庞大系统，所以他的思想让一般人难以理解。但是行为金融学兴起后，索罗斯理论迅速找到知音。

包括索罗斯本人在内以及之前的心理分析流派人士，对市场的思考的共同特点都是更加注重研究"人"的因素，他们抛弃"理性人"的假设，研究"真实的人"。他们反对市场均衡理论，又没有一头扎进基本面研究；他们抛弃简单的技术分析和各种指标，更关注市场的情绪和博弈双方的决策过程。这其实和行为金融学的精神是相通的。

行为金融学，也有学者翻译为行为经济学，它把研究焦点放在对人性的研究上。

第一，行为金融学认为，投资者是有限理性的。行为金融学从投资者实际的投资过程来研究投资者，认为投资决策不仅受到知识和能力影响，更受到心理和情绪影响，其过程是偏离贝叶斯法则的。

第二，行为金融学认为，投资者的偏差不是偶尔的、随机的，而是系统的。比如，现代金融市场上基金经理投资组合中的雷同现象，他们受着同样的心理偏差影响。基金经理被认为是理性投资者，他们在投资过程中的心理偏差，说明了这种偏差是系统性的而不是个体性和偶尔性的。

第三，期望理论，又叫前景理论。期望理论认为，期望价值取决于价值函数和权重函数。期望理论揭示了投资者的效用不是简单的财富的函数，而是获利与损失的函数，投资者也不再总是风险的厌恶者。人们的偏好是由财富的增加量决定的，而不是财富的总量。

行为金融学把心理和行为分析引入金融学，通过对人的认知过程、情绪

---

① 郭飞舟. 乔治·索罗斯金融投资思想研究 [D]. 上海：复旦大学，2005.

过程以及意志过程的详尽分析，打开了人们投资决策过程中的"黑箱"，提出了认知偏差、心理账户、锚定效应、前景理论、处置效应等理论，把对证券投资的研究从单纯的分析证券本身引入对人的分析。

心理分析投资流派认为风险不仅是价格上的风险，还包含人性的风险，人的认知偏差、人的情绪和意志都能带来风险，而且人性带来的风险不是简单的随机性，而是系统性的。行为金融学派采用逆向投资和顺势投资的组合策略来克服人性认知偏差的风险，主张时时刻刻要观察市场情绪，顺势而为，又要及早发现人性的认知偏差极限，能在关键时刻做到逆市投资，走在"市场曲线"之前。

心理分析投资流派顺势投资策略是针对市场"反应不足"来设计的策略，逆市投资策略是针对"反应过度"来设计的。本质上，心理分析投资流派仍然坚持对趋势的把握来赚市场利润，其利润来源主要是价差，而非红利和股息。在这一点上，心理分析投资流派和技术分析派相似，但是技术分析流派的路径是依赖对过去股票价格走势的分析，而心理分析投资流派跳出了简单的价格而加入了人的因素。二者的顺势不完全一样，技术分析派顺的"势"是价格的惯性，而心理分析投资流派顺的"势"是价格背后人的本性。

心理分析投资流派一开始从交易员，到股市投机大师，再到一批大学教授的研究，最终从投资的旁支走到学术的殿堂。早期的李费佛和后来的索罗斯的思想夹杂着技术分析派的色彩，但是他们的投资策略和投资实践十分注重心理分析和对人的研究，特别是对市场情绪的重视，他们开启了对人性与股票价格之间关系的研究。后来经过一大批大学教授的努力，心理分析派开启了通往行为金融学的路径。

心理分析投资流派最大贡献是开辟了一条独立的路径来研究证券，投资跳出为了价格而分析价格的圈子，把"人"纳入证券市场的分析范畴中来，打开了投资决策过程中的"黑箱"。心理分析投资流派作为独立的投资流派，其信奉者在实践中获得了巨大的投资收益，以索罗斯为最典型代表的心理分析投资流派，用优秀业绩证明其理论的科学性和实践性色彩。

3

思想理论篇：投资理论的四个划分

3.4 基本分析流派

基本分析流派始于格雷厄姆。格雷厄姆的投资正好经历 1929～1933 年的金融危机。在大萧条期间，他的投资损失惨重，1930 年损失了 20%。他借来款项之后再来投资，结果 1932 年他再亏损 70%，已经破产。所以他后来总结出投资理论天生就具有对抗风险和萧条的本性。格雷厄姆经历了股市大萧条，他深深地体会到，股票再好，都是以公司存在为前提的，所以他极端强调有形资产的清算价值，他给投资留足够的安全边际。其投资思想可以归纳为：

第一，把投资的核心从对价格研究转移到对企业的研究，还原股票的本质——被分割的对企业的索取权。由此，格雷厄姆开启了价值投资之路。在研究股票背后的企业的时候，格雷厄姆发明了"内在价值"一词。格雷厄姆的价值概念根植在有形价值上，更明确地说，是根植在可以清算、可以出售、可以重组的基础上，他甚至只愿意相信自己可以看得见、可以拿出去变卖和清算的价值。他甚至觉得衡量企业不必以持续经营为假设，而是以有多少资产可以变卖为假设。这也是格雷厄姆的保守之处和历史烙印。

第二，格雷厄姆牢守"安全边际"，把买价放在投资的最重要一环。安全边际是格雷厄姆投资方法论的核心和精髓。安全边际思想反映出格雷厄姆对风险的极端厌恶，对股市的心有余悸，对股票价格的不信任。格雷厄姆强调安全边际本质上就是强调买价的绝对低廉，甚至有"捡便宜"的味道。

第三，分散投资。格雷厄姆内心深处甚至害怕买价估计失误或者害怕大萧条重演，所以他又从分散投资的角度给风险套上缰绳，用投资的多样化再给投资加上一把安全锁。

第四，寻找隐蔽资产。所谓隐蔽资产就是未被市场发现，以及隐藏在财务报表背后的资产。这符合格雷厄姆捡便宜的思维。

第五，坚持相对长期投资。因为格雷厄姆的投资思路不以企业持续经营为前提，所以他的投资时间不会很长，相比较他的得意门生巴菲特，格雷厄姆算中短期投资者，他本人也承认，相对价格因素，时间是次要的。

第六，格雷厄姆对企业的分析工具是量化的。格雷厄姆精通保险公司精算法，也是财务高手，痴迷于用数学方法量化分析各种财务指标。

第七，格雷厄姆反对过分依赖未来，反对过多预测。他强调，价值投资者主要应为现在支付，而不是为将来支付。他反对依赖未来的根本原因是他认为对未来的过多依赖必然滑向投机之路，又重新把价值投资引向高风险的灾难。格雷厄姆也因此与成长性投资无缘。

格雷厄姆开创的基本分析方法和价值投资理论还原了股票本来的含义，打通了虚拟资本和实业资本之间的通道，为股票投资理论做出了重大贡献。格雷厄姆之后，价值投资因其内容简单、逻辑体系容易被人理解，得到快速传播和迅猛发展。但是，格雷厄姆本身属于保守的价值投资派，他反对过于依赖公司的未来成长对股票进行估值，而费雪恰恰弥补了格雷厄姆的不足。费雪属于价值投资的激进派，他强调成长。菲利普·费雪是从定性角度把成长性注入价值投资中。费雪认为，投资成功就需要找到未来几年每股盈余将大幅成长的股票。费雪避开格雷厄姆的数字计算，他认为计算出来的往往是结果，他更关心过程的正确性。为了过程正确，他认为需要从定性的角度寻找充满成长性的公司。费雪列举了15个观察角度观察公司：公司产品是否广阔；持续发展前景如何；管理层开发新市场、新产品的态度；公司的研发；营销能力；利润率；公司提高利润率的路径，是依靠提价还是降低成本，还是开发新产品；人力资源；企业人际关系；财务和成本核算；独特竞争优势；长期盈余展望；融资策略；信息透明；管理层正直度；等等。综合起来，就是要看公司的管理层、产品、研发能力、财务和营销力度。费雪认为获得这些信息不一定要通过正式渠道，可以用"闲话"的方式去了解，通过"闲聊"了解的情况更真实，而且可以"顺藤摸瓜"了解到企业的竞争对手、客户、经销商和前雇员，等等。这些信息能真正深入地反映企业的真实情况，投资者对这些情况的重视和实地研究可以使其在"金融圈"之前发现优秀公司。费雪本人投资摩托罗拉的巨大成功就是用这种方法。费雪主张投资成长性，与此逻辑相对应，费雪主张长期投资，因为只有长期投资才能获得成长性的盛宴。他研究企业的方法影响了后来主流的基金经理，他把注重调研之风引进华尔街。最著名的基金经理，被誉为成长性投资大师、华尔街的"乔丹"的彼得·林奇就是费雪投资思想的化身。

真正把价值投资推向顶峰的是巴菲特。巴菲特吸取了格雷厄姆和费雪两位投资大师的精华，并结合自己的投资实践进行灵活运用，形成了自己的以安全边际为基础、结合企业成长性的价值投资思想，巴菲特融合价值投资的保守和激进两方面观点，是价值投资的集大成者。

第一，巴菲特把价值研究从对资产的研究转移到对企业的研究。巴菲特认为股票是企业整体的代表，所以巴菲特抛弃格雷厄姆的清算价值和账面价值的方法，而用企业长期竞争优势来研究企业。巴菲特是从企业主人和股东的思路去研究，而格雷厄姆有点像清算律师和会计师的角色。

第二，巴菲特突破格雷厄姆对无形资产的偏见，把无形资产纳入企业内在价值的研究上来。巴菲特注意到企业无形资产的巨大价值，所以投资时非常重视企业的无形资产，比如商标权、专利权和法定许可权。

第三，巴菲特变格雷厄姆的分散投资为集中持股，巴菲特对此更为自信。

第四，巴菲特把投资时间无限拉长，不但超越了格雷厄姆，也超越了费雪。巴菲特认识到坚持长期持股可以消除情绪化的波动，而且可以享受复利的巨大回报，同时降低交易成本。他说：如果你不愿意持有一只股票10年，那就不要拥有它10分钟。

第五，巴菲特对抗风险的方法更加简单实用，巴菲特把熟悉程度、理解能力、投资对象的简单易懂以及管理层的人品和能力放到几乎和低价差不多的地位加以考量。巴菲特拒绝复杂，他只投资自己"理解能力范围"内的企业，为此他要求投资对象的业务必须简单易懂，而且管理人员必须正直且富有能力。

第六，巴菲特的投资理论核心体现在他的"护城河"理论上。巴菲特认为竞争对手难以攻击的可持续竞争优势就是护城河。最典型的护城河就是高转换成本，比如一些软件，一旦客户熟悉之后就很难再花精力和时间去学习新的软件，这对一些市场占有率很高的软件企业来说，就享受高转换成本这个护城河的保护。还有品牌溢价、网络效应，这些都是典型的护城河。

从格雷厄姆、费雪到巴菲特，基本分析流派最终走向投资界的主流，成为当今投资界最主要的投资思想和方法。

基本分析流派是格雷厄姆在经历了几乎破产之后创立的证券投资流派，它一开始就把如何面对风险视为第一要务。几乎所有的价值投资流派都认可低价是对抗风险的最核心要素，格雷厄姆除此之外还用寻找隐蔽资产和分散投资的方法来对抗风险，费雪除此之外还用实地调研和与企业员工"闲聊"的方法来对抗风险，巴菲特除此之外还用足够长的投资时间、投资对象的简单易懂和把投资限制在自己的理解能力范围等诸多方法来对抗风险。

价值投资流派获得收益的核心路径是与企业共同成长，分享企业成长的收益，这也是价值投资流派和其他投资流派最核心的区别。因为想要获得企业成长后的盛宴，所以价值投资派特别注意长期投资和选择伟大的企业。

基本分析流派还原了股票的本质——对公司资产和收益的索取权，把对股票的研究从表面化的价格转移到股票背后的企业，通过寻找伟大企业来获取投资收益。今天，世界各地的大型机构投资者无不或多或少受到基本分析流派投资思想的影响。

3.5 现代理论金融派

现代理论金融派以有效市场假说（EMH）和马克维茨投资组合理论为基础，借助数量分析和统计学的知识，从市场组合中寻找回避风险和获取收益的方法。虽然马克维茨的资产组合理论的诞生早于法码的有效市场假说，但是马克维茨的理论暗含的假设就是有效市场假说，所以我们认为他们的根基是一样的。

由于现代理论金融派反对获取超额利润，建议从市场去获得平均，这与我的思路——实质上是寻求超越平均利润——是相悖的，所以本书对现代金融理论派只做简单的介绍，旨在开阔大家的眼界，不做深入探讨。

有效市场假设（EMH）是法码提出的，他认为，有效金融市场是证券价格总可以充分反映所有可获得相关信息的市场，这一理论是现代主流金融学的基石。有效市场假说认为市场总是有效的，证券价格不仅能反映过去的信息，而且能迅速和准确地反映最新的信息，简言之，证券价格反映所有信息，使得价格从一个均衡水平过渡到另外一个均衡水平。有效市场假说把市场分为三个类型：弱势有效市场、中强势有效市场和强势有效市场。弱势有效市场股价反映一切历史信息，技术分析对获取超额利润无能为力；中强势有效市场价格反映最新的信息，即使基本面分析者也无能为力；强势有效市场反映一切信息，包含内幕信息，在这种情况下，即使是内部的人也不能获得超额利润。

由此，有效市场假说认为，投资者数学期望为零，价格运动本质上是随机性的布朗运动。投资者应该放弃获取超额利润的努力，转为获取市场平均利润。有效市场假说是十分典型的被动投资。它建议投资者不要期望能一直战胜市场，被动地持有投资组合比主动选择投资强很多，市场总比个人投资者知道的多很多。这种理论直接导致了后来的指数化投资的盛行。

但是，有效市场假说以交易成本为零、信息获得成本为零、对信息的理解无偏差为基础，这在很多市场中难以实现。EMH遭到很多人强烈反对，巴菲特说："如果有效市场假说有效，那么我到现在还是街上的一个报童。"索罗斯更以超额的投资成绩讥讽有效市场假说的错误。

笔者认为，我国证券市场很难实现有效市场假说的内容，交易成本存在，信息获得成本很高，内幕交易频繁，老鼠仓盛行，投资者层次差别很大，对信息的解读也千差万别，所以EMH在中国市场只是一厢情愿罢了。

马克维茨于1952年发表在《金融月刊》上的《资产选择：投资的有效分散》的论文，被认为是现代资产组合理论的起点。马克维茨首先把风险定义为不确定性，然后追求经过风险调整后的收益，也即效应上，并通过风险和收益的统计学分析，提出了他的均值——方差模型。方差用来衡量实际收益率相对平均收益率的偏离程度，方差越大，风险越大。在风险给定的情况下，理性的投资者一定会选择收益率最高的资产组合；或收益率给定，投资者会选择风险最小的资产组合。一言之，投资者追求的是均值 / 方差的有效性。马克维茨追求的是经过风险调整后的收益最大化。他的目的是建一个投资者效用最大化的均衡资产组合，而不是简单地组合几个收益率很高的股票组合。马克维茨的学生及其追随者进一步把市场风险分为系统性风险和非系统性风险，并用 ß 衡量某种证券的收益变化受市场收益变化影响的程度，最终形成了资产资本定价模型（CAPM）这一现代金融学的奠基石。资产资本定价模型揭示了不同证券之所以有不同的预期回报率，是因为它们有不同的 ß 值。CAPM 认为，最优资产组合就是市场资产组合和无风险资产组合，理性投资者增加无风险资产可以减小资产组合的方差，即风险。

有效市场假说、马克维茨的投资组合理论以及 CAPM 一道推动了现代理论金融派的繁盛，并在证券市场、保险设计和现代财务领域广泛地应用，而且直接推动了后来的指数化投资、套利行为和今天的信息披露制度。

现代理论金融派对风险的认识和其他流派不一样，他们把不确定性定义为风险，在他们眼里，波动性就是风险。这一理论和价值投资流派有本质的区别，价值投资流派认为造成损失的可能性为风险，而现代理论金融派认为市场波动带来的负面因素才是风险。

对于收益，现代理论金融派主张通过被动投资来获得市场平均收益，认为获取超额利润的努力是徒劳的，主张指数化投资和套利行为。

现代理论金融派在散户炒股中影响很小，但它在金融学和财务管理中却是显学，长期占据主流位置，其理论在当今衍生金融工具盛行的金融世界大行其道。不但证券市场，保险设计、财务分析以及会计和实业投资都广泛应用现代理论金融派的理论。理论金融派在推动金融数字化和工程化方面不遗余力，对信息披露和信息透明起着很大作用，也推动了世界各地的证券交易制度建设。但是，现代理论金融把金融带入复杂的衍生金融世界，长期资本公司倒台和华尔街次贷危机也给痴迷于数理分析的现代理论金融派敲响警钟。

3

思想理论篇：投资理论的四个划分

3.6 投资理论比较与应用

以上是从纯学术的角度介绍西方投资思想理论，我把所有的投资理论分四派，当然也有不同的学术观点，可以争鸣。下面，我再从通俗和实用的角度综合比较分析这四大投资流派。

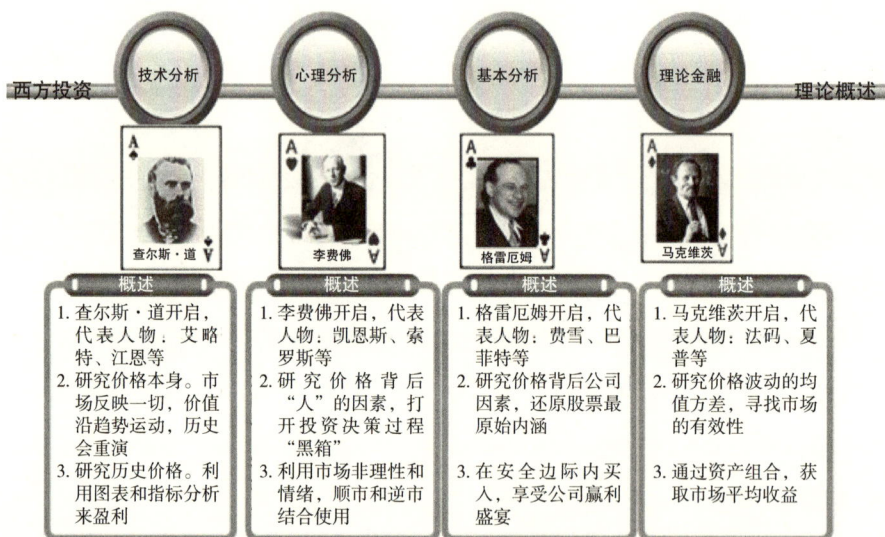

图 3.1 投资思想理论的四大流派及其主要特征简图

四个投资流派的根本分野在其研究的路径，见图 3.1。技术分析派的根本路径是价格，它从历史价格中研究战胜股票的方法；心理分析投资流派的根本路径是"人"和"价格"之间的关系，它把对人性的拷问放到台前；基本分析流派的根本路径是价格背后的企业，即基本面；而现代理论金融派则认为以上三种所谓的"研究"都是浪费时间和折腾，因为根本没有获取超额利润的方法，人们只能获得平均利润，与其千挑万选，不如直接投资整个市场的组合。

用个不恰当的比喻，技术分析流派类似于法家，讲究法、术、势；心理分析流派类似于兵家，兵者诡道也；基本分析流派类似儒家，以正统自居，自称王道；现代理论金融派则类似道家，无为而治。前三个流派都主张主动投资，战胜市场，获取超额利润，只有现代理论金融派倡导被动投资，无为而无不为。

其实，这四个投资派别之间有很多互相重叠和交叉的地方，特别是技术分析派和心理分析派。在股市实践中，很少有人是纯而又纯地只用一种流派的思想。即使是技术分析流派，也用基本分析的思想；基本分析流派，也有很多用心理分析和技术分析的某些手段。有位日本人观察巴菲特很多年，写了本关于巴菲特的书，他发现巴菲特买股也有规律，他所买的股大多处于下跌末期稍微上拐的位置，也就是说，巴菲特也可能参考技术分析。连巴菲特都如此，更别提其他基本分析流派了。具体的流派划分是理论家的事，一到"战场"就全给忘了，只剩下"求胜"二字。

真正的实践者，不应该去纠缠理论，也不应该贴标签，什么我是价值投资派，你是技术分析流派，道不同不相为谋，没这个必要。宇宙大道，清浊并包，真正的大家，兼收并蓄。就像今天中医和西医的争论，大多是理论工作者在起哄，而临床一线医生，什么方法能治好病就用什么。今天的西医基本上没有不用中药的；中医也用西药。真正到救死扶伤的时候，谁有效就用谁。股市应该完全借鉴这个思路，把不同投资流派结合，兼收并蓄。

技术分析流派是我接触最多，也研究比较深入的。我在后面章节论及的具体策略和方法，都会用到技术分析的思维和方法，如K线、均线、趋势、分时图、成交量等等。

心理分析流派也是我非常重视的，我在前面已经介绍了心理分析方面的大量内容，比如情绪和非理性，特别是行为经济学的东西，都是对心理分析的具体应用。后面章节中，我也会一直贯穿心理分析的方法。

基本分析比较特殊，在这里我多介绍一点。上一章我讲过正合奇胜思维，我觉得基本分析就是正合，它属于王道。再怎么炒作，再怎么透支行情，都必须有基本面做后盾。我认为我是综合投资流派，我既用技术也看基本面，

3

思想理论篇：投资理论的四个划分

还看市场情绪和资金博弈，但我对基本面的研究从来不敢轻视，基本面分析不是价值投资者的专利。这里我提醒那些纯技术流派人士，没有基本分析的功底，技术分析是走不远的。我分析龙头股的时候，基本分析至少用了我三分之一的精力。

基本分析关键是要分析宏观、中观和微观，宏观看社会潮流，中观看行业格局，微观看企业本身。

宏观是要研究社会的需求和趋势，比如上世纪铁路兴起的时候，把一个国家联系成一个村，那个时候大资金都去炒铁路概念，连股神李费佛也喜欢操作铁路股；今天，互联网把全球联系成一个村，凡是好的互联网企业都炙手可热，谷歌、腾讯都涨飞了。宏观上必须能引领社会潮流、具有主流价值且处于变革前沿，才是最好的基本面。

中观看行业，同样是互联网潮流，内部也有很多行业，电子商务、搜索、智能穿戴、即时通、社交网络、电子平台、视频播放、智能地图、智能手机、网络游戏、门户网站，等等。其内部不同的行业，决定了不同的发展空间和估值，比如在美国是做搜索和智能手机的谷歌与苹果领先，在中国是即时通和电子商务的代表腾讯与阿里巴巴领先，这与商业生态有关，中观就是要分析这些。

微观看企业，主要是企业商业模式和领导层的能力与事业心。商业模式非常重要，A股中大牛苏宁电器就是因为有非常好的商业模式，才在熊市中依然连续翻番。现在炙手可热的小米，也是在商业模式上极大创新才备受推崇。微观方面，巴菲特强调"护城河"，别人难以拥有的东西，学习不来，模仿不到，具有专享性，包括特殊的技术、特殊的资源、特殊的品牌，这些都是很好的壁垒，都会为企业带来很大的长期稳定收益。

好未来（社会宏观层面）

好价格（买点）

好生意（行业层面）　　　好公司（微观层面）

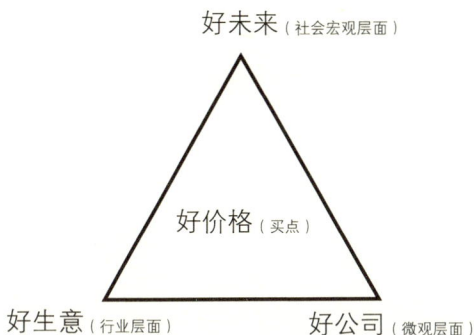

图 3.2　基本分析的三个层面

　　社会、行业和企业，三者合一（见图 3.2），简言之，就是选择好未来、好生意、好公司；如果再有好的价格，一定可以重仓。

　　基本分析功底深的可以挖掘到黄金大牛股，也就是那种永远值得买入或者说值得长赌的股。比如，谷歌是这样的公司，腾讯是这样的公司，云南白药也是这样的公司。2008 年，我听过一个老师讲课，他说要真的想赚钱，就不要"炒"什么股，你们去香港把全部的钱买上腾讯公司的股票，一直拿着就行了。现在回想起来，他对基本面的研究还是很了不起的。我承认，我在这方面还有很大的欠缺。在这方面有深厚功底的人，大多有实业背景，至少对实业有深刻的理解。在这方面我最佩服两个人，他们在这方面可谓是百年难遇的大师，一个是巴菲特，还有一个是孙正义，前者就不用多说，后者也很了得。孙正义对雅虎的投资，对阿里巴巴的投资，都有独到超前的战略眼光。华人中，也有这方面的高手，那就是段永平。下面分析段永平的一个经典案例。

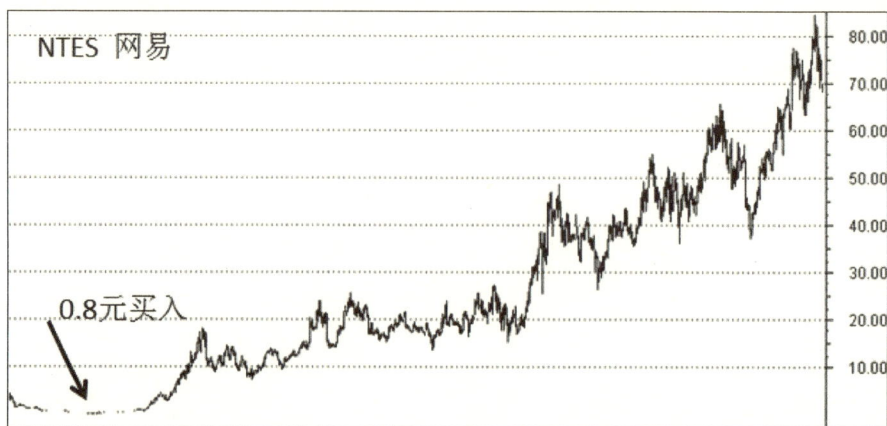

图 3.3　网易（周线）上市以来的 K 线图，截至 2014 年 02 月 25 日

　　2001 年互联网泡沫破灭后，很多互联网股跌得面目全非，中国概念股更是跌得一塌糊涂。这个时候互联网股人人喊打，避之不及。此时段永平反而瞄上了互联网股。彼时，网易的股票跌破 1 美元，面临摘牌的风险，很多人都不敢碰。段永平通过分析发现了机会，因为他以前做过小霸王和步步高，对实业非常了解。网易那个时候开始做游戏，段永平从他的实业经验中敏锐地发现，游戏是一个非常庞大的市场，这个判断与后来的史玉柱不谋而合，这就是对社会需求和行业的深刻理解。段永平经过一番调研后，觉得网易值得买入。他本人与丁磊还是朋友，当然这并不构成段永平成功投资网易的理由。丁磊有很多朋友，为什么别人没有买？马化腾还是自己公司的老板呢，他都把握不好买卖点，这说明投资需要有专门的股市思维，需要特殊的基本分析方法。段永平发现网易每股账上仅现金就 2 美元，是非常典型的"便宜货"，可以"捡烟头"。当然，此时网易面临两个大风险，一个是官司问题，一个是可能被摘牌。段永平根据调研觉得没有问题，官司问题不大，至于第二个问题，他投资的是公司，即使摘牌了他依然是股东，可以分红。于是，段

永平在股价跌到 0.8 美元左右时开始买入，他投入了他当时几乎能找到的所有的钱，孤注一掷。结果，段永平在这个股上赚了 100 多倍！这才是真正的基本分析和价值投资的高手，酣畅淋漓。

段永平还有很多经典的投资案例，比如投资高盛、投资 GE、投资苹果，等等。举他的例子是为了说明基本分析功底练到家了，是可以获大利的，那种利润与技术分析不可同日而语。

我的基本分析素养源于我看研究报告的习惯，这能让我更深刻地理解上市公司的基本面，在这个基础上，再结合技术分析和心理分析，就如虎添翼。我炒龙头股和题材股，都受益于基本分析的功底。

再来说说现代理论金融派，它在当今的财务和金融、保险的核算中广泛应用，散户可能觉得它离我们很远，其实很多机构的投资模型都会用到它，著名的 ß 系数正是源于现代理论金融派的思想。受现代理论金融派影响，20 世纪下半叶，指数基金盛行，资产组合理论也备受推崇。在具体的实践中，我常用指数化投资，不过稍加调整。

很多人可能陷入误区，觉得基金经理大多是硕士、博士毕业，很多都喝过"洋墨水"，主动投资才能获得高收益。其实不然，全世界范围内，也包括我国，主动型基金的总体收益率比不过指数，也即基金经理跑不过大盘，主动投资不如被动投资，"瞎折腾"比不过不折腾，无为而治可能会更好。就拿美国为例，根据彭博资讯，2013 年标普上涨了 32%，而所有的对冲基金平均投资回报才 7.4%，对冲基金排名第一的是令资本市场闻风丧胆的索罗斯，就连他的成绩才 22%，依然跑不过大盘。这说明现代理论金融派不是纸上谈兵，而是精打细算后的返璞归真。现代理论金融派在某些方面有点像今天的大数据和云计算，通过数学精算和资产组合来被动投资。其中最有名的就是 ETF 和杠杆基金。

ETF，Exchange Traded Funds 的简称，翻译过来就是交易型开放式指数基金，也就是常说的指数基金。指数基金高度比拟指数，它以指数的成分股为主，其涨跌和指数高度相关，我们常说的买指数也就是买指数基金，我们能买到的指数基金既有上证50EFT，又有中小板ETF。随着金融市场的繁荣，ETF会越来越多，目前创业板ETF也出来了，甚至与纳斯达克指数高度相关的纳指ETF也诞生了。

杠杆基金比ETF基金又更加激进，它加上了杠杆，把波动成倍放大。我们常见的杠杆基金有银华锐进、双禧B、同庆B、瑞福进取等，目前两市的杠杆基金非常多，我本人最常操作的是银华锐进、双禧B。

ETF和杠杆基金都高度比拟指数，只是后者杠杆加大。我认为它们在有些时候比股票更适合，特别是以下情况：

（1）资金量非常大；

（2）行情趋势非常明显。

特别是第二种情况。当行情非常明朗的时候，操作杠杆基金和ETF的收益性和稳定性比股票高。我们来看两个例子：

案例（1）

2007年7月到10月，经过"5·30"半夜鸡叫洗礼一个月之后，大盘在指数股的带领下攻城略地，步步走高。虽然大盘攻城略地，一日千里，从3700点左右一直攀升到6124点，但是其中的个股行情很难把握，因为热点轮换快，更重要的二八行情，两市只有20%的超大盘股上涨，80%的个股没有行情，甚至下跌。当时上涨最狠的是中国石化、浦发银行、中信证券、中国国航等各个行业的一哥。事后分析这段行情，其明显是最后的疯狂，是赶顶行情。虽然很多人都看好大盘涨，但是不知道该怎么买股，因为行情二八分化太严重，结果很多人在这三个月最凶猛的行情中没有赚到钱，所谓赚指数不赚钱之说，这就是最真实的写照。这种行情其实最适合操作指数基金，因为这是明显的指数行情阶段。在图3.4中可以很清楚地看到上证指数和50ETF的走势，二者走势很一致，简直是克隆，因为后者就是比拟前者的。我们如果用投资指数的思维做 ETF，就很容易把握住这段行情。那段时间上证 ETF 涨幅达到 66.09%。彼时，又有多少人能赚那么多？

图 3.4　2007 年 7 月 6 日～10 月 16 日上证指数和 50ETF 走势图

　　或许有人会问，如果直接投资中国石化或者中信证券等大盘股，收益可以达到 100% 以上吗？没有错，可是我们忽略了一个问题：个股的走势没有指数容易判断。个股波动性更大，指数稳定性更强，特别是在趋势行情中。我们在操盘的时候常常有这样的感觉：总觉得大盘肯定会走牛，但就是不知道具体该做哪个板块，"只在此山中，云深不知处"。判断指数容易，寻找个股难。判断指数最主要的是宏观经济、市场情绪和流动性，判断个股需要考量的因素就多了。大盘相对而言更具有确定性，个股相对更具有随机性。所以，ETF 有个股无法比拟的优势。如果你真的嫌 ETF 涨得还不过瘾，市场也会慢慢满足你的胃口，那就是把 ETF 加上杠杆，这就是我们接下来要说的形形色色的杠杆基金。我们看下面这个案例：

案例（2）

　　2010 年国庆长假前，即 9 月 29 日，中国政府公布房地产调控政策，业界称为"新国五条"，全面暂停第三套房贷，首套房贷款比例升至 30%

及以上，二套房首付款比例不低于 50%；调整住房交易环节的契税和个人所得税优惠政策；切实增加住房有效供给；加大住房交易市场检查力度。"9·29"新政以后，各地纷纷出台细则。30 日晚上，深圳紧急出台"限购令"，住房"限购令"随即蔓延至全国。包括北京、上海和深圳在内的 14 个城市均已经推出限购令，当时被称为"史上最严厉"调控。当时股市对这个政策的解读是乐观的，认为房地产调控挤出的资金会流向股市。所以，来了一大拨轰轰烈烈的行情。如图 3.5，上证指数 8 个交易日上升 14.25%，指数能涨到这个样子已经非常了得。但是，杠杆基金涨势更疯狂，银华锐进、同庆 B、福瑞进取、双禧 B 都涨疯了。我们拿双喜 B 为例，该杠杆基金在 8 个交易日内涨幅 70.29%！这回还有谁说基金涨幅慢？

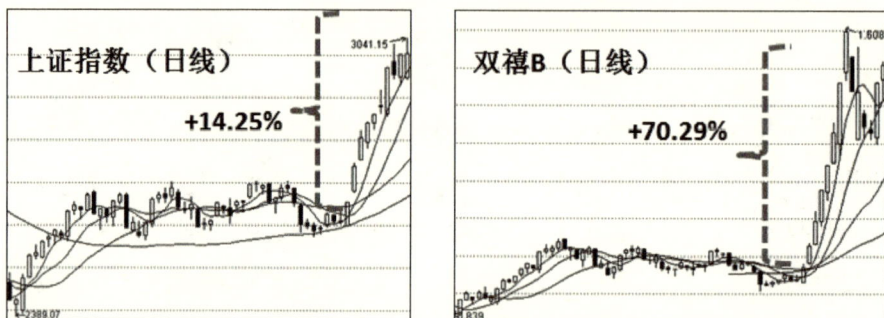

图 3.5　2010 年国庆前后的上证指数和双禧 B 走势图

每当大盘出现极其火爆的行情的时候，也就是大盘到了"打明牌"的时候，我都会使用指数基金和杠杆基金，这样既稳又快，不要一听"基金"二字就以为是"蜗牛"。巴菲特牛吧，根据巴菲特最近给股东的信所透露的信息，他最近 5 年还没有跑赢标准普尔指数，也就是说，最近 5 年投资巴菲特的人，还不如直接买标普指数基金。在这点上巴菲特与索罗斯同命运。指数基金有时候在操作反弹行情和单日逆转行情时可以套利，比如，看好大盘单日反转，如果在低位布局个股，容易扑漏，大盘反弹个股不反弹甚至反而下跌的很常见，但是指数基金和杠杆基金必然会反弹，这就是后者的功用。

ETF基金和杠杆基金是现代理论金融派投资思想开的花，虽然我认为该理论在A股上比较难用，也不太赞同个人投资者用该投资理论，但是，该投资思想衍生的很多投资工具我经常使用，ETF和杠杆基金就是我用得最多的投资工具。这说明，任何一种投资理论无论你赞同与否，都有可取之处，只要灵活应用，你都能从中吸取精华。我反感很多价值投资者对技术分析嗤之以鼻，在他们眼里，技术分析好像江湖骗子。我反而觉得很多基金经理业绩不好与他们最基本的K线理论不过关有很大关系。国内有个著名的私募基金招人时，必考K线理论，这才是吸百家之长。我也反对技术分析者完全不看基本面，完全靠图标和指标，我认为纯而又纯的技术分析是成不了大气候的，至少解决不了大筹码的流动性问题。所以我倡导，各种投资思想兼收并蓄，结合自己的风格和心性，熔为一炉。

至于我本人，我是综合派，除了现代理论金融派用得少些，其他三种投资流派的思想我基本都用。在实际的操作中，已基本分不清自己到底是用哪个投资理论了，它们已经融为一体了。我对龙头股非常热衷，操作龙头股的时候，我发现仅仅靠单一的理论和方法很不好把握，当我把技术的、基本面的、心理博弈层面的东西结合在一起的时候，就容易多了。所以，不要跟我谈假设，我的投资理论没有假设，连道氏理论三大基石的假设在我这里也没用，因为我不再仅仅是个技术分析客。我的一切以现实盈利为最高法则，如果非要说假设，那我的假设只有一个：股市不倒闭。

3.7 投资理论最大的问题与局限

实盘操作的人，哪怕他理论武器再先进，也都永远面临一个困境：事后看，价格的涨跌都能从理论中找到合理的解释，但若给定你某一刻，问你明天的走势，你很可能犯傻。等到第二天走势出来后，你也许恍然大悟，原来如此简单！你又能很快找到理论去解释，但你仍然会对下一天的行情犯傻。如此周而复始。

这个问题的本质就是事后解释和事前预测的不统一，两张皮。很多领域都存在这个问题，但其在股市表现得更加极端和明显。医学理论可以直接指导看病，律师的法律理论直接可以在法庭上辩论，程序员的编程理论可以直接指导编写软件，而股市就没有那么幸运，股市面临着大量的理论和实践脱轨的现象。这根源于股市是混沌市场。

事前预测和事后解释对股市来说是两个问题。就拿波浪理论来说，事后你怎么数浪都行，但是事前问你是哪一浪，你基本靠猜，而且也是"千人千浪"，不同的人有不同的数法，混乱极了。其他理论也大多如此。很多人靠事后解释来当股评家、分析师和投资顾问，其实这些人是股市里有意或无意的骗子。

很多理论事后都能自圆其说，解释得非常完美。比如K线理论，不管个股股价如何千变万化，事后都能从K线理论去找到合理的解释，但是事前给你一根K线问你明天的K线，你根本答不上来。再比如江恩理论，它更神奇，它几乎把价格解释得妙到毫巅，但我反而很少见到有人用它赚钱。

事后解释只需要自圆其说，只需要对逻辑和理性负责就行了，但股市需要的不是逻辑上的无懈可击，而是账户里实实在在的利润，这恰恰是很多理论的死穴。股市是混沌的，随机性很强，仅仅靠理论很难战胜股市，我们还需要反复试错、管理情绪、修炼心境。说句实在话，股市理论知识学起来很容易，只要你肯研究，一年内就可以把理论学完，但是要修炼成高手，那可不是一朝一夕的工夫，没有几年甚至十几年的浸淫，不经历牛熊更替、沧海桑田，基本不可能。很多理论局限就局限在这里，它们大都是从理论中来、到理论中去，没有深入到体验层，没有经过实战的千锤百炼，缺乏有血有肉的心灵感受。理论是讲理的，可股市不仅仅是讲理的，还触及人性，所以理论和市场常常是两张皮。

既然如此，干脆不学习理论算了。这又是另外一个极端。理论可以帮助我们加深对股市的理解，理论给我们多提供了一种战胜股市的武器，好东西谁嫌弃多呢？我要强调的不是理论无用，而是说有些理论看似完美和无懈可击，但这种完美也许仅仅是事后解释，当你用它事前预测时，可能会漏洞百出，我们一定要火眼金睛，要多个心眼。

在这里必须提及一个观点，就是倡导不要预测的观点，该观点认为股市无法预测得准，与其预测还不如不预测，只做跟踪和追随。这种观点表面上是不预测，其实本质上依然摆脱不了预测，它只是从细节上不预测，但是又在更大系统内陷入另外一种预测：哪种买法会涨。完全不预测的理论是不存在的，人类创造任何理论，从根本上来说都是为了应对明天，也就是预知未来。即使是历史理论，不也有人说一切历史都是当代史吗？理论都是服务人类面对的下一步怎么办用的。

理论怎么能从事后解释回到事前预测呢？这是伟大的惊险一跃！要完成从马后炮到"马前课"①的飞跃，必须把理论千锤百炼，在实践中反复验证试错，同时把理论与自己的心性与风格相匹配，如此才能完成从事后诸葛亮到事前诸葛亮的转变。即使能完成这个飞跃，也需要注意，事前预测也不是百分百预测，而是混沌思维下的预测，是概率性高胜算的预测，是模糊数学式的预测。这种飞跃的着重点不在于预测多么精准，而在于把理论的解释功能转换为预测功能。须知，这种转变很难。预测需要的思维和解释需要的思维完全是两码事。后者需要逻辑严谨、理性，能自圆其说即可，而前者需要面对的是实战、人性、市场的翻云覆雨、江湖的险恶和多变。

以前我很喜欢总结股市规律，写了很多笔记，总结很多法则和战法，我以为有了这些东西就可以攻无不胜。结果让我亏损最惨的不是在我什么都不懂的阶段，反而恰恰是我刚总结一套东西用于实战的时候。因为我不懂时还能蒙对，而刚总结的东西大多是事后解释，这种东西能撑起我的胆量，而事实上

---

① 马前课：相传为诸葛亮所创，是预测天下大事的奇书。从字面上讲，就是在出兵之前，在马前面占卜一课，即起卦。此处引用是说事前预测的意思。

它离预测和指导实战还差得远呢，只是万里长征第一步。当我把这个道理悟透时，已经亏了很多。

股市里有个怪现象，有些理论作为事后解释的工具非常棒，但是事前预测却一塌糊涂，比如波浪理论、黄金分割理论；而另一些理论看起来非常晦涩难懂，哪怕解释事后发生的现象也很费解，但是非常适合事前预测，比如索罗斯的反身性理论。这和我们常说的理论的巨人、实践的矮子是一个道理，只不过股市里还存在理论的矮子、实践的巨人。我有时候为了说明某种决策模型和战法，会用一些很好解释的投资理论，这样做仅仅就是为了讲清楚而已，不代表我很认同该理论的预测功能。在此提醒大家注意。

事后解释转变成事前预测，是对投资理论的最大挑战，如何解决这个问题，我思考了很多年。我后来悟到，你不转变，投资理论永远不会自己转变。理论是死的，人是活的。要把投资理论从静态的、孤立的、干瘪瘪的事后解释转换成有血有肉的、活生生的、面向实战的事前预测，必须广泛结合投资实践，反复试错，再总结，再试错，如此反复，永无止境。走这条路的过程，也就是"十年磨一剑"的过程。在这个探索中，我有自己的心得，我也总结出一套高胜算的事前预测理论，从下一章开始，我就跟大家逐步分享。

3.8　本章回顾与总结

本章按照四个维度来整理投资理论，提出四大投资流派之说，详细地介绍了各个流派的基本内容，并重点介绍了基本分析投资流派和现代理论金融派的应用。同时，我也不避讳理论的缺陷，把投资理论的事后解释和事前预测做了区分。最后提出，把理论融入实践，反复试错，方能得到有血有肉的、对实践有高度指导意义的理论。

4 行情篇：趋势与结构

——认识战场

单纯的投资理论，无论是技术分析、心理分析还是基本分析，易流于坐而论道，就事论事。如同战争，任何兵法都是纸上谈兵，必须结合战场实际情况才能使用。据《宋史》，岳飞运用《孙子兵法》时悟到：运用之妙，存乎一心！毛泽东也强调，一到战场，就什么兵法都忘了。他们都强调，当战争真的来临，我们上战场时只能带着脑袋，不能再靠任何兵法；只能靠着对一个个具体战场的认识，灵活应变。所以，光有思维和理论还不行，还必须学会认识战场。本章，就让我们抛开一切空谈，来谈谈股市的"战场"，也即行情。

4.1 趋势

趋势是最大的行情。

很多错综复杂的领域看似高深莫测，但都可以用一个核心词汇来高度概括，政治的核心是权力，兵法的核心是奇正，营销的核心是交易，经济学的核心是供需，那么股市的核心就是趋势。

趋势很重要，对它的认识就是对行情核心的认识。股价看似杂乱无章，但如果从大的方面、从混沌的思维和粗线条的角度去认识，它又有规律可循。其中最大的规律就是，股价行情以趋势方式来运行。

4.1.1　何谓趋势

那么，何谓趋势？如果从纯理论上来说，一系列更高的高点或一系列更高的低点就构成趋势，这是向上趋势；一系列更低的低点或一系列更低的高点也构成了趋势，这是向下趋势；一系列平衡震荡的价格区间同样也构成了趋势，这是震荡趋势。技术分析流派、心理分析流派甚至基本分析流派都会用到趋势，虽然对趋势的定义不一样，但大都认可上述说法。不过从理论上这样认识它还远不够丰满灵活，也不够深刻实用，我想再从其他角度谈我对趋势的看法。

我们不妨来思考这样一个问题：2000多名群众在礼堂看晚会，突然闻到一股很浓的烟味，然后看到了火苗，这个时候每个人都意识到着火了。此时有个人高呼，逃生出口在北面。假如你事先知道真实的情况是逃生出口在南面，请问你怎么逃？这个时候，趋势不是向南，而是向北，因为主流人群向北。如果你逆着主流人群，你还没有被火烧死就已经被人群践踏死了。这个时候正确的做法就是跟着人群一起向北，但是速度要慢，等到前面的人群发现不对，整个人群拥堵不动的时候，你再想办法往南逃。这就揭示了一个重要的现象：事实有时候不是最重要的，人们对事实的反应才是最重要的。在股市上，基本面和消息本身不是最重要的，最重要的是人们对它的理解和反应，这也是索罗斯反身性理论的思维。再回到趋势上来，我们通过着火逃生的案例看到问题的核心，主流人群的方向才是趋势的方向。

人类如此，动物界呢？我们再来思考这样一个问题：一群羊在草原上迁徙，经常会遇到狼的袭击。羊该如何生存呢？羊也有一种本能，那就是抱团。

当一群羊挤在一起的时候，狼往往无法下手，即使下手遭殃的也只能是边上的羊，而紧紧挤在羊群中间的羊往往是很安全的。这个时候，羊群就是趋势，羊要活下去必须跟着羊群一起。如果哪只羊想单独逃生，往往第一个被狼干掉。

动物的生存之道和人类的逃生之道不谋而合，其根本逻辑就是选择跟主流在一起，不擅自行动，不掉队。就像红军二万五千里长征一样，跟随大部队打到陕北才是最重要的，如果掉队，哪怕个人枪法再准、作战再勇猛威武，也很难不被消灭。这种逻辑就是趋势的逻辑。股市的趋势思维本质也是跟主流人群在一起，紧紧跟随大部队。政客们比较懂得这个道理，他们能精准地看到大多数人的想法，然后"同流合污"。孤芳自赏是美德，众人皆醉我独醒是境界，但是在股市里，趋炎附势才是生存之法。

特别需要强调的是，股市是由资金组成的，每个人的资金量不同，股市里的大部队不是指人的多寡，而是资金的多寡，股市行情的趋势是大资金的运动。我们前面在谈论股市思维的时候曾说过要做"少数派"，这里又号召跟随大部队，这并不矛盾。在"一人一票"的逻辑框架下，比如逃生，人和羊都是一人一票，这种情况人数和羊数的多寡就是主流，就是多数派。但股市里不是"一人一票"逻辑框架，股市里是贫富极度不均，大资金掌握在少数人手里，群众人数虽多，但资金不占优势，有人有一亿票，有人才一票，而且散户又没有统一的组织和纪律，不能步调一致，所以股市里的大部队不是人的大部队，而是资金的大部队。我引用人群逃生和羊群求生是借鉴那种思想，本质都是尊崇"质"的多数这一逻辑。股市资金的大部队具体到个股就是该股的资金对比中占优势的一方，我所说在股市里要趋炎附势的对象就是跟随这种优势方。举个例子，我们交易室有 100 个普通的人，每个人资金大概 100 万～500 万不等，后来马云突然闯进来了，此时的大部队就不是我们了，而是马云，虽然马云是一个人，但是他的资金占绝对优势。

大资金就是大趋势，所以，我们要分析大资金的流向、大资金的偏好、大资金的态度、大资金的情绪。技术上的趋势，往往事后才能看清，至少是已经走出一半行情才能看清楚，而资金的分析往往可以通过成交量、交易席位、市场流动性、央行数据来实时分析，我们转换成这个角度，就很容易把事后分析转变为事前分析和事中预测。

大资金的持续态度和运动，就是大的趋势。大资金小的流向和偏好，就是行情的热点和题材。我们无论做短线还是做长线，都需要看清楚大佬的动作。主流资金在哪里哪里就是趋势，主流资金怎么做就会有怎么样的趋势，主流资金做多，就是多头趋势，主流资金做空就是空头趋势，主流资金犹豫不决，就是震荡趋势。

需要注意的是，大资金运动构成趋势，而趋势一旦形成又会吸引大资金，这样会形成一个闭合循环，直到这一循环被一种强大的外力打破为止。

技术走势是趋势运动的后果，资金的运动是趋势形成的内在动因。当我们从技术上去解说趋势的时候，我们侧重的是事后分析和理论上的认识；当我们从资金动因上去判断趋势的时候，我们侧重的是趋势的本质和现状。本文要结合二者灵活应用。为了方便介绍，我也会广泛使用技术图来从理论上解释趋势。因为从技术上分析趋势更加直观和简单明了，只是人家要明白，那只是资金运动的影子，不要执迷于此。

4.1.2　趋势的几个划分

关于趋势有不同的划分，道氏理论把趋势分为基本趋势、次级趋势和小趋势，分别指大的牛熊趋势、修正趋势和日常波动。这太理论化。我根据实战，从广义上把趋势分为以下四个类型：

单边趋势，又细分为单边上涨和单边下跌。单边趋势是混沌运动中确定性占主导的表现，一旦股市出现单边趋势，行情就相对简单明了。2006年～2007年是典型的单边上涨趋势，那个时候很容易操作。2008年是典型的单边下跌趋势，那个时候也容易操作，做空就是了。但是，单边趋势非常稀缺，有时只能碰运气。不过个股的单边趋势非常常见，单边趋势对指导个股非常有意义。

震荡趋势，也称箱体运动，也有人称为无趋势。我认为无趋势也是一种趋势，只不过这种趋势表现为震荡而已。震荡趋势是混沌运动中随机性占统治地位的表现。这种情况最难把握，风险也很大。不过震荡趋势很常见，股市在大多数情况下就表现为震荡趋势。

假趋势，也称小逆反趋势。就是单边趋势中的逆反动作，类似于道氏理论里的次级趋势，但我所说的假趋势没有道氏理论次级趋势持续时间那么长。在我看来，在某个股票单边趋势中或者某个波浪中，哪怕只有三天，但是幅度很大的波动，都是假趋势，见图4.1，我把A处和B处都定义为假趋势，而道氏理论把修正趋势定义为3周到3个月。按照道氏理论，A处和B处都不能定义为假趋势。和道氏理论的时间周期不一样，我的假趋势理论更侧重于短线和中线操作。我把一切逆单边趋势、连续反向运动超过20%的都定义为假趋势。这样划分的好处是可以用假趋势理论指导短线操作和中线操作。我其实是把道氏的趋势更加细分化。

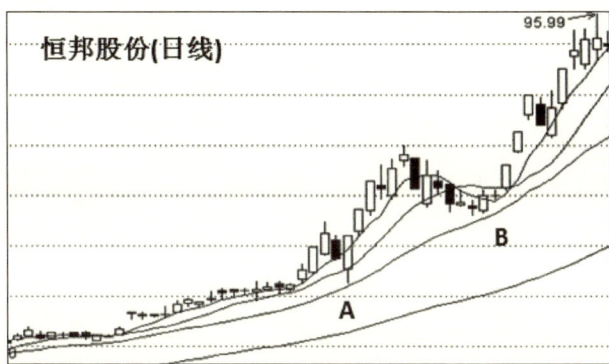

图 4.1　恒邦股份局部 K 线图

混杂趋势，就是单边趋势和震荡趋势交杂，一段时间内是单边趋势，过一段时间又是震荡趋势，偶尔夹杂假趋势。这种情况更加复杂，也更接近股市常态。很多趋势的划分是理论上的，现实是没有那么简单的。混杂趋势是典型的混沌市场，随机性和确定性间杂，是最难把握的市场。图 4.2 是股神巴菲特旗下的伯克希尔的部分股价走势，这段股价走势是典型的混杂趋势。

图 4.2　股神巴菲特管理下的伯克希尔 2008 年到 2011 年间部分 K 线图

值得注意的是，趋势又有广义趋势和狭义趋势之分。我们刚才分析的都是广义趋势，但我们在股市中提到"趋势"二字的时候，往往是指狭义的趋势，即指单边上涨趋势。这是 A 股股市文化约定俗成的，A 股只能做多，不能做空，股民常常用趋势二字特指单边上涨趋势。比如，我们听到说大盘趋势来了，往往是说大盘开始要上涨了；追随趋势，往往是说追随某个股单边上涨的趋势；趋势的形成，往往是说单边上涨趋势的形成。所以，本书提到趋势，如果没有特别注明，一般是指通俗意义上的趋势，即狭义趋势。

4.1.3　趋势是怎么形成的

趋势（这里当然是指狭义趋势）的形成不是想当然的，大的整体性趋势不是某个或某几个大鳄决定的，趋势本质上是由大资金决定，但是这种资金也不会盲目主导一场趋势。只有主流资金的共振，再加上基本面（包括宏观中观微观）配合，趋势才能形成。简言之，趋势是基本面和资金面的合流；是虚拟资本和实业经济的共鸣。

虽然趋势本质上是资金的运动，但是资金不会糊涂到随意运动，它总是选择寄生在基本面和题材上，故此，分析趋势，还必须高度重视基本分析。基本面激发出来的想象力再加上资金的配合，这才是趋势。这是形成趋势的唯一途径，别无他法。

在这里我们务必要破除几个迷信。

第一是庄家和财团迷信。趋势不是某个财团和某几个财团控制的，而是所有参与游戏的财团共同主导的。当趋势进入火热化阶段后，趋势会自我强化，多如牛毛的散户看到趋势强化后会从乌合之众变为集体无意识的统一行动，这种资金力量一旦合流也是非常强大的。当财团博弈、散户高度一致这种错综复杂的局面出现后，趋势接下来怎么走，一点也由不得财团了。在期货领域和国际市场，这种现象更加突出。国际上被称为"百分之五先生"的"锤子"滨中泰男，背靠日本住友财团，其控制全球铜期货的仓位达到5%之多，照样在伦敦铜期货上战败。连这样的财团也不能人为制造趋势，我们还迷信财团吗？当然，财团完全可以决定个股趋势，因为个股需要的资金量太小。

第二个迷信也是最重要的迷信，政府能决定趋势。很多人在熊市中期盼政府救市，一旦政府出台救市措施就认为机会来了，赶紧去买，但往往是以失败告终。须知，政府无法决定趋势。没有资金面和基本面的共鸣，政府也是孤掌难鸣。当经济危机来临时，哪个政府不想救股市？但股市有自己的规律，往往不买政府的账。从图4.3我们可以看到，次贷危机中道琼斯工业指数走势一路下滑，是典型的单边下跌走势。从2007年7月到2009年3月，美国政府出台了无数救市措施，甚至在某些品种上叫停了做空，还是挽回不了下跌趋势，因为股市有自己的规律。后来美国政府放出流动性，加上美国经济自身的恢复和反弹，市场预期和大资金的态度改变，美国才走出下跌的阴霾，进入另一轮的趋势中。A股的例子更加明显，从图4.3右边可以清晰地看到上证指数从2007年一路下滑，是个典型的大空头、大熊市，一直在下跌趋势的框架内。但这些年，我们政府出台了无数救市计划，包括中央汇金直接购买四大国有银

4

行情篇：趋势与结构

行、连续几次降息，到 4 万亿计划、降低印花税等等。但政府逆转趋势了吗？没有。为什么？ A 股的流动性和中国经济的基本面不能共振，形成趋势的条件还不具备。虽然 4 万亿造出很多货币，但大多流入房地产和影子银行领域，股市分的羹太少。中美两国的例子都说明，趋势有自己的规律，政府在趋势面前往往也是无能为力。

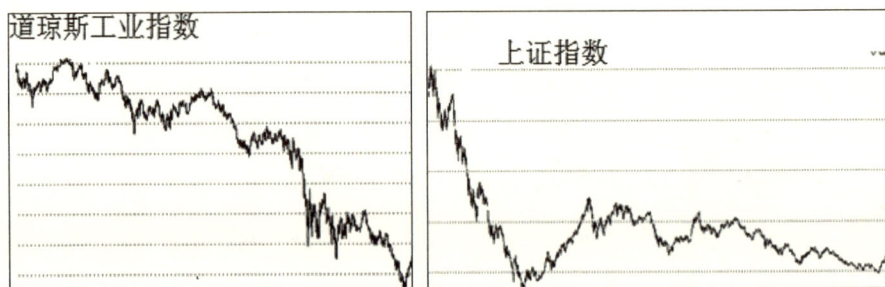

图 4.3　次贷危机期间道琼斯工业指数走势图和 2007 年以来上证指数走势图

　　财团和政府都不能人为制造趋势，我们要从骨子里破除这种迷信。政府不能把下跌趋势扭转成上涨趋势，政府同样也很难把上涨趋势打击成下跌趋势。A 股从 2006 开始的大牛市，经历政府的多次打击，甚至用上"半夜鸡叫"提高印花税来跟股民斗智斗勇，还是阻止不了牛市的趋势。趋势有自己的规律，政府可以局部改变和影响趋势，但是根本趋势的形成是合力共振，我们要做的是研究共振的所有关键因素，而不是简单地迷信财团和政府。

4.1.4　趋势的特性

　　趋势的特性，也可以说是趋势的特点。我从自己的经验来谈谈我对趋势特性的认识。

　　趋势的第一特性就是持续性，也称稳定性。趋势一旦形成，没有根本性的强大外力打击，股价会沿着原有趋势运行。这和牛顿定律中的惯性一样，物体在没有受到外力干扰情况下，将会保持惯性运动。趋势为什么持续？其根本原因在于其有自我强化功能，趋势会自己帮助自己。一旦股价沿着趋势运动，市场的力量就会从杂乱无章的运动转为无意识的统一运动，这种运动表现在股价上就是强者恒强。而且，趋势运动会产生赚钱效应，赚钱效应又会吸引新的资金加入到趋势队伍中来，其结果是更加强化趋势。直到受到某种外力的根本性打击，这种外力包括资金流动性的变化、人的心理预期的变化、基本面的变化，比如核战争，比如经济衰退，等等。

趋势的稳定性蕴含着一层意思，那就是耐打击性。虽然有很多递反性运动和利空打击，但真正的趋势从不畏惧打击，若非绝对力量的变化，趋势能抗住任何力量。李费佛甚至认为，连世界大战也无法阻止股市成为一个多头或空头市场。他的这句话我一开始以为是玩笑，却被后来发生的事情印证了。"9·11"之前，LME铜一直是沿着下跌趋势运动，"9·11"事件后，LME铜短期暴涨，因为"9·11"对世界影响太大了，它激起了战争，稀有金属趁机反弹。很多人都说铜会反转走牛，但事后证明LME铜仅仅反弹几天又重新回到下跌趋势中去，继续下跌，一直跌到1336才收兵。连"9·11"和战争都不一定能改变趋势，可见，趋势的耐打击性多大。同样的例子也存在韩国股市，2006年10月9日上午11点左右，朝鲜爆发核试验，韩国吓坏了，股市应声大跌，可后来照样回到原有趋势中去。此类例子屡见不鲜，A股上涨趋势时，"5·30"事件只不过挠个痒痒，一个月后就重新回到牛市中去。趋势一旦形成，具有强大的内在惯性，这种惯性能抗住很多打击。这种耐打击性是维持趋势稳定性的重要因素，也是趋势稳定性的重要表现。

趋势的稳定性还蕴含着另外一层意思，那就是趋势的长期性。基本趋势一般会延续很长一段时间，一般至少持续6个月以上，多则几年甚至十几年。李费佛说过，趋势不会在它们刚开始的那天结束，完成一次真正的趋势是需要时间的[①]。时间上的长期性是趋势得以维持稳定性的重要表现，也正是这个特征，我们才能大胆地放开手脚应用趋势理论去捕股。

趋势的稳定性是趋势的本质特征，正是稳定性才让趋势得以识别和应用。趋势的稳定性告诉我们，不要整天提心吊胆地担心股价会突然掉头转向，股价大多数情况下会沿着趋势走，就像人大多数情况下会延续昨天的秉性一样。我记得刚刚做股票的时候，整天担惊受怕，生怕明天股价突然掉头，后来了解了趋势的稳定性，我就放心了，趋势更容易持续而不是反转，该牛市就是牛市，该熊市就是熊市，上帝也阻挡不了，担心什么呢？从此之后我心里迈过一个坎，不用整天担惊受怕了，因为我找到了最大的靠山——趋势。我也不用天天蹲在电脑旁边看行情了，有大趋势在，紧张个啥呀？

趋势的稳定性催生了趋势跟踪这种交易技术，该技术在股票和期货甚至外汇上，都很实用。趋势的稳定性是我们在股市赖以赚钱的最大理由，因为它是股价混沌运动中确定性很强的一面，如果在这一面你还赚不到大钱，你就别想从整个股市中发财。从这个角度，我极端重视趋势的稳定性。

趋势的第二特性就是稀缺性。我们反复强调，股价的运动是混沌的，大多数情况下是随机运动，无法精确预知和预测。但这种混沌在某些情况下又存在确定性，只不过很少，趋势就是这少之又少的其中之一。也就是因为这种情况太少了，所以很贵重。

趋势稀少的根本原因是趋势需要条件，有时候要等上几年甚至十几年才具备条件，所以我们要等很多年才荣幸遇到一次大的趋势。特别是 A 股，熊多牛少，熊长牛短，炒股人的命运就是这样让人唏嘘。行情的稀缺性告诉我们，空仓也是投资的一部分，要学会等待。

趋势的第三个特性就是趋势的小反向性。我们介绍趋势划分的时候也介绍过逆反趋势，事实上，趋势内部也有逆反性，我称之为小反向性。从中长期

---

① 利佛摩尔. 世界上最伟大的交易商——股票作手杰西·利弗摩尔的交易秘籍 [M]. 北京：地震出版社，2007：14.

看，趋势都是稳定的、持续的，但是中间会有多次的反向运动，这种反向运动就是逆反性。逆反性的形成是短期利空造成的，但它无法改变长期走势。逆反性让人讨厌，它常常让人虚惊一场。但如果学会逆向思维，我们应该感谢逆反性动作，没有逆反性我们怎么捡便宜呀？我的交易恰恰就是顺大势，逆小势，就喜欢在逆反性的时候出击。但，小反向性也充满风险，我们必须有足够的思想准备。有的小反向性幅度很大，有的时间还比较长，如果是重仓或者杠杆交易的情况下，小反向性也足以让人巨亏甚至是爆仓。以美国 1987 年 10 月初的暴跌为例，我们从图 4.4 可以看到，虽然整体上美指处于单边上涨的趋势行情中，但是暴跌的那波逆向运动非常凶猛，曾经有一天指数就跌 22%，从局部放大图我们可以看到，连续两周左右的时间大幅杀跌。如果仓位管理不善或者股指期货上下重仓，仅这一次小逆反性就足以葬送大部分财富。很不幸，股市大鳄索罗斯正被这次的小反向性击中，迫于流动性和基金赎回风险，他被迫减仓，整个华尔街都在报道索罗斯暴亏的事。《纽约时报》写道：这一次可能是量子投资公司损失的第二年……自从 8 月纽约下滑以来，量子公司财产损失 30%，从 26 亿美元下滑到不足 18 亿美元。有个媒体比较留情面，没有直指索罗斯的名字，当时索罗斯的朋友还把那篇报道拿给索罗斯看，说瞧瞧这是哪个倒霉蛋？索罗斯苦笑道，那个人正是我！这是索罗斯少有的投资滑铁卢。此前，索罗斯 1985 年投资收益是 121.1%，1986 年是 43.5%，但 1987 年经历小逆向趋势的重创，收益只有 14.1%。小反向性的杀伤力可见一斑。

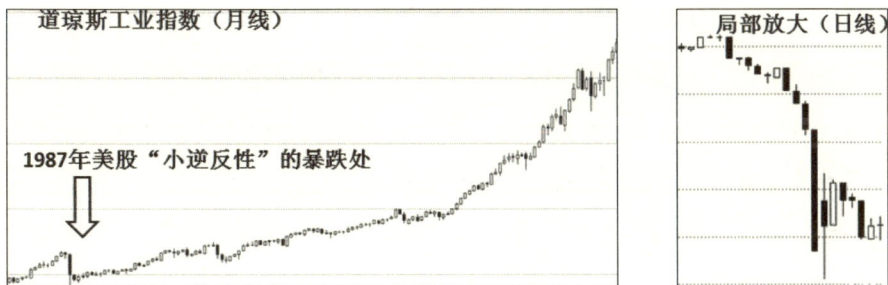

图 4.4　20 世纪 80~90 年代美国道琼斯工业指数
K 线图（月线）以及暴跌处的局部放大图（日线）

4

行情篇：趋势与结构

4.1.5　趋势的价值与应用

认识趋势有重大的意义。

第一，克服对价格随机运动的恐惧感。记得我刚踏入股市时，总感觉股价神秘莫测，不知道它下一步往哪里走，心里没底。所以一开始相信股评人，后来相信机构的研究报告，再后来相信私募和小道消息。相信外界的本质就是不相信自己，因为自己解决不了对股市的恐惧感。后来我接触到趋势理论，直觉告诉我，趋势是一种强大的力量，它能保护我。

我读到股评作手李费佛的文章，他有一句话强烈地震动了我："我可以告诉你，自从市场开始按照我的方向走的时候，我有生以来第一次感到我有了盟友——世界上最强大、最真实的盟友：基本形势。"[1]他这句话点醒了我，我后来收集很多关于趋势理论的书籍，我越研究越觉得趋势有重大意义。李费佛说："当基本条件具备时，该牛市就牛市，该熊市就熊市，上帝也阻挡不了。"这句会说得很轻松俏皮，我心里的结一下子被这句话点破了。我猛然认识到趋势是行情的核心秘密，它能带来交易的巨大变化。股票市场是混沌的，是随机性占主导，要战胜这种混沌运动，只有找到其中的稀缺性的一部分，这部分就是趋势，然后与它结盟就是了。所以，今后我操作股市法则，大多都是趋势理论下的蛋。自从与趋势交上朋友，我的收益一下子提上来了，更重要的是，与趋势在一起，风险降低了。

当我认清了趋势的稳定性之后，我不再害怕局部的利空和洗盘，我知道那是小反向性，怕什么？不但不怕，我还可以大方地与市场保持距离，不用天天跟在电脑屁股后面恨不得每一刻都盯着大盘。没有那个必要！只要是和趋势在一起，股价会自己照顾自己，你看或者不看，它都在那里按照自己的步伐前进。就如同流行语一样：你见或不见，我都在那里；不增不减。这就一下子把

---

① 埃德温·拉斐尔.股票作手回忆录[M].上海：上海财经出版社，2006：121~122.

我内心解放了，能让我轻松从容地对待我与市场的关系，也能笑看股市风起云涌，淡定对待洗盘和下跌。

总之，我不再认为大盘毫无章法了，我找到最基本的章法，那就是趋势行情。从此，我就可以在好股上放心大胆地捂股了，我的捂股思路由此而诞生。

第二，趋势的稀缺性对空仓的启发。既然趋势行情稀缺，那么当没有行情的时候，我们最应该做的就是空仓。无趋势行情是随机性最强的时候，股价走势如同醉汉，它自己都不知道下一步该往哪里走，更何况外人？真正的交易高手是会空仓的人，空仓就意味着子弹充足，空仓就意味着对所有的机会开放。我们保持空仓，可以让我们等待市场犯错误，然后偶尔做些短线；空仓可以让我们躲过股市最惨烈的下跌行情，比如 2008 年的大熊市。

趋势行情的稀缺性告诉我们，能不能赚钱是市场说了算，赚多少是市场给的，当市场不给行情的时候，我们不要去强求。我很相信佛教的缘分说，我认为赚多少钱，是跟市场之间的缘分，市场给多少赚多少，市场不给就不去赚，赚不赚要看"天"；而亏不亏钱那就要看自己了，我可以赚不到钱，但靠自己的本事，至少保证不亏钱，我空仓总可以吧。

行情的稀缺性就是要我们等待。这个世界不只是有股市，还有蓝天、白云、鲜花和爱情，好东西还多着呢，何苦天天盼着股市？好行情是稀缺的，在没有行情的时候，我们可以享受生活，可以等待机会，海盗也不是天天都出来抢劫的呀。《世界上最伟大的交易商——股市作手杰西·利弗摩尔操盘秘诀》这本书介绍说，股神天才李费佛在很多时候是持币观望、耐心等待，直到"恰当的行情出现在他的面前"[①]。这与我提倡的等待想法一致。

最近看了部电影，名字叫《等风来》，那上面有句话特别经典：不管你有多着急，或者你有多害怕，我们现在都不能往前冲，冲出去也没有用，飞不起来的。现在我们只需要静静地，等风来——我们在股市的操作和这个完全一样，我们要等"趋势"这场大风来，风没来的时候，我们不要急，急也没用。

4

行情篇：趋势与结构

---

① 利佛摩尔.世界上最伟大的交易商——股票作手杰西·利弗摩尔的交易秘籍[M].北京：地震出版社，2007：60.

第三，趋势的稳定性让我认识到一种伟大的力量。我们天天在股市里混，最渴望的就是找到一种力量，这种力量是股市里最大的力量，它的存在可以超越其他力量，最大可能地保护我们的财富，最大可能地克服风险。我认为这种力量就是趋势的力量。当趋势来临时，我们要敢于孤注一掷，果断地和趋势站在一起。在多头市场做多，在空头市场做空。这话听上去有些平淡，但却是股市里的至高法则。

趋势的抗打击性和时间上的长久性，让趋势变得相对确定。可以说，趋势就是混沌运动最具确定性的一面，这么好的东西一旦出现，如果我们不能抓住它，我们就错失股市里的最好机会。

有句谚语：台风来的时候，猪都会飞。趋势就是股市里的台风，如果这场台风来了，我们不去飞，错过台风后，我们再想飞就飞不起来了。最近这几年小米手机很火，其创始人雷军以前历经多次创业和管理项目，有金山WPS、杀毒软件、词霸、网络游戏、卓越网等等，但都没有做到业界翘楚，后来雷军痛定思痛把成功的互联网公司，如腾讯、阿里巴巴、百度、新浪、京东认真研究个遍，猛然发现，这些成功的大佬有一个共同的规律，那就是站在台风口，让互联网的风把自己吹起来。于是雷军放弃任何传统的做法，全面拥抱互联网，用互联网思维做手机，砍去一切工厂和渠道，做到产品和客户零距离。这下子互联网的台风也把雷军冲上了天，小米手机一下子火遍中国。雷军的思路和股市上的趋势思路几乎一样，股市里同样要找"台风"。

2007年春天，我去参加申银万国的投资报告会，记得当时是典型的趋势行情。申银万国首席分析师桂浩明说，这种行情也许是你们一辈子再也遇不到的好机会，一定要抓住好机会大胆操作。当时我还不以为然，现在回头看，那种机会至今确实没有再出现过。桂浩明的那句话直到今天还一直缠绕在我耳边，每当我想起趋势行情的重要性的时候，我都想起他的忠告。的确，趋势来临的时候，那是明显来送钱的，如果那个时候再患得患失，终将遗恨收场。

炒股的最高境界就是在趋势行情来临的时候大干一场，并能在没有趋势的时候收兵。现在我主要的精力就是判断和认识趋势行情，能在趋势行情来临的时候果断下手，捂住不放。

第四，趋势的持续性、长久性告诫我们，永远不要逆势交易，想都不要想。前文提到过逆向思维，那是指思维特质，不是要我们逆势。逆势交易是投资者的大忌，风光一时的陈久霖就是败在逆势交易上，最后落得个破产的下场。

只要认同趋势是一种伟大的力量，就不会去做逆势交易的事情。可是很多人就是认不清趋势的力量，总抱有一丝的侥幸，认为自己的技术炉火纯青，可以不把趋势放在眼里。当然，偶尔小仓位可以做点逆势的交易，比如博反弹，但是不要养成逆势交易的习惯。赚钱是小，习惯是大。

逆势交易如同开车时逆向而行，其风险可想而知，这是典型的螳臂挡车。我们在社会上也知道顺势而为，上世纪五六十年代的大势是革命和计划经济，如果谁逆势而为去创业开公司，成功的可能性几乎为零；而80年代是改革开放的大时代，如果谁再去搞革命，也是没有任何前途。趋势是一种不容对抗、不容讨价还价的刚性力量。谁瞧不起趋势，谁就被趋势收拾，不管你是陈久霖，还是李费佛，还是索罗斯。最容易让交易者破产的几种坏习惯，逆势交易肯定排在前二位，另外还有不止损、高杠杆。

当然，有时候中期趋势是赚钱效应行情，大趋势是熊市，这样的交易是顺势和逆势同时具备，且互相矛盾，我们根据赚钱效应可以选择去交易。但无论如何，我们必须选择一种趋势保护我们，要么大趋势，要么中期趋势。我们不能背着大趋势做长线，也不能背着中期趋势做短线，什么样的交易周期，选择什么样的趋势去保护。做超短线要靠短期的趋势，做中线要靠中期趋势，做长线要靠大趋势。

第五，趋势中的小反向性为我们逆向思维提供了舞台。我们要做的是顺大趋势，但是我们在短线上可以利用大趋势和小反向趋势的矛盾来建仓和布局。这里我引用中医领域的一种思维。中医认为，人体缺乏某种东西可以通过补的方式来解决，但是补也不是直接蛮补，而是巧补。明代大中医张景岳说："善补阳者，必于阴中求阳，阳得阴助则生化无穷。"就是说，补阳的时候，要注意在阴中求阳，补阳药附子、肉桂、鹿茸中要辅以滋阴的枸杞子、地黄、山萸肉等，这样才能补进去。这种思维在股市上可以这样应用：要买涨者，最好在下跌过程中买；买在下跌中则筹码便宜，利润率就会比较高。按照趋势理论的框架，就是要在把握大趋势的前提下，在小逆反趋势的时候建仓。举个例子，包钢稀土 2010 年 7 月后走出一段经典的上涨趋势图（见图 4.5），在这个单向趋势中，出现两次明显的小逆反趋势，A 处和 B 处，我们要操作这个股，好的选择不是追 C 点和 D 点的高点去买，而是在股价运行到小逆反趋势的 A 处和 B 处去买，这就是阴中求阳。

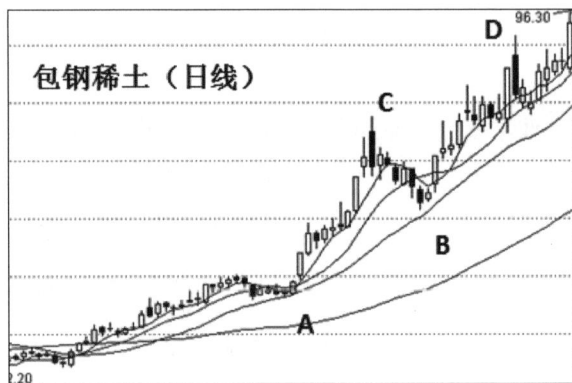

图 4.5 2010 年 7 月～10 月包钢稀土的走势图

小反向性同样给我警告，无论趋势再好，都要注意仓位，不要过大放大杠杆，因为小逆反趋势同样可以杀人。我国 A 股 2007 年"5·30"事件是典型的小逆反趋势，很多人就在那个过程中葬送了一年多来牛市的收益。炒股，永远要留一手。

总之，趋势不是干瘪瘪的理论，也不是学院派书上躺着的文字，而是活生生的法宝。一个真正理解趋势的人，是能用趋势来趋利避害的，并且我认为，也只有真正理解了趋势的人，才能在股市里赚大钱。在没有真正搞懂趋势之前，你的一切操作，只不过是墙头草。

4.2　行情结构

投资理论如同兵法，行情结构如同一个个战场。如果不研究好战场，兵法只是纸上谈兵。很多投资理论、技巧和秘诀，都是见招拆招，股市里的关键问题是对行情结构、性质和格局的认识。对于一个职业股票炒作手，应该做的第一件工作就是识别不同的市场态势，根据不同的市场行情做不同的交易，并以严格纪律来约束自己，明白哪种行情该孤注一掷勇猛前进，哪种行情该胆小如鼠保守谨慎。

实盘操作经验丰富的人都知道，行情好，什么理论都可以赚钱，什么技术分析都是有效的；行情不好的时候，哪套理论都不管用。如同电影，再烂的片，赶上好档期，比如说圣诞节、元旦、情人节，都会有几近爆棚的上座率，关键不是电影好不好，而在于赶上好日子，而这个好日子就是电影的票房行情。

巴菲特曾经生动地打过一个比喻：如果你是池塘里的一只鸭子，由于暴雨的缘故水面上升，你开始在水的世界之中上浮。但此时你却以为上浮的是你自己，而不是池塘。这里的水和池塘就是行情。这就像很多成功人物总结自己为什么成功，总能罗列出自己很多英雄事迹和异人之处，其实他们最应该感谢的是遇到了一个好时代，是时势造英雄。如果把他们放到 1840 年或者放到非洲，也许什么都不是。同样是巴菲特，如果把他放在日本股市或者俄罗斯股市，再或者放到民国时代的上海股市，他什么价值投资都不行；因为巴菲特依赖美国这种大行情，依赖美国的超级大国地位；也可以说，美元和航母比价值投资理论对巴菲特的意义更大。

这就是环境的重要性，股市里也一样。股市里的环境就是行情，如同国家的环境就是国情一样。环境不同，投资结果大相径庭。我们就拿史玉柱为例，来讲讲行情对收益的影响。史玉柱是著名的失败英雄，是了不起的企业家，但鲜有人知道史玉柱的投资家身份。史玉柱的投资成绩也很了不起，他和段永平一样，是企业家出身的投资家，他们的共同特点就是对企业竞争环境和行业发展有深刻的理解，所以他们的基本面分析非常了得。史玉柱第一次投资民生银行是在 2003 年，那个时候他从冯仑手中接下 1.43 亿股，按照每股 1.43 元买入的；第二次大举买入是在 2005 年，民生银行股改，史玉柱认购 2.15 亿股，每股 5.8 元；2007 年 6 月，史玉柱再次参与增发，买入 3.09 亿股；2011 年，史玉柱失去民生银行增发购入机会，就在二级市场买入民生银行股票，买入次数达 46 次之多，当然其间还有其他几次买入，不过数据不是很大，就不再罗列。同时他的女儿史静和史玉柱本人还在香港买入民生银行 H 股。

我把史玉柱买入民生银行股票的具体位置标出来，这样就更直观。

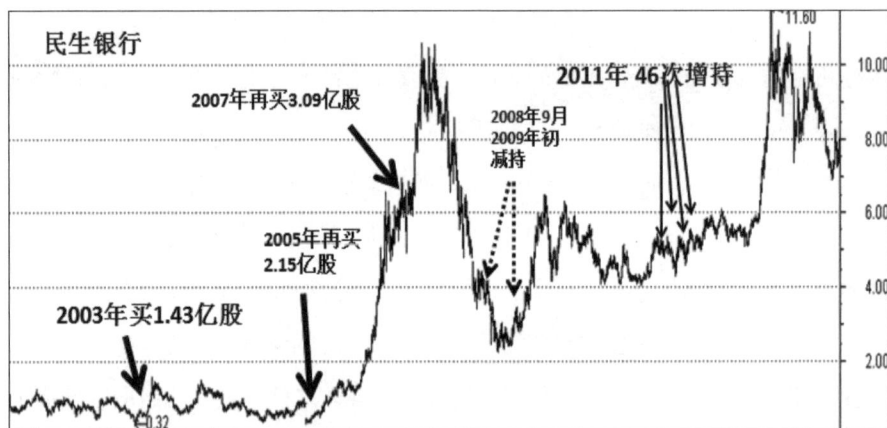

图 4.6　民生银行上市以来的走势图

从图 4.6，我们可以清晰地看到，史玉柱投资民生银行最精彩的是 2003 年和 2005 年，后来的买入虽然都赚钱，但不是那种大赚。2007 年以后的买入，收益率几乎都低于 100% 了。同样是史玉柱，采取的是同样的方法，买入的是同样的股票，也许后来几次买入民生银行股票的理由更充分，民生银行的竞争力更强了呀，但是史玉柱在民生银行上赚的钱却少了。为什么？当然会有很多种解释，从行情的角度去看，我觉得是行情变冷了。史玉柱喜欢研究基本面，是大投资家，他的投资哲学没有变，民生银行也没有变，变的是行情。

2003 年和 2005 年的投资，正值"胡温十年"开启之初，那是人民币升值的大行情，银行必然是最大的受益者。可以这样说，是大的人民币行情和房地产行情（银行也受益于地产行情）让史玉柱赚钱。环境变了，时代变了，结果也变了。当行情好时，史玉柱闭着眼买都能赚十来倍，那个时候史玉柱还是投资界的"菜鸟"，投资思想还没有成熟，但是没有关系，行情帮他；后来史玉柱投资水平高了，投资思想形成了，再投资同样的股，反而收益率低了，因为行情没有了。或者说，2007 年后，特别是 2009 年后，行情已经转变为炒经济结构调整，创业板接过银行地产的棒开始了大行情，是网宿科技这样的股开始了一年十倍，而不再是银行了。甚至可以说，是行情而不是史玉柱的判断力让史玉柱大赚，其中当然有判断力因素，但是行情的因素更大。所以，很多时候，我们看对行情比用好投资理论更有意义。

记得有次我和很多同学去福建旅游，看到一座奇特的山，山体的一面往外延伸很长，像伸出来的舌头，在"舌头"的下面，有很多木棍支撑着，好像是怕那个"舌头"掉下来。我们几个同学就开始猜，到底是哪根木棍撑住山体。大家七嘴八舌，有的说这个，有的说那个，后来有个同学说：哪根木棍都没有撑住山，是山体自己撑住自己，不信你把木棍拿掉，山肯定不会倒。我们一致欢呼：哲学家！这虽然是我们的旅途趣事，但后来我认真一想，这不是和股市一样吗？当股市走牛的时候，有的说是 30 日线支撑股价，有的说是 20 日线，还有的说是前期高点支撑股价，肯定也会有人说基本面支撑股价、流动性支撑股价，反正都是某个东西在支撑股价，可是为什么不能是行情自己支撑股价呢？当牛市来临，所有的支撑解释都可以说得通；当牛市反转熊市时，所有的支撑点都跑哪里去了？是行情自己，而不是别的什么让行情前进。居高声自远，非是藉秋风。当行情好的时候，任何理论都有意义；当行情差的时候，任何解释都是苍白的。与其讨论这些理论和解释，还不如我直接来分析行情算了。

所以，很多时候，不是投资理论管不管用，而是行情好不好。在好行情的基础上再讨论技巧和绝招，才能如虎添翼；当行情不好时，再十年磨一剑的

4

行情篇：趋势与结构

技巧和绝招也会笑话连篇。对行情的认识，而不是对交易技术的认识，才是股市的重点。我的任何一个交易模型和决策工具，都高度重视对行情的分析，我不是唯"武器"论，我是崇"行情"论。

谈行情离不开行情结构，下面让我从更细腻的角度来谈谈行情结构。

行情结构主要分为两部分，一是行情的环境结构，以时间为轴，讨论某个时间段行情的特点；另一部分是行情的空间结构，以空间为抽，讨论行情品种、行情级别以及行情与外界关系等特点。前者如赚钱效应行情、指数行情、鸡毛行情等；后者如大盘股与小盘股、热门股与冷门股、独立品种与跟风品种、技术走势与外界消息、技术面与基本面等。

行情结构就是要讨论不同环境、不同交易品种的行情特点，然后再根据行情来选择交易策略和投资理论，而不是用一种投资策略和理论包打所有的行情。之所以如此，是因为我从操盘经验上认识到，每种投资理论都有自己的特点，有的适合长线，有的适合短线。突出冒险和暴利的，那就在行情好的时候用它，大干快上；突出保守和稳定的，那就在行情差的时候用它，控制风险第一。有的技术适合大盘股，有的技术适合 ST 股；有的理论在独立行情的股票上适用，拿到跟风股票上反而很被动；有的从基本面方面看如鱼得水，但技术面根本不买账。是行情决定我们选择什么技术，而不是技术包打一切行情。行情是客观的，行情是不可逃避的，就是我们生活在什么时代自己无法选择一样，市场给我们什么行情我们只能接受，但是投资理论和技巧却是可以选择的，我们可以根据自己的风格和市场特点来选择分析工具。这就是我要倡导行情结构的原因。

4.2.1 行情的时间结构

行情的时间结构就是行情的环境结构，讨论某种环境下行情的特点。行情的时间结构是行情结构理论的最主要内容。根据我的交易经验，我把时间结构作如下分类：

（1）赚钱效应行情

前面我们在思维篇讨论过赚钱效应行情，主要判别标准是逻辑的单纯性、热点和题材清晰集中、技术分析的有效性、洗盘的温柔性。赚钱效应行情的最主要特点是市场混沌运动中集中表现确定性的那一面，非线性逻辑出现偶尔线性特征，它让炒股突然变得容易起来。在市场上表现为绝大多数人都赚钱，也就是送钱行情。

市场到那个阶段，不管是哪种投资理论都适用，用什么方法市场都给面子，只要你够大胆。所谓人有多大胆，地有多大产。那是撑死胆大的、饿死胆小的阶段，那是赤裸裸比胆量的阶段。在那种行情下，只要有新题材，市场肯定会捧场，给点阳光就灿烂。

这种行情最典型的就是 2007 年春天。我们从图 4.7 可以看到，大盘 K 线走势行云流水、一气呵成，洗盘顶多一天就被拉回，有的洗盘当天完成。在这个阶段题材和热点集中，那就是券商股和低价股，炒作的逻辑也很清晰，技术分析、基本分析、心理分析都能找到舞台，只要你敢做，用哪种方法都能赚到钱。

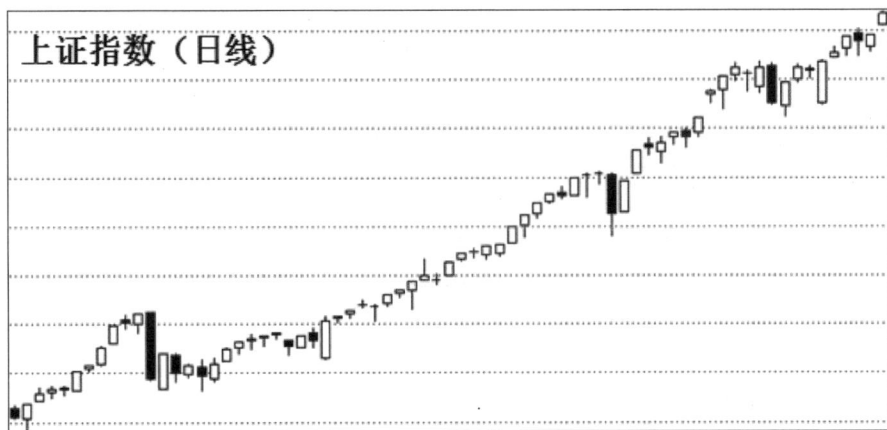

图 4.7　2007 年 2 月~5 月上证指数走势图

需要指出的是，不仅仅上涨趋势中有赚钱效应行情，有时候下跌趋势也有赚钱效应行情。我们看图 4.8，左图是 2007 年到 2012 年的大盘走势，这是一个典型的下降趋势。但是其中的 A 处又出现一波赚钱效应行情，这段行情从 2009 年 3 月到 8 月，也是上涨逻辑单纯、题材和热点集中、洗盘温柔、技术分析有效，我在这波赚钱效应行情里赚得最多。我记得当时市场见一个热点炒一个，任何题材都不放过，只要有点消息刺激都会炒翻天。禽流感题材，莱茵生物从 12 元炒到 49 元；软件概念，中国软件从 9.03 元炒到 33.90 元；大盘股概念，中国平安从 29 元涨到 64.52 元；券商股的代表东北证券，从 19 元炒到 50 元。当然你也可以说那是下跌浪中的大 B 浪反弹，但这种反弹确实是以赚钱效应行情的方式出现的。

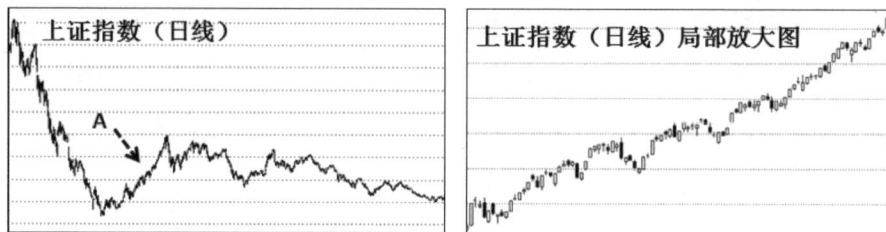

图 4.8　左图是上证指数走势图，时间为 2007 年～2012 年；
右图是 A 段图的局部放大，时间为 2009 年 3 月～8 月

赚钱效应还有个特点，易涨难跌。你想等到低点买入，也许找不到机会。股票像疯了一样，市场情绪极度亢奋。

赚钱效应行情是股市里的"太平盛世"，是股民的极乐世界，是炒股人不可多得的绝佳机会，这种行情比较少见，也许一年才能等一回。但一旦这样的行情来临，我们几乎可以打"明牌"，甩开膀子，大胆干去吧。

在震荡大行情中，赚钱效应行情也会出现，有的时间短，有的时间长。拿 2013 年为例，赚钱效应行情集中表现在 8 月和 9 月，虽然大盘在那个时期

涨幅不大，但那段行情确确实实充满赚钱效应，炒作逻辑很单纯——上海自贸区，炒作题材和热点也很清晰——上海自贸区股、土地流转、民营银行，技术分析有效性也高，洗盘也温柔。

分析赚钱效应行情的最大意义就是一旦遇到这种行情来临，我们可以放弃一切思想包袱"大干快上"。花开堪折直须折，莫待无花空折枝。赚钱效应就是股市花开得最盛的时候。人有多大胆，地有多大产。

（2）沙漠绿洲行情

讲这种行情前我先讲个故事。

英国伊丽莎白女王甄选最好的马车夫，层层筛选后有三个人被带到女王面前，让女王进行最后的挑选。女王问他们一个问题：若是我的马车一不小心经过一个悬崖边，你们如何保障我的安全？

第一个人说：我的驾驶技术很好，哪怕只离悬崖一尺，也绝不会有事。

第二个人说：我的驾驶技更好，哪怕只离悬崖一寸，也不会翻落。

第三个人说：陛下，我不走悬崖边，我只会绕道走大路以保障您的安全。

最后女王选择了第三个人，因为女王知道，最安全的方法不是靠陷入险境的解围技巧，而是避免置身险境中。

讲这个故事是为了说明，我的交易体系的核心是选择安全的交易时段，选择确定性的行情，比如选择单边上涨趋势，选择赚钱效应行情。但是，行情不是我们选了它就来的，A股里熊长牛短，跌多涨少，这就是现实。在这个现实下，如果你选择炒股，也必须去练习"解围技巧"，这里我就介绍一种解围技巧，那就是沙漠绿洲行情。

在下跌市和震荡市，我发现一个规律，一旦大盘跌到某个位置，几乎没有哪个人再愿意看到跌，这个时候人心思涨，一旦有人带头，会有一波可观

的反弹行情。举两个例子来说明。2011 年 12 月，重庆啤酒公告乙肝疫苗研究
基本失败，股价应声暴跌，从图 4.9 我们可以看到，重庆啤酒连续经历 9 个跌
停板。这是典型的沙漠，但是在沙漠底，泽熙资本出动了，在图中箭头处，泽
熙资本大力建仓，成交席位显示泽熙资本联合其他私募在那几天买入 5 亿元之
多。这个时候，对我们而言，就是典型的沙漠绿洲。股价充分暴跌，有机构接
盘，技术走势慢慢趋稳并不断出现大阳线。我本人根据沙漠绿洲理论在这个股
上做短线，结果非常理想。市场很难再找到这么好的短线品种。

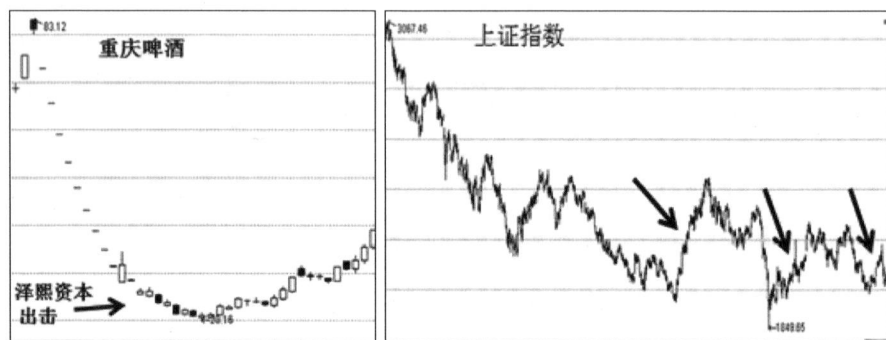

图 4.9　乙肝疫苗失败后重庆啤酒的走势和上证指数 2011 年之后的走势

再看图 4.9 右边，这是 2011 年之后的上证指数 K 线图，大盘是典型的震
荡下跌，我们从 K 线走势基本看不到有什么操作价值。但是，三个箭头处出
现了三段沙漠绿洲行情。每次大盘跌到股价的下轨，就进入一波很不错的短线
行情，就拿最近的来说吧，图 4.9 右边最后一个箭头处，是 2013 年春节期间
的 K 走势，图中显示没有多大的空间，可现实情况是那段行情很火爆。次新
股是那波行情的主力，其龙头金伦股份在不到 20 个交易日里居然拉出 11 个涨
停板！其他次新股都是捡钱行情，比如全通教育、启明信息、东方通、光环新
网等等。这是典型的沙漠绿洲行情。

为什么注意沙漠绿洲行情？因为我发现，即使在牛市中，赚钱也不是易事，这就如同打扑克，有时候自己手里的牌很好，反而可能输，问题不在于你手里牌怎么样，而在于另外几家手里牌怎么组合，这比"牌"本身的好坏更重要。我注意到，在很多震荡行情的下轨，抛压很轻，只要有资金敢带头，上涨反而很容易，个股也很配合，是难得的一段小赚钱效应行情，如同沙漠里出现了绿洲，因此我把这种行情就定义为"沙漠绿洲行情"。

沙漠绿洲行情是典型的抢反弹或者抄底行情，但这不是盲目地抄底和抢反弹，不是所有的反弹和底都可以抢，我们要选择那种自己看得懂的反弹和底。沙漠绿洲行情是跌无可跌、有资金带头、人心思涨的反弹，这种反弹在技术上正好处于重要的支撑点的底部，在博弈层面上，政府也暗示这种行情并且市场也不断释放题材和热点。这种时候的反弹，就可以去抢一把。

沙漠绿洲行情还有个优点，就是管理层纵容。赚钱效应行情和指数行情会遇到个很棘手的问题，那就是管理层紧盯股市，不停给股市跳空和施压，股价刚连续两个涨停就给停牌审查了。而沙漠绿洲行情没有这个羁绊，因为沙漠绿洲行情是在行情冷淡和股价低位发起的，那是刚刚经历低迷的时候，管理层呵护股价还来不及呢，不但不会有政策打压，还会对其中的暴涨股睁一只眼闭一只眼，不会经常停牌审查股票。可以说，沙漠绿洲行情是"小赚钱效应行情"，而且这种行情来得恰是时候，是一种闷声发大财的行情。

需要提醒的是，沙漠绿洲行情以短线布局为主，切忌重仓。

（3）指数行情

指数行情是指数上涨但个股分化的行情。我们常说的赚指数不赚钱就是指指数行情。这种行情在单边上涨趋势中很易见，特别是在重要的指数关口的时候。我记得 2006 年和 2007 年 7 月之后的那两波行情是典型的大盘行情，工商银行、中国银行、中石化、中国神华等巨无霸动辄涨停，指数攻城拔寨。

A 股有个重要的现象，那就是大盘股和小盘股容易分化，由于资金有限，一旦大盘股狂舞，小盘股就休息甚至下跌。所以，指数行情在很多情况下

4

行情篇：趋势与结构

是大象狂欢、蚂蚁观战。

在指数行情中，我们有三种好的选股策略：一是选择大盘股，谁大盘选谁，谁代表指数选谁；二是选择指数基金，最典型的就是 ETF，既然指数最风光，那我们就直接买指数就行了；三是选择杠杆基金，如果嫌弃 ETF 慢，可以选择加上杠杆，即杠杆基金。

（4）游资行情

游资包括民间大户、私募基金、短线炒作的机构以及部分游资风格的公募基金。当今，游资是一股很大的力量，它已经常可以单独策划行情。游资行情的重要特点就是操作手法凌厉、怪异，往往不按理出牌，它们大多是秉承技术分析和心理分析投资理论，善于博弈分析，对题材股与市场热点情有独钟。

游资行情与市场牛熊没有太大的关系，而与行情本身有关。游资最爱出动的行情有以下两个特点：一是市场环境相对安全，要么跌到重要支撑点，要么处于上升通道，一般不会选择在暴跌浪中；二是市场有大的题材和消息刺激，所谓无风不起浪，没有腥味引不来猫，游资是需要噱头的。

游资是我非常重视的一支力量，龙头股和妖股往往都是它们策划的。没有游资，市场就平淡无奇，不好玩；有了游资，市场在价值投资和散户博傻之间就有了游刃的空间。游资既善于基本分析，又能按照技术分析的打法，还深通人性，并且能洞察市场的风吹草动，一有动静它们就会翻江倒海策划一波独立的行情。我本人喜欢操作龙头股和市场热点，所以我一直用心观察游资行情。

大盘有游资行情，个股也有游资行情。个股的游资操作行情很好判断，我们去上海证券交易所和深圳证券交易所的网站查看公开信息交易席位就可以了。以 2014 年 2 月的两个明星股万向钱潮和金轮股份（图 4.10）在 2 月 28 日的交易公开信息为例来看游资席位：

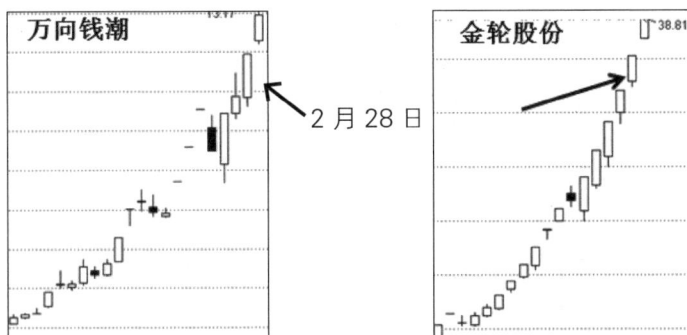

图 4.10　2014 年 2 月万向钱潮和金轮股份的走势图

万向钱潮（代码000559）　涨幅偏离值：8.57%　成交量：15167万股　成交金额：173590万元

买入金额最大的前5名

营业部或交易单元名称	买入金额（元）	卖出金额（元）
国泰君安交易单元（227002）	143884418.05	0.00
中信证券（浙江）有限责任公司杭州延安路证券营业部	47398875.60	44906823.05
中银国际证券有限责任公司重庆江北证券营业部	33108327.37	30520.00
中国银河证券股份有限公司绍兴证券营业部	27107127.73	13132742.29
华泰证券股份有限公司南京瑞金路证券营业部	24581256.63	2212125.50

卖出金额最大的前5名

营业部或交易单元名称	买入金额（元）	卖出金额（元）
中信证券（浙江）有限责任公司杭州延安路证券营业部	47398875.60	44906823.05
方正证券股份有限公司深圳福中路证券营业部	51068.00	41669599.90
信达证券有限责任公司福州远洋路证券营业部	5634897.80	37590137.13
海通证券股份有限公司嘉兴中山西路证券营业部	2866096.00	35897272.84
中信建投证券股份有限公司北京东直门南大街证券营业部	286133.99	26737888.56

金轮股份（代码002722）　累计涨幅偏离值：20.42%　　成交量：2345万股

成交金额：76105万元　　异常区间：2014-02-27至2014-02-28

4

行情篇：趋势与结构

买入金额最大的前5名

营业部或交易单元名称	买入金额（元）	卖出金额（元）
国泰君安证券股份有限公司上海四平路证券营业部	20583935.69	11635170.80
申银万国证券股份有限公司上海陆家嘴环路证券营业部	20316431.94	9192898.78
光大证券股份有限公司宁波解放南路证券营业部	13056903.14	13088486.05
国信证券股份有限公司广州东风中路证券营业部	7600992.60	8272324.82
中信证券股份有限公司上海淮海中路证券营业部	6291116.40	6717031.16

卖出金额最大的前5名

营业部或交易单元名称	买入金额（元）	卖出金额（元）
中国银河证券股份有限公司厦门美湖路证券营业部	4755643.17	15249533.07
光大证券股份有限公司宁波解放南路证券营业部	13056903.14	13088486.05
国泰君安证券股份有限公司上海四平路证券营业部	20583935.69	11635170.80
广发证券股份有限公司广州洛溪新城证券营业部	5680142.50	11565438.88
申银万国证券股份有限公司上海陆家嘴环路证券营业部	20316431.94	9192898.78

从交易席位上看就很明显，买卖的全是游资。这是2014年2月的两个明星股和市场龙头，它们是典型的游资股。大盘游资行情就更好判断，以上这种类型的股遍地开花，就是典型的大盘型游资行情。游资行情一般对应指数行情，但也不绝对，指数行情是公募机构策划的，它们是按照财大气粗土豪的方式玩大盘股；在指数行情中也会出现游资行情，有时候，游资还和公募机构联合策划行情，那时就兼具游资行情与指数行情了，比如2013年下半年的自贸区行情，浦发银行、上港集团、陆家嘴、外高桥这样的大盘股都一飞冲天，这就是游资和公募共同参与的结果。

炒作游资行情一定要克服对大盘的恐惧感。只要不在主跌浪和暴跌区，游资行情一般都有可能发生。诞生成飞集成、壹桥苗业、广晟有色、珠江啤酒等龙头股的游资行情股就发生在大盘下跌趋势的2010年；甚至在大盘暴跌主跌浪休息瞬间的2008年春天，游资还策划了一场春季行情，诞生了隆平高科等妖股。

游资的习性非常凶猛，来无踪去无影，往往不按理出牌，其运作大多以中线和短线运作为主。做此类行情，要把握游资的这些特点，不要太恋战。

（5）震荡行情

震荡行情最常见，不论是上涨趋势中还是下跌趋势中，震荡行情都是常态。股市是波浪式前进，涨也不是直线涨，跌也不会直线跌，它们都会选择震荡作为过渡。此类行情我们接触得多，对其特性认识比较充分，我就不多介绍。需要注意的是，震荡行情也有强震荡和弱震荡之分，大家根据自己的经验去体会吧。

（6）鸡肋行情，也称鸡毛行情

这类行情的股价走势飘忽不定，K线像鸡毛一样，乱糟糟。如果利好风刮来，就涨；如果利空风吹来，又跌。此类行情给人的感觉是明显没有主力关照，如同没娘的孩子自生自灭。这类行情的成交量也少，人气散淡。这类行情很让人头疼，做吧没有大钱赚；不做吧，偶尔还有点机会。这是典型的食之无味、弃之有肉的鸡肋行情。这类行情我建议大家放弃，除非哪天来个震撼的题材。

（7）吸毒行情，也称垃圾行情

这是主跌浪行情，而且是暴跌、重灾行情，无论用什么理论指导，或用什么方法，都很难赚钱。这种行情赚钱很难，亏钱很容易。我把这类行情称为吸毒行情。

上证指数从6124点暴跌以来，经历好几波吸毒行情，我印象最深刻的是2008年春节期间和奥运会期间，从图4.11我们可以看出，跌得一泻千里。这种行情是多头的绞肉机，是股市最暗无天日的日子，是股市的垃圾。这样的行情时最好空仓休息，远离股市。最好看也不看、想也不想、动也不动，坚持"三不"原则。

4

行情篇：趋势与结构

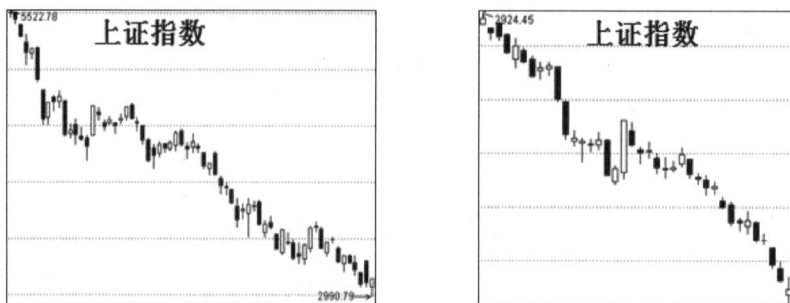

图 4.11　2008 年两段上证指数走势图。左边是 1 月～3 月；
右边是 8 月前后，即奥运会期间

　　在吸毒行情中，最害怕的是"艺高人胆大"思想，以为靠自己的技术分析和交易秘诀可以火中取栗。这是很危险的，消灭股神最多的就是这种行情。在这种行情下，无论你采取哪种秘诀，都是愚蠢的，因为你在悬崖边跳舞，即使能赚钱也是提心吊胆。

　　这种行情不但技术分析失灵，题材也会失灵。很多人押宝重组股，不巧在这种行情下复盘，本以为捞到几个涨停，结果反而会来若干个跌停，因为补跌呀。宏达股份一口气六个跌停就发生在吸毒行情中。吸毒行情中人气降低到极点，资本对市场的预期也会降低，很多可以重组的股也不会选择在这个时期重组，内幕交易在这种行情下也往往会失败。内幕行情是建立在大盘系统相对稳定的基础上，如果大盘暴跌，内幕消息的主人会先出货，或者连他自己都出不了货，你怎么可能赚？所以，吸毒行情对所有的股市参与者都是残酷的，它是股市里的毒品！

（8）盛极而衰行情

　　有一种衰退是盛极而衰，盛宴正在高潮，却戛然而止。比如唐明皇时期的唐朝，既是大唐的巅峰和极盛时期，也是唐朝突然衰落的开端。清朝的乾隆时期也是如此，达到清朝的鼎盛也开启了清朝的衰退。

股市也一样，股市里有一种行情也是盛极而衰。表面上歌舞升平，成交量暴涨，情绪高涨，指数高高在上，但是股民会悄悄发现，赚钱很难了。我记得在 2007 年年底，大盘一路上涨，但是赚钱反而没有在低位时容易，看似风光无限，其实杀气暗藏。这就是典型的盛极而衰。

盛极而衰行情对应沙漠绿洲行情。我喜欢逆向思维，当人人都觉得大盘没有风险的时候，我反而觉得风险临近，我把那种风险叫盛极而衰；当人人害怕的时候，我反而觉得有可能来一波沙漠绿洲行情。

盛极而衰行情有个特点，就是几乎人人都放弃风险意识，能参与市场的钱几乎都参与了，没有后续资金了，于是盛极而衰来了。

盛极而衰行情很容易判断，在技术上会有这几个特点：一是股价已经涨得非常高了，经历了相当长一段时间的大行情；二是在高位出现向上的跳空缺口，可以理解为衰竭性缺口；三是下影线、上影线增多；四是莫名出现连续大阴线；五是有些股已经不创新高了，甚至出现下跌；六是重要的领头羊股出现顶部区域，出现成交量巨大的大阴线，甚至出现跌停。特别是跌停，领头羊一般是不能轻易跌停的，它的跌停就预示着山雨欲来。一旦在高位出现这些征兆，就要小心了。

盛极而衰行情只能在一种背景下产生，那就是"盛极"，行情经过相对长的一段时间的大幅上涨，甚至盛极到人人都不相信会有风险了，至少都不相信风险会马上就来，这有点像今天的房地产市场。恰恰这个时候，盛极而衰就会发生。也可以称之为戴维斯双杀吧。

我记忆中最典型的盛极而衰行情有两个，一个是在 2007 年年底，一个是 2010 年 11 月，图 4.12 左边是 2007 年年底的股价走势。那个时候大盘指数一日一高，但是赚钱很难了。除了个别大笨象，其他股都不创新高了。没有了明显的板块联动，市场经过一段时间的拉升，已经让人们对风险和利空麻木了，风险防范意识很低。但恰恰就在这个时候，大盘累了，开始出现大阳线和大阴线交替的现象，而且出现衰竭缺口，领头羊中国石化连续出现大阴线。我突然感觉不对，这段时间赚钱难了，甚至开始亏损了，所谓牛刀杀人就是指这个阶段的残酷性，这就是典型的盛极而衰行情。

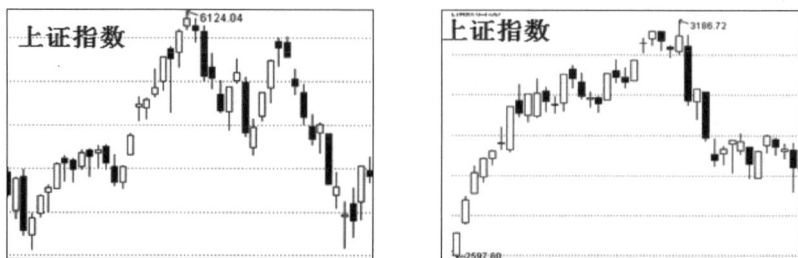

图 4.12　上证指数图，左边是 2007 年年底，右边是 2010 年 11 月

　　盛极而衰一旦衰起来则既漫长且幅度又大，因为盛极很久，透支了过多的基本面，借的"债"太多，还起来负担就大。我们看看国家历史也是，汉武帝时汉朝盛极而衰，后来衰了很久；唐明皇时代中国盛极，后来一旦走向衰落就衰退很多年，历经五代十国，直到赵匡胤时代才停止衰败；清朝在乾隆年间达到盛极，后来衰落也历经很多年，直到第二次世界大战之后才走上复兴之路。我曾在郑州信息工程大学听过一堂军事课，那个老师讲，大国兴衰有个规律，一旦一个大得不可一世的国家走向衰落，会衰落很久，不可能马上爬起来。他举成吉思汗、西班牙和苏联的例子来说明问题。我觉得很对，盛极的衰不是人力所能力挽狂澜的，所谓三十年河东，三十年河西，运势是也。股市好像也有"风水"，某个行情风光得越长、越灿烂，它走下坡路就越残酷、越漫长、越无情。

　　懂得了这些，我们在任何一个高点都要如履薄冰，不要想着股价能涨到天上去。索罗斯就非常注意这种盛极而衰，不过给它起的名字是转折点。索罗斯多次成功做空就是选择对盛衰的转折点。盛极而衰具有持久性和漫长性，这对我们来说意义重大，它告诉我们不要在高位迷恋价值投资，例如基本面好的股越跌越买，这些都是谎言。戴维斯双杀专门提醒这种风险。当我们明白盛极而衰的巨大破坏性的时候，我们就知道，只要自己持有的股票处于这种行情，无论被套住多少，一定要马上卖掉，因为这种行情的下跌不是一天两天就能跌完的，而是会跌得没完没了、暗无天日，看看今天日本股市的例子就知道了。

有人说你这是马后炮，你能当时看出盛极而衰行情吗？举个2007年的例子，当大盘经过3年多的大行情达到6124点时，即使我们做不到先知先觉能在巅峰时刻判断出盛极而衰行情，那么我们在2008年年初发现总不算晚吧，我们在跌到5500点。甚至跌到5000点、4500点的时候再判断出来也不算晚，只要立即执行斩仓也不至于亏那么多吧。要知道，大盘从6124点跌到1664点，中国铝业从60元跌到6元，中国石油从48元跌到10元，中国神华从94元跌到13元，这些都是往死里跌，如果稍微懂盛极而衰的行情规律，总不至于死扛到底，也就不会跌得这么惨吧？

对于长线投资者，最主要就是防范盛极而衰行情；对于价值投资者，最可怕的是盛极而衰行情，因为盛极而衰行情一旦跌起来，那可是万丈深渊。这种行情专门逮伪价值投资者和机械的长线投资者。

以上是从时间框架分析行情结构，上述分类也不是绝对的，会有重叠和交叉的时候，比如指数行情和沙漠绿洲行情也可能同时都是赚钱效应行情，垃圾行情也许紧跟着盛极而衰行情出现。我们这样分析行情是为了看人下菜，在什么山唱什么歌，这比单纯分析基本面或者技术心理重要得多。

上述八种行情，如果做个归类，大体有三类：一是进攻性行情，二是中性行情，三是预防性行情。下面分别对这三种行情做些说明。

进攻性行情：进攻性行情就是可以大胆做多的行情，操作上应该激进、大胆、重仓，在交易方法上可以综合运用各种投资方法，八仙过海，各显神通。赚钱效应行情、沙漠绿洲行情（这个有点特别，勉强可以归入进攻性行情）、游资行情和指数行情这四种属于进攻性行情。进攻性行情就是股市吹响进攻的号角，是股市里最有意义的行情。在这种行情下应该精进勇猛（沙漠绿

4

行情篇：趋势与结构

洲行情除外，沙漠绿洲行情是有限激进），应该展示自己所学的各种投资技巧和方法，这是个一不小心就赚钱的行情。炒股最害怕的就是在进攻性行情中保守，在防守性行情中大胆，在中性行情中来回折腾。

中性行情：没有明显的多头或利空倾向，以无目的的波动为主的行情。震荡行情和鸡毛行情属于中性行情。这种行情不偏向多头也不偏向空头，操作上应该谨慎小心。在这种行情中，如果遇到震撼性题材和龙头股，我们可以大胆交易，如果风平浪静，没有什么故事和题材，我们应该多观望。

防守性行情：以预防风险为主、以空仓观望为上策的行情。盛极而衰行情和吸毒行情是明显的防守性行情。防守性行情中，亏损很容易，赚钱很难，这种行情的第一要务是防止亏损，最好的交易策略是空仓观望。在预防性行情中，最害怕的就是"艺高人胆大"思想。凡是想用自己的技术挑战防守性行情的，都是很危险的事情，很多股神都栽在这种行情中。其中，盛极而衰行情时虽然可以轻仓做点短线，但最害怕在这种行情下迷恋价值投资和长期投资；吸毒行情时可以在低位布局点长线投资和进行一定程度的价值投资，但不适合技术分析，它最害怕技术分析派迷恋自己的技术绝招。我反复告诫一些朋友，炒股不是我们生命的全部，除了股票，还有爱情、阳光、鲜花和生活。我们找工作都希望找个离家近的、工资高的，我们选择爱人时希望找漂亮的、温柔的，我们买衣服会挑好看的、价格合理的，同理，我们买股票也应该挑选个好的、合适的行情，像防守性行情就明显不适合做股票，这种行情就像找工作时找到离家远而工资又低的，选爱人时遇到长相丑且又凶的，买衣服时看到不适合而又贵的，我们何苦绞尽脑汁在这种情况下去强行交易、展示自己的炒股技术呢？

把行情分为进攻、中性和防守，进一步深化行情结构对操作的指导意义，若运用得当则非常有意义，可以让自己的炒股水平如虎添翼。

每个人炒股的方法和技巧不一样，背后的投资思想和投资哲学也不尽相同，但任何一种投资思想和投资策略都不是放之四海而皆准的。就算巴菲特的价值投资，放在英国南海泡沫时代的股市上不行，放在旧上海的中国股市不行，放在今天的俄罗斯股市也不行，放在日本"失去的十年"的股市更不行。投资思想及其衍生的投资方法，其成败的关键是放在什么样的背景下和哪种行情中，盛极而衰行情是价值投资的噩梦，吸毒行情是技术分析的墓场，所以为自己的投资思想和投资方法选择合适的行情是摆在我们面前的首要任务。为了阐述清楚这个问题，我再提出一个重要的概念：支撑性行情。

支撑性行情：能够支撑自己投资思想和投资方法、能让自己的投资特长得到发挥和确保有效的行情，我称之为支撑性行情。第一章我们提到局限性风险，任何交易理论都是产生在具体的行情中，反过来，当投资理论再来指导投资实践的时候，也受具体行情局限。比如突破——买入理论、创新高买入理论就只能选择在进攻性行情中。那么，我们运用投资理论之前就应该搞清楚它所需要的行情，也就是说，我们应该先选择好行情，然后再施展自己的十八般武艺。那些能支撑自己投资理论的有效性行情就是支撑性行情。比如，技术分析适合在赚钱效应行情、指数行情、游资行情、震荡行情、盛极而衰行情和沙漠绿洲行情中使用，这几种行情就是技术分析的支撑性行情，不适合技术分析的行情，如吸毒行情，即非支撑性行情，也可以说是破坏性行情。

引出支撑性行情的概念是强调我的一个基本思路：行情大于技术和方法，选择行情是第一位的，具体使用什么投资方法是第二位的，选对了行情就成功了一大半，而我们如果不顾行情，即使选择正确的方法也照样会功亏一篑。是行情让我们赚大钱，而不是别的。方法可以学，但对行情的把握必须靠经验的沉淀、认识的积累和反复修炼。

我在本书后面介绍的任何一种投资方法，都是紧紧围绕着行情。行情理论是我的投资理论的前提。本书后面会多次提及支撑性行情，到时我们再具体展开讨论。

总之，行情分析最大的意义在于在不同的行情中做不同的事情。对于散户来说，最害怕踏错行情节奏，在赚钱效应行情时保守、在盛极而衰行情时迷恋价值投资和长线操作、在垃圾行情时"艺高人胆大"相信自己的技术秘诀、在震荡行情时左右挨耳光。我们必须明白行情才是根本，行情决定了用什么投

4

行情篇：趋势与结构

资理论，而不是投资理论本身决定行情。懂得行情本质就是懂得看"天"吃饭，懂得活在具体的时代和背景，而不是在什么情况下都去"亮剑"。

4.2.2　行情的空间结构

行情的时间结构是研究行情在不同时间段的特点，是研究行情的"时代"特征，多侧重于大盘；而行情的空间结构则是研究行情的纵向关系，是研究行情的"空间"特征，侧重于个股，包括品种的研究、行情级别的研究、行业与行情的比较研究、行情与外界关系的研究等。

（1）大级别行情与小级别行情

行情的级别是讲行情的大小。大级别行情是指至少超过一年的行情，小级别行情是指超过两周的行情，小于两周的行情不能称为级别行情，介于大级别和小级别之间的是中级行情。一般而言，社会的巨大需求、资源的稀缺、品牌的独占与技术的革命性变革带来的都是大级别行情，比如互联网、稀土、黄金、铜、茅台酒等。我们目前身边最大的大级别行情是房地产，已经持续十多年的大牛市了。而与资本市场有关的大行情，比较典型的是上一轮铜的大行情，从图4.13可以看出，沪铜几乎持续了5年的大牛市行情；而最为夸张的个股大行情是巴菲特旗下的伯克希尔哈撒韦公司的股价行情，图4.13右边的是伯克希尔哈撒韦公司1990年到今天的走势图，这是一个典型的超大级别行情，上涨了几十年。我们分析过的腾讯控股也是典型的超级行情，A股2005年年底到2008年年初的行情，也是一轮超大级别行情。A股中个股超级行情的也不少，比如贵州茅台、苏宁云商等。最让我印象深刻的是云南白药，到今天，指数已经若干轮牛熊交替，而云南白药（见图4.14）一直在进行着自己的独立的大级别行情。大级别行情是赚大钱的行情，是大师级人物才能把握住的。比尔·米勒就是此类的高手，他曾于1986年投资2000万美元于戴尔，4年后戴尔的超级行情就把它变成10亿美元；1965年投资1万美元于沃尔格林公司，到 2000 年增值为 471 万美元；1959 年投资 1 万美元于雅培公司，到 1995 年增值到 271 万美元；1971 年投资 1 万美元于金伯利公司，到 1991 年增值为 39 万美元；1976 年投资 1 万美元于吉列公司，到 1996 年增值为 95 万美元；1973 年投资 1 万美元于富国银行，到 1998 年增值为 74 万美元；1973 年投资 1 万美元于一电器城公司，到 1992 年增值为 311 万美元[①]。这家伙是超级行情控，这就是大师。常人玩转超级行情很难，这需要基本面的强大功底和超人的忍耐力。我佩服基本分析就佩服在这个地方。很多技术分析派人士嘲笑基本分析，其实他们是不懂基本分析，基本分析得道的人，那是可以赚大钱的。李嘉诚也是一位做大行情的人，他的投资都是超越一个经济周期的。

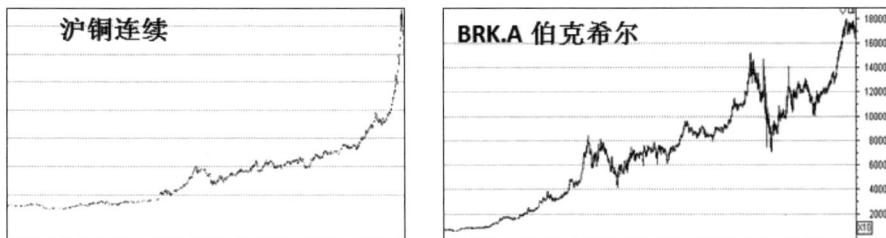

图 4.13　左图是 2002～2006 年沪铜连续走势图
右图是巴菲特旗下的伯克希尔股价走势，截至 2014.03.04

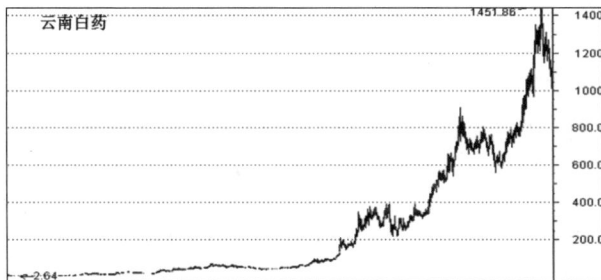

图 4.14　云南白药上市以来的走势图（日线，复权）

4

行情篇：趋势与结构

小级别和中级别的行情都相对比较小，在一年之内，这类行情比不上大级别行情，但是这类行情最常见。几乎 80% 的股票都是这种行情。这类级别的行情有的好把握，有的难把握。图 4.15 左边是在美国上市的推特演绎的一次小级别行情，但是后面震荡很厉害，不论是事后还是事前，这只股票都比较难操作；图 4.15 右边是外高桥的中级别行情，它就相对流畅，用技术分析可以博得部分短线利润。小行情是投机客的天堂，大行情是投资者的标的，善于做前者的能成功，善于做后者的更能成功。

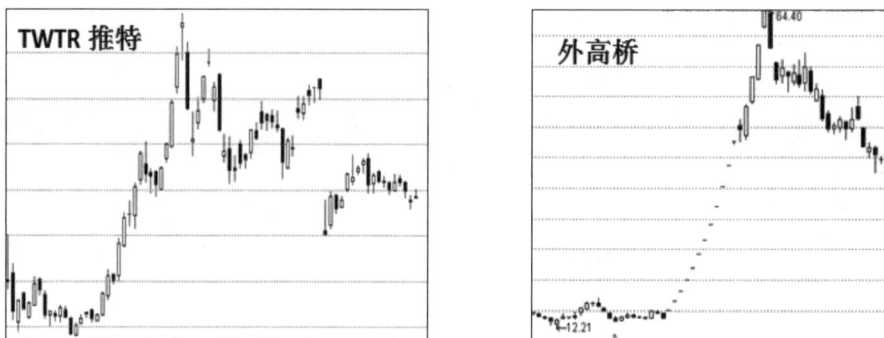

图 4.15　推特上市以来的股价走势图和
外高桥 2013 年下半年到 2014 年上半年的走势图

对行情级别的认识有利于我们培养长远的目光和选择操作级别。对于超级好股票，我们多问问有没有可能是超级题材，一旦我们碰到腾讯控股、云南白药、谷歌这样的好股票，不妨轻仓买入三五万块钱拿它七八十年，像米勒一样，也许它比我们其他投资总和赚得还多。

（2）独立行情与跟风行情

独立行情是我行我素行情，不看大盘脸色，不看经济周期，不看市场情绪的起伏波动，它总是按照自己的脚步前进。跟风行情是大盘的跟屁虫，大盘咋走它咋走，大盘喜怒哀乐都能影响到它。从现实情况来看，绝大多数股票都是跟风行情，只有少数是独立行情。

大牛股贵州茅台是典型的独立行情，从图 4.16 我们可以看到，贵州茅台几乎不买大盘的账，特别是大盘跌的时候，贵州茅台反而天天涨。还有我们上面介绍的伯克希尔哈撒韦公司、腾讯控股、谷歌、云南白药等都是典型的独立行情。独立与跟风也有一个度，有的是绝对跟风，有的是相对跟风，有的是这段时间独立，那段时间则跟风，也有的完全独立。

图 4.16　贵州茅台与大盘叠加比较分析图，
上面深黑色线为贵州茅台走势图，下面淡黑线为上证指数走势图

研究独立行情和跟风行情最重要的意义是找出牛股。当大盘下跌或徘徊不前的时候，继续保持独立行情的，往往是牛股的种子，具有大行情基因。特别是大盘暴跌时能保持岿然不动的股票，这类股票具有牛股基因，这种"乱世英雄"应该是我们重点关注的对象。当然，是牛股就必须敢独立于大盘，如果连大盘的羁绊都摆脱不了，算什么牛股？

行情的独立性对我们最大的意义就是，一旦我们发现超级大牛股，就不要太局限于大盘思维，我们要敢于冲破牛熊羁绊捂住好股。市场上有种心态，就是看牛熊炒股，大盘好就炒，大盘不好就休息，所谓大河无水小河干，大河有水小河满。当然，我接受这种思维，看大盘的基本趋势，这是肯定的，但仅仅有这点认识还不够，还必须认识到特殊情况，就是独立于大盘的情况。跟随大盘是常态，为"正"为"常"；独立于大盘是特殊，是"奇"是"变"。独立于大盘的股票不但存在，而且很有研究价值，超级大牛股都是这样走过来的。所以，一旦我们抓住腾讯、云南白药这样的好股，就要有穿越牛熊的恒心与意志。基本分析大师都是这方面的行家里手，米勒是，巴菲特是，李嘉诚是，段永平也是。

（3）热门股行情与冷门股行情

热门股行情就是市场热点，冷门股行情就是被市场遗忘的股。热门股是市场焦点，资金和人气旺，走势活跃；冷门股反之，门前冷落车马稀。有意思的是，它们并不平均分配：有些品种就喜欢隔三差五地充当热门股角色；而有些品种几年也轮不到一次热门行情，仿佛是后娘养的，总被遗弃。

我印象中农业股、医药股、有色金属股、军工股、环保股、高科技股、上海本地股、深圳本地股、少数民族地区股隔三差五就充当热门股，而大盘股、高速公路、机场股、汽车股、中原地区的股很少充当热门股。热门股之所以热门，往往与变化和消息刺激有关，每年的政策和消息都反复刺激着农业、环保等领域和上海、深圳等地区，当然，这些都是热门股的温床，而政策关照少的地方加上本身变化又不大，主力肯定不会去惹它。

我们要留意热门股与冷门股的划分，尽量不要在冷门股上花费太多精力。炒股不是雪中送炭，而是锦上添花，哪里人多我们去哪里，把精力多放在热门行情上，跟随大资金走。如果选错品种不幸跟着冷门股，可能要坐很多年冷板凳。

（4）大盘股与小盘股

大盘股与小盘股是股市又一结构型行情特征。A股有个规律，大小盘股不喜欢和平相处，它们大多数时候是有你无我，有我无你。小盘股疯狂的时候，大盘股往往沉默，一旦大盘股起舞，小盘股往往趴下。2007年春夏，小盘股龙飞凤舞，而大盘股冷眼旁观；2007年秋冬，大盘股倾巢出动，中国石化、中信证券、招商银行、万科、中国国航动辄涨停，而小盘股无人问津，甚至很多小盘股步入下跌征途。在后来的炒股中，我还发现一个奇怪的现象，本来小盘股行情炒作得好好的，如果有某个大盘股突然涨停，小盘股行情往往就告一段落。这种情况都可以作为预警器了。

大盘股好像老虎，小盘股好像猴子。山中无老虎，猴子称霸王。一旦老虎下山，猴子就躲起来；而一旦老虎归林，猴子又兴风作浪。这就是大盘股和小盘股的跷跷板效应。这种效应理论可以运用在我们的实际操作中，比如看着大盘股炒小盘股，让大盘股来放哨；反之，亦然。

（5）前世与今生

人有记忆，股票也有记忆。前世行情在多种情况下会在今后重演，好像股票记住自己以前的样子再重现过去似的。这种情况也叫股票基因，祖宗"不老实"很可能遗传给孙子。在股市里，我们经常看到喜欢蹦跶的就那几个，好像它们基因里就有不安分因素。每当重要关头，它们都会重现一下往日的情怀。我们以莱茵生物为例，图4.17是莱茵生物三个不同时段的走势图。我们发现一个很奇怪的现象，2009年禽流感暴发的时候主要炒作对象是莱茵生物，见图4.17左边；2010年有禽流感新闻的时候又是主要炒莱茵生物，见图4.17中间；2013年禽流感新闻来的时候还是炒莱茵生物，见图4.17右边。其实莱茵生物跟禽流感的关系远着呢，它的主要产品并不直接受益于禽流感，但禽流感就是喜欢拿它来说事，这就是莱茵生物的"命"。同样的例子还有界龙实业、广晟有色、深发展、苏宁电器、龙净环保、国金证券、中国软件等。它们在某段炒作中的凌厉走势和背后的缘由，都已经在历史上多次重现，可是当新闻来临时，它们照样会克隆昨天的自己。前世今生，如影随形。

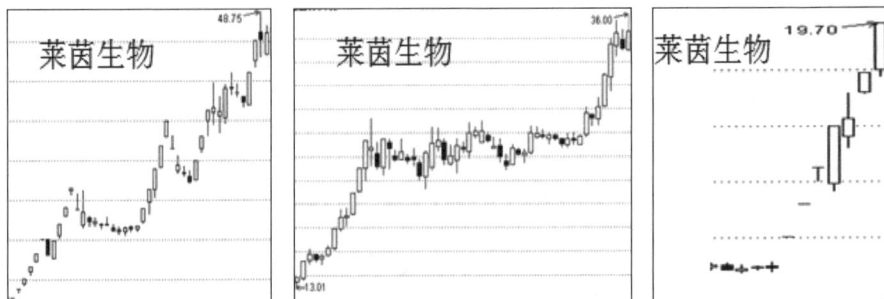

图 4.17　莱茵生物三个不同阶段走势图

前世今生行情给我一个启发，每次面临题材和消息刺激时，我总是会去参考历史走势，查个股基因。曾经当过龙头的，我会有意选拔为观察对象；历史上风光过的，很可能再现辉煌。这种选择让我受益匪浅，能让我缩小选股范围，提高选准龙头股的概率。

仔细想想，前世今生行情与其说是股票有记忆，不如说是人的记忆投射到股票上。炒股的就是那一帮人，当新的消息刺激时，大家不约而同地都会想起记忆最深刻的那只股，当然，昨日的龙头最容易被记起，主力拉升昨日的龙头，也最能激起大家的集体回忆，容易操作成功。还有一个原因，容易爆炒的股票，其公司管理层往往都与炒作资金有"默契"和配合，当同样的新闻发生时，主力当然会想起"老朋友"了，毕竟在一个窝里战斗过。

一切历史都是当代史，昨天的龙头，也会是今天的焦点；昨天的基因同样是今天的基因。前世就是今生，今生也会是来生。

（6）技术走势与基本面

技术走势就是股价具体怎么走，基本面就是个股的消息、新闻、数据和基本信息。这二者的关系纠缠不清，但最终裁判是技术走势。基本面和消息不重要，股价对它们的反应才重要。哪怕是你认为的天大的消息，但股价不理睬，你也不能硬着头皮说股市错了。对于一线投资者来说，新闻、消息、政策、题材、经济数据这些东西只有反映在股价上才有意义，它们不反映在股价上，什么都不是。我们应该跟着股价走，而不是跟着基本面走。

为什么？因为对基本面的理解见仁见智，我们所谓的基本面和"实情"，只是站在我们的角度和价值观去认识的，而股市的关键是主力的角度和价值观。每个人看到消息、政策、新闻都会有不同的反应，就拿加息来说，有人会理解为利空，有人会理解为利空出尽是利好，股价最后只能沿着主力的理解去走。所以，基本面并不重要，重要的是主力怎么理解基本面，进而怎么影响股票技术面的走势。正如我们投资团队私下的流行语，基本面是你自己对基本面的看法，而技术面是市场对基本面的看法。

斯大林说胜利者是不被指责的，股价具体怎么走就是胜利者说了算，我们同样不能指责主力理解错了基本面。在炒股中，我们要手疾眼快，一旦我们对消息、新闻的理解与技术面走势不一样，不要固执于新闻本身，要服从技术面。

技术面的走势本身还隐含着一些不为人知的基本面。散户能看到的，或者说已经见诸媒体曝了光的只是冰山一角，也许是主力故意使用的障眼法，而股价真正走的方向可能蕴含着秘密的基本面。所以，价格怎么走，这才是最大的"基本面"。我来举个最典型的例子——广发证券借壳延边公路。2006 年 4月底，S 延边路（见图 4.18）股价大幅异动，一连拉出六个涨停板，后来 S 延边路公司就发布消息：

> 公司主要股东和管理层未与广发证券就借壳上市事项有过任何接触；公司目前生产经营情况正常，没有应披露而未披露的重大事项；公

4

行情篇：趋势与结构

司股权分置改革工作目前处于前期筹备阶段，尚未进入实质操作阶段。

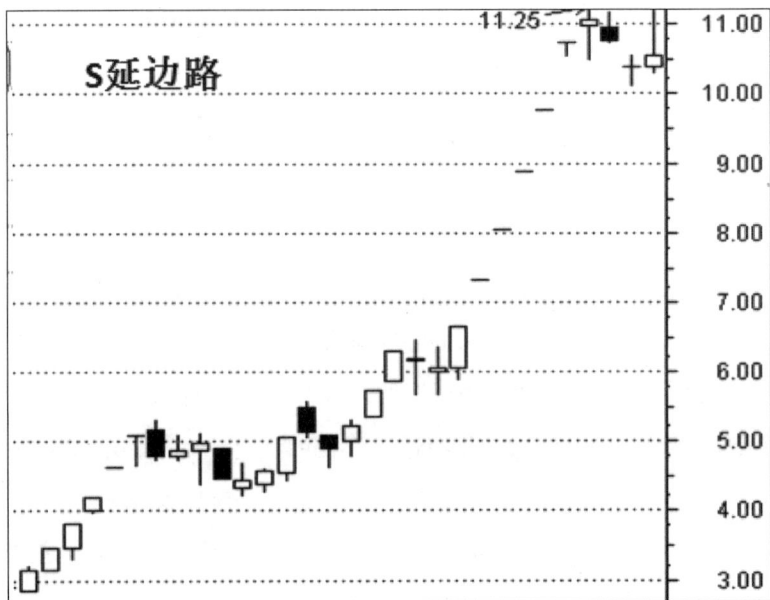

图 4.18　广发证券借壳 S 延边路停牌前的走势图

这个公告消息是典型的利空，上市公司否认了，新的信息告诉我们基本面没有任何变化，但股价对这一新信息丝毫不理会，稍作休整后又大幅上涨，这种技术走势就隐藏了一个重大秘密：广发证券借壳 S 延边路。其实，当上市公司公告和技术走势矛盾时，我们应该听的是技术面的走势，而不是上市公司公告这个"基本面"。因为价格走势已经暗示一切。

所谓的基本面都是别人"给"我们看的，我们很难窥见全部的真实基本面，幸好有技术面这个公正公平的裁判。当然，基本面和技术面走势一致的时候，我们最喜闻乐见；一旦基本面与技术面出现重大分歧，我们要毫不犹豫地听技术面的，跟着价格走。新闻和信息可能骗我们，上市公司可能骗我们，但是股价不会骗我们，技术走势不会骗我们。

（7）新闻与股市

新闻与股市什么关系？新闻影响股市，又误导股市。

新闻是产生热点和题材的大背景，新闻对热点的炒作和延续起着推波助澜的作用；而新闻又常常误导股市。怎么办？我建议关注新闻事实，而不看评论。任何新闻都带着价值观和评论，我们的错误就是过多地受媒体的价值观和评论的影响，而不去深入挖掘事实。

就拿刚才广发证券借壳延边公路的例子，当上市公司公布澄清公告之后，很多媒体侧重报道澄清后股价可能面临的风险，因为扑空了嘛。但如果我们能去关心事实，多去了解延边公路、吉林敖东、辽宁成大以及它们与广发证券之间眉来眼去的股权关系，还有公开信息交易的成交席位、成交量、价格走势这些事实，我们就不会被新闻忽悠。

我们看新闻的时候，要持怀疑的眼光和态度，因为新闻很多是表象。股票作手李费佛说，他总是怀疑在报纸上看到的消息，并说新闻标题是给傻瓜看的，我们应该看到新闻背后的东西，看到新闻背后的动机。我觉得不但新闻的标题，有时候新闻的内容也是给傻瓜看的。这也是我常说的逆向思维和"少数派"思维了，必须思考与众不同的东西，寻找新闻背后的天机。

新闻容易误股市，因为新闻的来源——特别是与股市有关的新闻来源主要有二：一是别有用心的人故意让我们看到的，比如主力故意在某阶段放出消息，影响散户的行为和决策；二是记者和评论人从新闻的角度挖掘的。对于前者，新闻是主力故意挖的坑；对于后者，我们永远要记住，记者不懂股票，一个不懂股票的人写的东西你能作为依据来买卖股票吗？新闻和炒股是两个专业的东西，新闻的角度是新、奇、特，狗咬人不是新闻，人咬狗才是新闻。新闻讲求传播的刺激性，讲求收视率、阅读量和轰动效应，而炒股讲求的是股市规律，这根本就不在一条道上。

很多时候，某只股票炒到高处，新闻就出来了。这里我必须再提出一个观点：大多数情况下不是新闻产生价格，而是价格产生新闻。我们发现很多股票都在神不知鬼不觉的时候上涨，没有任何新闻去刺激它，反倒价格忽然涨高了产生了新闻，媒体才开始连篇累牍地报道，挖掘内幕的人也跟上来说该股有什么内幕，证券公司调研人员也凑上去说基本面发生了什么变化，反正新闻来了。这就是股市的怪现象，很多人以为新闻导致了价格的波动，殊不知价格的波动才产生新闻。

我看新闻有个技巧，就是只看事实报道，不看评论和价值倾向，我自己去判断事实，分析利空、利多。这样就可以绕过别人设计的评论偏见。而且，我总是反复思考为什么在这个时候出来这个新闻，关心新闻出台的目的。有时候新闻本身是什么并不重要，在什么时候出来才重要。需要提醒大家的是，凡是高位放出的新闻，不管内容如何，绝大多数都是利空。举山东黄金的例子来说明这个问题，见图4.19。2007年8月中旬后，山东黄金的股价像吃了兴奋剂一样，一路狂飙，不到20个交易日，股价涨幅接近翻番。9月14日，新华网、《上海证券报》《羊城晚报》等媒体突然报道一个惊天动地的大新闻，山东黄金发现金矿了，原始内容如下：

> 山东省地矿局近日宣布，在山东省莱州市寺庄镇发现一处特大型金矿，探明储量达51.83吨，潜在价值近80亿元。该矿归属于山东黄金的大股东山东黄金集团旗下。据悉，新矿所处地胶东是我国最大的黄金资源基地。山东省地矿局专家预测，该地区三大成矿带蕴藏3400余吨的金矿潜在资源，在国内独一无二，也为世界罕见。山东省地矿局先后在该地区探明玲珑、焦家等特大型金矿共7处，大中小型金矿上百处，累计探明黄金储量约1000吨。

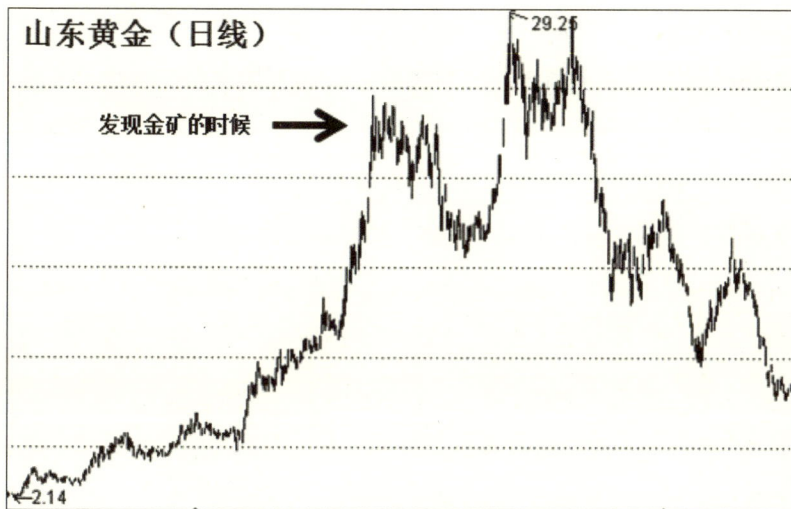

图 4.19　山东黄金 2007 年前后的股价走势图

　　那个时候正是黄金价格一路攀升的时候，拥有金矿无疑是黄金类上市公司的生命线，发现金矿的新闻绝对是爆炸性新闻。而山东黄金正在做定向增发，拟将集团旗下的矿产注入上市公司，新发现的矿何时注入上市公司虽然是一个未知数，但这对山东黄金公司绝对是一个天大的利好新闻。但有趣的是这个新闻被媒体报道后，股票突然不涨了。事后看，这个新闻出来的时候正是山东黄金股价顶部区域，是股价头肩顶的左肩。正是这个新闻连累了股价。事实上，这个新闻也未必是主力故意放出来的，因为发现金矿这类新闻具有偶然性和突然性，不像业绩预告那样是可以"安排"的。即使如此，这则新闻还是生不逢时，它出现在股价的历史高位上。这正说明股价历史高位的新闻往往都是"坏新闻"。当股价一路上涨的时候，最好的新闻是没有新闻，让它自个儿涨，所谓悄无声息的上涨才是股市最健康的上涨，充满"加油声"的上涨反而是坏的上涨。

　　从这里我们可以看到，新闻出现的时间和位置，有时候比新闻本身更重要。新闻无所谓好坏，而在于市场主力怎么去引导。利好可以解读为利空，利空

4

行情篇：趋势与结构

也可以解读为利好。观察新闻背后的预谋，这才是我们读新闻最重要的任务。

当然，我不反对读新闻，恰恰相反，我认为捕捉新闻对投资者非常重要，市场的热点、题材和龙头股都与新闻有千丝万缕的联系，新闻有时候是市场行情的温床和助推器，我当然重视新闻。我只是反对对新闻的肤浅阅读，我倡导大家要读到新闻背后的秘密，这才是新闻的最大意义。

好新闻和坏新闻对于股市有时候是互换的，好新闻若生不逢时也就成了坏新闻，坏新闻若赶巧了也会是好新闻。比如加息，牛市里每次加息可谓是好新闻，因为利空落实了，靴子落地了；而在熊市，别说是加息，就是降息都可以说是坏新闻，是庄家出货的时机。举个例子，星网锐捷在 2014 年 3 月 12 日通过交易所公告其涉及对外合作的重大新闻：

公司控股子公司福建星网视易信息系统有限公司（以下简称星网视易）与支付宝（中国）网络技术有限公司（以下简称支付宝）签署支付宝产品合作协议，其主要内容基于甲乙双方在各自领域的市场地位，甲乙双方经过友好协商，就在甲方软件系统／终端中集成乙方相关产品接口，以为甲方产品用户提供更好的使用体验，同时乙方产品在此过程中得到推广。协议中关于合作的主要条款如下：

（一）甲乙双方以共同开拓 O2O 市场为战略合作基础，重在相互协调配合，甲方将在乙方的合作委托下，推广"支付宝产品"给甲方推介客户。

（二）甲乙双方完成支付宝产品对甲方产品的集成，甲方协助甲方推介客户与乙方签订关于支付宝产品相关的《支付宝服务合同》后，甲方为甲方推介客户安装支付宝产品至具备收银功能的终端设备上，并负责此终端内支付宝产品能正常使用。

（三）对于甲方推介客户对支付宝产品提出的相关问题，甲方应提供必要的支持，解答相关的技术或者业务问题。

（四）在甲方推介客户使用"支付宝产品"期间，甲方应乙方要求共同完成"支付宝产品"的推广运营期间的线下配合工作，确保乙方的运营活动的宣传物料和信息等传递到甲方推介客户的营业场所内。①

　　这绝对是一个好新闻，牵手阿里巴巴，这可谓是重磅炸弹，很多与阿里沾边的题材就可以大涨，何况与阿里巴巴合作事宜坐实呢。结果这个股票复牌的时机是 2014 年 3 月 14 日，那正是在大盘暴跌的时候，可惜好新闻生不逢时，股价不但没有涨，反而跌停。我们从图 4.20 可以看到，星网锐捷复牌时（箭头处）正处于大盘暴跌时（箭头处），当天股价跌停。这可不是简单的利好出尽，而是最重要的利好出台，一般而言应该来一两个涨停的，至少也应该高开几个点的，但是股价却跌停了。这是地地道道的好新闻变成坏消息的例子，如果这个消息公布时机在大盘赚钱效应行情时，甚至哪怕是震荡行情、鸡毛行情时，都可以有一两个涨停的。所以，新闻是可以变性的，大盘环境不一样，新闻的性质就不一样。

图 4.20　星网锐捷走势图与上证指数同期走势图

　　关于行情的空间结构就介绍这么多，主要是讲行情级别、不同交易品种的差异以及行情与外界关系。讨论这些问题能让我们明白行情的空间特征，明

---

① 内容来源于新网锐捷发布在《中国证券报》、深圳证券交易等公开媒体上的公告，稍作整理。

白不同行情结构的特点，进而做到具体问题具体分析。

行情的时间结构和行情的空间结构，一起构成了行情的结构总特征。前面我主要从行情的强度、内部结构以及赚钱效应讨论行情演绎的规律，并总结了几种行情与外界互动的规律。我们这样做就是为了一个目的：在正确的时间做正确的事。投资理论是静止的，行情是动态的，仅仅研究投资理论是远远不够的，我们还必须把行情研究好。在我看来，行情甚至比投资理论更重要。好的行情，什么投资理论都能赚，因为赶上"好时代"了；差的行情，用尽浑身解数也白搭，奈何英雄无用武之地。股市不是天天赚钱的地方，而是三年不开张，开张吃三年。我们要做的就是在开张行情的时候来大干一场，在打烊的时候偃旗息鼓。这就是行情分析的重大意义。

行情理论对任何投资理论都适用，如同战场上什么武器都可以用一样。但必须注意的是，每一种"武器"都有它具体适用的战场，比如重武器在山区无法施展，长矛在近身格斗的时候发挥不了优势，而匕首在骑兵作战时根本派不上用场。武器要选择战场，投资理论也要选择行情，长线投资不适合在下降趋势和盛极而衰行情中使用，价值投资不适合在指数高位时使用，技术分析在垃圾行情中也照样枉然。对我们而言，用什么投资理论都可以，关键是找对与之相匹配的行情。能让某种投资理论大展拳脚的行情，我称之为支持性行情。每个投资理论的支持性行情不一样，我们每个人最重要的任务就是找到自己投资哲学的支持性行情。就拿我个人来说，我喜欢做龙头股，喜欢技术分析与题材分析并用，所以我需要两种支持行情：一是游资行情，一是技术分析有效性的行情。对于前者，行情必须有游资施展的空间，有题材和故事可讲，能让游资四处"放荡"；对于后者，技术分析要处于高胜算状态，不能是垃圾行情和鸡毛行情。这些内容我们后面还会继续介绍，这里先点到为止。

4.3 本章回顾与总结

　　股市是随机性和确定性共存的市场，我放弃对随机性的研究，专门寻找我能看得懂的确定性的东西。其中最大的确定性就是趋势，所以我把遵守趋势作为我炒股的第一天条。当然，股市是守正出奇的地方，我也努力挖掘不同时段的相对确定性的地方，这就是行情结构。趋势行情和结构行情都是属于行情范畴，前者言其综合和整体，后者言其局部和结构，它们共同构成了完整的行情理论。行情理论是我首次提出的，我从没见过其他书籍有如此翔实和系统的介绍，这算是我对股市的一个贡献吧。

　　巴菲特说过，只做自己能看懂的股票，这就是他说的能力圈、能力范围。他跟比尔·盖茨那么熟悉，却从没买过一股微软的股票，因为高科技他看不懂。我很欣赏"能力范围"这个概念，只有知道什么是自己的弱点并避开之，才能把风险降到最低。对我而言，随机性行情我看不懂，那我就研究确定性行情。趋势行情我能看懂，赚钱效应行情我能看懂，那我主要做这两块就可以了，其他的我没有必要赚，有所为有所不为。如此分析，炒股就变成了选择题，风险也就相对降低了许多。

　　如同打仗，我总是先观察战场，如果发现我军占优势，战场对我有利，我就挥师过去，大战他三百回合；如果我军不占优势，我就像司马懿一样紧闭城门。股市行情如同兵家战场，胜则战之，寡则守之，不足则逃之，这就是我们的行情理论的核心思想。

4

行情篇：趋势与结构

5 市场篇：题材与热点

　　人是群居动物，股票也有群居性。股票喜欢联袂演出，行情的演绎往往是以题材和热点的形式来完成。从炒股到今天，我看过太多的行情，每次都能深刻地感受到轰轰烈烈的大行情是由题材和热点构成的，题材和热点就是股市的灵魂。

　　A股比其他股市更依赖于题材和热点，因为我们是新兴加转轨的市场，讲故事是我们的潮流。不但散户、游资喜欢题材，机构也是对题材趋之若鹜，有题材的股涨起来底气更足、腰杆更硬。在我的交易体系里，对题材的重视甚于技术分析，题材是行情的发动机，而技术只是这种发动机的具体表现。明白题材再选股，可以跳出技术分析的陷阱，防止被洗盘出局，并能在洗盘中稳坐钓鱼台。当下流行的题材就是热点，热点告诉我们谁正在聚光灯下跳舞。把握热点对短线操作意义重大。题材和热点共同构成了喧闹的股票市场，这也是另外一种意义上的行情。

　　那么，就让我们来研究下题材和热点吧。

5.1 题材

股市在具体演绎中，首先表现为题材的一面。就拿 2006 年启动的大牛市行情为例吧，我清晰地记得那轮牛市发轫于股权分置改革，随后表现最为抢眼的是大宗商品涨价题材，接棒的是银行、地产、航空所构成的人民币升值题材，再后来是不可一世的券商题材，最后是大盘股题材疯狂至死，当然，其中还夹杂着为数不少的中小题材。

市场喜欢以题材的方式来表演，没有哪个大行情、大市场不是以题材为主的。研究题材至关重要，它可以提高我们选股的命中率，同时也是我将要介绍的龙头股的重要思维方法。把握题材再去选股比单纯的选股更有价值。在炒股中，我经常发现，同样技术特征的股，后市涨幅完全不一样。为什么？内在题材不同是也。图 5.1 是我在时间接近的背景下截取的广发证券与天马精化的走势图，从图中可以发现二者第一浪的走势非常相似，几乎一样，但后市完全不同。是什么主导了这个差异？当然，你可以找到一堆大道理，但在我看来，最大的因素就是背后的题材不同。广发证券受益于佣金改革，后来这个题材讲完了，没有故事了，当然就跌了；而天马精化的题材才刚刚开始讲，所以股价陆续上扬。

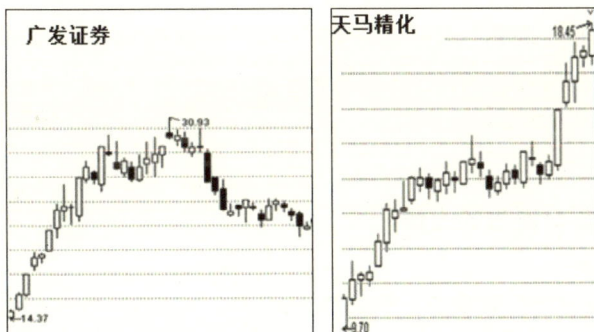

图 5.1　广发证券与天马精化走势比较图

5

市场篇：题材与热点

在 A 股中，这样的例子还很多。2013 年，很多地产股的 K 线走势几乎一模一样，但在 8 月 26 日之后，陆家嘴突然暴涨，连续翻番，而招保万金却不死不活地趴着。为什么？陆家嘴有题材了，自贸区来了，而其他地产股没有题材。如果仅仅从技术走势上去看，无论你是用均线理论还是成交量理论、K 线图、MACD、布林线、江恩角度线，你都不可能预测到为什么两个走势几乎相同的股，最后却是一个飙升，一个趴着不动。这就是题材的意义。是题材，而不是其他因素让同样走势的股出现分化。

那么，什么是题材？

5.1.1　什么是题材

"题材"其实很难说得清楚，但是说不清不等于我们不能去用，就拿"美"这个概念来说吧，学术界也是各执一词，读过朱光潜美学和李泽厚美学的人会发现美其实不是那么容易说清楚的。但这并不影响人们对美的追求。很多概念只可意会，难以言传。正如诗云：只在此山中，云深不知处。

我对题材的"意会"是：题材是具有某种概念的股票集群，是具有某些共性的板块。也有人也把它称为主题、概念、故事。比如我们常说，这个股是什么概念、现在大盘在讲什么故事、哪个板块最火，这些指的都是题材。很多时候，题材、故事、概念、板块、主题都可以互换，它们没有太严格的区分。我不想在这里抠字眼儿，只要能意会就行了。需要指出的是，题材是群体特征的描述，不是个体特征的描述，能够作为题材的至少是三个股以上的群体。

5.1.2　题材诞生的土壤

题材有多少种？非常多，数也数不过来，而且随着时间的推移，又会有新的题材诞生。我们熟悉的题材有奥运会题材、禽流感题材、非典题材、地震题材、农业种子题材、高铁题材、人民币升值题材、券商股题材、股指期货题材、创业板题材、高配送题材、两会题材、业绩题材、互联网题材、迪士尼题材、长假题材等等，说都说不完；而最近，又冒出自贸区题材、特斯拉题材、移动支付题材、民营银行题材、土地流转题材、大气污染题材、微信题材、O2O 题材、互联网金融题材、彩票题材、沪港通题材、在线教育题材，等等。可谓每天都在翻新花样，每天都有可能诞生新的题材。题材诞生于时代，新时代就有新题材。对我们而言，不要管有多少种题材，当新的题材出来时，要能够第一时间去识别和利用它。

不过，我倒是有兴趣探讨题材诞生的温床。根据我的总结，题材的诞生有赖于以下几大沃土：

（1）政策

政策是题材最大的土壤。A 股是政策市，炒股要听党的话，政策对股市的影响直接而又强大。这些政策包括政治政策、经济政策、区域发展政策、行业发展政策、税收政策、资本市场的体制改革政策、信贷政策等。政策是题材产生的第一大乐土，到目前为止，还没有哪方面的变化能比政策的变化更能引起题材的变化。以下举几个例子。

2013 年最火爆的行情在下半年，集中表现在以下两大政策的密集出台前后：一个是国家决定在上海设自贸区，一个是十八届三中全会。前者是新一届政府出台的最重大的经济举措，后者是几乎能影响中国未来十年、二十年的政策规划。如此大的政策当然会诞生炙手可热的题材。自贸区政策诞生了自贸区题材，上港集团、外高桥、陆家嘴、上海物贸、华贸物流等股翩翩起舞，涨幅都在 3 倍以上；而三中全会则直接催生了国家安全题材和二胎政策题材。

回顾 A 股，本世纪以来，关于股市本身制度性的政策，最大的莫过于股权分置改革和创业板设置。前者催生了股改题材，这个题材一直燃烧至今而余光未尽；后者催生了创投题材和创业板的独立行情，复旦复华、同济科技、吉峰农机、网宿科技、掌趣科技、乐视网、卫宁软件，无不是创业板政策下的蛋。

A 股的走势与政策太密切了，任何大的政策都会在股市激起浪花。作为

5

市场篇：题材与热点

炒股者，必须培养看新闻联播、看《人民日报》、看新华社新闻的习惯，这样能让你把握最可靠、最权威的政策动向，进而把握住股市题材。

其实，国外的股市也是大政策产生大的题材。我喜欢看索罗斯的投资案例，我发现他就特别善于把握政策。2013年，索罗斯旗下的基金收益傲视群雄，排名全美第一，他个人收益至少达40亿美元。除了个股，索罗斯重点把握两个题材，一个是日元贬值题材，一个是美国退出QE3题材。2013年，安倍晋三三剑齐发刺激经济，安倍经济学诞生。索罗斯判断，安倍经济学一定会带来货币的泛滥，日元会走跌，于是索罗斯做空日元。果不其然，日元走势随着安倍经济学一路疲软，索罗斯赚个盆满钵满。与此同时，索罗斯认为美国退出QE3是必然的，届时美国股市一路上涨的趋势就会结束，于是索罗斯在美国持有大量空头头寸，结果也大赚一笔。

真正的高手是赚政策的钱，所谓识时务者为俊杰！从整体上讲，我们整个股市也受益于改革开放这个大政策。所以说，政策是题材的第一沃土。

（2）技术创新

技术创新包括原创性的技术革命，也包括技术的新应用和更新换代。最典型的技术创新有蒸汽机、电话电报、互联网、纳米、基因工程、原研医药等。一般而言，越是革命性的、原创性的技术创新，诞生的题材越大；越是影响面大的技术创新，诞生的题材越多。一旦技术上有了重大突破，而这种突破正是社会渴望已久的，就会立即激发起光芒万丈的题材。比如互联网技术革命就激发了纳斯达克指数的疯狂，凡是与互联网题材沾上边的股，如雅虎、戴尔、思科、美国在线、微软，甚至连在美国上市的中国互联网股都在暴涨。当互联网往纵深发展，有了新的应用和更新换代，又诞生了一批新题材。比如脸谱和推特（见图5.2）就是互联网新应用后诞生的娱乐社交新题材。互联网创新每前进一步，都有新的题材问世，娱乐社交诞生脸谱推特之后，移动互联网又接过大旗，whatsApp、Line、微信（WeChat）、陌陌、米聊相继问世，而这些又衍生了一批题材股。腾讯股价最近狂飙，就是受益于移动互联网题材，而脸谱的股票持续走牛与它收购移动互联网巨头 whatsApp 有很大的关系。可见，技术创新带来的题材层出不穷，互联网从早期的门户网站，到后来的搜索引擎、即时通 IM、网络游戏、电子商务、娱乐社交，再到移动互联、大数据和云计算，技术每更新一步，题材也会跟着更新一步。这其中，受益最大的是在每次技术更新时都能跟得上或者与大多数技术更新都能沾上边的股票，比如腾讯和谷歌。

图 5.2　互联网的后起之秀脸谱和推特走势图

别说是技术创新，有时候与技术沾上边，也能享受技术创新带来的题材"红利"。1999 年，早期美国纳斯达克互联网已经被爆炒了，等这股风刮到中国，已是 1999 年下半年。那个时候，谁只要能与互联网沾上边，保准会从丑小鸭变成金凤凰。当时在互联网题材上半推半就的海虹控股就上演这样惊天地泣鬼神的一幕，一口气上涨了 5 倍！这就是技术创新带来的威力，连沾边股都不放过。而且更神奇的是 2013 年之后，当互联网发展到大数据和云计算这个题材层面，海虹控股又炒了一把。

其他技术创新同样如此。在 A 股，技术创新除了互联网之外，还有一块主阵营，那就是医药。重庆啤酒因涉及乙肝疫苗题材，股价被炒到上涨七八倍；恒瑞医药新抗肿瘤药问世，股价连续涨停；以岭药业连中药新品种上市也马上被爆炒。

技术创新在我看来是最浪漫、最天马行空的题材，因为技术革新所带来的那种震撼性和商业价值往往无法用旧有的逻辑去估值。对于有的技术，也许所有的高估事后看都是低估，对于腾讯和谷歌的股票，也许天空才是它们的尽头。所以很多技术创新股不能用市盈率去衡量，而应用市梦率去衡量。也许有人说你这是泡沫，但是在我看来，先透支后还债很正常，股市运行的常规就是先透支，放着十来倍、几十倍甚至几百倍的透支行情你不去做，难道去参与还债行情吗？所以，一旦发现技术有重大革新，要第一时间买入相关龙头公司，不要被传统的估值所害，要捂住股，跟随技术一起疯狂。

技术创新是推动社会的原动力，它与思想文化创新、制度创新一起构成了人类智慧的三道最绚丽的光芒。技术创新之所以诞生新题材，是因为技术创新会带来新的社会变革和商业机会，会改变人类的生活。对于投资者来说，特别是题材投资者，必须有技术的敏锐性，要能看到技术的方向和端倪，这样才能把握住题材炒作的脉络。

我是龙头股炒作的发烧友，题材在我的投资中占很大的比例。我跟其他投资者不同的是，我喜欢跟圈外人交流，特别是研发人员，因为这样我能把握住新技术。我喜欢读任正非的传记，喜欢看马云、马化腾最新的演讲稿，喜欢跟工程师朋友聊天，我觉得这比跟基金经理、股民聊天受益大多了。功夫在诗外，我喜欢到圈外去寻找股市的答案。整天看 K 线图、看价格能看出什么？要把眼界放大到能影响题材的源头那里去。

（3）重大事件

重大事件是诞生题材的又一温床。

重大事件是指有影响力的事件，比如奥运会、地震、战争、重大流行性疾病、恐怖袭击、海啸，等等。重大事件具有一石激起千层浪的效应，其影响是广泛和重大的，它必然能激起新的题材诞生。比如，第一次世界大战就让美国道指大幅飙升，李费佛曾恰好抓住那次机会在战争题材股上大赚一把。而中东战争让索罗斯嗅到了军火题材的味道，他火速调研并购买几个军工股，后来以色列和美国更新武器装备让美国军工股暴涨，索罗斯赚了个盆满钵满。这两个例子都是重大事件带来的机会。

给我印象最深的是奥运会和禽流感，前者诞生了奥运会题材，后者诞生了禽流感题材。奥运会题材几乎贯穿2006～2007年牛市的全过程，甚至2008年股市开始暴跌的时候，全聚德还在演绎奥运会题材呢。奥运会题材产生了一系列大牛股，中体产业、西单商场、北京旅游、全聚德、中视传媒、中青旅、北京城建，等等，我印象最深刻的是北辰实业。北辰实业是地道的奥运题材股，它上市之初就不负众望，后来行情更是光芒万丈，一口气连续拉出22个阳线，这就是大题材的威力。而禽流感题材也同样风光无限，在2009年的股市里抢尽风头。2009年，我国发生大面积禽流感，这是很大的灾难，我们当然会为之痛心。凡是能与禽流感对抗的，都受到市场的欢迎，这个时候生物医药股的机会来了，其中龙头股莱茵生物在3个多月的时间里，涨幅达400%以上。

大事件催生大题材，大题材产生大牛股。所以，我们遇到大事件要多去思考这件事会带来什么影响，资本市场会起何种波澜。炒股要做有心人，不能像普通人一样抱着看热闹的心态，要多去联想，世事洞明皆学问呀。很多大事件都能带来投资机会，我们要学会从事件中去把握战机。有种股票交易法叫事件驱动交易法，这和我的大事件驱动大题材不谋而合。

还有一种比"大"更大的事件，那就是开天辟地的大事件。开天辟地的大事件是空前的，也可能是绝后的，这种事件甚至具有唯一性，它会产生无与伦比的题材。比如，香港回归、苏联解体、两德合并，这些都是开天辟地的事件。香港回归前，市场预期香港和深圳会联系得更紧，将当时深圳股作为一个大题材来炒作，特别是与香港回归题材有关的股票。那个时候的龙头是深发展，现在改名为平安银行，从图5.3我们可看到，这个股票在香港回归前一年多的时间里涨幅超过1000%！这是超级大题材诞生的股。需要提醒的是，深发展是机构主导炒作的，这说明机构和散户都一样是题材的追逐客，题材对所有的市场参与者都有吸引力。2003年非典也算是开头辟地的大事，因为这种大型的流行性疾病题材在A股历史上算首次，这种大事也催生了其独特的题材。马云的淘宝就受益于非典，因为人们不敢出门，在家上网淘东西就火起来了，淘宝借助这个机会一炮打响，马云在多次演讲中提到这个事，只可惜那个时候阿里巴巴没有上市，否则股票肯定会被炒翻天。京东也是在非典期间发展起来，刘强东因为非典强势转型，从此京东走上了互联网之路，开启了百亿市值的大格局。

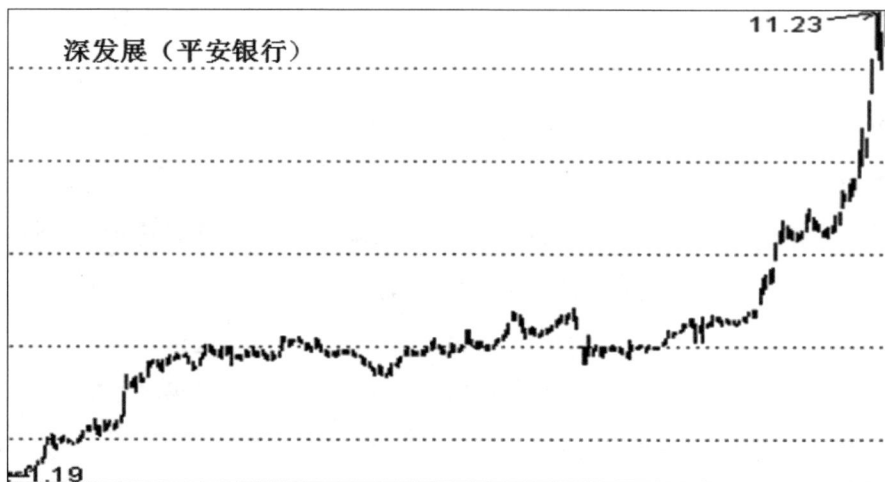

图 5.3　香港回归前的深发展股价走势图

　　索罗斯是捕捉开天辟地大事件的高手，两德合并让他逮住机会。德国统一后，大量货币涌入，索罗斯发现这会促使德国加息，否则通货膨胀是德国政府不能承受的。德国有历史教训，希特勒就是在魏玛政府超级通货膨胀的大动乱中靠煽动群众上台的，所以德国后来的政府都害怕通货膨胀。两德合并后，为了化解通货膨胀的危险，德国政府只有加息。索罗斯恰恰把准了这个脉，果断在德国马克上做多，结果大获全胜。值得一提的是，索罗斯同时还在放空英镑，也就是这次战役，使索罗斯声名大震，被誉为打败英镑的人。

　　有一次，我参加一个私募活动，有位大佬发言，说他曾当面请教过克罗怎么才能赚大钱。克罗就是《克罗谈投资》的作者，是美国大师级的投资人物。克罗告诉他，赚大钱要在开天辟地的大事件中去赚。也许说者无意，但我听者有心。此后，我格外留意大事件，虽然发生在身边的开天辟地的大事件不多，但是遇到重大事件的机会还是很多，一旦经历，我都会第一时间参与相关上市公司的炒作中去。2008 年，我参与了奥运会题材的全聚德的炒作；2009年，我参与了禽流感题材的莱茵生物、海王生物、华兰生物的炒作；2012年，我参与了王老吉与加多宝事件的广州药业的炒作。这些都是事件驱动题材、题材产生牛股的炒作模式。

我建议大家要学会联想，从大事件中要想到资本市场的反应。"9·11"发生后，在外汇市场上做空美元的赚了一大把；汶川大地震发生后，桥梁建设的股一路飙升；马云和马化腾的暗斗以及微信红包事件，让互联网概念风云突起。这些都要联想，都需要观察力和想象力。炒股不是仅仅看 K 线，还要看 K 线外面发生了什么。真正的投资大师，都是眼观六路、耳听八面的。

（4）价格变动

价格是产品最敏感的因素，一旦价格出现暴涨，立即会出现相应的题材。2006 年春，英国伦敦市场铜、锌、黄金等有色金属暴涨，国内马上就有反应，江西铜业、中金岭南、宝钛股份、山东黄金、驰宏锌锗等有色金属股立即暴涨，且联袂表演。国际市场涨价可以直接传达到国内股价上。2007 年到2008 年，波罗的海货运指数一路飙升，传导到国内，与此相关的题材马上飙升，中国远洋、中远航运、中海发展成了那段时间的大牛股。2007 年上半年，维生素 B_5 涨价，泛酸钙题材马上应声而涨，其中的龙头鑫富药业一年涨幅达10 倍之多。

价格是企业最直接的传导因素，价格上涨，利润马上暴涨，这种题材来得简单、直接，主力当然不会放过。给我印象最深刻的是 2010 年稀土概念，那年国家制定稀土战略，对稀土出口严格控制，稀土价格当年一路上涨，这就形成了独特的稀土题材股。那个时候，最牛的当属广晟有色和包钢稀土，股价都涨疯了。再举个百度的例子（见图5.4）。百度是在美国上市的公司，我们每个人都用百度，对其再熟悉不过了。很多人都知道百度是互联网公司，其实百度还是国内最大的广告公司，它的市值已经超过了央视。我们从图5.4可以看到，2013年年底百度的股价结束下跌，开始步入上升通道。不过，我们发现百度在互联网领域其实是乏善可陈的，在移动互联网方面远远落后于腾讯和阿里巴巴，同时面临奇虎360和搜狗不断蚕食，但是它的股价却依然上扬。后来我发现，百度的产品涨价得厉害。百度的产品是什么？是竞价排名。做实业的朋友都知道，百度经常会打电话，问你做不做广告，就是在搜索上排名，排名越靠前，收费越贵，这就是百度的主营业务。有些实业界的朋友向我抱怨，百度越来越贵了，去年一个价，今年又一个价，不上百度不行，怕没生意，上百度吧，贵得要死，点击一次就收费8元。后来我恍然大悟，百度股价上涨的一个很大的逻辑就是主营产品价格上涨了。百度这个价格的变化传达到利润上，让它的财务报表看起来很美，2013年第四季度营收增长了50.3%，为95.23亿元人民币，这是一份很漂亮的财报，超出了华尔街分析师预期，所以四季度后百度股价绝地反击，走势非常强劲。

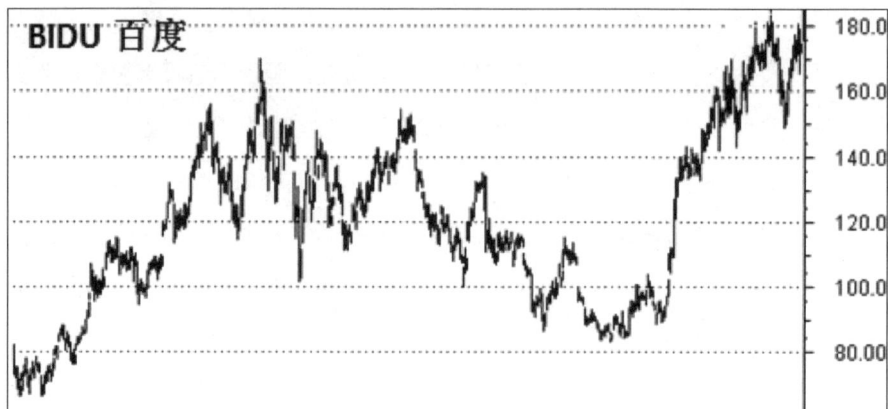

图5.4　百度上市以来的股价走势图

价格变化产生题材，这种题材炒作起来很容易，逻辑也简单。所以，我建议炒股的朋友多留意身边产品的价格，多看期货行情，了解国际上石油、黄金、铜、锌、钛、煤炭、稀土、波罗的海航运等的价格变化，这是炒股人专业水准的表现。很多人知道天天研究技术，希望在 K 线走势里找到"独孤九剑"，结果炒股的路越走越窄。其实，与其在技术走势里打转，还不如放宽视野，寻找影响股票走势背后的因素，比如政策、大事件、技术更新、价格变化，等等。

（5）行业周期

行业周期是经济学上的概念，大家按照字面意思理解就可以了。航空、证券、地产、造船、大宗商品都具有明显的周期性，这些叫周期性行业；而不受周期性影响的行业，如医药，不管经济形势如何，大家一样看病吃药，不会有哪个人因为经济形势好了就去多看病、多吃药，这样具有稳定消费的行业就属于非周期性行业。

我们讨论的行业周期就是指周期性行业。一旦周期性行业度过萧条的拐点，进入上升期，相关公司的股票就会反弹。2006～2007 年的超级大牛市中最风光的中国船舶就是典型的周期性股票，这一题材还包括广船国际、中船股份（江南重工），这是彼时牛市最风光的三个船舶股，它们正是受益于造船业的景气周期。证券公司也是如此，我们知道股市本身就是牛熊交替，牛市时证券公司收入高，熊市时证券公司冷清，所以证券公司是典型的炒周期的题材。2007 年春，辽宁成大、吉林敖东、大众交通、宏源证券、国金证券、S 前锋、都市股份（海通证券）这些券商题材股风光无二，它们就是受益于证券公司的景气周期。

大富翁都善于炒作长周期股票，在周期跌入低谷时入货，当周期达到顶点时退出。李嘉诚是典型的炒大周期的投资大师。他说他最崇拜的人是范蠡，而范蠡经商有个大智慧，就是从大周期着眼。研究商业史的吴晓波经历一番考证后说，范蠡发现农业生产的丰歉周期律，即"岁在金，穰；水，毁；木，

5

市场篇：题材与热点

饥；火，旱……六岁穰，六岁旱，十二岁一大饥"。木星在12年里分别经过金、木、水、火等方位而绕太阳一周期，同农业生产由丰年到灾年的一个周期是相吻合的。范蠡由此提出"待乏"理论，即"候时物转"，根据季节、时令变化而储存或贩卖不同的商品。因为掌握了周期的秘密，范蠡成了历史上的大富翁，人称陶朱公。李嘉诚佩服范蠡，他学范蠡学得很好，其投资南方航空就是偷师范蠡的经典例子。从图5.5我们可以看到，李嘉诚买入南方航空是在2005年年初，那个时候南方航空苦难重重，航空业处于大周期底部，而李嘉诚相信航空业的大周期景气一定会来临，于是提前布局，在南方航空的投资上做得非常漂亮。

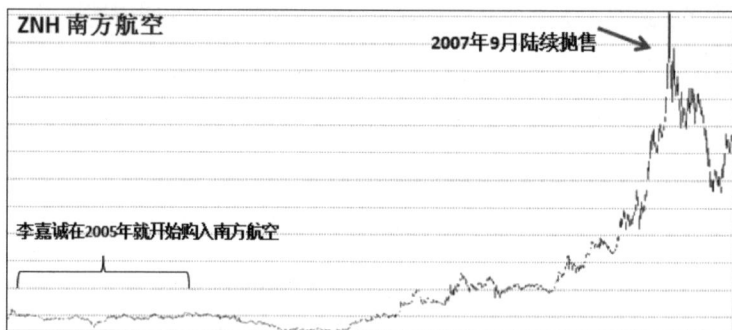

图 5.5　南方航空 H 股 2005～2008 年部分走势图

大周期理论对于长线投资者和价值投资者非常适用，在谷底买入，等待行情复苏，在沸腾的时候出手。段永平投资网易就是这个思想。犹太人说当血流成河时就是买入的时候，也是这个意思。大周期对短线、中线投资者照样适用，因为周期复苏会带来行业性的大题材，我们可以在大题材上做文章。

行业周期题材是行业内在规律带来的投资机会，这种题材和其他题材有点不一样，这种题材比较持久。一个行业一旦衰落就不是一两年能复兴的；同样，一个行业一旦复苏，也不是三五个月就走完的，所以，周期性的题材适合做长线投资，李嘉诚和范蠡的路子就是炒作周期性题材的正路。

（6）资产重组

资产重组这个题材更加强悍。资产重组是 A 股最爱讲的题材，因为这是灰姑娘变成天使的故事，浪漫又充满想象力。这也是最容易诞生老鼠仓、利益输送的题材。广发证券老总董正青就是因为广发证券资产重组借壳上市事件被送到监狱里去的。资产重组包括资产注入、借壳上市、收购兼并、股权置换、定向增发、整体上市，等等，凡是涉及重大股权和核心资产的，都是资产重组。资产重组题材不但 A 股炒，港股也炒。可口可乐收购汇源果汁，后者的股票涨幅一夜之间达到 10 倍多，其权证更是被炒到 100 多倍！

在 A 股，很多大牛股都是从重组中来。上轮大牛市中股价最高的中国船舶，正是在资产重组后脱胎换骨的，它借的是沪东重机的壳，而海通证券是借都市股份的壳，广发证券是借延边公路的壳，东北证券是借锦州六陆的壳，等等。

很多人会说："我知道资产重组股涨幅巨大，可是我又没有内幕，我无法交易。"此言差矣！资产重组我们无法预知，但我们可以在重组后参与炒作，很多资产重组后的股票涨幅比重组前的涨幅更大。重组意味着脱胎换骨，意味着变了个人，我们正好可以重新参与。而且，资产重组消息再严丝合缝，我们也可以从技术走势上看到蛛丝马迹，也许我们无法持股到重组停牌那天，但是我们可以在重组前股价异动时，从技术面上来赚钱。比如前面举的广发证券借壳延边公路的例子，技术面就可以完全把握。

资产重组题材有两种参与方式：一是事前用技术分析去把握，针对重组前的股价异动我们可以按照普通股思路去赚钱；二是重组后参与二次炒作，第二波炒作起来也有很可观的利润。

以成飞集成为例，成飞集成资产重组收购锂电池项目后，股价连续 5 个涨停，如果我们捕捉不到这个 5 个涨停，一点关系都没有，我们可以根据技术分析和龙头股交易法则来操作它的第二波，而事实证明它第二波的涨幅更大。很多人看到股票资产重组的消息后就放弃了，因为股价已经涨了那么多且涨停了，已经够高了。但对我而言，这恰恰是个开始。我不靠内幕消息赚钱，无法参与资产重组，我一点都不遗憾，但是放弃重组后的暴涨机会，那就是我的错了。本人非常喜欢研究资产重组后的股票。我发现只要操作得当，重组后的交易不比重组前参与赚得少。中国远洋整体上市后我参与过，海通证券和国金证券重组后我也参与过，天山纺织和成飞集成重组后我同样参与过。参与这些股给我一个感受，那就是，只要技术过关，重组后的股票依然充满很大的机会和丰厚的利润。炒重组是靠内幕和关系赚钱，而炒重组后是靠智慧和本事赚钱，后者更有意义。

（7）业绩和股利政策

财务也是题材的土壤。这里的财务主要是说业绩和股利政策。前者是指业绩的相对数，一方面是相对于去年、前年的增长率，另一方面是相对于市场的预期，前面讲的百度就是第二个方面超预期；而后者是指配送股和分红派息的情况。A股喜欢炒配送股，喜欢炒填权，所以高配送历来都是炒作的重要题材，而分红派息也会激起市场的浪花，不过A股中送真金白银的不多。

其实我本人不喜欢玩数字游戏，我对股利政策产生的题材不是很热衷，我喜欢业绩增长的题材，这代表着公司的盈利能力和行业景气度。

题材千千万万，但它们大体上都是从以上土壤中产生。其中，政策产生的题材最多、最频繁；技术创新产生的题材最具价值；重大事件产生的题材轰轰烈烈，但易流于中短线；价格变动产生的题材最直截了当；行业周期产生的题材最长久、最适合中长线投资；资产重组产生的题材最难把握、最需要智慧；而业绩和股利政策产生的题材往往流于数字游戏。

研究题材的温床对我们最大的意义是能更好地去把握题材，让我们知道题材的根在哪里，努力的方向在哪里。就像我们知道鱼生活在哪里，我们才能去捕鱼。我在这里给出7个大的方面，这还不能穷尽题材产生的所有根源，但是我们可以顺着这个思路去寻找。当然，这7个方面也有交集之处，比如价格变化和业绩就有重叠的地方，而政策和行业周期也有交叉之处。事实上，当遇到重叠和交集之处时，那种题材更加沸腾，因为是多重刺激。

5.1.3　题材价值判断

同样是题材，哪种题材好？哪种题材差？这涉及题材的价值判断。根据交易经验，我觉得主要从以下几个方面去把握。

题材的级别。大题材产生大牛股，小题材产生小牛股。比如，人民币升值概念是大题材，因它诞生的是万科、招商银行、中国国航这样的大牛股；互联网是超大题材，它诞生了谷歌、亚马逊、腾讯、海虹控股这样的超大牛股；而地震是小题材，炒几天就过去了；而莫言获得诺贝尔文学奖是更小的题材，相关题材仅仅炒一天就见光死了。题材的大小决定其炒作的强度和周期。

如何判断题材的级别？

一看影响力：影响力越深远，级别就越高，比如香港回归影响很深远，那算大题材。

二看影响面的广度：影响到的人群越多，级别就越大，比如禽流感就算是大题材，因为它影响的人太多了。

三影响的深度：影响越有深度，题材的级别越大，比如股权分置改革对A股影响深度就很大，它就属于大级别题材。

四是题材的革命性：越具有革命性的题材越是大级别题材，比如互联网。

题材的新颖度。题材的新颖度是指题材在时间上具有新鲜劲儿。股民有麻木感，而股市喜欢炒新，越新鲜的东西，股民越喜欢。比如创业板刚刚计划推出来的时候，那是相当新颖的，以前没提过，甚至连预期都没有过，所以当时炒起创投概念股复旦复华、同济科技、龙头股份来就很猛。

题材的朦胧性。朦胧产生美。越是朦胧的题材，越是雾里看花，越具有美感。好的题材不是一下子把所有的消息都一股脑放出来，而是半推半就、欲说还休，就像最近流行的网络语言"你懂的"一样，因为它有想象力在里面。还有一个方面，朦胧的题材它的消息是一点点放出来的，每次放一点消息就炒一波，就像挤牙膏一样，下次主力想炒作的时候，再挤点"牙膏"就是了。

题材忌讳太明白。最初大家也看不明白互联网，但没有关系，主力就喜欢炒不太明白的东西，太明白了就见光死了，股市最害怕见光死。我们常说，英雄一向如美人，不许人间见白头。题材也是不能见白头的。

题材的想象空间。这个世界上最伟大的是想象力。为什么很多股票利润很高而股价很低？因为失去了想象力。为什么很多没有利润甚至没有盈利模式的题材和股票估值很高？因为想象空间很大。WhatsApp 的估值 190 亿美元，而它目前依然没有盈利；微信（WeChat）目前也没有独立盈利。而据 2014 年 3 月 12 日的《华尔街日报》报道，里昂证券亚洲（CLSA）目前在一份报告中称，微信价值已经达到 640 亿美元，相当于 WhatsApp 收购价的 3 倍左右，超过了百度的估值。它们都是因为有巨大的想象空间。想象力是一块诱人的饼，它的魅力在于超越传统的估值体系，可以从很远的未来给股票定价。

凡是具备想象力的题材，都是没有边界的；而没有想象力的题材，再大也是有上限的。比如 10 送 10，业绩增值 1000%，这种题材都是有上限的，根本没有想象空间；而上马新项目、技术革新、企业新产品诞生，这种题材是无法用过去来预计和衡量的，这就是具备想象力的题材。凡是具备想象力的题材，一旦炒作起来，都是"无法无天"的。重庆啤酒研发乙肝疫苗，这是巨大的技术革新，无论最后结果如何，都极度充满想象力。试想，一旦技术成功，其市场规模将是多么庞大和诱人，所以重庆啤酒仅仅靠这个题材就支撑股价从 7 元炒到 82 元。当年纳斯达克指数创新高，也是在互联网题材的引领下达到的，因为互联网更是想象力无边的题材。

想象力是题材最浪漫、最癫狂的气质，一旦某个题材拥有无限的想象力，它就会变得法力无边。

符合这四个标准的题材就是好题材、大题材。我们所说的震撼性题材，就是指革命性、新颖性，同时又说也说不清楚的题材，更重要的是还充满想象力，这种题材一旦炒作起来会很出格。当我们明白题材价值高低的时候，我们选择题材就得心应手了。按照震撼性来选择，以大级别的、新颖的题材优先，说不明白也没有关系，反正题材就是不能太明了，太明了的题材会很短命，炒作没几下就结束了。

5.1.4　题材在炒股中的应用

我们常说炒股票，其实股票很难炒，一只只的股票随机性太强了。如果我们换种思路，炒题材就好炒多了。就像一个个体很难办成大事，但当个体加入组织的时候，比如加入企业、政党、团体，就很容易出成就，因为靠单打独斗想出人头地太难了，而组织可以合作和协同作战。股票也是这个道理。当我们把股票按照某种共同的特点归类为题材，炒整个题材的时候，炒股就相对容易。因为一群股比较容易识别，我们只要辨别出什么题材最震撼，谁是其中的龙头，买入持有就可以了。其实，思路对了，炒股也有容易的时候。

我强调炒题材，首先是因为题材是资金堆积的。对于个股，太容易操纵，不需要多少资金就可以控制个股。而题材不一样，题材是一个股票群体，是一堆股票。一旦题材启动，那就不是一点资金所能做到，而是很多机构用真金白银共同堆成的。我们在讲趋势的时候说过，趋势就是大资金的方向。同样思维，当大资金堆积到某个题材上的时候，那个题材就是趋势！只不过前面说的趋势是纵向的，这里的趋势是横向的。一旦资金深度介入到题材中来，我们就可以放心地参与题材炒作了，因为有大资金在，会安全很多。

其次，题材是机构和散户共同喜欢的。一般而言，机构鄙视散户是一群乌合之众；散户嘲笑机构尽是书呆子。但是，另一个方面，散户和机构又能达成高度共识，那就是炒作题材。机构爱炒题材，散户也爱炒题材，这是一种天然的默契。比如2010年的稀土概念，散户和机构共同参与稀土的炒作中，并没有谁嘲笑谁。这说明题材投资是一种共性投资。

第三，题材是互相抱团、互相保护的，题材炒作起来是互相联动的。机构想把题材炒高只需先把一只股票的上升空间完全打开，然后用比价效应拉升其他股票就是了。比如，中国船舶的股价被炒到300多元，其他同类的题材股就有目标和底气。2014年春，次新股题材行情爆发，凡是次新股阵营的，互相打气，互相攀比。那个时候形成一种现象，题材内的某个股上涨，就构成了另外一个股上涨的理由，而另外股的补涨，又更加给以前上涨的股壮胆。金轮股份是那波次新股的龙头，它的上涨带头所有的次新股，而其他次新股集体飙升，又对金轮股份的上涨推波助澜，正所谓火借风力，风助火势，一时星火燎原。这就是题材抱团炒股的好处，题材的炒作是互相帮衬的，这比单炒一个股容易成功。

第四，题材具有故事性，具有想象力。没有题材的股票就像没有梦想的人，没意思。题材赋予了股票故事性，给股票插上想象力的翅膀，会激发更大的行情。就像很多人愿意为有梦想的人加油，价格也愿意为有题材的股加油。比如，掌趣科技，营业收入才3.88亿元，而市值一度达到256亿元；乐视网利润还不足2个亿，而市值居然冲到400多亿元；最夸张的是在美国上市的唯品会（见图5.6），2013年净利润才5230万美元，而股价马上就追上百度了，市值接近100亿美元；而与此同时有的银行股价格甚至跌破净资产。为什么？因为掌趣科技和乐视网是互联网和文化题材，唯品会有互联网品牌特卖题材，有故事、有想象力，而银行已是明日黄花，人老珠黄，别说是梦想，就是连做梦的激情都没有了。

图 5.6　唯品会上市以来的股价走势图，截至 2014 年 3 月 9 日

第五，题材容易吸引社会资金，有市场号召力。题材是一群股的波动，它的炒作容易吸引其他股民，吸引社会资金。本来人就有从众心理，大家看到某个题材后，都会拥过去，这也是强者恒强的道理。

所以，有题材的股比没有题材的股好炒。对我而言，我更喜欢在有题材的基础上再用技术分析去把关，而不是先看技术分析再找题材。我认为，推动股价上涨是题材，而不是 K 线或者均线什么的。对于很多技术派的人来说，技术就是一切，价格包含一切信息，他们以为研究价格以及价格的载体——K 线就可以战胜股市。我觉得这不现实。就技术分析本身而言，它是事后解释，而题材具有事前预示的作用。更关键的是，技术走势是易变的、脆弱的，同样的技术走势，甲可能会接着涨，乙可能会马上跌。也就是说，技术分析本身太单薄。从我的交易经验上来看，把题材与技术结合使用，比单使用技术分析胜算大多了。而且，有些时候题材和技术分析发生矛盾，可以让它们相互验证，可以等技术分析和题材吻合的时候再去行动，以此来提高准确性。技术分析在我的手里就变成了把关因素，而题材是我看重的行情发动机。也可以这样说，我所倚重的技术分析，已经不是纯技术分析，而是融合了行情理论和题材理论之后的技术分析。

举个例子。2013 年 9 月，市场突然懵懵懂懂地冒出一点消息，民营企业可以办银行，但那个时候消息不明朗，没有具体的政策，也没有哪个企业明确表态。这个时候，我觉得机会来了。当时很多人还在袖手旁观，因为没有政策和文件呀，只是传闻而已，有人甚至说八字还没一撇呢。但对我而言，这种"传闻"就是最好的，只闻楼梯响，不见人下楼，炒题材就炒这种状态。此时我认真地分析了民营银行这个概念，觉得这是个大题材。大家想想，银行可是国家垄断呀，那可是油水很肥的行业，民生银行自己都说自己赚得很多都不好意思对外公布年报。虽然银行估值不高，那是因为国有企业不思进取，一旦这个诱人的业务被民营企业染指，民营银行灵活的机制加上银行的油水，那个估值就比国有银行高多了。而且很多民营企业本身是做实业的，可以把金融和实业嫁接，这比单纯的银行发展空间大多了。当时凤凰网还煞有介事地办个专题，就是讲银行业务不会给民营企业带来多少利润，民营银行这个概念不要炒。这真是书呆子策划的专题，我们是分析题材又不是分析财务，唯品会几千万美元的利润就可以造就上百亿美元市值，谁告诉他炒股就是简单的财务估值了？对我而言，我看重的是这个题材：震撼性——以前从来没有过；新颖性——题材突然爆发；朦胧性——消息断断续续放出，处于既不承认也不否认阶段。这就够了，至于财务和利润，从来都不是题材分析的核心。股市是炒预期，先把股价炒上去再说。我当时认真地研究了一下涉足民营银行的企业，发现最有可能被炒的是苏宁云商，也就是以前的苏宁电器。原因如下：

1. 苏宁云商实力最雄厚。家电连锁是特殊的商业模式，苏宁一般把厂家的货拉来，卖完后3~6个月再把货款付给厂家，这样就可以把本来属于厂家的资金在账上截留半年，账上就会有很多资金，这些正是做银行的天然资源。巴菲特投资保险公司也是这个思维，因为保险企业有很多资金，巴菲特可以用这些资金来再投资。平安保险的马明哲也想这样做，只可惜平安的投资能力实在太差。

2. 苏宁办民营银行的意愿最强。虽然没有明确，但是其董事长张近东在很多场合发表演讲都有暗示，我看了好几篇张近东在美国的演讲稿，很确认这一点。

3. 苏宁同时还有其他题材。张近东正策划苏宁转型，从实体店转向互联网，而且苏宁和京东经常"打仗"，苏宁进军互联网决心很强烈。

4. 苏宁董事长张近东是非常优秀的企业家，其进取心很强。记得国美和苏宁大战的时候，国美到处收购。收购完永乐电器，国美就打起苏宁的主意。张近东派人捎话给黄光裕，说你不用收购，如果苏宁做不过国美，我把苏宁免费送给你！豪言壮志！这才是我欣赏的企业家。张近东有破釜沉舟的意志。

5. 苏宁是历史的大牛股，股票有内在的记忆，这个股的基因好。

6. 技术走势已经开始，股价异动了。

大家可以发现，我的思路就是以题材为核心，综合六个角度去分析它，虽然到今天苏宁办银行的事情还没有落定，但它的股价走势已经让我赚够了（见图5.7），苏宁在炒作民营银行期间是最牛气的，它是当之无愧的龙头，其股价是行云流水，一气呵成。

图 5.7 2013 年 6 月～10 月苏宁云商股价走势图

5.1.5 题材投资中个股的选择

以上是单纯的题材分析，具体到股市，往往没有那么单纯。其实，股市里缺的不是题材，而是对题材的判断。当我们面临很多题材的时候，如何在错综复杂的局面下把握好题材？当我们选择个股的时候，是挑选哪个题材的股呢？这才是问题的关键。

我认为，最好的股票是处于两种状态的股票：一是集多种题材于一身，我称之为复合题材；二是在诸多题材中，最生猛，我称之为最题材。下面我分别解读。

（1）复合题材

复合题材是指某个股集合了多种题材、万千宠爱在一身的现象。上面我是从题材的角度自上而下地谈选股，下面我们再换个角度来自下而上谈谈选股。我们选择个股的时候要考虑什么题材？我的答案就是复合题材。如果某个股集合了几个题材在一身，那就再好不过。不管哪个题材有消息，都会刺激股价的走势。复合题材的股就是大众情人，人见人爱，这种股当然好了。

我们刚才讲到的苏宁云商就具备复合题材，它集民营银行和互联网题材于一身。还有很多股，不仅具备两个题材，还具备三四个甚至七八个题材，这就更有意思了。举个例子，2007 年春天，券商股题材爆发，如果某个股沾上券商概念，哪怕只持有某个证券公司一丁点的股权，都会被炒上天。这个时候市场发现了一个活宝：大众交通（见图 5.8）。它持有国泰证券股权，还持有光大证券和海通证券股权，它还是上海第一大出租车公司，同时拥有上海第二大公交车公司。这些东西加在一起意味着什么？超级复合题材！它可谓是集万千宠爱在一身，股价当然飞了。不到半年时间，该股股价从 2 元炒到 18 元附近。这就是复合题材的威力。

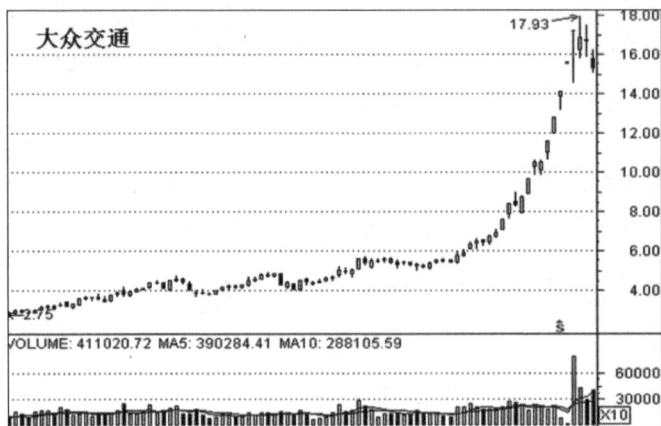

图 5.8　大众交通 2007 年前后的股价走势图

所以，当我们选股时，在同等条件下，尽可能选择复合题材的股。中国国航 IPO 后股价从 2 元多起步，涨到 30 元，它也是复合题材，既有人民币升值题材又有消费升级题材，还有一个是大盘股股指期货题材。我发现，凡是超级大牛股，都不是单单一个题材，比如腾讯控股，它的题材就很多。本书多次引用腾讯做案例，是因为腾讯太复杂了，太具有多面性了。我为了研究腾讯案例，看了不下 5 个版本的马化腾传记。很多人对腾讯其实不了解，比如，我问你一个问题，你未必能答对：腾讯最大最赚钱的业务是什么？很多人可能回答是 QQ，不对，是游戏，QQ 只是腾讯的平台。腾讯本身集合了多种题材，最大的题材是即时通 IM 题材，还有搜索题材、游戏题材、电子商务题材、移动互联网题材（微信）、移动支付题材、门户网站题材、视频播放题材、创投题材、打的软件题材、互联网地图题材，等等，这些题材若单独放在某个股票上就足以让其暴涨，而腾讯集合了所有这些，是名副其实的互联网帝国，它的股价当然涨了。腾讯创始人马化腾说，腾讯要做互联网的水与电，就是包揽互联网最基础最广泛最多人用的业务。这就是在恒生指数徘徊不前的萧条背景下，腾讯控股还能一路走高的原因。美国的谷歌和亚马逊也是如此，它们集合了那么多题材才牛气冲天。外星人马云当然也明白这个道理，所以他在阿里巴巴上市前疯狂收购，参股了新浪微博、投资了丁丁网、收购了虾米网、控股了天弘基金、收购了 UC web、参股了银泰商业、收购了高德地图、参股了海尔物流日日顺、投资了陌陌、参股了华数传媒、参股了中信 21 世纪医药零售公司、收购了恒生电子、参股了在线教育公司 TutorGroup、参股了美国社交食品网 Tango、控股文化中国公司、参股了美国拼车软件 Lyft、参股了优酷土豆网、参股了新加坡邮政、参股了恒大足球、参股了 21 世纪传媒，现在又与军工股北方导航眉来眼去，甚至有传言要收购韩国版微信 Line，马云这么做就是为了提高阿里巴巴的估值，因为众多题材能获得核裂变的效应。

选择复合题材，是大佬的游戏，也是股市的游戏。这种游戏为我们选股指出一种思路，那就是选题材的交集。

5

市场篇：题材与热点

（2）最题材

复合题材是以量多而论，如果按质来论，则要选择最题材。

最题材是诸多题材中最震撼、最疯狂、最主流的题材。复合题材是研究哪个股汇集的题材多，而最题材是研究诸多题材中哪个题材最有价值。最题材是"显学"，它占据最主流资金和眼球，甚至它的表演会挤占其他题材的人气和资源。从矛盾论的角度来讲，最题材是股市的主要矛盾；从军事术语来说，最题材是主战场。

为什么研究最题材？因为在股市的具体运行中，会有很多题材并行，有时候多到不知怎么选择。比如，2013年9月前后，市场几乎同时出现了自贸区题材、土地流转题材、民营银行题材、金融改革题材；而2014年马年春节刚过，市场又云集了互联网金融题材、次新股题材、腾讯O2O题材、网络游戏题材、环保题材、农业题材、特斯拉题材、国家安全题材、石油石化改革题材等。众多题材同时出现，让我们眼花缭乱，目不暇接。在这种情况下，关键的不是我们要不要炒作题材，而是我们应该炒哪个题材。

最题材恰恰就是回答这个问题的。我们要从诸多题材中选择最疯的那个题材，即最题材。为什么？因为最题材最吸引眼球、人气最旺、资金流入最多，也必然最有炒作价值。我们要培养那种能在众多题材中一眼就能选出最题材的眼光，就像在百万军中能一眼看出敌人主帅的眼光一样，培养这种眼光比技术分析本身更重要。这就像战争，当你带着大部队前进，如果找不到敌人的主力和窝点，你想后果会有多么可怕。最题材思维告诉我们，炒股的第一任务是找到敌人主力在哪里、找到主战场在哪里，然后再研究怎么打。它解决了我们在纷繁复杂热点凌乱的题材堆里，如何找到主要矛盾的问题。一句话，它告诉我们该炒哪个！

但怎么认出最题材呢？

首先，震撼性。最具有革命性、影响最大的往往是最题材。2006年春最题材是有色金属，2006~2007年最题材是人民币升值概念，2008年春最题材是农业股概念，2009 年最题材是 4 万亿元概念，2010 年最题材是稀土概念，2013 年 9 月最题材是上海自贸区概念，2014 年马年刚过最题材是次新股概念。我们要抓住某段时间的最大政策、最大事件、最牛技术创新来选最题材。

其次，排他性。最题材具有排他性，一旦最题材开始表演，其他题材的资金和人气都会被挤占，给最题材让路。当然，随着股市资金的扩大，这个现象不是很明显了，因为我们的股市几乎可以同时容纳几种题材同时表演了，但是最题材依然会有挤占性和排他性，它的启动会让其他题材股失血，我花开尽百花杀。

第三，眼球效应。这方面看看媒体报道就知道，谁正火谁正大红大紫谁就是最题材。

第四，有妖股和龙头股诞生。最题材必然诞生不可一世的股王，涨起来没完没了，比如，自贸区题材的外高桥，稀土题材的广晟有色，券商题材的国金证券，4 万亿元题材的太行水泥，禽流感题材的莱茵生物。有妖股诞生的那个题材，就最有可能是最题材。

第五，最题材必须有游资的广泛参与。这是选中最题材的一个窍门，凡是充当最题材的，游资必然是其中不可缺少的力量。这个可以从交易所的公开信息中去查询。

我们按照上面的标准去选就可以了。不过，股市的复杂性在于它有时没有那么简单。很多时候，我们可以一眼看出谁是最题材，但是有时候识别最题材比较难，特别是震荡行情，往往说不准谁是最题材。一般在这个时候，我会观望，观望哪个题材会率先把震荡趋势打破。根据我的经验，率先打破震荡趋势的就是最题材！我清晰地记得，2007 年经历"5·30"半夜鸡叫事件之后，大盘震荡洗盘了一个多月，那个时候很难看出谁是最题材。后来股市突破震荡，而打破震荡格局的是武钢、招行、中信证券、中国国航，我一看，原来都是大家伙，一下子明白了，大盘指数题材是当时的最题材。

A 股的资金慢慢扩大，市场的"雅量"也在增长，有时候市场可以同时容纳两三个题材"张狂"，一眼看去，有两三个题材都很疯狂，都像最题材，

5

市场篇：题材与热点

这个时候最难选。当然，你也可以说，既然它们都具有最题材的特点，那都按最题材去炒算了。这也是一种思路，也可以按照这个思路来，不过这有点"糙"。我个人炒题材喜欢找出最题材，哪怕疯狂的题材有好几个，我还是希望找到最凶猛的那个，因为这样可以锻炼眼力。2014年春节刚过就遇到这种情况，彼时，腾讯的微信红包火得不得了，同时京东爆出IPO事件，马云和马化腾暗战的事又闹得满城风雨，市场必然会炒互联网题材，这算是一个大题材；美国特斯拉汽车股疯狂，加上国内对新能源汽车的支持和充电桩的扩建，新能源汽车和锂电池也是一个大题材；IPO重启后一批次新股，因为管理层新股改革的关系，这次新股的发行价都比较低，它们又构成了一个次新股题材；同时两会要召开，北京雾霾严重，大气治理同样算是一个大题材。那时市场几乎同时出现以上几个题材，而且在市场上的表现都很火（见图5.9），它们看起来都像最题材，要选出谁是真正的最题材，不是一件简单的事。从技术上来看，它们的股价都疯狂，从这个角度选出最题材几乎无解。我退而从基本面上看，它们的基本面也都很完美，难分伯仲，也几乎无解。再退而从资金介入的角度上来看，也是无解。后来我想按照新颖度、第一、唯一、排他性来选。次新股拥有很多第一、唯一的概念，它第一次按照44%来限制首日涨幅，第一次出现"僵尸"分时图，第一次出现"撑杆跳"的分时图现象，而且本次上市的次行股中有好几个具备第一、唯一的题材，比如，我武生物、东方通，等等；互联网概念炒过很多次，不新颖，第一、唯一概念不够突出；环保概念几乎每隔几个月就炒一次，新颖度和第一、唯一概念也不够突出；能与次新股一比高低的只有特斯拉概念，因为它够新够第一也够唯一，有最题材相，它与次新股概念几乎打个平手。比较到这里，我已经把选择范围缩小到二选一了，这个时候，你也可以说它们都是最题材，事实上按这种方法去炒，也很成功，利润也会很高。但是我就爱较劲，我就是要找出最题材。后来我发现次新股阵营的游资参与度比特斯拉概念深，我隐隐约约地感觉次新股是最题材的概率似乎要高一些，但特斯拉概念中的万向钱潮和金瑞科技也都是游资介入很深，当我想到这里，又不是很自信。再后来发生一件事让我下定决心选择认定次新股就是最题材，那就是特斯拉概念股的代表国机汽车连续砸出两个跌停板来洗牌。一般而言，当大盘环境稳定的时候，最题材不应该是这样洗盘的，所以特斯拉不应该是最题材。用反证法，如果特斯拉是最题材，国机汽车在第一个跌停板就有游资去建仓了，就没有第二个跌停板的可能性。后来证明我是对的，次新股才是那波行情的最题材，其龙头金轮股份从 8 块多涨到 38 块多，一时风光无二。

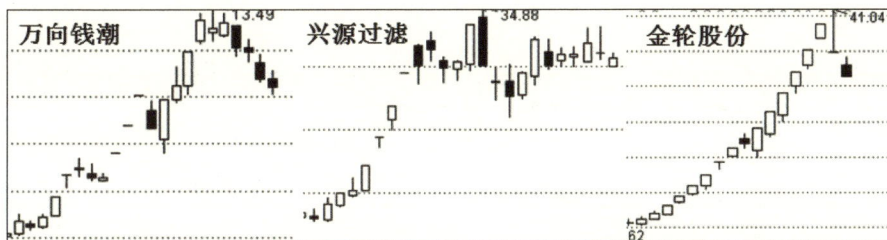

图 5.9　特斯拉题材、环保题材和次新股
题材的龙头万向钱潮、兴源过滤和金轮股份走势图

刚才我从案例上给大家演示了寻找最题材的过程，举这个例子是想说，有时候寻找最题材还真不是件容易的事。不论如何，最题材是诸多题材中的"王"，炒股就要炒最题材中的股。

5.2　热点

热点是什么？热点是当下正在流行的题材，就像是流行音乐、流行时尚、流行发型一样，正在人群中发烧的、被人追捧的对象，我称之为热点。热点是从另外一个角度来观察题材，最题材和复合题材都是从空间结构来研究题材，探讨的是题材和题材之间的关系，而热点是从时间的角度来观察题材，研究在不同时间阶段题材的兴衰更替和起承转合。

在实盘交易中，热点就是热闹，很容易看。热点很普遍，有行情就有热点，甚至行情很差也会有零星的热点。行情火爆的时候，大盘会迸发很多热点，当大盘处于赚钱效应行情的时候，几乎处处是热点；行情冷清的时候，也会有热点，甚至更清晰了，因为反差大嘛，如同寒冷的冬天迸发出的几个火星。辨别热点非常容易，这不是问题的关键。问题的关键是怎么应用热点来套利。

5.2.1　炒热点的关键思维：活在当下

既然谈到热点，就是中短线交易，长线交易与热点无关，甚至还有意回避热点，因为长线追逐的是长跑。所以，喜欢短线交易的朋友要注意了。

热点炒作的关键是活在当下。什么意思？就是哪个热点正在流行、正在发烧就炒哪个。有人说，你这不是废话吗？还真不是。没有经历过炒热点心路历程的人还真搞不懂其中的诡谲之处。我就从我的炒股心路谈谈对这个问题的看法。

第一个误区是炒冷饭，炒刚刚过去的热点。从面子上，很多人不愿意承认自己炒冷饭，但是事实上很多股民确实活在过去。君不见，银行地产作为热点已经过去很多年了，现在很多人一买股票就喜欢买银行地产；君不见，有色金属和券商题材早已是明日黄花，但是很多人还恋恋不舍。这都是典型的炒过去。市场上的热点是轮番上攻，一般而言，在市场热点初期，大多数人是怀疑；当热点炒作如火如荼的时候，大多数人又觉得股价高，担心害怕，而当热点刚刚想退潮，价格经历一波下跌，很多人又觉得股价回归合理，于是开始拾人牙慧、炒冷饭。事实上，这个时候热点已经像一阵风一样刮过去了，新的热点已经转移到其他题材上面了，再炒以前那个热点当然就是炒冷饭。比如，2014年春节刚过，特斯拉作为热点被炒作开来，但最初很多人看不懂，等到市场曝光特斯拉是什么东西的时候，股价已经涨得很高了，很多人又不敢买，眼看着股价一路上涨。而等题材炒作结束，原先觉得股价高的人又觉得股价跌下来了，于是马上就冲进去，这恰恰是热点炒作最容易犯的毛病。当热点正在劲头上不去炒，非要等热点冷了再去炒，这就是慢半拍，表面上是炒热点，其实连热点的影都没扑到。说好听就踏错热点，说不好听叫叶公好龙。我刚刚炒股时也完全是这个心态，犹豫、害怕、冲上去、被套，四部曲挥之不去。后来我反复思考问题出在哪里，终于有一天我想明白了，我那不叫炒热点，叫炒剩饭。真正的炒热点就是发现热点就追上去，而不是等热点冷下来再炒。所以，很多人口口声声说自己喜欢炒热点，但仔细回想一下，也许他从来没有真正炒过热点。

容易把剩饭当成热点有一个很大的原因：信息捕捉不灵敏。当热点来的时候，最开始表现在股价暴涨上，很多人都不知道为什么涨，甚至媒体也没有反应过来。当股价涨高了，记者才会写文章告诉你为什么涨，这时候热点才开始浮出水面，其实股价已经热过一阵子了。此时对很多人来说最关键的是买还是观望？买会不会被套，不买会不会错过？这种心理斗争不仅是勇气问题，还涉及对热点持续度和行情阶段的把握。如果这个阶段没有买，假如股价跌了，很多人就会庆幸，而假如股价涨了，很多人又会追悔莫及。我们看看第二种情况，追悔莫及后开始反思，这么好的行情和题材，我居然给错过了，不行，我要补过。股价涨得越猛，越会激发这种悔恨意识。等到股价一旦下跌或者小幅度洗盘，悔恨的人就会大举追上去，而这恰恰是高点，至少是短线高位的时候。其实，这个时候买已经不叫追热点，而叫追尾声。所以，我要更正的第一误区就是把剩饭和尾声当热点。真正的炒热点是炒刚刚被挖掘的热点，最好是在大家还处于怀疑和犹豫的时候介入。

热点来的时候不敢炒，热点走的时候无限留恋，这是慢半拍。对当下的热点迟钝，对过去的热点记忆犹新，这是活在过去。很多散户都有这个通病，对炒作正酣的热点缺乏敏锐的观察，或者缺乏勇气去介入，而对过去的反复唠叨不忍离弃。这就像新朝已建立，很多人还活在旧朝，无法与时俱进，迟早会被历史抛弃的。

第二个误区是总盼着新的热点。这点我体会最深。我刚开始炒股的时候，遇到热点会很兴奋，热点红红火火那么能涨，多让人羡慕呀，我要是能提前逮住热点该多好呀。但我那时的想法不是参与到热点中去，而是想着如何挖掘下一个热点，潜伏进去，然后等着赚。我的这种做法叫等热点。当我还是菜鸟时，我看到火爆的热点就幻想：我也会有那么一天，我会逮住下一个热点。这样的后果是什么呢？就是眼睁睁地看着当前的热点在我的眼皮子底下表演，我视而不见，内心却天天盼着下一个热点来临。而当下一个热点真的来临的时候，我又想有点害怕，这个热点已经"过热"了，我还是等下一个吧。我总是这样错过一个又一个热点，而我心目中那个可以等待的、可以"提前"买入的热点一直没有到来。

这就是活在未来，总想着明天会如何。股市里很多人都有这种思想。当一个热点流行开来的时候，他们会说一句话：已经涨很多了喔！潜台词是：我还是寻找下一个涨幅小的热点吧。问题是，热点之所以成为热点，就是表现在股价上已经涨了一段，这是炒热点必须付出的代价。如果你炒长线，你可以左侧建仓，可以在大周期的底部布局，像李嘉诚、段永平、史玉柱一样，但是如果你要炒短线要炒热点，必须敢于在股价暴动的时候及时跟进。

后来，我就告诉自己，不要想着明天，就想今天、现在、此刻，买还是不买？我把时间从未来拉回今天，正视现实、正视行情、正视实盘现场。人又不是神，谁能预测明天哪个新热点会冒出来？与其等着明天，不如做好今天。

等待明天热点还有一个喜新厌旧心理在作怪。不错，股市是喜新厌旧，但也不是明天马上就抛弃今天。很多时候，明天的热点也会是今天的延续。过去，我的内心里总认为新的热点比今天的热点更刺激、更有盼头。后来的无数事实告诉我，完全错误。热点的刺激和火爆程度，完全不是由热点出现的时间决定。与其盼着新的热点，不如炒好今天的热点。事实上，把握不好今天热点的人，也永远把握不好明天的热点。

误区一是炒剩饭，误区二是炒明天的热点，那有人就问啦，炒晚了不好，炒早了也不好，不去炒更不好，等着下一个热点还是不好，那到底如何是好？其实，误区一和误区二的本质都是对当下发生的事视而不见，误区一是总想在过去的热点上做文章，误区二是总想在明天的热点上做文章。它们共同的错误是把握不住今天，对当下熟视无睹。

活在当下就是炒今天的热点、炒现在的热点。一般而言，今天的热点继续会是明天的热点甚至是后天大后天的热点，这是大概率事件；而今天的热点明天马上结束，明天冷不丁来个新的热点，后天又冒出另外一个热点，这种现象是小概率事件。任何东西都有惯性，主力炒作也要有个时间差，不可能一天换一个热点，就这么换来换去。股市更常见的是今天的热点明天继续，明天的热点后天也会有所表现，一直到这个热点被炒得没有利用价值，或者见光死。所以，担心什么？如果你是短线客，你不买今天的热点你买什么？难道买昨天的热点来炒冷饭？还是等着明天自己发明个新的热点？

记得有个哲学家说过，人在什么阶段就应该做那个阶段的事，青春时就应该锋芒毕露血气方刚，中年时就应该老成持重，如果你在青春期总想着把自己搞得老气横秋，那叫搞乱了次序。过不好今天的人，他也过不好明天；总活在过去的人，他没有未来。活在当下，活在今天，这才是精彩的人生。

现在的热点和目前的行情主流才是我们的着眼点，将来的热点我们不知道，也猜不准，过去的热点我们不想留恋也留不住，我们唯一能做的就是活在现在、活在这儿，这就是我倡导的参与热点的总体思路。炒股模式其实基本相似，操作不好今天的热点，也很难把握好明天的热点，太阳底下没有新鲜的事。其实股票都是一个个符号，我们不靠它分红派息，股票对我们就是一个个的代码，关键的是操作模式，明天的热点怎么操作其实早在几年前都已经出现，而且还继续出现，我们把握好这个模式就行了，只要能熟练地用它来操作好今天的热点，也就能熟练地用它来操作好一切热点了。

2008年春节刚过，农业股行情来了，我记得当时我看到农业股被炒作起来反而有点紧张，因为买也不是不买也不是，我害怕这只是一阵风，也许第二天农业股就不是热点了。没想到第二天农业股又疯狂，隔几天农业股还在疯狂，再隔几天农业股依然高烧不退，就这样我眼睁睁地看着农业股在我面前蹦来蹦去，失去了大好的热点行情。后来我突然悟到，一段行情来的时候，不要总担心它明天就结束，因为今天的热点很可能也是明天的热点，也许它还是最近一段时间的热点，有时候错过前几天也许就永远错过那波热点。炒热点炒的是短线，就像找一夜情，只要长得漂亮就可以了，只要当时的那一刹那有感觉就OK了。也许明天的热点会转移，没关系，我止损就是了。

5.2.2 大热点和小热点的不同操作法

热点有大小之分。大热点会热闹好久，甚至贯穿趋势行情始终，小热点是一阵风，甚至一日游。一般而言，大行情容易诞生大热点，因为行情支持，热点会烧很久；而鸡毛行情和震荡行情，热点会比较短，有的甚至是一日游。我们建议参与大热点，放弃小热点，因为小热点会戏弄人，刚买入明天就变脸。那么如何辨别大热点和小热点呢，这个简单，看行情性质和热点所属题材级别就可以了，大行情和大级别题材，热点往往就具有持续性，而小行情和小级别题材的热点往往是一闪而过，不做也罢。

衡量大小热点有两个关键指标，一是持续时间，一是热点范围，其中，持续时间最为关键也最有实战意义。有的热点虽然范围很大，几十个股一起联动，但是持续一两天就熄灭了，这种热点其实没有意义。我们需要的是那种能持续燃烧的热点，至少持续三天的热点才有参与意义。为了能炒作好热点，我们必须预估热点的持续时间，我的经验是：

（1）单个新闻刺激的热点，往往是小热点；政策刺激的热点，才是大热点。新闻会制造热点，媒体刚报道某个事情，就马上形成一个热点。但凡是这种由新闻人制造的热点，我认为都不值得参与，因为没有蓄势、没有预谋。而政策刺激的热点，往往代表国家导向，这种热点比较有持续性。比如，自贸区、创业板、国家安全、环境治理、城镇化等等，带来的都是持续几周的热点。

（2）行情决定热点。通常情况下，好的行情会形成持续性热点，差的行情只有零星的无法持续的热点，当然也有反例。行情理论是我的核心理论之一，我认为好的行情什么都好，你好我好大家好，坏的行情什么都难，甚至喝口凉水都塞牙。行情对热点的影响也是如此，赚钱效应行情、指数行情、游资行情容易诞生大热点，鸡毛行情、垃圾行情、震荡行情纵然有热点，也易于一闪而过无法持续。

（3）题材决定。大题材大热点，小题材小热点。但题材不必然决定热点的大小，因为有的题材很好，但是生不逢时，照样不能形成持续的热点，我们只是说大题材具备大热点的基础，给持续性热点提供舞台。

（4）盘子大小。大盘股的热点不易持续，小盘股的热点容易持续。因为大盘股启动需要很大资金，没有达到行情高潮，大盘股很难形成热点；而小盘股天生具有亲民性，启动资金小，纵然连续涨停也占用不了多少资金，容易持续燃烧。

热点的大小大抵可以如此来判断。判断它们非常重要，这其实是微观行情的判断，好的行情且有持续的热点，是短线交易者最梦寐以求的天堂，无法持续的热点是短线客的噩梦，炒短线其实就是追求持续热点的过程。

大热点我们要投入重金捂住股票，小热点我们小仓参与甚至弃之不理，这是炒热点的正确做法，不过大的、持续性的热点具有稀缺性。根据我的炒股经验，一般一年有三到五次真正的持续性的热点就够我们赚的了。自从2007年大牛市倒掉之后，A股一直一蹶不振，六七年了一直是熊市氛围，在这种情况下，我们不能渴求牛市马上来到，只能希望持续性热点多几个就阿弥陀佛了。

这里我特别提醒注意的是小热点，小热点是魔鬼。在熊市中，让我们亏损最多的往往不是一直下跌的股票，而是小热点股票。一直下跌的股票我们都知道不能碰，除非被套住，短线客是不去碰它的，而小热点却貌似"忠良"其实"奸诈"。熊市最难抵挡诱惑的就是小热点，因为小热点让人看到希望，结果刚冲进去，热点就消亡了。我在熊市中经历太多小热点，而在熊市中亏损最大的也是小热点。熊市中的热点往往是一日游，这种行情是熊市里的鬼火，虽然是热点，其实是毒药。所以我奉劝所有的炒股者，不要在熊市中轻易抢热点。

总之，大热点大干，小热点不干；不要放过大热点，不要热衷小热点。

5

市场篇：题材与热点

5.2.3　热点的两种登场方式及操盘方法

热点登场有两种方式，一是悄无声息而来，一是一声惊雷敲锣打鼓而来。

我在实盘交易中观察到，有种热点来的时候不知不觉，等大家发现时已经涨了一段时间，这种热点不声张不吆喝，悄悄地在大家眼皮底下冒出来，这就是悄无声息到来型的热点。这种热点往往是非新闻刺激热点，大多是内幕信息热点。掌握内幕消息的机构提前知道消息，提前布局，反映在股价上就是当大家都没有注意的时候，某个板块就潮动了。我经常看到有些板块突然连续上涨，但又找不到原因，过些日子国家出台了某些政策，才恍然大悟，内幕型热点来了。2013 年秋，上海物贸、华贸物流等上海股突然异动，股价连续上涨，很多股民不清楚这是什么题材，过了几天，突然公布上海自贸区政策，后来形成一股非常强大的自贸区热点行情。这就是典型的以悄无声息方式登场的热点。这种模式的热点非常不公平，因为等大众发现和参与时，主力已经吃得半饱了，等新闻公告出来时，又会出现见光死，套住一批人。

与此恰恰相反，一声惊雷方式登场的热点生怕别人不知道，一开场就闹出动静。这种热点大多由新闻和重大事件刺激，股价以石破天惊的方式对它做出反应。比如，2009 年 4 万亿元计划，基础建设股股价闻风而动，整个市场所有参与者都对这个热点众目睽睽；还有 2008 年创投概念的爆发、2009 年禽流感热点的爆发、2010 年海南国际旅游岛热点爆发、2010 年稀土题材热点的爆发都是以一声惊雷方式登场的热点，这种热点喜欢大鸣大放，闹出大的动静。

对于这两种热点，要有不同的参与方法。一般而言，对于悄无声息到来的热点，要敏锐观察，看看热点面有多大。我的交易方法是这样的，如果有足够多的同一题材的股票同时联动，而又没有消息，这种热点就非常值得去炒。因为这蕴含着巨大的参与机会。最好的上涨是没有消息的上涨，这样涨才真实，如同真正有地位有权势的人说话，他的声调并不高，但是充满威慑力，甚至声音越低越显示霸气十足。比如，2010 年国庆前一天，煤炭板块集体联动，国阳新能、潞安环能、煤气化、郑州煤电、西山煤电等煤炭股几乎都涨停，而当天没有任何关于煤炭的消息，我凭借我的热点理论判断，煤炭股的行情到来了，虽然我不知道背后的动机是什么，但我觉得这波煤炭股来势不小，我当天果断参与煤炭股，抓住了那波煤炭股的大行情。

但我们要留意消息大白于天下那天以后的走势，尤其要对消息本身进行分析，预防见光死。真正的好消息，真正的充满想象力的题材，新闻公布后股价会接着涨，热点会持续；而有些消息属于一次性的，比如，某个新药研发成功，签署某个合同，公布业绩增长，公布利润分配方案，这些容易见光死，消息一旦公布我们就不要再参与炒作了。

以一声惊雷敲锣打鼓方式到来的热点是新闻刺激型热点，重大事件产生热点喜欢以这种方式开场。在这种情况下，新闻和消息对所有的人都是公平的，大家同时接收到新闻，主力和散户站在同一起跑线上。比如，2008年汶川大地震后产生的桥梁建设股的热点就是典型的事件性热点。对我刺激最大的是2008年创投概念热点，那时国家颁布创业板的新闻，第二天早晨创业板股票集体涨停，其中的龙头复旦复华表现非常出色。这个时候，机构和散户在一开始就站在同一起跑线，一起布局炒作，非常公平。

这类热点的核心在于分析新闻和消息本身，分析它可能激起多大的浪花，分析它的题材级别和想象力。比如，2013年十八届三中全会公告出台，这是一个非常大的新闻，其中有几个新政策激起了热点，一个是国家安全委员会，一个是经济改革委员小组，一个是单独二胎政策。这个时候我们的关键是分析这几个政策能产生多大的热点，这既有判断力的因素，也有运气的因素，因为重要的不是新闻本身，而是股价对新闻的反应，我们的判断顶多算是预估。那个时候，我看中国国家安全委员会和二胎政策，我认为此二者可以产生很大的热点，但后来结果证明它们俩产生的热点都不够大，前者持续了几天，后者几乎是一日游。这既是当时我对这个政策与行情阶段的分析不到家的缘故，也有运气因素。

分析重大新闻刺激的热点需要深厚的基本面功底，比如，某个新闻或者事件出来后，你必须具有想象力，能够敏锐地在第一时间想到哪些股与此相关，哪几个股受益最大。如果没有这个功底，新闻对你依然没有意义。比如，十八届三中全会公告出台，国家安全委员会成立，你必须知道谁与之相关，如果你不知道，那就白白错过了这个大新闻。这不但对普通的散户是个问题，对资深投资人也同样是个挑战，比如，国安委出台后，重点炒作的是蓝盾股份、任子行，而不是中国火箭、中国船舶这样的军工股，这就出乎了很多机构的预想。很多新闻并不是和股票存在直接对应的关系，需要去联想，这就为炒作一声惊雷型的热点构成了障碍。经过那么多年的炒股，我也一直努力去跨越这个障碍，目前依然无法说轻松跨越，其实炒股是个接力赛，没有一劳永逸，需要活到老学到老。

5.2.4　热点两种待遇及操作方法

热点来临后，有两种待遇：一是股民翘首以盼热烈欢迎，一是充满质疑和犹豫。

热点表现在股价上很客观，但是人们对它的态度可不像股价那么客观，有的热点人们充满期待充满鲜花，有的热点人们却质疑和犹豫。一般而言，凡是基金重仓股、蓝筹充当热点的时候，几乎都是热烈欢迎。为什么？因为机构能操纵媒体，而且管理层倡导的理念和机构的理念几乎相同。所以，当大盘股充当热点的时候，管理层乐于见到，机构也乐于见到，而媒体记者经过教科书"洗脑"当然也乐于见到，于是乎这种热点给人的感觉就是众望所归。比如，中国神华IPO后连续三个涨停，一时形成指数股的热点，大家都说是价值投资，言辞间充满正义感，还有道德优势；而当全聚德IPO后连续涨停带动奥运股形成热点的时候，媒体又一致指责，说是投机、是泡沫、是炒作。我就不明白了，同样是暴涨，为什么中国神华收到的是祝福，全聚德收到的是谩骂，是道德指责？而事实上呢，中国神华从94.88元跌到最低价12.66元，而全聚德经过配送股后，从78.56元才跌到最低价13.48元，到底谁泡沫大？

机构和媒体的偏见，加上主力对媒体的影响，构成了股民对热点的不同态度。媒体多少具有权威性，代表机构喉舌，当媒体指责某种热点，哪怕股价再疯狂，散户往往都会受到影响，心理会犯嘀咕，进而怀疑和犹豫。其实，媒体这是害了散户。我觉得这是 A 股黑暗文化的一个折射，这是典型的只许州官放火不许百姓点灯。这种媒体误导会影响散户投资，让很多散户白白浪费了宝贵的行情。

我的观点是，不要管别人对热点的态度，要看股价本身。只要股价继续涨，热点就是持续性的热点；只要股价涨累了，再好的热点也要结束。有时候，热点来临的时候，别人的犹豫和怀疑恰恰是我们买入的机会。其实很多股票都是在别人没有发现的时候上涨，在别人怀疑的时候形成热点，当大家从怀疑变成追随者的时候，行情悄然结束。所以，当市场对某个热点充满怀疑，这说明该热点炒作正酣，这正是我们加入战斗的时候。这种犹豫和怀疑正好可以作为一种信号来暗示我们。

我把这个问题单独列为一节来讨论，就是为了强调：所谓的热点，它的本质是股价联动，而不是人的情绪和态度。我们操作的是价格，只有价格的波动才能给我们带来利润，当市场的态度与价格不一致的时候，我们唯一值得遵守的是价格，价格才是我们唯一的、最高的行动指南。我们千万不要被媒体的报道给忽悠了。

充满怀疑的热点还有另外一种情况，那就是主力的理解力与众不同，对问题的看法太超前。我举个中国互联网的例子来帮助大家分析下。早期的中国互联网竞争是 WEB1.0 的竞争，竞争的核心在于谁能把传统的内容最大限度上搬到网上去，于是形成了三大巨头，新浪、搜狐和网易，这个时候大家的思维和模式都是以这为标杆，与此不同的很可能就会被资本嘲笑。在这种气氛下百度诞生了，但是大家都不看好百度，搜狐本身就是靠搜索起家，它名字的来源就是搜索中的狐狸，但是张朝阳自己在那种大氛围下就怀疑搜索，认为不是主流。百度的老总李彦宏决定竞价排名搞搜索时，甚至与合伙创业人在内的所有人发生争吵，一度到了李彦宏放狠话：不行大家就散伙。不得不佩服李彦宏对搜索理解的深刻，在别人都怀疑的时候他坚持，后来百度成功，李彦宏一度成为中国首富，百度也成为 BAT 三大巨头之一。超前的有见地的眼光，肯定会被怀疑，这在股市也一样。还有一种更绝，不是被怀疑，而是对手压根就看不懂，比如，奇虎 360 的发展（见图 5.10）就是这样一个例子。当互联网进入 BAT 三巨头阶段后，竞争趋势日益明朗化，社交、商务和搜索代表互联网的主流，而奇虎突然从侧翼杀入，搞杀毒软件。奇虎最初的竞争非常具有破坏性，直接免费。这招打出去后，不但传统的杀毒软件如金山、瑞星和卡巴斯基看不懂，连腾讯、百度和阿里巴巴也看不懂或者不屑于看懂，它们认为一个杀毒软件能有多大市场，免费不免费都没有啥意思。在大佬和竞争对手怀疑的目光下，周鸿祎带领 360 一路高歌猛进，几乎占领中国绝大多数的 PC 终端，这个时候腾讯才如梦方醒，奇虎 360 的杀毒软件其实不是简单的"杀毒"或简单的"软件"，而是占领终端的利器，如果每台电脑都装 360 软件，那么 360 就会形成比 QQ 更大的用户群，这对腾讯会是颠覆性的灾难，于是爆发了 3Q 大战，而此时，奇虎已经是尾大不掉，早已打下一片自己的江山。

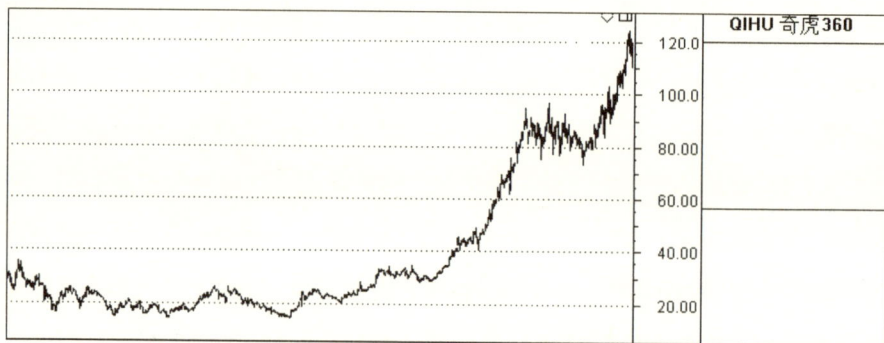

图 5.10　奇虎 360 股价走势图，截至 2014 年 3 月 15 日

百度和奇虎发轫之初，都是不被理解，受人怀疑，或者别人压根看不懂的，但它们成功了。我举这两个例子是想说明，这种情况在股市也很常见。有些股票的上涨，很多人一开始是看不懂的，对它的上涨充满怀疑。腾讯现在

是巨无霸，市值甚至超过思科、英特尔，但是当初很多人也是怀疑它，甚至连它的老板马化腾自己也怀疑QQ到底有什么用，到处叫价要卖掉QQ，谁知后来成为巨无霸。2006年，以中国国航为代表的航空股人们也是充满怀疑，很多人说在油价上涨的大环境下，航空股还能涨到哪儿？事实上，航空股丝毫不理会质疑，股价一路前进，中国国航与南方航空、东方航空在2006年联袂上涨，形成一个热点。后来博时基金先知先觉大举进驻。博时基金经理接受采访的时候说，我们投资航空股的逻辑不是看油价，而是看消费，我们把航空股作为消费升级题材来炒。这是典型的对题材的理解与众不同，另辟蹊径。果不出其然，航空股在2006~2007年的大牛市大幅上涨，涨幅达10倍之巨！

当股价被怀疑的时候，要么是股市里的"武林正派"的舆论战，要么是某些主力与众不同，眼光和理解力超前。无论哪种，我们都不要被怀疑本身吓到，别人怀疑，正说明股价的潜力没有被挖掘出来。

5.2.5　早盘热点和晚盘热点的操盘法

具体到短线交易的实盘，我发现有盘中两种热点，其表现也不一样。这里我引出另外两个概念：早盘热点和晚盘热点。早上一开盘就急于表现的热点，是早盘热点；下午才隐忍发作的热点，是晚盘热点。

早盘热点大多是受到当天早晨的新闻刺激产生的热点，也有部分是经过一夜时间对股市的理解消化后参与者自发形成的热点。这种热点集中表现在上午股价的异动。早盘热点其实是对过去的理解，特别是对早晨各大媒体新闻的理解。

晚盘热点大多是受当天开盘后特别是午盘后发生的新闻的刺激产生的热点，也有持续性的大热点延续表现，有些主力就喜欢在下午启动，他们会故意制造一些晚盘热点。以上二者共同构成了晚盘热点。晚盘热点是对现在的理解，是对盘中正在发生的新闻的理解，以及大热点的后发制人故意为之。

分析这两种热点对短线客意义重大。因为可以指导我们买卖：

5

市场篇：题材与热点

（1）一般性行情，多参与晚盘热点，少参与早盘热点。为什么？早盘热点有风险。有些热点喜欢早上蠢蠢欲动，但是下午却容易熄火；或者早盘热点正风光张扬着，突然遇到下午利空，大盘一路收跌，早盘热点也必将受到牵连，凡是早盘追高买入的，当天就会被套。这里有一笔账，早盘热点一般涨幅都在 +5% 个点，如果下午下跌，假使跌 -2% 个点，早上买入的人就被套 7% 个点，这对短线来说是很大的亏损。而晚盘热点至少不会套当天，因为晚盘时，大盘的走势和当天的格局已经确定，晚盘参与热点，可以将不确定性降到最低。所以，通常情况下，晚盘热点更具有参与价值。还有一点，晚盘热点会被当天夜里的媒体过分解读，第二天一般都会高开，很多还会成为第二天的早盘热点，这是很好的隔日套利机会。

（2）好的行情，多参与早盘热点，同时积极地、有选择地参与晚盘热点。好的行情是指牛市氛围，这种情况下应该尽早参与早盘热点，因为参与晚了热点股都涨停了。在牛市，大盘变盘风险就相对降低，对我们而言，关键是抢到好股而不是防范风险，所以先下手为强。对于晚盘风险要有选择地买入。为什么？因为牛市的上涨鱼龙混杂，有的是消息和新闻刺激的上涨，有的纯属补涨。对于补涨股，我向来不是很热衷。我喜欢领涨，喜欢强势，喜欢带头，不喜欢跟在别人后头的股。补涨股有个不好的地方，一旦大盘有风吹草动，补涨股跌得最惨。在 2007 年"5·30"事件中，跌得最惨的就是补涨股，以致后来大盘创新高了，补涨股还是一路下跌。

（3）早盘热点同时也是晚盘热点的时候，大胆买入。当早盘和晚盘热点是同一题材同一板块时，大胆重仓买入，因为这种热点持续性强。这种情况是我最喜欢参与的热点，这种热点简单、纯粹、坚强。喜欢热点炒作的人，应该重点寻找和等待这种热点参与。这是热点炒作的窍门，比如，2007 年"5·30"后，带领大盘上涨的热点是蓝筹指数股，它们在盘中的表现是早盘耀眼，晚盘也耀眼，这就暗示它们会是大热点，会持续，这种热点一经发现应该抓住不放。

（4）早盘热点有预警作用。一旦早盘热点全军覆没，当天的行情就很危险，要多观望少行动。早盘热点对大盘有很大的预警作用，一般而言，早盘热点也会震荡洗盘，但是如果早盘热点涨幅在 +5% 以上，而后来震荡到 −2% 下面，这就预示着大盘环境很差，这个时候不应该买入任何股，同时应该做好短线清仓的准备。

（5）没有早盘热点也没有晚盘热点，是鸡毛行情和垃圾行情，不要参与任何操作。连热点都没有的行情，说明没有任何生机，是不值得浪费子弹的。这个时候是休息的时候，刀枪入库，马放南山。

5.2.6　热点的退潮

热点的来临有不同类型，有的悄然而来，有的大张旗鼓而来，有的被期待而来也有的被质疑而来，而热点的退潮就没有那么多道道了，主要有两种方式，一种是戛然而止，说完就完；一种是一退三回望，依依不舍。

戛然而止的退潮方式比较绝情，参与这种热点一不小心就会被套住。对于热点炒作的人来说，关键要防范这种热点。大多数是小热点，一日游，当你买入后却发现没有后文了。有的热点虽然也持续几天，但当大盘处于很差的环境中时，也喜欢选择这种谢幕方式。举个例子，2008 年汶川大地震后，桥梁建设成了市场热点，四川和重庆的此类股旱地拔葱（见图 5.11），但是这种热点来得突然，退得也突然，退潮时股价一路下跌，连个反弹都没有。对于追高的人来说，几乎是没有退路的。这种热点其实很坑人的，闻起来香，吃起来臭。我在参与热点的时候，最害怕的就是遇到这种热点。

5

市场篇：题材与热点

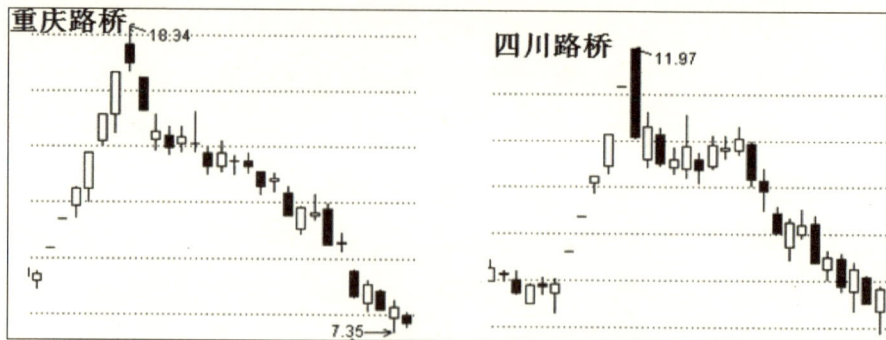

图 5.11　重庆路桥和四川路桥在 2008 年 5 月后的走势图

　　还有一种热点也会选择这种退潮方式，就是那种被过分爆炒的题材，涨幅太巨大了，几乎是透支了所有的行情，所有人都认为股价太高，往往选择一步到位的退潮方式，直接从高位下跌，一泻千里。比如，2009 年创业板龙头股吉峰农机（见图 5.12），从 28.5 元炒到 96.50 元，几乎透支了所有的行情，所以这个热点退潮的时候，几乎戛然而止，没有第二波第三波，从 K 线图我们可以看到，股价跌起来毫无留恋，非常绝情、彻底。当我们遇到被过分爆炒的股，要格外留意突然退潮的风险。

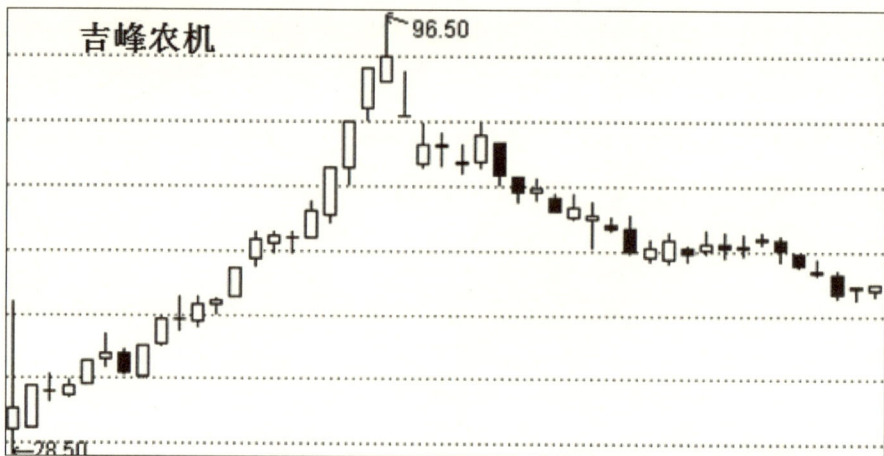

图 5.12　吉峰农机走势图

依依不舍退潮的热点就大不一样了，这种热点退潮时会反复折腾，退几次还退不干净，表现在股价上就是有第二波第三波，或者是平台震荡，或者是头肩顶，给我们足够的退出时间，甚至给我们第二波套利和夹板套利的机会。我本人就非常喜欢这样的热点。当大盘环境好时，或者热点的题材足够大时，热点都会以这种方式退潮。2007年的有色金属热点行情就选择了一步三回首的退潮方式，其代表股西部矿业（见图5.13）的股价在高位"磨叽"了好久才依依不舍地跌下去；2009年超级题材禽流感形成的热点也是恋恋不舍地退潮的，其代表股莱茵生物（见图5.13）拉了好几个第二波，又在高位震荡盘旋很久才"驾鹤而去"。

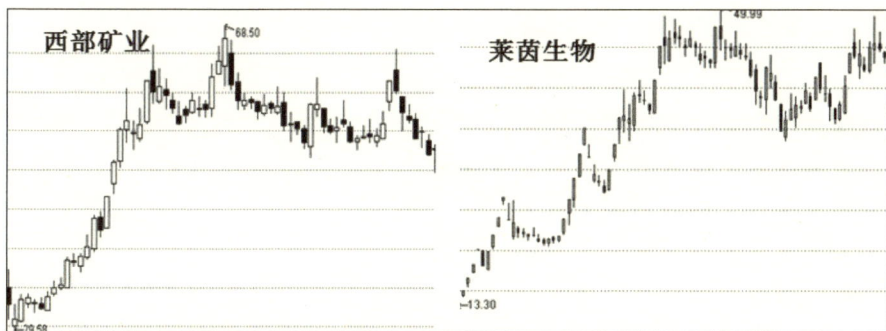

图 5.13　西部矿业和莱茵生物的走势图

这种慢慢退潮的热点，不但给我们留足够的退出空间，而且还给我们留够大量的套利空间。这种热点是"礼貌的"热点，是"君子"式的热点。我们要多参与此类的热点。

那么如何判断是戛然而止退潮还是依依不舍退潮呢？主要是看股价是否被过分爆炒、题材的大小以及大盘背景的好坏。大家只要多从这几个角度去总结，就会形成自己的职业判断。我在这里只是抛砖引玉，激发大家思考。

5.3　本章回顾与总结

　　股票市场上，行情大多是以题材和热点的方式来演绎。题材是具有共同特点的股票集群，热点是正在流行的题材，它们是从不同的侧面去反映市场。我的交易体系中，非常重视对题材的分析和对热点的把握，题材能让我们找到最应该炒作的股票，热点能让我们的买到正在聚光灯下的股票。把握好二者，可以把纷繁复杂的股市简单化，可以提高我们的胜算概率并降低风险。

6 龙头股篇：擒贼先擒王

——天纵英才、天马行空

龙头股，也称为领头羊、领导股，它是股市里最光彩夺目、最浪漫传奇、最天马行空、最风华绝代的股，是股市最华丽的篇章，是股市的高潮，是王者归来。龙头股对我们实盘操作有极端重要的意义，股神李费佛说，如果你不能从领头的活跃的股票上赚到钱，你也就不能在整个股票市场上赚到钱[①]。掌握了龙头股的交易方法，我们就可以笑傲股林，攫取最大的利润。龙头股是我的股市理论的核心和精华，是我最擅长、最常用的交易战法，也是本书的核心和精华。可以说，炒股千妙万妙，最妙就在龙头，所谓玄之又玄，众妙之门，龙头股就是这个"门"，掌握了龙头股的交易方法，才算真正地进入股市至高无上的"门"。

我的逻辑是，炒股首先要防范风险，解决了风险问题，利润将不请自来。要解决风险，最大的方法就是选择相对确定性的行情、确定性的题材，然

---

① 杰西·利佛莫尔. 世界上最伟大的交易商——股市作手杰西·利佛莫尔操盘秘诀 [M]. 北京地震出版社，2007：18.

后再操作其中最安全、最暴利的股票，这个最安全最暴利的股票就是龙头股。龙头股在我的交易体系中处于中心地位，是我股市理论的归宿和根本。

这么多年来，我在股市经历过太多，也看过形形色色的鲜活案例，我发现真正赚大钱的人是会炒龙头股的人。悟到这点后，我就把绝大部分精力都放在研究龙头股上，我现在的操作绝大部分是以龙头股交易为主。今天，我就把多年的经验总结和炒龙头股时瞬间的心灵感受分享给大家，这是我第一次公开我的"法宝"。

6.1 龙头股的天机泄露

龙头股是股市里的"唐僧肉"，是股市里的"印钱机"，它集安全性和暴利性于一身，逮住龙头股就等于坐上股市里的直升机，寻找和交易龙头股是我投资体系的精髓和最高法则。为什么把龙头股吹得神乎其神？因为龙头股确实很重要，发现龙头股就等于发现金矿，学会了炒作龙头股，就等于攀上了股市里的珠穆朗玛峰。

可以这样说，龙头股就是股市的天机，参透这种天机就等于打开了通往"股市大鳄"之门。为什么对龙头股搞这样的"个人崇拜"呢？请听我一一道来。

（1）龙头股涨幅最大

自从炒股以来，我就发现一个天机：在一波行情中，冲到前头的龙头股最能涨，涨起来没完没了、无法无天，不但上涨时间比普通股长，涨幅也大大超过普通股。一般而言，龙头股的涨幅是普通股的至少两倍，2009年禽流感行情中，龙头股莱茵生物涨了4倍，而普通的股票只涨一倍左右；2013年上海自贸区题材中，龙头股外高桥几乎上涨了5倍，而普通股只上涨1~2倍；2014年春节后的次新股行情中，龙头股金轮股份上涨了5倍，而普通股只是翻一番，这样的例子不胜枚举。股市是"贫富差距"最大的地方，强者恒强，每一波行情到来时，冲到最前面的龙头股总是涨得最疯。龙头股是一波行情中的最大赢家，它不但不等跟风股追上来再涨，反而一骑绝尘我行我素，直到一波行情结束。龙头股在绝大多数情况下都是第一时间起涨，中途一路领涨，又是最后一个歇脚，所以龙头股跨越的地盘最广，涨幅最大。正因如此，龙头股历来被股市高手重视，射人先射马，擒贼先擒王，股市高手秘而不宣的绝招就是炒龙头股。不光 A 股，香港和国外的股民也都喜欢炒作龙头股。在香港，龙头股的估值普遍高于普通股，投资者愿意给龙头股更高的市盈率，有些龙头股的市盈率为 15 倍，而二三线企业的龙头股才 8 倍左右。腾讯控股的 PE 维持在 40 倍以上，蒙牛乳业的 PE 也高达 40 倍，龙头股比普通股的 PE 高好几倍。

同样是股票，同样的题材，在同样的行情，有的涨幅四五倍，有的涨幅一两倍，为什么不去追逐四五倍的股票？为什么还留恋一两倍的股票？所以，不需要什么高深的逻辑，选择龙头股就是最聪明的做法。

龙头股涨幅最大，如果操作适当，龙头股能带来的利润也最多。很多人天天喊着暴利，其实龙头股就是暴利，关键是你会不会操作。在任何一波行情中，涨幅都不是齐头并进、均衡发展的，领头羊总是数倍于其他股票，并通过强者恒强效应来维持自己的强势地位。这就是龙头股最大的特色，也正是这一特色让我为之倾倒。千辛万苦，踏破铁鞋，原来传说的股市金矿不就在龙头股这里吗？有时候最重要的秘密不是深藏不露，而是就在眼皮底下。

（2）龙头股最安全

很多人做梦都想不到，最安全的股是龙头股。很多人总觉得还没有涨的股最安全，因为价格没有被炒上去。其实，这是误区、是自我麻醉。在我看来，股票的安全来自于它在涨，而不是它还没有涨，只有当股票涨起来它才是安全的，最能涨的股最安全。这就是我的龙头股安全理论。

龙头股资金介入最疯狂，它是市场的旗帜，庄家为了讲好故事炒好题材一定会精心维护好龙头股的尊严，大旗不倒才能号令群雄。2007 年的大龙头是中国船舶，主力把它的价格炒到 300 元以上，旗帜一树，其他股就有了比价效应，都跟着涨。这个时候，不管其他股怎么样涨跌无常，中国船舶总是最安全的，主力绝对不在行情结束前让旗帜倒下。旗帜什么时候才能倒下？那就是主力准备结束行情的时候。比如，2014年春天，主力精心维护的创业板龙头网宿科技跌停，于是创业板开启一轮下跌，在此之前，不论创业板内其他股怎么跌，主力是绝对不会让网宿科技轻易下跌的。

龙头股类同于国家元首的意义，是一国之君，无论国家怎么危险，皇帝总是最安全的，一旦皇帝出事，早就国破山河碎了。

所以，龙头股不但在上涨空间上占尽风头，而且在安全性上也唯我独尊。安全是股市最稀缺的东西，所以龙头股是股市里最好的品种。

（3）龙头股抗打击抗跌

龙头股抗打击抗跌包括两层含义，一是龙头股抗系统性风险；二是龙头股抗非系统性风险。

龙头股一旦得势，几乎不理会大盘的涨跌，直接走出独立行情，具有天然的抗系统性风险能力。很多人之所以亏损，并不是他不会赚钱，而是不会保住钱。辛辛苦苦在行情好的时候赚点钱，一遇到洗盘和下跌行情，就都给吐出去了。问题的关键是没有解决风险问题，下跌和洗盘行情中没有法子保存牛市的成果。在这个问题上，龙头股可助一臂之力，因为龙头股可以在很大程度上抵御系统性风险。

在炒股的过程中，我无意中发现一个秘密，当大盘下跌的时候，能够硬撑住的股票，大多数是基本面非常扎实的股，如云南白药、贵州茅台之类；但在大盘下跌中还能我行我素往上涨的股就非龙头股莫属了；在大盘洗盘震荡时候，坚持本色的股还是龙头股。我们看几个例子。图6.1是"触网"概念的龙头股海虹控股和农业股的龙头股隆平高科的走势图及其与同期大盘的比较，从图中我们可以明显看到，作为龙头股的海虹控股和隆平高科几乎不受大盘洗盘和下跌的影响，完全独立于大盘。可以说，龙头股具有一定程度上的抗系统性风险的能力。2013年的上海自贸区行情，作为前期龙头股的上港集团，敢于在大盘洗盘的时候连续涨停；而后期龙头股外高桥更是不理会大盘的下跌，走势完全独立。龙头股天不怕地不怕，它的这个品质非常可贵，与龙头股为伍，能帮我们保存胜利的果实。

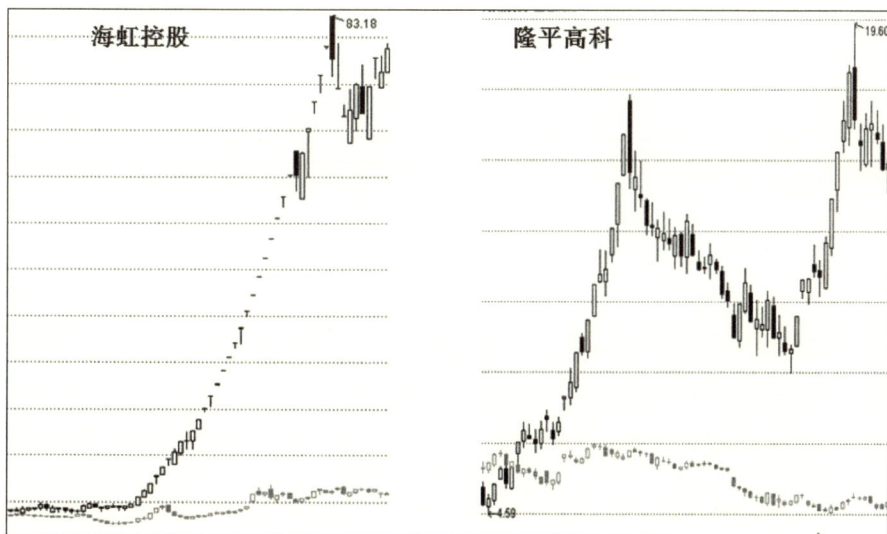

图 6.1　海虹控股和隆平高科的走势及其与同期大盘的比较图

　　龙头股还可以抗非系统性风险，它甚至不理会关于它自身的负面新闻，敢于我行我素天马行空。我们在后面会专门通过杭萧钢构的案例来说明龙头股是怎么无视它自身负面传闻的。我经历过很多龙头股的操作案例，亲眼见识了龙头股对抗自身负面新闻的威力。2007 年年底，中国中铁 IPO 上市，刚上市就被爆炒，充当了次新股的龙头股，这个时候关于它的负面传闻一浪接一浪，最大的指责是财务造假，可是中国中铁已经龙性大发，丝毫不理会这些利空，走出一段干净利索的龙头股行情；2009 年禽流感暴发，作为龙头股莱茵生物一马当先开始暴涨，股价涨得正酣的时候，莱茵生物公司发布澄清公告说自己生产的产品与禽流感关系不大，这可是重磅负面消息，可是莱茵生物并没有理会这个利空，该怎么涨还是怎么涨，后来涨幅达到 400% 之多；2013 年年底，第一批次新股上市，其龙头股是我武生物，这个股也是负面消息满天飞，有个教授实名举报我武生物寻租，还指责主承销商利益勾结、战略投资者信息不明，但我武生物好像故意和负面新闻较劲，它涨得更凶了。可见，龙头股都是真正的猛士，敢于直面惨淡的现实。

当然，吸毒行情和单边下跌趋势最终会影响到龙头股的走势，但是普通的下跌和洗盘几乎拿龙头股没有办法。龙头股在一定程度上不但不看大盘的脸色，也不听关于它自己的负面消息。龙头股天然具有抗打击的秉性。

（4）龙头股炒作非常傻瓜

龙头股暴利、安全又抗跌，这么好的东西是不是很难把握呀？恰恰相反，龙头股的操作其实很简单很傻瓜。有人或许说，你这是吹牛，这么好的东西，又傻瓜，那岂不是人人都可以在股市里大赚了？非也！龙头股的难不是难在操作方式，而是难在它击穿炒股者的心理底线，难在它挑战的是人性的极限，难在它的稀缺性，同时龙头股还相当难辨认。我在这里从理论上阐述龙头股是属于事后解释，一旦行情真正来临，要选对龙头股还是很难的，这些都决定了龙头股虽然好但是能从龙头股上赚钱还是不容易的，我后面会具体讲到这些东西。

龙头股操作起来其实很傻瓜。我们打开历史上龙头股的走势图，发现其走势非常"单纯"，单纯到几乎有一个模式：涨、不停地涨。我说龙头股傻瓜就是指龙头股的股价运行方式傻瓜，除了涨几乎没有其他事情可干，即使是洗盘也抑制不住上涨的欲望。其股价走势往往行云流水、荡气回肠，从北辰实业的走势图我们可见一斑（见图 6.2）。龙头股一旦成型，其股价运行就是一个单一的模式——往上涨！即使是上涨结束了，龙头股的出货也非常傻瓜，其 K 线走势、成交量、换手率和分时图都有非常明显的信号，这些内容我们后面会详细介绍。

图 6.2 奥运题材龙头股北辰实业的走势图

这里，我先让大家感悟一些龙头股单纯傻瓜的一面，从内心深处相信龙头股的炒作其实不难，克服对龙头股的心理障碍，从战略上蔑视龙头股，然后再带领大家一起研究龙头股的战术和细节。

以上四点就是龙头股的天机，用一句话来说就是：龙头股是股市的"活菩萨"。很多人发明一堆技术分析工具，打开股票一看指标设置密密麻麻，把股市搞得纷繁复杂，也没见得赚几个钱，其实没有那个必要，如果真想长期稳定赚钱，应该做减法，果断放弃一切小打小闹，全力研究和操作龙头股。

当我悟透这点之后，我的研究方法和操作手法几乎全都放在龙头股上，在每一波行情到来之际，我的主要精力和任务就是发现和操作龙头股。我认为那些放着龙头股不去炒而辛辛苦苦在普通股上皓首穷经的做法是非常愚蠢的，那是弃明投暗、是丢了西瓜捡了芝麻。

龙头股集暴利性、安全性和单纯性于一身，既能对抗风险又方便操作，所以操作龙头股就是股市里的最高智慧。既然龙头股这么好，为什么大家不都去炒龙头股呢？这涉及龙头股操作的难与易。

6

龙头股篇：擒贼先擒王

6.2 龙头股的难与易

龙头股有独特的逻辑和操作方法，领悟后会觉得操作龙头股非常傻瓜简单，没有领悟会觉得龙头股很难把握。这之间其实就是隔着一层窗户纸，一旦捅破了，就会发现其实很简单。我刚才介绍了龙头股很傻瓜很单纯，又暴利又安全，是说其简单的一面，其实龙头股还有其难的一面。下面我们探讨龙头股难在哪里。

（1）辨认难

从事后看，龙头股很好辨认，但当行情来临时，很多股都红火，龙头股淹没在一片上涨的大潮之中，能从千军万马中选中龙头股其实非常难。可以这样说，如果在行情刚开始的时候知道了谁是龙头股就等于捡到了现金。在我的龙头股交易体系里，寻找谁是龙头股占据很重要的位置，后面我也会花很多篇幅来介绍怎么去找到龙头股，因为及时准确地判断龙头股是一项难度很高的工作。

找到龙头股对高手也同样是一个很棘手的难题，更别说对普通的股民了。在有些情况下，当涨幅很高的时候，龙头股容易辨识，水落石出后当然很容易看，但是在行情刚开始的时候，辨认龙头股几乎是一项智力竞赛。谁都知道龙头股好，骑上龙头股就等于挖到了金矿，问题是谁是龙头股？可以说，辨认难是龙头股难炒作的核心；解决了龙头股难辨认的问题，也就解决了龙头股最大的难题。

（2）挑战人性极限

龙头股会不断冲击人性极限，让很多人畏惧它。龙头股涨起来无法无天，像疯子一样，在这种情况下介入龙头股无疑是对心灵和胆量的极大挑战。很少有人有足够的勇气来陪着龙头股疯狂。当莱茵生物从 12 元开始涨到 22 元的时候，这个时候很多人都觉得高，很少有人具备在 22 元建仓的胆量，但是它马上又涨到 32 元，如果你不敢买它又一下子涨到 42 元，如果你再不买它又冲到 50 元附近，每一次上涨都冲击人的心理底线，很多人眼看着它一路疯涨而不敢介入，最后只能望洋兴叹地留下一句牢骚话：这个股疯掉了。不是股疯掉了，而是你压根就没有认清它。

　　龙头股不但以其涨幅巨大挑战人的心理极限，其上涨方式也同样挑战人的心理极限（见图 6.3）。这是不同时期的次新股龙头，前者是 2013 年底 IPO 开闸后的一轮次新股的龙头金轮股份，后者是 2009 年创业板刚启动时的次新的龙头股吉峰农机。这两个图都有一个共同的特点，那就是上涨方式非常的霸道，其 K 线走势超出很多股民的心理想象的极限，这种几乎天天上涨天天大阳线的走势让很多股民心理崩溃，即使没有买入，单单是看热闹都会吓出一身冷汗，又有几个人还敢去与之共舞呢？这就是龙头股的杀气，它直接击穿你的心理防线，你越不敢买它越涨，你越害怕它涨起来越轻松。总之，它让你没有气魄、没有胆量来驾驭它，这就是龙头股的又一难点。

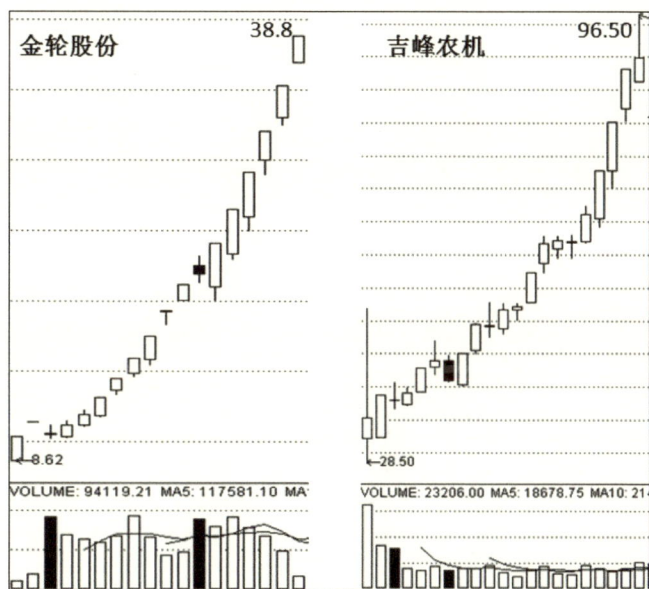

图 6.3　次新股龙头金轮股份和吉峰农机的走势图

（3）稀缺性

龙头股具有稀缺性。市场不是每时每刻都有龙头股，龙头股需要条件，它产生于大题材和热点之中，还需要足够的人气和资金介入。通常情况下股市按部就班，只有在特殊状态下才有翻江倒海的混世魔王龙头股现身。龙头股的稀缺让很多人等不及，或者不愿意等，这是炒作龙头股的另一难点。

（4）介入机会难，自我设限

有的龙头股一开始就是连续涨停，想要在第一时间介入非常难；而一旦有介入机会，股价已经高高在上，这是龙头股在实际操作中的难点。

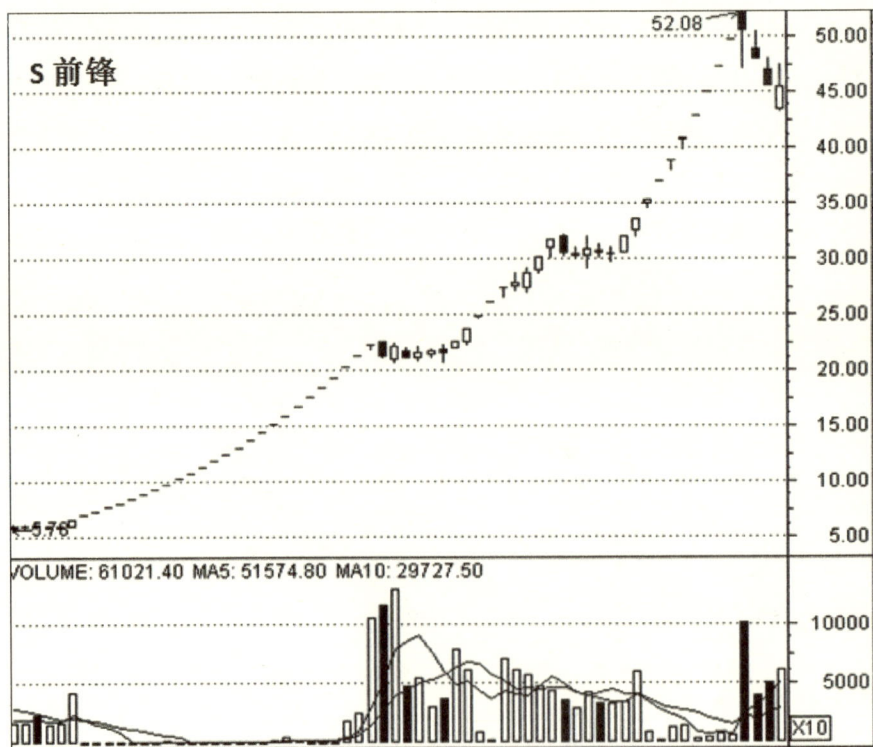

图 6.4　2007 年券商龙头股 S 前锋的走势图

看个例子。图 6.4 是 2007 年春夏之交的券商龙头股 S 前锋。这个股一开始就暴涨，根本没有介入机会，而一旦有介入机会了，股价就已经很高了。这个时候是买还是观望？这是个很大的问题。很多龙头股难就难在这里，发现时买不到，能买到的时候已经很高了，不买吧它又继续疯涨，买吧又怕套在高位，矛盾着呢。

当然有的龙头股一开始上涨是比较温柔的，有足够的介入机会，但是我们难以在一开始就知道它是龙头股；当我们知道它是龙头股时，它的涨幅又很凌厉甚至一字板涨停，我们根本没有介入机会。有的龙头股虽然事后从 K 线上看有买入机会，但是买入的时间点也就是早盘的一刹那，稍有犹豫股价就封住涨停板了，实际交易中的买点很少。这就是龙头股的自我设限，它也是交易龙头股的难点。

龙头股有简单的一面，它的走势单纯，它安全又暴利，但它难辨认、它稀缺、它触及人性底线、它又自我设限，它既简单又难，简单是相对的，只有解决了难处之后它才表现得简单。它的难点之中，稀缺性是天然的，可遇而不可求；自我设限是客观的，有时候我们只能干着急买不到股。我们能够做的就是想办法在行情开始的时候去辨认它，同时接受它桀骜不驯霸道凶狠的上涨方式，利用这种挑战人性底线的特点去赚大钱。

在龙头股诸多难点中，辨认龙头股是最关键的，如果练就了能准确及时辨认龙头股的火眼金睛，工作就轻松了一半。关于这个问题，我会重点讨论，我会从龙头股的概念、龙头股的属性、龙头股的身世、龙头股的技术走势等方面一一去展开讨论。下面就让我们先集中精力来研究如何辨认龙头股。

6.3　何谓龙头股

龙头股是一波行情中最耀眼、最牛气冲天并带领同题材内其他股票上涨的股，是领头羊、是火车头、是众股之王。

龙头股的概念很丰富很复杂，不是一两句话能阐述清楚的，接下来，我会从不同层面、各个角度去反复挖掘和讨论它。

我们先从龙头股的类别来认识它吧。龙头股大体上可以分为两类，一类是具备优良基本面的行业领先者，我称之为基本面型龙头；一类是具体行情中涨价最疯的股，我称之为市场炒作型龙头。

基本面型的龙头，从综合竞争力来说是指行业的领先者，比如，证券行业的龙头是中信证券、银行业的龙头是工商银行、工程机械类的龙头是三一重工、白酒类龙头是贵州茅台、地产龙头是万科、白色家电龙头是青岛海尔、中药龙头是云南白药、化学药品龙头是恒瑞制药、煤炭龙头是中国神华，等等。这种龙头的划分法是静态的，也是媒体经常用的，它是从通常意义上来定义的，是资本市场和实业领域都认可的概念。我们经常看到媒体报道，房地产龙头万科今天上涨5个多点，证券行业受到打击，其龙头股中信证券全天交易低迷，等等，这种语境下的龙头股指的就是基本面型龙头。

炒作型龙头是指在一轮行情中涨得最狠的股票。对于炒作型龙头来说，基本面不是最重要的，股价的疯狂表现才是最重要的。不管阿猫阿狗，只要在一轮行情中最疯狂、最夸张、最耀眼，它就是那轮行情的龙头。炒作型龙头只认股价，只看表现，不看身份不管基本面。比如，银行股中，浦发银行和招商银行经常充当龙头，因为它俩最能涨。

为什么把这两种龙头专门提出来讨论，因为在不同的语境中，龙头股是不同词汇。同样是说炒龙头股，但大家指的不是一个东西。对于基金和严肃媒体来说，一提龙头股，它们就指基本面型龙头，即行业的领头羊；而对于一线交易者来说，龙头就是指一波行情中的领涨股。它们不是一个东西，很多人经常被这个概念给误导，所以我在这里专门厘清这个概念。

当然，龙头股也不仅仅是某个题材中涨幅第一的股票，因为每个题材都有涨幅最好的股，不能说它们就是龙头，龙头股还必须是当下热点题材中的龙头，具有眼球效应和人气光环。

这样，我们就可以从更全面的角度来给龙头股下个定义了：在最题材和热点行情中，涨幅是同板块中的领先者，上涨速度又像发疯了一样的股票，就是龙头股。

6.4 龙头股的属性

其实龙头股是一个被说烂了的词汇，关于龙头股的传说可谓让耳朵磨出茧子，但是在具体的交易中，每个人选出的龙头股还是不一样。比如，上海自贸区行情，有人说上海物贸是龙头股，有人说上港集团是龙头股，有人说陆家嘴是龙头股，有人说外高桥是龙头股，还有人说爱建股份是龙头股。事实上，每一波热点行情来袭，大家都期望抓住龙头股，可最后押对宝者总是寥寥无几。这涉及龙头股的精髓和基因，这就要从龙头股的属性即龙性说起。

第一，龙头股的第一属性是领涨。领涨可以理解为发动机、火车头、引擎、领袖、带头大哥、引路人、灯塔，常表现为一马当先带领同板块的其他股上涨，为该题材拓展上涨空间，为该题材打开想象力。领涨是龙头股的第一属性、原始属性、本质属性，其他属性都是在此基础上派生的。把握住这一点，我们再选择龙头股就简单多了。比如，2013年上海自贸区题材，早期领涨的是华贸物流，中期是上港集团，再后面是外高桥，再后面是陆家嘴，那么这四个股就是不同时期的龙头。牵牛要牵牛鼻子，打蛇要打七寸。龙头股的"牛鼻子""七寸"就是领涨二字。

第二，龙头股的第二属性是人气。人气就是明星效应、光环效应，是聚光灯，它万众瞩目、光芒万丈。龙头股是人气最聚集的地方，是最耀眼的那道风景，是各大媒体争相报道的对象，是股民话题的焦点，是股市里的"女神"！比如，2007年年底的奥运会题材的龙头股全聚德、2006年年底的股指期货题材龙头工商银行、2000年元旦前后的互联网题材龙头海虹控股，都是股市里的人气王，具有垄断话题的效应，具备无与伦比的人气光环。

第三，龙头股的第三属性是资金介入最疯狂。所有的资金都会被吸引，各路诸侯咸聚于此，这其中当然少不了最彪悍的资金。表现在成交量上就是急剧放大，换手率也呈爆炸之势。

第四，龙头股的第四属性就是涨幅领先、数一数二。当然，这个是结果，具体表现为两个方面，一是空间幅度数一数二，二是持续时间数一数二。也就说，龙头股上涨空间巨大，而且不怕累，涨起来没完没了。

第五，龙头股的第五属性是无法无天、超越想象。龙头股会超越几乎所有人的预期，其上涨套路往往无法无天，我行我素。超预期表现在两个方面，一是上涨的空间超越预期，二是上涨的凌厉程度和上涨风格超越预期。其实，还有另外一层意思的超越预期，就是充当龙头股角色的那个股票往往不是大家事前预想的那个。既然是龙头股，行事风格往往与众不同，其上涨套路也不是简单的重复，而上涨起来更是没有人能预测涨到哪儿。它会超越市场所有评论家和媒体的预期，甚至会超越庄家自己的最初预期，它会涨到绝大多数人的心理极限之外，涨到让你不敢相信。这就是"龙"性，请神容易送神难；让龙头股涨容易，让它收住上涨的脚步，太难！比如，2009年的禽流感龙头莱茵生物，没有谁能想到它从12元出发，居然一路涨到了49.99元；2000年的互联网龙头海虹控股，更没有人能想到它从17元涨到83元。龙头股就是喜欢干出格的事，永远不安分守己。

第六，龙头股的第六属性就是蔑视利空、蔑视大盘、耐打击、耐诽谤。真正的龙头股是不畏利空的，有时候利空反而是上涨的加速器。比如，杭萧钢构（见图6.5），这是2007年游资策划的一个龙头，这是典型的重大事件催生的题材股，是主力用344亿元的合同大单策划的一波大行情，虽然这个主力涉嫌内幕交易和违法，但我们在这里不去进行价值观的判断，我们不是研究应不应该的，而是研究该怎么办的。在这里我再强调下我的股市观，应不应该是法律专家和管理层研究的事，对于炒股者来说，我们的核心任务是当事件已经发生，当股价已经异动，我们该怎么办。我们不对"应然"负责，而是对"实然"负责，在股市就要做彻底的现实主义者。很多人对股市里的乱象深恶痛绝，经常指桑骂槐，说这个违反法律那个触犯道德，这个不合理那个不恰当，这有意义吗？我们不是股评家，不是报社评论员，我们要的是赚钱。说回到杭萧钢构这件事上，从道德和法律上可以大加指责，但是这个股票的走势给我另外一种启示：龙头是不畏利空的。杭萧钢构大单事件出来后，管理层和媒体几乎每天轰炸，进行道德谴责，并停牌审查，后来杭萧钢构也出了澄清公告。虽然它几乎成为人人喊打的股市内幕操作的典型，但这并不影响杭萧钢构股票的疯狂，我们从图 6.5 可以看到，杭萧钢构从 3.71 元涨到 31.58 元，丝毫不理会负面消息。所以，真正的龙头敢于直面惨淡的股市，勇于直面任何利空和打击。我的行情理论是建议大家选择单边上涨的趋势行情，选择赚钱效应行情，回避盛极而衰和垃圾行情。但是，有龙头股在的时候，可以不受这个约束。龙头股在某种程度上可以蔑视大盘，在大盘不好的情况下依然可以走出独立行情。2008 年大盘几乎是一路暴跌，但是龙头股隆平高科几乎在大趋势下跌的背景下从 13 元涨到 47 元；奥运会龙头北京旅游和央视传媒也在 6 月后实现股价翻番。真龙头在熊市也具有唯我独尊的霸气和锋芒。正因如此，围绕着龙头股的争议一直不断，而龙头股对这些争议和诽谤从来都是不屑一顾。龙头股天生具有傲骨，永不低头，一旦选择做龙头股，就天生选择了目空一切的叛逆精神和恣意汪洋的不羁气质。

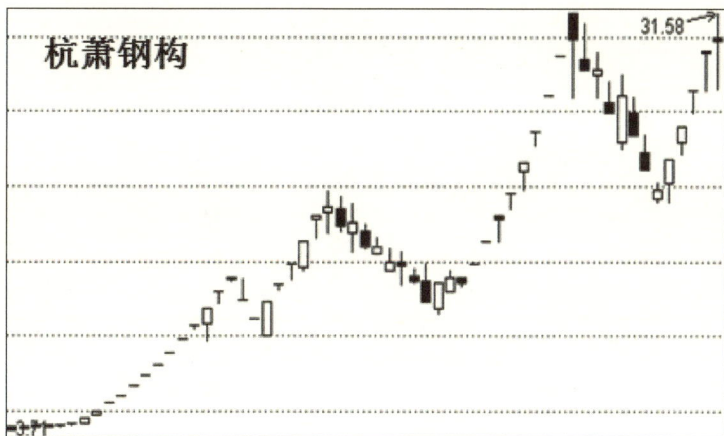

图 6.5　杭萧钢构大单事件后走势图

6

龙头股篇：擒贼先擒王

　　以上就是龙头股的六种属性，其中领涨是根本属性，是龙头股最原始的、最原教旨主义上的属性，其他属性都是从这一属性派生而来的。用图6.6来直观的表达，领涨处于核心地位，只要具有领涨的特质，就基本具有龙头股的潜能。当然，龙头股的六个属性不一定要全部具备，但是无论缺谁都不能缺领涨这个属性。龙头股分为游资主导和机构主导，这二者在龙头股的表现上有所不同：机构主导的龙头比如工商银行和中国船舶，它们集中表现在领涨、人气和资金介入；而游资主导的龙头比如莱茵生物和全聚德，它们集中表现在领涨、超预期、涨幅惊人上。一般而言，无论游资主导还是机构主导，一旦形成龙头，都具有耐打击的特性，而且都能走出独立于大盘的行情，比如，自贸区龙头外高桥和互联网龙头海虹控股，都是完全独立于大盘，大盘牛熊对它们没有多大影响。在这里要特别破除一个心理：害怕。人天生是害怕的，股价跌了害怕，涨高了也害怕，其实龙头股就是抓住人的心理，涨到你认为不可能的地步。根据我的经验，凡是遇到龙头股，不要去猜它能涨到哪儿，猜也猜不准，我们能做的就是锁仓，让它疯去吧。在这个过程中要克服害怕心理、恐高心理，不要人为地认为股价过高了提前下车。要相信，龙头股天生就是为奇迹而生，如果你不能克服害怕心理，还能跟着龙头股一起闹革命打天下吗？

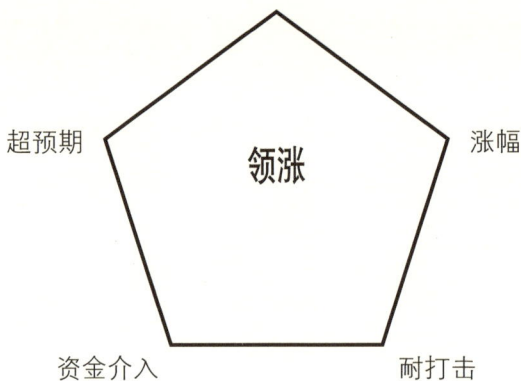

图 6.6　龙头股属性直观图

6.5 龙头股的身世之谜

知道了龙头股的属性之后，再挑选龙头股就有章法可依了，也可以根据领涨这个特性直达本质，这就为我们挑选龙头股确立了正确方向。但是，这还不够，要更加深入地认识龙头股，还必须研究龙头股身世之谜。

所谓身世，通俗说就是"命"，那么什么样的股票有担当龙头股的"命"呢？这个问题很重要，这是从另外一个角度来观察龙性。古代皇帝的身世大多是皇族血统，平民百姓很难当上皇帝，偶有刘邦、朱元璋成帝王，也是非常小的概率，绝大多数皇帝的身世是他父辈、祖辈是皇帝。身世其实决定一个人的很大的未来，出生在李嘉诚家和出生在寻常百姓家，前途绝对不一样，出生在非洲和出生在美国也迥然不同，出生在清朝和出生在今天更是天壤之别。我研究龙头股喜欢借鉴"身世"这种思路，来看看什么样的"出身"最容易成为龙头股。

（1）身世之一：游资主导，非基金、无机构

得屌丝者得天下，龙头股的最大的身世是屌丝身份，用专业语言说就是民间资金，而绝不是基金和公募机构。为什么基金在大多数情况下不主导龙头股呢？因为基金的操作思路和投资哲学与龙头股是相排斥的，是矛盾的。基金绝大多数是被教科书和巴菲特洗过脑，他们追求的是所谓的价值投资和长期投资。而龙头股则是翻江倒海，先透支行情再让后来者还债。龙头股的打法是快、猛、狠，龙头股的炒作没有估值和价值的羁绊，它只受题材和大盘环境的影响。龙头股追求的是题材、热点、股民心理的共振，它与价值投资是两套路子，它们尿不到一个壶里。相反，有基金在，反而会阻碍龙头股的操作。

当某个题材来临，主力在物色龙头股时，一般都会回避基金重仓股，选择"干净"非基金股。主力知道基金和自己不是一路货色，如果选择基金重仓股反而会坏事。比如，2013 年炒作国家安全概念的时候，主力就有意避开基

金重仓股中国卫星和中国船舶,而选择干净的任子行和蓝盾股份这种非基金股。2014年炒作特斯拉题材的时候,主力同样也是回避基金重仓股比亚迪,选择"干净"的万向钱潮。

我们摸准了这个特点,再选择龙头股就会准很多。我们不是去选择最有基金缘的股,而是选择最有游资缘的非基金股。2009年禽流感来的时候,很多股都可能充当龙头股,比如,中牧股份、华兰生物,但是主力却选择莱茵生物充当龙头股,屌丝完胜高富帅。

主力策划龙头股最害怕的是基金搅局。当炒作正酣,基金突然砸盘,这是主力最不愿看到的事。就像一堆员工在办公室正讲笑话有说有笑气氛活跃,突然老板进来了,那种感觉会很尴尬,一切活跃都会瞬间变为僵化。

我们看个案例,2014年春,次新股是市场的最题材,当时关于龙头股讨论不绝于耳。我把目光聚集在金轮股份和东方通。但是后来东方通有机构陆续买入,而金轮股份没有,我判断东方通基本告别龙头股了,于是加仓金轮股份,这才抓住一个大龙头。更典型的是海天味业,这是一个机构大举买入的股票,机构买入之多超越了证监会规定的上限,以至于证监会通报批评了几个基金,我们从成交席位上来看一下海天味业被机构大举买入的盛况:

2014年02月11日
证券代码:603288　　证券简称:N海天

买入营业部名称:累计买入金额(元):
(1)机构专用86063570.80
(2)机构专用80396423.00
(3)中信证券(浙江)有限责任公司宁波中山东路证券营业部18029311.20
(4)机构专用12777354.90
(5)申银万国证券股份有限公司上海瞿溪路证券营业部12421458.04

卖出营业部名称:累计卖出金额(元):

（1）国泰君安证券股份有限公司上海江苏路证券营业部51765169.99

（2）中信证券股份有限公司武汉徐东大街证券营业部11737894.00

（3）国信证券股份有限公司上海北京东路证券营业部4867241.70

（4）长江证券股份有限公司上海宁波路证券营业部2464745.30

（5）中银国际证券有限责任公司上海欧阳路证券营业部2094777.00

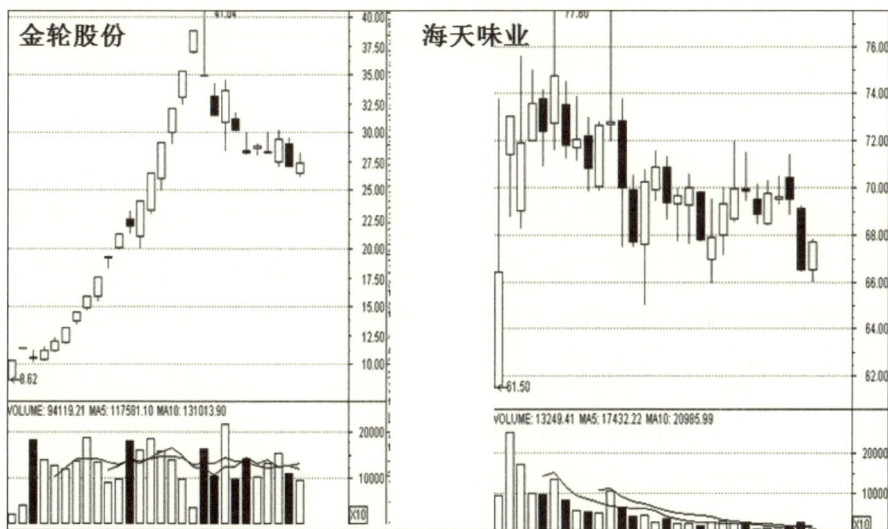

图 6.7　金轮股份和海天味业的走势图

　　海天味业遭到机构的疯抢，但是海天味业再也没有充当龙头股的命运。从图 6.7 可以看到，海天味业的走势图可谓不死不活，是典型的鸡毛行情；而没有机构参与，仅仅是游资主导的金轮股份，与海天味业同期上市，命运却迥然不同，金轮股份带领次新股一路狂奔，充当了次新股行情的领头羊。

　　当然，非基金也不是绝对的，龙头股标的物的选择是尽量倾向于机构席位少的、基金不能控盘的，尽量避免基金经理猪脑袋搞乱民间资金对龙头股血雨腥风的炒作计划。游资要找的是容易进出的"处女盘"。

另外，基金和公募机构也会策划一些龙头股，但这已不是一般意义的龙头，而是按照价值投资角度选出来的龙头，而且那也是只发生在行情极度火热的时候，比如，2006 年工商银行，2007 年中信证券和招商银行。只有大盘在单边上扬趋势中，基金和公募机构才会与龙头有缘，其他绝大多数情况下，基金是缺席龙头股的，至少，基金不主导龙头股。真正主导龙头股的是游资、是民间资金。在很多情况下我们也可以在龙头股中看到基金的身影，那是机构被动参与，而不是主动发起，或者说基金只是打酱油而已，游资才是龙头股的灵魂。从广义上来说，龙头股分为游资主导型和机构主导型，前者在 A 股最常见，后者在 H 股和国外最常见，因为国外是机构投资为主，腾讯控股就是典型的机构主导型龙头。

总之，民间资金是龙头股的发起人、总导演、策划者、主心骨、中流砥柱，机构顶多是附和者；即使机构偶尔主导，也是"迫不得已"，即便如此，游资也尽量在其中推波助澜，抢占风头，比如，2007 年的吉林敖东、辽宁成大、驰宏锌锗、都市股份等。

一旦基金掌握了龙头股的话语权，龙头股的龙性也会慢慢变化，其风格从凌厉变为四平八稳，比如，2007 年的航空股龙头中国国航就是典型的机构主导型龙头，其走势已无翻江倒海之风骨。而且，一旦基金制造一个龙头股出来，游资一定会再另立一个更加凶猛的龙头股。比如，2009 年下半年，禽流感题材往纵深发展，机构策划一个华兰生物，这是一个新龙头，游资看到机构这样做，立即重新策划一个海王生物出来，其走势比华兰生物更凶猛凌厉，特别是第二波的时候。这种情况非常常见，2010 年稀土题材横空出世，机构大举建仓包钢稀土，这个股是机构操控的龙头，游资看到此情立即策划了中钢天源和广晟有色，其走势比包钢稀土狠得多；2014 年国有企业混合所有制改革题材诞生，机构选择中国石化作为龙头，游资马上拥立泰山石油为新龙头。无论何时，游资都不甘落后，因为屌丝是最勤奋最有进取心的人，民间资金永远都在为自己找出路，赚钱的欲望比任何机构都强烈。

还有一种特殊的情况，游资和机构同时看上一个股，它们共同导演一个龙头。这是股市里的奇观，其表演会相当瑰奇壮丽。如果某个题材太震撼太有想象力，而最正宗的受益者又是基金重仓股，游资就会抛开心理负担直接在太岁头上动土，选择基金重仓股作为龙头。这种局势下游资是豁出去了，因为题材太好了，管不了那么多了。2013 年上海自贸区龙头股上港集团和陆家嘴、2009 年软件题材龙头中国软件、2009 年基础建设龙头山河智能、2007 年证券股龙头国金证券吉林敖东、2007 年行业股龙头中国远洋、2006 年有色金属龙头山东黄金，等等，都是游资在机构头上动土，直接在机构重仓股上面策划龙头股行情。这种壮观一旦出现，我们要敢大胆参与，这种情况说明大家劲往一块使了。

在这里我强调一下，我说的民间资金和游资并不是散户资金，而是非公募基金，具体有：私募、大户、煤老板、游资、企业理财资金、证券公司自营盘、某些公司的资产管理部门，甚至包括一些以游资风格操作的公募基金。而我说的公募机构和基金是指被证监会严格监管的以价值投资和长期投资为准绳的机构，它们包括：公募基金、社保资金、封闭式基金、保险资金、QFII，等等。

（2）身世之二：题材正统、受益正宗

这个问题可以用古代的皇帝继承制来类比，古代主要有两种立嗣制度，一是立长制，一是立贤制。立长制规定长子是合法继承人，立贤制是从贤能中选拔继承人。后来立贤制慢慢让位立长制度，因为怎么判断"贤"是个伪命题，老皇帝喜欢谁就可以说谁是最贤能的。朱元璋那么喜欢朱棣，他都没有立朱棣为太子，而是选择长子立嗣。当然，清朝在一定程度上又恢复了立贤制度，比如，康熙就选"四爷"雍正为皇帝继承人，即使如此，立长还是不敢轻易改变。在民间，人民群众受儒家文化影响比较深远，长子文化一直是正统。无论立长还是立贤，都有一个大前提，那就是立嫡不立庶，立亲不立远。《大秦帝国》里就有一幕，秦献公在去世之前，有一番嫡庶之论，最终嫡公子嬴渠梁继承王位。

6

龙头股篇：擒贼先擒王

皇帝继承的核心思想是：正统优先，嫡优于庶，以长为主，贤能兼顾。皇帝选继承人的时候可谓煞费苦心，我们看《雍正王朝》就知道，康熙晚年的主要政治任务就是选太子。其实，这种难度和我们在股市里选择龙头股有得一比。龙头股堪比股市里的皇帝，我们选龙头股就是选谁当皇帝。选择太子需要正统正宗，选择龙头股同样也需要正统正宗。

正统、正宗，这是龙头股的血脉基因。选择龙头股关键就是要选择正统题材、受益正宗的股票。怎么理解？也就是选择热点中的热点，题材中的最题材，同时在最题材中选择受益最大最明显的股。比如，互联网题材中，腾讯控股是最正宗的；股指期货题材中，中国中期是最正宗的；虚拟信用卡题材中，中信银行是最正宗的；自贸区题材中，外高桥是最正宗的……所以它们都是那个题材的龙头股。正宗正统意味着嫡系和长子，是龙头股最关键的基因。

当一个题材来临时，我们要能从基本分析的角度去选择最大受益股。所以，我们要懂基本分析，要会研究基本面，要懂得企业的主营业务、了解企业的商业模式、了解企业财务状况。有的技术分析流派看不起基本分析，有的短线交易客也不屑于基本分析，这是很不对的。在炒龙头股的时候，如果不懂得基本分析，不会研究题材与个股的关系，会吃大亏的。每个题材来临的时候，我都会认真地分析基本面，找到尽可能多的研究报告来读，这样再参与龙头股炒作，就全面多了。比如，2013年自贸区行情来的时候，如果不了解自贸区与上海股的关系，不能分析谁从自贸区中最大受益，你很难选出上港集团、外高桥和陆家嘴，即使你选择对了，也是股价涨了一大截后才蒙上的。

了解基本面就是为了分析谁最正统最正宗，这些不是简单的K线能告诉我们的。比如2013年，国家主席习近平提出中国梦，这个大概念怎么与股市发生关系？如果缺乏对基本面和中国经济的认识，你很难选。此时，有个私募给我展示了他的思路，看看它们的基本分析功底有多深：中国梦的关键是文化，因为经济发展无法保证意识形态，实现中国梦的重任一定会放在文化上，而与A股相关的文化股，绝对不是简单的出版社和传统的文化公司，一定是与最先进的技术互联网相关的，这样一选择，奥飞动漫、掌趣科技、华谊兄弟、中青宝就必然入选，然后再从中去观察谁最可能被大资金推动，这样就缩小了选择范围，龙头股很容易就浮出水面。如果缺乏分析基本面的功夫，我们几乎是很难选到这四只股，顶多是等这四只股涨得差不多了，再去赚两个鸡毛蒜皮的小钱，把握不住大行情。

很多人喜欢索罗斯，以为索罗斯是投机的典范，不重视基本面。错了！恰恰相反，索罗斯对基本面分析的研究非常深，不亚于巴菲特。当年索罗斯狙击东南亚，是提前派了很多研究员到东南亚调研，再与一些政要反复交换看法，并暗中观察了很多东南亚企业和经济数据，才发动狙击战的。索罗斯在英国伦敦经济学院的经济学老师是 1977 年诺贝尔经济学获得者 John Mead（约翰·米德），即使索罗斯没有认真学经济学，在诺贝尔经济学获得者课堂上哪怕是旁听，也会培养足够的经济学素养，至少也会比很多标榜的所谓价值投资者对基本面分析的要深。最近我看了很多关于索罗斯的文章，特别是他关于黄金的论述，关于欧洲债务危机的论述，还有最近在 2013 年他关于日本的安倍经济学和日元的论述，那都是相当深刻的，比很多经济学家深邃多了。

题材正统受益正宗是一个复杂的考量，通常意义下它是龙头股最重要的选择标准，但在另外一些时候，它又有可能不重要。怎么理解？有时候，题材纯正的股由于盘子太大，或基金把持、或股价太高、或者民间资金很难与公司高管建立"关系"，主力会弃之不用，另外选择一个看起来是"擦边球"的股票来炒作。所以，有些时候"二狗子"被推为龙头，一点都不奇怪。比如，禽流感来临时，莱茵生物不是最受益的，但它是龙头；2010 年稀土概念后期龙头中钢天源，它也不是最受益稀土涨价的；海虹控股与互联网有半毛钱的关系吗？它照样是 2000 年的互联网龙头；北辰实业同样不是奥运会最大受益股，它却是最疯狂的龙头。这时候，题材只不过是主力策划一个龙头股的幌子罢了，主力要的不再是最正宗的题材，而是好操作好控制的傀儡。如同古代挟天子以令诸侯，再谈什么嫡庶，还有意义吗？

所以，题材正统重要，但又不能机械化。有些情况下，题材正统又会误导我们。我们经常说某某股才是最受益最正宗的股，但是市场就是不买账，而

6

龙头股篇：擒贼先擒王

看起来和题材仅仅是沾了个边的股，居然受到市场的追捧。这个时候不要愤愤不平，"私生子"、外来种（秦始皇是典型的例子）抢占了嫡长子的位置，这也不是没有可能。就像武昌起义后黎元洪被推为革命军领袖，他和革命有半毛钱的关系吗？

题材这笔账，有时候能算清楚，有时候是笔糊涂账。不过，大多数情况下我们要算清楚这笔账，因为炒龙头就是要炒市场的认同感，即使是市场不选择题材最正统的股，也一定会选择与正统题材"沾亲带故"的股，题材总是会被拿来说事，任何主力都不会彻底抛弃题材去选个毫不沾边的股。

（3）身世之三：小盘

小盘是龙头股又一身世。

这里所说的小盘是指流通盘小，易于控制。龙头股是以民间资金为主，必须是小盘股才适合操作。总盘子小的股票，容易让资金翻江倒海，很多不可一世的龙头股都是小盘股，比如，全聚德、莱茵生物、潜能恒信、云意电气、杭萧钢构、万向钱潮、吉峰农机、金轮股份、众信旅游、大众交通、S前锋等。有的股票总盘子大，但流通盘比较小，也可视同小盘股看待。根据我的统计，绝大多数龙头股都诞生在小盘股中，特别是次新股，由于限售股原因，流通盘其实很小，所以我们经常看到次新股充当龙头股角色，比如西部矿业、壹桥苗业。

也有大盘股充当龙头股的时候，但是不常见。即使是大盘股充当龙头股，其涨幅也无法做到小盘股那样无法无天，比如，工商银行曾充当过龙头股，但涨幅比较有限，仅仅100%而已；上港集团、中国远洋、中国铝业、中信证券、武钢、万科、招行等大笨象都曾是某个阶段的龙头，但涨幅也仅仅1~2倍，不会像海虹控股、莱茵生物、全聚德这些小盘股一样，动辄上涨三四倍。

大盘股充当龙头股大多在指数行情的时候，而指数行情在A股中历来是很少见的，所以通常情况下，我们还是从小盘股中来选择龙头股。

（4）身世之四：IPO次新

次新股是指刚刚IPO上市的股票，后面我们会有一章专门讲怎么操作次新股的。这里引出它，主要是龙头股与次新股有不解之缘。

一般而言，当一波行情来临的时候，主力喜欢选择次新股充当龙头，比如，壹桥苗业、北辰实业、全聚德、吉峰农机、金轮股份、西部矿业、北新路桥、宁波银行，等等。只要次新股与当时流行的题材有关，往往都有可能被主力相中去充当某个题材的龙头。

为什么？

首先，干净。次新股刚刚上市，没有那么多沉淀筹码，没有基金和机构的提前潜伏，属于"处女盘"，是纯的，这是其成为龙头股得天独厚的资源。

其次，流通盘小。次新股有大小非锁定，实际流通盘很小，易于控制。

再次，喜新厌旧是人类的本性，次新股给人耳目一新的感觉，容易激发人气。

所以，历来我都比较重视次新股，不是我喜欢次新股的新鲜劲，而是我深知这个群体卧虎藏龙。

（5）身世之五：低价

低价是龙头的沃土，牛股喜欢从低价中来。要保证炒作2~3倍后还能吸引跟风盘，完成整个操作，股价不能太高。低价的股至少人们在心理上容易接受。我们来观察下最近几年一些典型的龙头的价格：

莱茵生物是13元左右起家；海王生物是7元左右起家；太行水泥是2元左右起家；北辰实业是3元左右起家；中国软件是9元左右起家；浪潮软件是7元左右起家；北新路桥是15元左右起家；吉峰农机是28元左右起家；大众交通是10元左右起家；罗顿发展是6元左右起家；全聚德是34元左右起家；西部矿业是25元左右起家；金轮股份是9元左右起家；万向钱潮是5元左右起家；上港集团是2元左右起家；外高桥是15元左右起家；中青宝是10元左

右起家；奋达科技是 10 元左右起家；潜能恒信是 8 元左右起家；工商银行是 3 元左右起家；在香港上市的互联网龙头腾讯控股是 3 元左右起家。

可以明显地看到，龙头股起步时其起家价格都不高，最高的是 34 元左右，最低的 2 元左右，如果做个平均，应该在六七元吧。这是一个很好的发现，这为我们选择龙头股提供了很好的参考。我们尽量多选价格低的，少选价格高的。

（6）身世之六：地域独特

龙头股有些神秘的身世，地域因素就是神秘因素之一。我说不清为什么，但我发现一个规律，有些地区的股票容易成为龙头。

一是北京、上海、深圳，中国经济的心脏，这三个地方的股票容易成为龙头股，或者说这三个地方诞生的龙头股最多，比如，北辰实业、北京旅游、工商银行、全聚德、陆家嘴、外高桥、深深房、深发展、万科、腾讯控股，等等。

二是少数民族地区，特别是新疆、西藏、青海、云南、广西，这些地区的股票容易诞生龙头股，比如，西部矿业、北新路桥、云南铜业、驰宏锌锗、莱茵生物，等等。

这是一个神秘奇怪的因素，如同中国古文化中的风水之说，好像这些地方有龙脉，容易出真龙天子。

北京、上海、深圳，大家炒的是它的经济地位；新疆、西藏、青海、云南、广西，大家炒的是它的神秘。当然，这个身世不是很必然，也许是巧合，但这些地区确实有"真龙天子"运。

游资身份、题材正统、流通盘小、低价、次新、地域独特，有这六种身世的股具有龙头股的"命"。当行情来临时，主力喜欢选择这种身世的股票充当龙头，就如同皇帝临死的时候喜欢选这样的皇子接班。其中，游资主导和题材正统是核心，低价和小盘是先天优势，次新股和地域因素是锦上添花。游资和题材是战略因素，低价和小盘是战术因素，次新和地域是策略考量。用图可以如下表示（见图6.8）。对我们而言，资金性质和题材秉性是龙头股的核心，这两点往往直接决定谁是龙头股。但是，通常情况下，我们会参考股价和流通盘，如果股价不高，流通盘适中，我认为成为龙头股的概率就非常高，应该引起我们的高度关注。至于次新股和地域因素，这是可遇不可求的，属于意外之喜吧。如果我们选定的范围正是特殊地域并且是次新股，那当然更好，如果不是，也没有关系。就像当太子，血统和老皇帝喜欢是最重要的，至于长得帅不帅，可遇而不可求。

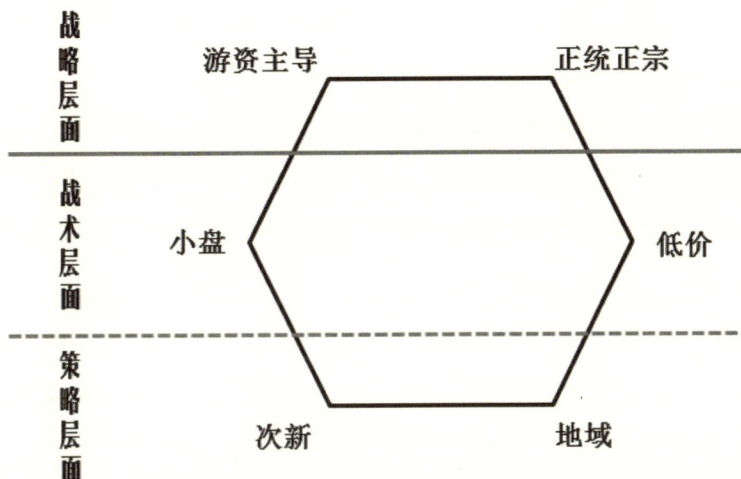

图 6.8　六种身世的直观图

当然，成为龙头也不一定要全部具备以上六个方面，即使具备以上六个方面也不一定就是龙头股，就像你是龙子也不一定就能成皇帝。但是，具备以上六种身份机会会大很多。具备以上六种身份，至少就具备了龙头股的"命"，至于能否最终成为龙头股，还要有"运"。命是股票本身的特质，运是市场博弈中的选择。

龙头股的属性和龙头股的身世，基本上可以帮我们选出龙头股。但这还是我们事前的预估，至于最终能否成为龙头股，还要看关键的一环：市场。

6

龙头股篇：擒贼先擒王

6.6 龙头股的江湖地位谁说了算？

龙头股的江湖地位谁说了算？谁给龙头股颁准生证？我的回答是：

——市场！

市场是龙头股的最终裁判。很多人说，这个问题重要吗？如果不在这里单独提出，你也许觉得不重要，但是在股市的实盘交易中，这个问题极其重要。原因只有一个，噪音太多。

我们都希望选股不受别人干扰，但偏偏又控制不住去倾听别人的意见，能够不受股市噪音影响的人几乎没有，大师也不例外，索罗斯当年在纳斯达克高点买互联网股，也是受了噪音影响。

很多股民有种心理：哪怕自己很有把握的事，也要和别人探讨一下，从别人那里去获得印证。这是人内心脆弱的表现，证券投资机构正是摸准了股民的这个心理，所以经常放烟幕弹。

最容易忽悠人的是基金经理，其次是证券分析师，再次是媒体评论人，我们经常看到他们写文章做报告，说某某是龙头股，好像龙头股跟他是亲戚似的。不信大家打开报纸，只要有行情，关于谁是龙头股的说法都不绝于耳。也许你会说，我不信就是了。问题是，钦定龙头股的人也许恰恰是你最崇拜的人、你最崇拜的机构，或者非常权威的经济学家，你能不动心吗？巴菲特、索罗斯、王亚伟、中金证券首席分析师、国泰君安策略分析师，如果他们钦定的，他们说谁谁谁是龙头股，你难道会不受影响？

这都是股市噪音。

事实上，他们钦定的也不算。这些人所说的龙头股，很多是指基本面龙头；即使他们指的是炒作型龙头，也只是猜测，能不能成为龙头还要市场最终裁定。

我们要按照龙头股的属性和身世的标准去选择龙头股，而不是看别人的观点。即便如此，我们还要等待市场的裁决。除此之外，其他任何猜测和道听途说都不足信。

6.7 从技术面寻找谁是龙头股

可能有人说，为什么总去谈怎么找龙头股？因为这太重要了。选龙头股就如同古代的大臣押宝太子，选择的对错事关路线和未来，炒作龙头股的最关键前提就是选对龙头股。

我们在本篇开始的时候就提到，在有些情况下，龙头股很好选，一眼就可以看出来，但在其他情况下，龙头股又很难选，特别是一波行情刚开始的时候，大家都在上涨，精准地选对龙头股是相当难的。比如，2009年禽流感来临的时候，生物医药股同时爆发，龙头股淹没在一片喧闹之中，没有几个人能准确地看出龙头股就是莱茵生物。我反复地从不同角度介绍怎么去寻找龙头股，就是希望大家练就一双"火眼金睛"，能够在实战中准确无误地选对龙头股。

其实，龙头股走出来之后，它又是很清晰的，但那时价格已经很高，风险开始临近，我们有没有办法在龙头股还是雏形的时候就准确地辨识它？当然有。这正是我的龙头股战法重点研究的内容。上面介绍的龙头股概念、龙头股的属性和龙头股的身世，是从本性上去辨别龙头股。下面，我再从技术走势的蛛丝马迹上来辨别龙头股。

（1）技术走势凌厉、凶猛、漂亮

表现在K线组合上就是干净利索；表现在分时图上就是凶猛；表现在成交量上就是急剧放大。当一波行情来临的时候，我们可以从以上技术特征去寻找龙头股。

首先来看K线组合，K线组合图持续强势且干净利索，看起来行云流水，没有反复的上下影线。

举个例子。图6.9是吉峰农机和大禹节水的走势图，它们是第一批创业板股票，同日上市，我们可以清楚地看到，吉峰农机的K线走势流畅得多，几乎是完全的45度角上升，而大禹节水先洗盘八天，然后才进入上涨周期。一对比，很明显吉峰农机更强势更凌厉，后来的事实也证明吉峰农机是龙头。

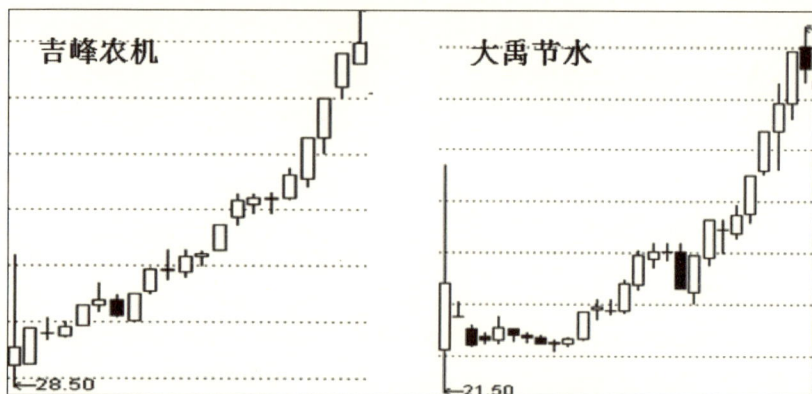

图 6.9　吉峰农机和大禹节水的走势图

　　再来看分时图，分时图走势凶悍、给人气壮山河的感觉，这种股才容易成为龙头股。这和 K 线组合不一样，K 线组合是相对宏观的东西，是一系列的 K 线给人的感觉，而分时图是相对刹那间的东西，是短短的一天的走势。我这里说的分时图气壮河山是指刚刚启动时的那一天或者是那几天的分时图，而不是所有的分时图。只要在关键的某一天出现气壮山河的分时图，都可以作为龙头股的判断依据。需要注意的，一定是关键时刻的分时图，比如，启动的那天，启动的第二天，第二波的第一天。第一天和第二波的第一天容易理解，为什么启动的第二天也算关键一天呢？因为在很多情况下，新闻和消息会直接刺激股价集体上涨，第一天的走势都很凌厉很难分辨谁最强，这种情况下，第二天的走势就很重要，只有第二天的分时图继续强悍，才具备龙头股的风范。我们来看几个图例。

　　图 6.10 是几个龙头股关键时刻的分时图，其走势非常凶悍，可谓横扫千军、气壮山河，这就是龙性在分时图上的表现。我在选龙头股的过程中，当其他条件都相差无几时，我会选择在关键时刻能走出这种气壮山河分时图的股票。

　　同时，分时图中的涨停板开盘、一字板以及大幅高开都是分时图强悍的表现。越强悍越具有成为龙头股的潜能。

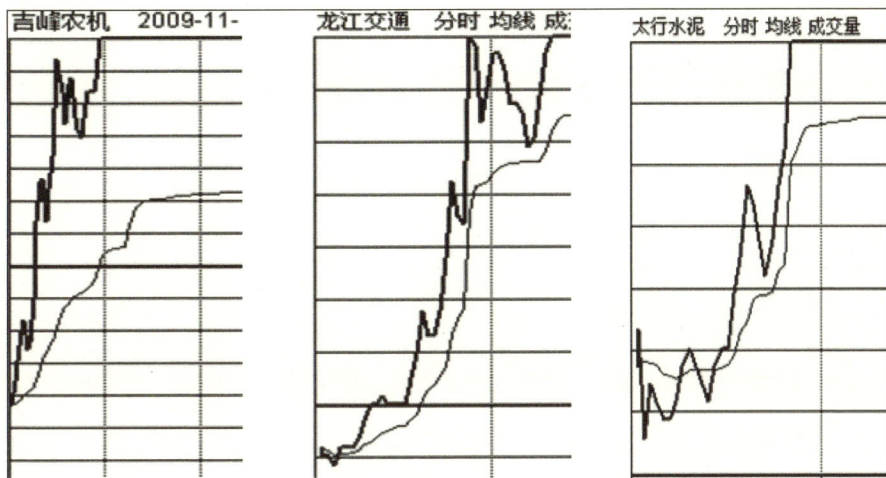

图 6.10　吉峰农机、龙江股份和太行水泥关键时刻的分时图

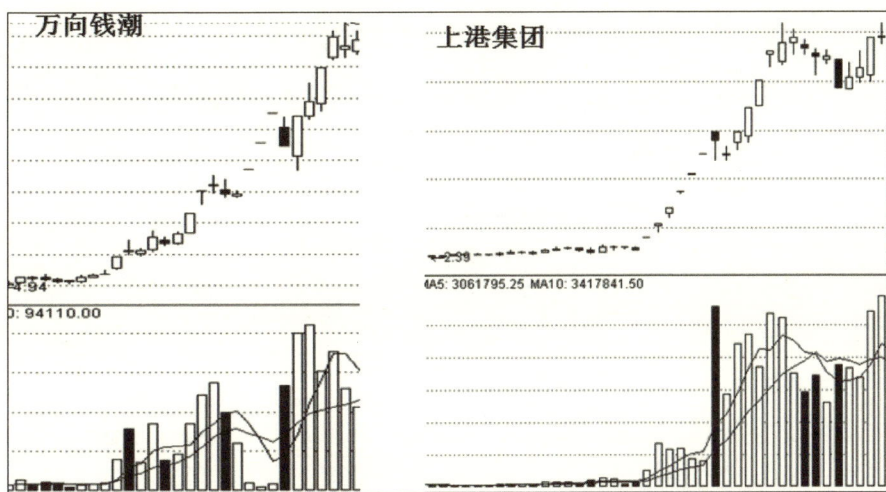

图 6.11　万向钱潮和上港集团的走势图

　　龙头股还有一个表现，就是成交量持续放大。从图 6.11 我们可以看到，万向钱潮和上港集团一旦成为各自板块的龙头股，其成交量就急剧放大，我们

可以直观地看到这两个龙头股的成交量是平时的 10 倍、20 倍以上。与成交量相伴而生的还有换手率，成交量大换手率也跟着放大，换手率大又进一步推动成交量放大，火借风力，风助火势。

K 线组合、分时图、成交量和换手率会透露龙头股的蛛丝马迹。我们可以通过这些特征来判断谁最有可能成为龙头股。也许单一的表现不是很确定，但当这些指标共同指向一个股时，那个股成为龙头股的概率就会很高。

（2）洗盘点到为止

从技术图上看，洗盘短暂且点到为止的股票成为龙头股的概率大。具体表现在两个方面，一是时间上很短，也就几天；二是空间上很窄，不会大幅下跌，其中后者最明显。

空间窄是最关键的，龙头股不容许出现巨大幅度的洗盘，如果一个股出现巨大幅度洗盘，说明它还没有做好充当龙头股的准备。龙头股是热点中的热点、是题材中的最题材，它是市场明星，它的技术走势最大的特点就是一个字：涨。这决定了它的洗盘一定是蜻蜓点水，点到为止。

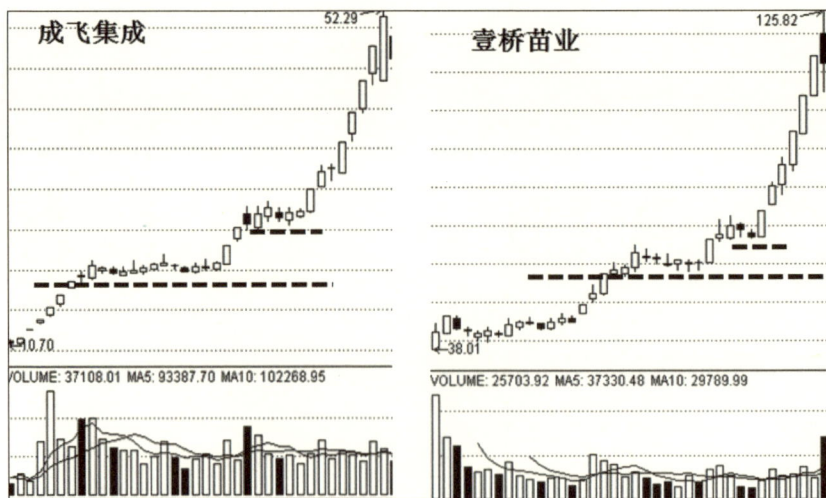

图 6.12　成飞集成和壹桥苗业的走势图

我们来看图 6.12，这是锂概念龙头成飞集成和次新股龙头壹桥苗业，我在图中已用虚线标出它们洗盘的位置，可以看到，它们洗盘的空间都很小，洗盘的幅度都在 15% 以内，所谓的洗盘也仅仅是蜻蜓点水。当然，偶尔也会见到龙头股在洗盘的时候出现跌停，但是敢于以跌停方式洗盘的龙头股，其洗盘时间一定短，往往是一天，最多是两天。大多数情况下还是小幅洗盘，洗盘的时间也不会太长。还是看图 6.12，这两个股都经历过两次洗盘，第一次洗盘时间相对长一些，第二次洗盘就很短。龙头股在最大行情启动之前会有稍微长一点时间的洗盘，一旦其进入最大行情，洗盘就短了，有时是一天完成，最多不能超过一周。

龙头股的洗盘为什么点到为止，这是龙头股的本性。龙头股本身就是行情的最大阶段，是行情的高潮，是多头的彻底宣泄，是洗盘之后的拨云见日，它本身是拒绝进行大幅度洗盘的。如果我们在一波行情中看到某个股来回洗盘，可以直接把它从龙头股的备选中删除出去。懦夫永远没有资格当龙头股！

一般而言，龙头股的洗盘以 A 浪的 0.618 为限度，最低不能击穿 A 浪的 0.5。偶尔也有龙头股洗盘不温柔不蜻蜓点水，甚至还有点凶猛，但是稍后龙头股必然会以更凶猛的涨幅来回敬凶猛洗盘的耻辱。

（3）马不停蹄分秒必争

龙头股有个特点，那就是给点阳光就灿烂，抓住机会就飙升，给人感觉是恨不得寻找一切机会来展示自己。龙头股对上涨的渴望就如同禾苗对雨水和阳光的渴望一样，上涨是龙头股天然的本性。龙头股本性桀骜不驯，总是按捺不住上涨的欲望。表现在盘面上就是马不停蹄、分秒必争。反过来讲，如果某个股在行情容许的情况下还不涨，如果大盘企稳了还不急于上升，这个股肯定不是龙头股。因为龙头股的特质是在大盘刚刚站稳甚至还没有完全站稳之际，在风险即将释放完毕，提前暴动，龙头股永远不会落于人后。

一开始发现龙头股是个急性子的时候，我还不了解其中缘由，只是盘面告诉我龙头股性子烈。越到后来我越发现龙头股的这个特征明显，有的龙头股不等大盘企稳就急于上涨，有的龙头股只要给个机会就迅速涨停。我反复思考这个现象，后来明白了。龙头股的根本属性就是领涨，当带头大哥责无旁贷。如果没有打头精神，那还叫龙头股吗？毛主席写过一首诗，叫《咏蛙》，全文是：

独坐池塘如虎踞，绿荫树下养精神。

春来我不先开口，哪个虫儿敢作声？

蛙的这种精神和龙头股的龙性就很相似，敢于第一个"开口"，有打头精神。只不过龙头股除了"第一"精神之外，还有迫不及待的胃口，它要马不停蹄、时不我待。我举个例子：

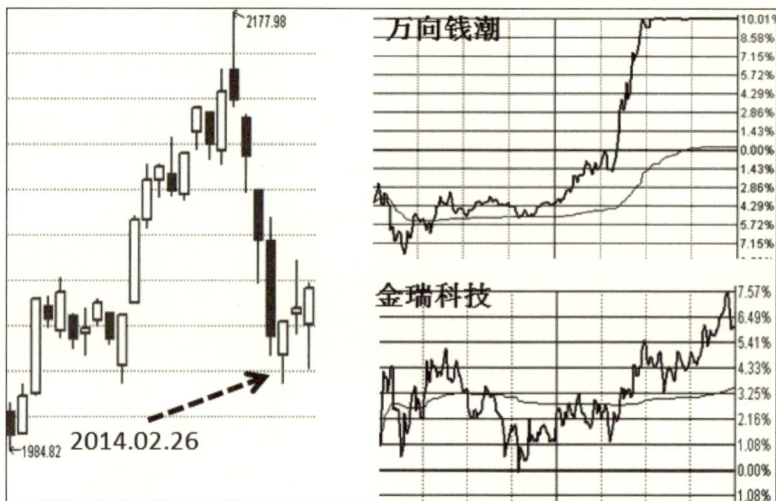

图 6.13　特斯拉概念股在 2014-02-26 的分时图走势

图 6.13 是 2014 年 2 月 26 日的大盘、万向钱潮和金瑞科技的走势，当时的背景是这样的，特斯拉概念是热点题材，其中金瑞科技、万向钱潮走势最

凶，二者都走出一波凌厉的走势，后来大盘暴跌（见左边的 K 线图），特斯拉股票也跟着下跌。等到 2 月 26 日，大盘企稳，当天收个带下影线的阳线。此时是观察龙头股的时候了，哪个股敢于分秒必争，哪个股就最可能成为龙头股。我们看图 6.13 右边的分时图走势，上面的是万向钱潮，下面的是金瑞科技，很明显万向钱潮分秒必争，它抓住大盘短暂反弹的瞬间把自己的股价拉到涨停。事后也证明，特斯拉第二波的龙头股正是万向钱潮。

龙头股是受不了落于人后的，我们前面说过龙头股就是皇帝，它不可能让"大臣"抢走自己的风头的。龙头股是股市里的不死鸟，只要有机会它总是第一个跳出来翱翔蓝天。

技术走势漂亮、洗盘点到为止、涨起来分秒必争构成了龙头股的三大技术特征。这就是龙头股在技术面的蛛丝马迹，我们可以通过这些细节来抽丝剥茧、顺藤摸瓜地找到龙头股。当一个股在技术上具备这些特征越多越明显时，它就越有可能是龙头股。

6.8　龙头股花落谁家

通过这么多的铺垫和准备，我们现在终于可以来个一锤定音：这就是龙头股！综合以上的论述，首先我们把选择的目光锁定在热点和最题材中，然后找出其中的领涨股，同时我们要参考龙头股的内涵，对照龙头股的属性和身世，最后再通过技术面和市场反映来验证，当把以上所有的程序都走完，全部符合以上几点、或者说最接近以上几点的股票就是龙头股！

这就解决了困扰我们的最大难题：如何在行情早期就辨认出龙头股？龙头股事后看一目了然，很多关于龙头股的理论都是事后诸葛亮，属于事后解释，我们要的是当行情进行中怎么选中龙头股。以上我的努力都是为了解决这个问题。

第一步是把目光锁定在热点和最题材上，从当前最耀眼的题材上去选择龙头股。这样我们就把范围缩小，提高了命中率。

第二步是对照龙头股的内涵寻找其外延。内涵就是领涨，根据这个特性来寻找，凡是具有领涨气质的股票，都列入龙头股的观察范围。

第三步是从龙头股属性上去验证，观察人气如何？资金介入如何？涨幅如何？是否耐打击？是否超预期？

第四步是从龙头股的身世上去追根溯源。具有游资性质、题材正宗、小盘、低价这些身世特征的优先入选，如果再诞生在特殊的地域而且又是刚刚上市不久的股票，那就更好了。

通过这样层层筛选，基本上就可以把选股范围缩小在三到五个股之间，甚至就可以直接选出龙头股了。为了确保万一，还必须看看市场是否买账，还必须通过技术走势的蛛丝马迹来最终选定龙头股。

以上五步基本上就可以在行情初期选出龙头股，有时候不用走完这五步就已经心里有数了。当然我在这里给出的是个大概率的判断，至于最终是不是真的龙头股，还有运气的成分。当我在炒龙头股的时候，一般都是根据这个步骤来选择，可以说这个流程已经很完美了，人力所能做的我全做了，剩下的就看天了。

我们可以通过图6.14来看清楚龙头股的逻辑图，如果把龙头股比喻成真龙天子，它是一步步"登基"的，首先要有民意基础，必须在热点和最题材中产生；还必须符合领涨的内涵；还必须具有地地道道的龙性，同时是"龙门"身世，最后还必须接受市场的洗礼和裁决，最终才能成为龙头号令天下。

到这里，我的寻龙游戏才算结束，也可以把以上的方法称之为寻龙诀吧。下一步就是如何介入和操作龙头股了，在这之前，我还需再来厘清几个概念和几组关系。

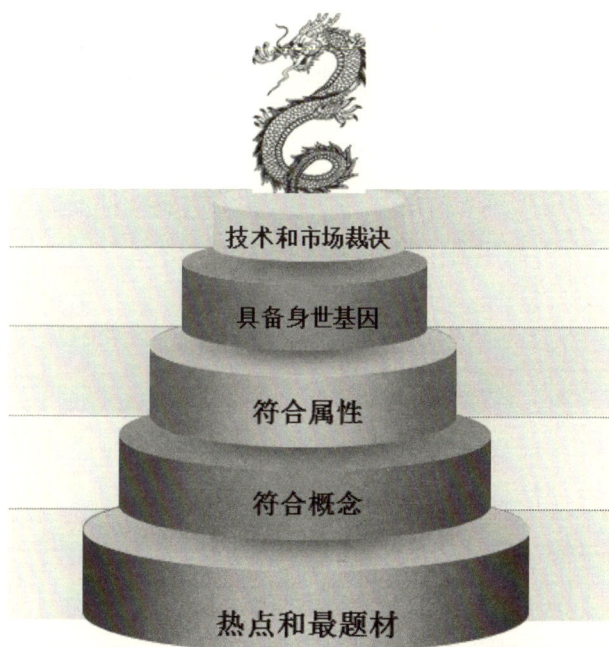

图 6.14   "真龙天子"诞生图

6.9   龙头股与妖股

除了龙头股，还有妖股之说。在这里有必要把这两个概念交代清楚。

妖股其实也是龙头股，它是龙头股中的龙头，是龙头股中的奇葩，是龙头股中最不按章法最无法无天的股。一般的龙头股是领涨的股，不过它再领涨都有一个限度，都受制于题材的想象力和大盘的背景，但有一种龙头股几乎完全不考虑这些因素，而是作为一个纯粹炒作工具存在，也可以说是主力洗钱的道具，这种股为了炒作而炒作，我把之称为妖股。妖者，百炼成精者也。妖者，不食人间烟火者也。当一个股完全不按逻辑来的时候，它就离妖不远了。

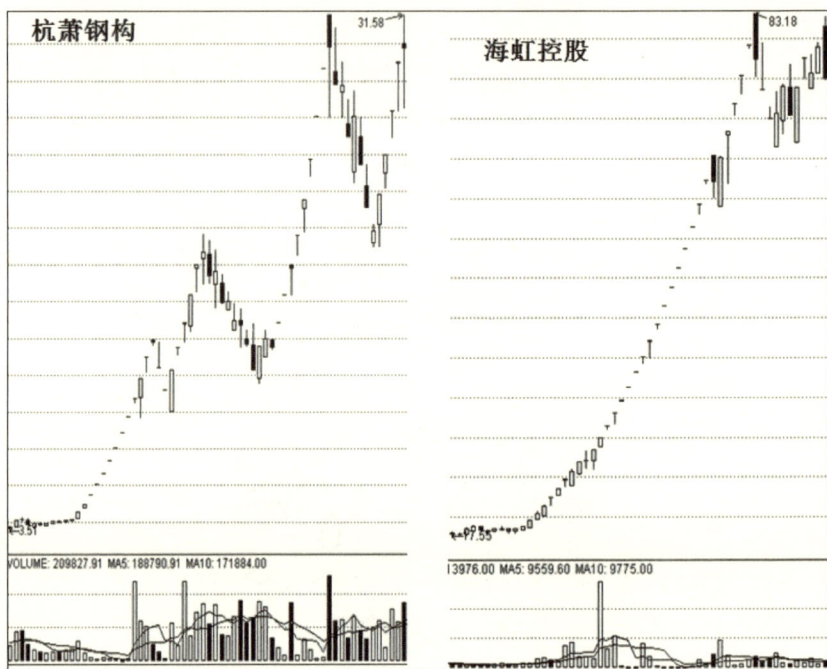

图 6.15 杭萧钢构和海虹控股的部分走势图

图 6.15 是杭萧钢构和海虹控股走势图，这两段的走势图是典型的由龙成妖图形。这个时候，它俩已经不是简单的股票，而完全嬗变为炒作工具和符号，这个时候它叫什么名字、它有什么基本面已经不重要，重要的是主力要借它之身进行无尽地宣泄。

一般的龙头股有所顾忌，而妖股完全没有顾忌。所以，如果发现妖股，我是非常开心的。特别是像海虹控股这样的千年老妖，这是地道的印钱机，可以说是千年等一回。在通常情况下，龙头股就已经具备稀缺性了，而妖股更是稀缺中的稀缺。当年禽流感题材莱茵生物也是一个妖股，创业板题材的吉峰农机也是一个妖股，2014 年次新股题材中的金轮股份也是一个妖股。

妖股秉承龙头股的基因，但它更夸张，它是占据天王山的龙头股。凡是适合龙头股的炒作方法都适合妖股。

6.10　龙大、龙二与跟风股

炒龙头股的过程中我还发现一个奇特的现象，那就是双雄现象，有两个股并驾齐驱同时带领其他股票前进。不过，双雄也不是绝对的平分秋色，总有一个比较强，一个相对较弱，强的我称之为龙大，弱的我称之为龙二。

比如，自贸区题材后期龙头就有两个，一个是陆家嘴，一个是外高桥，其中陆家嘴是龙大，外高桥是龙二；禽流感题材后期龙头也有两个，一个是海王生物，一个是华兰生物，其中海王生物是龙大，华兰生物是龙二；2007 年黄金股龙头也有两个，一个是山东黄金，一个是中金黄金，其中山东黄金是龙大，中金黄金是龙二；2009 年基础建设也有两个龙头，一个是太行水泥，一个是山河智能，其中太行水泥是龙大，山河智能是龙二；今天中国互联网也有两个龙头，腾讯控股和阿里巴巴，其中腾讯控股是龙大，阿里巴巴是龙二。

如果说龙大是地地道道的龙，龙二也勉强称之为龙的话，那么跟风股就是一群彻彻底底的跟屁虫。跟风股是跟着龙头股后面的股，它们生活在龙头股的羽翼之下，一般情况也能有不小的涨幅，但是跟风股受不了利空的打击，跟风股容易在大盘变盘的时候倒戈投降。龙大、龙二和跟风股构成了股市的生态圈。

为什么在这里专门区分这三个概念？因为操作的需要。通常情况下，我建议首先交易龙大，如果龙大因为自我设限买不到的话，可以买龙二，龙二是很好的套利工具，但不要买跟风股，除非迫不得已。

首先看第一层关系，龙二是很好的套利工具。图 6.16 是上海自贸区题材的龙大和龙二在 2013 年 9 月 24 日的分时图，从图中我们可以看到，龙大陆家嘴几乎瞬间涨停，稍不留神就买不到，如果我们要参与到这个题材之中，可以通过买龙二外高桥来实现。外高桥当天的涨幅也是涨停，但是它有充足的时间可以让人买到。对于短线利润来说，买外高桥赚得还多些。这就是龙二的意义。

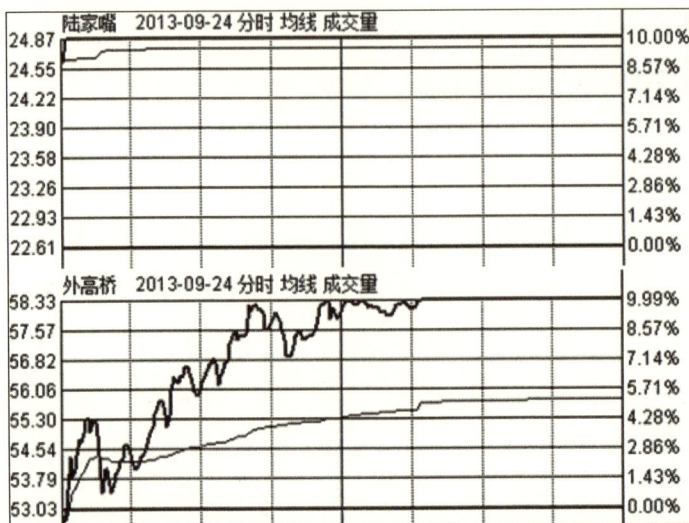

图 6.16　2013-09-24 陆家嘴和外高桥的分时图

第二层关系，不到迫不得已，不要买跟风股。是虫就成不了龙，我一般很反对买跟风股，因为跟风股容易被利空吓退。我以前不明白这个道理，看到龙头股已经涨高了不敢买，就买跟风股，结果龙头股第二天继续涨停，而跟风股第二天反而大跌。后来我给自己定个规矩，哪怕在涨停板上追龙头股也不在低位买跟风股。

我们可以在买不到龙头股的情况下，从其他股票身上套利，但是我们只能选择具备一定龙性的龙二股，不选择只有虫性的跟风股。

6.11　龙头股的切换

龙头股也不是一劳永逸、也不搞终身制，龙头股会切换。

我发现，在有些题材和行情下，龙头股会从一而终，行情从启动到结束就只有一个股充当龙头股；但另外情况下龙头股则不断切换。上海自贸区行情早期龙头是上海物贸，中期切换到上港集团身上，再后期龙头是外高桥，尾端的龙头又花落陆家嘴；禽流感早期龙头是莱茵生物，后期龙头是海王生物，尾声的龙头是联环药业。龙头股切换的例子比比皆是，这是龙头股的一个奇特现象。

那么，什么情况下龙头股从一而终什么情况下龙头股会切换呢？当然，会不会切换只有行情最终走出了我们才知道，但根据操盘经验和细心的观察，我发现事前会有端倪。在这里分享给大家：

（1）题材越大，越有可能切换龙头。大题材涉及面会很广，市场对题材的认知和挖掘有一个深化的过程，这个过程中对龙头股的选择也会出现变化，早期资金倾向于选择简单兼受益的股充当龙头，中期可能考虑题材正宗性的股票充当龙头，后期又有可能挖掘出低价股充当龙头。而且，大题材本身有不同的侧面，每个侧面都可能诞生龙头股，只是在时间上稍微有先后顺序。比如，互联网就是一个大题材，人民币升值也是一个大题材，还有股权分置改革也是一个大题材，它们的龙头股就反复切换，你方唱罢我登场。

（2）时间跨度越长越有可能切换龙头。时间跨度长了，龙头股新鲜感会降低，主力会迎合市场喜新厌旧的心理策划出新的龙头。比如，奥运会题材就是一个时间跨度很长的题材，我发现这个题材的龙头股也是切换了好几轮，第一批龙头是中体产业，第二批是北辰实业，第三批是西单商场，第四批是全聚德，第五批是中视传媒，最后一批是北京旅游。稀土题材的炒作也经历了一个很大的过程，这个过程中龙头股也是经历几轮切换，首先充当龙头的是包钢稀土，后来切换到广晟有色身上，再后来是中钢天源，再后来是太原刚玉，尾声时是永安林业。

（3）行情因素。行情越好，龙头股越容易切换。如果行情很差，是一个沙漠绿洲行情，或者是震荡行情和鸡毛行情，主力不会打持久战，也不会大面积开辟战场，集中精力做好一个龙头股就已经不错了，不可能切换龙头来炒作。而行情热火的时候，比如，单边上涨的大牛市行情，主力为了赚尽可能多的钱，一个龙头股往往满足不了胃口，主力会多制造几个龙头股，切换现象会比较常见。

6

龙头股篇：擒贼先擒王

总之，题材大、时间长、行情好是龙头切换的大背景，遇到这种情况我们要引起足够的重视，要对龙头股切换有足够的心理准备和应对方案。

龙头股切换后，旧龙头股还具备龙头股的属性吗？基本不具备，一个题材很难容忍两个龙头存在，一个天上不可能有两个太阳。龙头股具有垄断性、排他性和挤占效应，一旦某个股成为龙头股，除非切换掉，否则不会同时存在另外一个龙头股。根据我的观察，龙头股一旦切换，旧龙头立即会解散。稀土概念龙头股切换就是个典型的例子，广晟有色切换成龙头股，包钢稀土就不具备龙性了；中钢天源充当龙头股后，广晟有色也就相形见绌。拿最近的上海自贸区的题材来说吧，当上港集团切换为龙头后，旧龙头上海物贸就蔫了；而后期龙头股切换到陆家嘴身上后，上港集团又雄风不再了。龙头股的世界里顶多容许出现个龙二，绝不容许出现两个龙头股。龙头股一旦切换完成，旧龙头股都逃脱不了众叛亲离的命运，风光不再也。

为什么专门说下龙头股的切换？这涉及龙头股炒作的核心思维：捂住龙头股。下面我们会介绍，炒作龙头股最好的方法就是发现龙头股后第一时间介入，捂住不放。但是，如果龙头股切换了，我们还要捂住吗？我的观点是：谁是龙头股就捂住谁，当新龙头股出现时，我们就果断舍弃旧龙头拥抱新龙头。

所以，捂住龙头股也不是傻傻地买入龙头股一劳永逸，我们要敏锐地观察龙头股是否有切换兆头，一旦龙头股切换我们也必须跟着切换。这也是我在炒股思维中提到的重要思维：随机应变。

以上，我把龙头股的甄选和概念厘清工作已全部完成，下面就开始进入操作环节，研究一下到底该如何操作龙头股。

6.12 龙头股操作总诀：克服恐惧感，第一时间"亮剑"买入

我的总原则是，第一时间买入龙头股。

有人会说，每个人悟性和敏锐度不一样，发现龙头股的时间也就不一

样，发现早的人第一时间买入当然赚翻了，但发现时间晚的人就有可能被套。

这是正常人思维，也是误区。正是这个误区，让很多人对龙头股望而却步，仅仅停留在欣赏、观望、羡慕嫉妒恨的阶段，而无法进入真正的龙头股交易境界。

我曾把 2005 年后历史上重要的龙头股都拿来研究过，发现一个秘密：龙头股总是在大多数人发现它之后甚至所有人发现它之后，还敢在众目睽睽之下继续大幅上涨。也就是说，即使你很迟钝，你很晚才发现龙头股，依然不晚。就拿图 6.17 来说，这是广晟有色充当龙头股时的走势图，从图可以发现，即使当这个股走势已经很高了，你只要敢于介入它，它依然能给你带来丰厚的利润。总是怀疑股价高、总是害怕买入晚的人，只能是无奈地错过好股，望洋兴叹。真正的龙头股是不会坑害迟到者的。

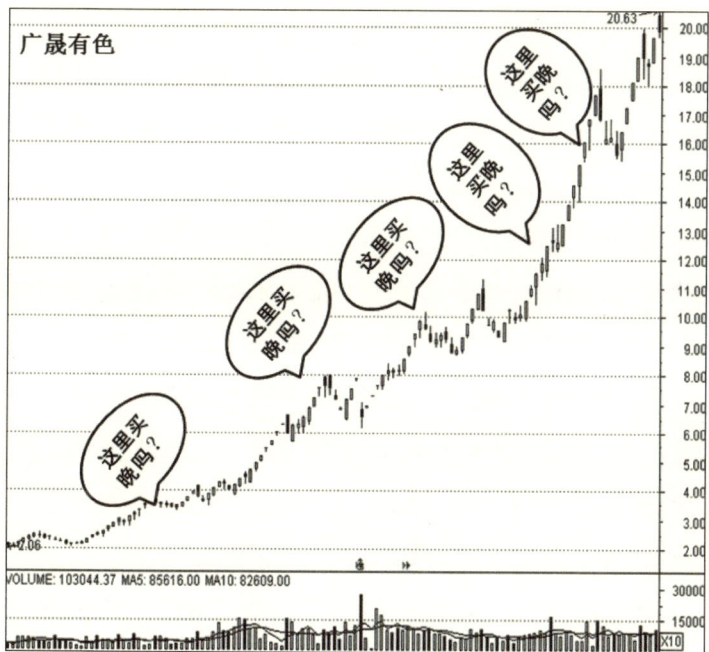

图 6.17　广晟有色的走势图

——这是个革命性的思想。如果不革掉旧思想，永远不可能进入龙头股交易的新天地。颠覆过去的认知，才能树立新的认知。我在思维篇里就说过，投资就是需要离经叛道的思维，一定要想别人不敢想，做别人不敢做的事。如果你跟别人一样，你怎么在股市这个反人性的市场中赚大钱呢？现在，龙头股考验我们与众不同思想的时候到了。

如果真正立志做名彻底的龙头股交易者，必须首先树立一种革命性的思想：龙头股永远不晚！无论你是谁、无论你的智商和敏锐性如何、无论你在哪个阶段发现龙头股，都只有唯一一个性质——永远不晚！

只有树立这个革命性的思想，才能克服对龙头股的恐惧感，才能击穿自我的心理极限，才能进入"无我"的境界，才能驾驭桀骜不驯不可一世的龙头股。有时候，炒股不是一种技术，而是一种气魄、一种气度、一种舍我其谁君临天下的气场、一种天不怕地不怕唯我独尊的王者气势，炒作龙头股时尤其需要这种精神境界，唯有如此才能驾驭股市里最无法无天的龙头股。

从思想上压倒龙头股，敢于在任何时候介入龙头股，这是操作龙头股的第一堂课。这堂课不毕业，永远炒不好龙头股。这个问题解决之后，我们再在战术上探讨得失才有意义。

关于发现时间的早晚，我们不要过于纠结。一方面，龙头股确实是很能涨，即使你发现晚点也没有关系，它依然能给你利润。龙头股战法的关键不是发现时间的早晚，而是有没有介入的气魄，能不能战胜自己内心的恐惧感。另一方面，这是个过程，当我们习惯了炒作龙头股之后，我们会逐步培养自己提早发现龙头股的本领。炒股是个修炼，任何理论都只能传达其十分之一，剩下的是靠你自己不断地修炼。现在很多人有个误区，总想在市场找到一种方法拿到市场上马上应验，第二天就能大赚，这个想法是害死人的，股市里不存在这样的技术。别人给你思想、给你理论，甚至给你具体的交易方法，都还需要你自己在实践中反复修炼，根据自己的悟性和个人风格逐步把别人的变为自己的。

在这里我要求大家先破除思想恐惧，敢于交易龙头股，再去修炼龙头股的具体交易技术，还蕴含着一个重要的用意：倒逼着你去练就火眼金睛。不光龙头股战法，任何交易方法我们都是在实践中边学习边总结，我们要习惯从战争中去学习战争。当你真正下定决心要交易龙头股时，最难迈开的第一步是对龙头股暴涨的恐怖心理，在这里我帮你一把，从背后推你一掌，我逼着你向前进。后面的路，你还要从市场中去学习。邓小平的摸着石头过河的说法我很赞赏，会不会游泳不是最重要的，敢不敢下水才是最重要的，下水之后我们再谈游泳，大不了摸着石头过河。

当习惯龙头股交易之后，你自己会逐步锻炼炒龙头股的本领，如何准确发现龙头股？如何早点发现龙头股？买错了龙头股怎么办？这些问题你自己就会告诉自己，这才是真技术、真本领，这也是我写这本书的真正目的。

当然，这些问题也是我反复研究的问题，我会在接下来把我的思考奉献给大家，帮着大家一起渡过这个难关。

言归正传，龙头股交易法则的第一步就是"亮剑"，无论什么时候发现，立即买入。不要听信有些书上写的，等回调到什么点位再买。至于选择错误、中途倒戈、发现时间太晚，这些是炒作龙头股必然付出的代价，就像价值投资者要付出漫长时间的代价一样。这些代价与龙头股的巨大利润比起来，简直是九牛一毛。我们有止损工具，我们有修正手段，怕什么？炒股不要怕做错事，关键是能不能做对事。即使我们错误地买入 10 只龙头股，只要我们会止损，其损失会由一个成功的龙头股给补回来。

所以，龙头股战法就是要不怕犯错、不怕暴涨，敢于在第一时间发现第一时间买入、什么时间发现什么时间立即买入！

图 6.18 是 2007 年有色金属龙头股锡业股份，我们发现，如果不克服恐惧心理，很难操作这个股。这个股一路暴涨，从 5 元多一直涨到 100 元附近，是典型的龙头股套路，涨起来无法无天，翻江倒海。对于这样的股，我们就应该第一时间发现，第一时间买入，买错了止损，买对了捂住。

6

龙头股篇：擒贼先擒王

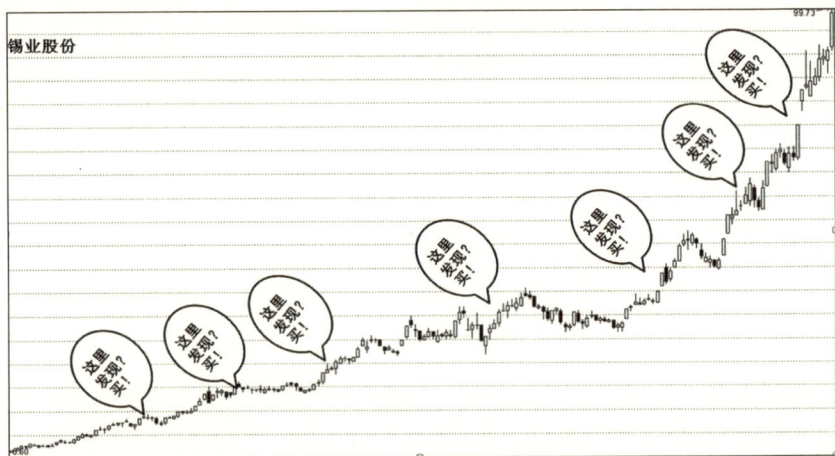

图 6.18 2007年有色金属龙头股锡业股份走势图

6.13 龙头股交易最高境界：捂住不放，留住位置

有人问我，龙头股战法有没有绝招？

如果非要说有的话，我觉得有两处是绝招：一是准确无误辨认出龙头股；二就是捂得住龙头股，不要在龙头股上短炒，不要失去位置。能做到这两点，其他什么都不重要了。辨认龙头股我们上面谈了很多，下面谈谈捂股与短炒问题。

我本人不排斥短线，也自诩短线高手，但是我强烈反对在龙头股上做短线。不是说在龙头股上做短线不赚钱，恰恰相反在龙头股上做短线太赚钱了，这反而会养成爱做短线的习惯，并误以为龙头就是用来短炒的。参透龙头股精髓的人就知道，在龙头股上做短线太短视了、太可惜了、太浪费了，如同用高射炮去打蚊子、用兰亭序去当手纸、用古董去当尿壶，太糟蹋龙头股了。龙头股是王者、是英雄、是股市里的太阳，它是用来赚大钱的。龙头股的涨幅少则一倍、多辄两三倍，甚至十倍也不乏案例，这样的巨大涨幅只有捂住股才能对得起它，企图在它身上来回短炒、跳来跳去、蝇营狗苟其实是有眼无珠、鼠目寸光。在股市里真正能赚大钱的机会不多，一个是赚钱效应行情，一个是龙头股，一旦这样的机会来临，我们唯一应该做的就是系紧安全带跟行情一起飞，还短炒什么？

我在股市思维篇已经介绍过捂股思维，在这里就不再展开了，但是我要强调的是，龙头股更不要做短线。在龙头股上做短线太容易了、利润太触手可及了，所以很多人就经不住诱惑，总喜欢在龙头股上短线玩几手，这样看似无可后悔，但这会养成一种致命的短炒的坏习惯，这种习惯一旦养成，很难再蜕变成真正的龙头股交易者，也很难真正赚到龙头股的大利润，白白浪费了天赐的机会。

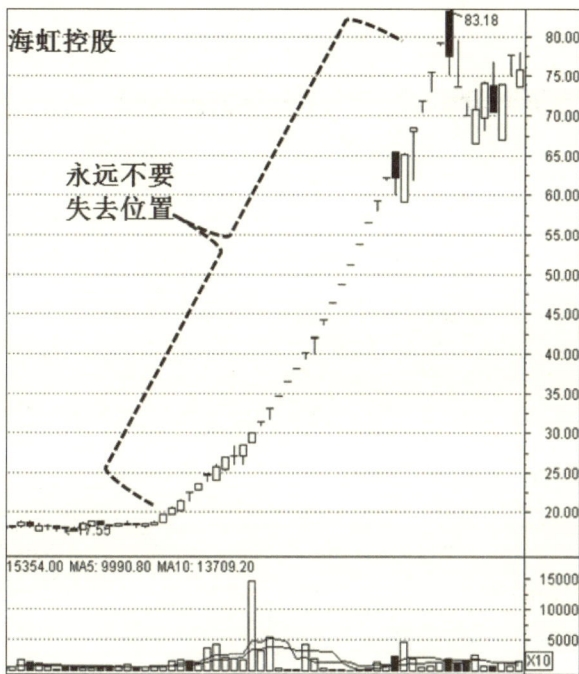

图 6.19　触网概念龙头股海虹控股走势图

图 6.19 是海虹控股担当龙头股后的走势，我们可以看到涨势非常疯狂，事实上这种走势绝不是孤例，龙头股在主升浪段几乎都是这样一气呵成。试问，在这种技术图中怎么去做短线？怎么舍得做短线？一旦做短线，也许就永远失去这一波大行情，因为股价再也回不来了。正如李费佛遇到的股市智者老帕特言中的那样：如果我现在卖出那只股，我会失去我的位置，那么我该上哪儿呢？

对于龙头股来说，"位置"比什么都重要，龙头股不缺利润、不缺涨幅，最缺的是介入机会、是位置。图 6.19 告诉我们，一旦我们一不小心做个短线耍个小聪明，我们就可能再也挤不进去，没位置了。所以，发现龙头股后，我们必须"赌"、必须押注、必须彻底地"上贼船"、必须和龙头股绑在一起。这样做看似机械，实则大智大慧。

6.14 龙头股能涨到哪儿：也许天空才是尽头

捂股，捂到什么时候？

要回答这个问题就要研究龙头股的涨幅。我看过很多资料，也参考了很多人的研究成果，我发现没有一个人能正确回答出龙头股的涨幅是多少。偶有大师或者股神给出答案，也是云里雾里，一对照真实的案例马上就露出破绽。

事实上，这个问题没有答案，没有人能准确回答上来。龙头股涨起来无法无天，不要想着自己比主力聪明，认为自己可以预知顶部。连马化腾都预测不了腾讯控股的顶部，我们怎么能预测到与自己毫无关系的龙头股的顶部呢？

龙头股是最疯狂的股，它的涨幅往往出乎所有人的意料，它涨起来能涨到人们想象力的极限，能涨到天上去，永远不要去预测龙头股的涨幅。就拿本书前面几个例子来说，谁能预测到海虹控股从 17 元左右一口气涨到 83 元附近？谁能预测到 S 前锋从 6 元起步一路涨到 52 元？谁能预测到吉峰农机从 28 元左右一口气涨到 96 元以上？没有人能预测到，神仙也不能。

怎么办？预测不了涨幅是不是一直捂住股永远做长线？当然不是，我们可以把这个问题换成另外一个问题，事情就迎刃而解了。我不知道龙头股能涨多少能涨到哪儿，但我知道龙头股顶部的特征，一旦我发现龙头股出现一些技术特征，我就知道龙头股的顶部到了，直接清仓就可以了。这样，把猜测龙头股涨幅的问题转换为寻找顶部特征的问题，用顶部思维取代预测思维，问题就迎刃而解了。这是我的龙头股战法的又一重要法则。

通常情况下，龙头股出现以下征兆就预示顶部将要到来，可以清仓了：

（1）分时图怪异且严重失控

怪异就是走势反常，给人感觉像精神病人画出来的；失控就是走势颠三倒四，没有主心骨。我们看两个图例：

图6.20是广晟有色和壹桥苗业见顶时的分时图，我们可以清晰地看到这两个图的"风格"，简直就是精神病人信手涂鸦，这种分时图说明主力严重失控，大家都急着清仓出货，没有人再"照顾"这个股了，这就是典型的顶部分时图特征。这两个图比较极端，还有那种走势相对温和的，也要引起我们的高度重视，一旦这种分时图出现在龙头股中，说明龙头股"临终"了。

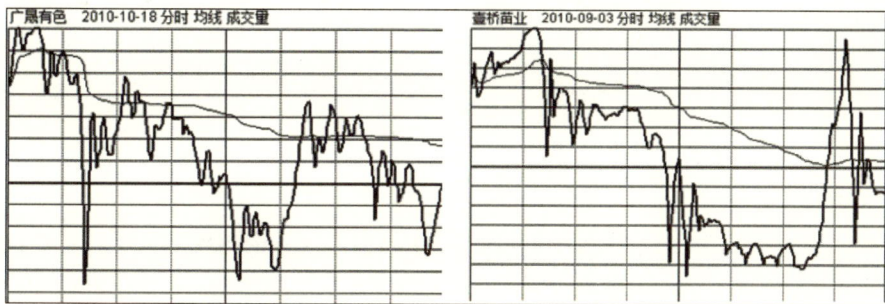

图6.20　广晟有色和壹桥苗业顶部分时图

6

龙头股篇：擒贼先擒王

（2）分时图出现断崖式跳水

龙头股可以慢跌、可以一字跌停的方式下跌，但就是不能以断崖式的方式直线下跌，一旦龙头股出现断崖式下跌，往往是急于出货的表现，短期见顶概率很高。哪怕不是洗盘，K线图走势是大阳线，如果在分时图上出现断崖式下跌瞬间，也表示股价将要见顶。图6.21是陆家嘴和成飞集成的顶部分时图，它们都出现神秘的断崖式下跌，见箭头处，这种走势的出现，就预示该股即将见顶或已经见顶。

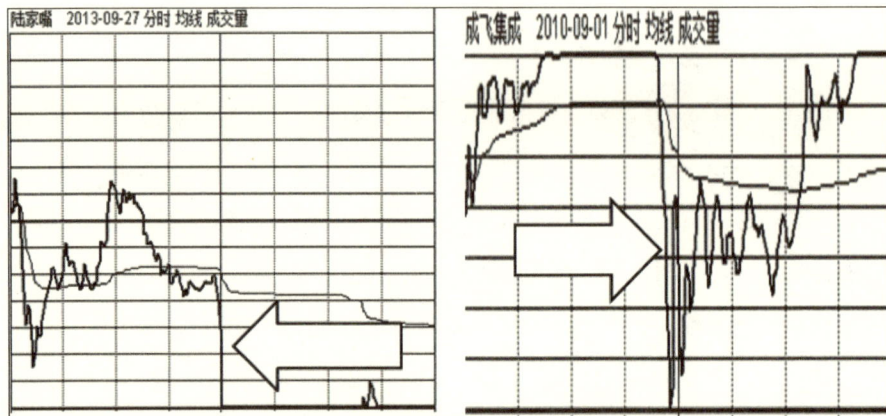

图 6.21　陆家嘴和成飞集成顶部分时图

断崖式下跌是主力大幅的、不计成本的出货留下的迹象，这反映了部分主力逃不择路、出货坚定的心思。这种分时图即使在普通股票上也不常见，何况在龙头股上？龙头股介入的资金是非常多的，一般的出货表现在分时图上就像雨滴落入大海不会有特别的涟漪，一旦能在分时图上留下断崖式下跌这样的大波浪时，就说明承接资金减弱、出货资金强大，这种情况是说明龙头股的主力班师回朝了，我们也该散了。

（3）K线出现连续大阴线而又不能及时收回失地

龙头股出现下跌很正常、大阴线下跌也不奇怪、连续下跌也能接受，但如果这三个因素同时出现就应该引起高度警觉了，若能快速反弹收复失地，龙头股还可转危为安，如果主力听之任之不急于反弹，这说明龙头股累了，可能见顶了。

其中，连续二字要解释下。如果跌幅超过 –6% 以上，连续两天如此就说明已经很值得警觉了；如果跌幅很小，但是连续跌一周，也应该高度警觉。龙头股的洗盘风格有两种，一种是快速大幅下跌，但是跌后马上就拉回来，给人虚惊一场的感觉；还有一种就是平台震荡，阴线和阳线夹杂，给人一种多空平衡之感。如果不是以上二者，而是连续下跌且不修正，就应该引起高度警觉。龙头股是最桀骜不驯的，连续下跌听之任之不是它的风格。

龙头股的K线本性是行云流水、一气呵成，具有美学上的干净利索、整齐划一之感，一旦K线的走势破坏了这种美感，龙头股就要变性了。我们看看下图：

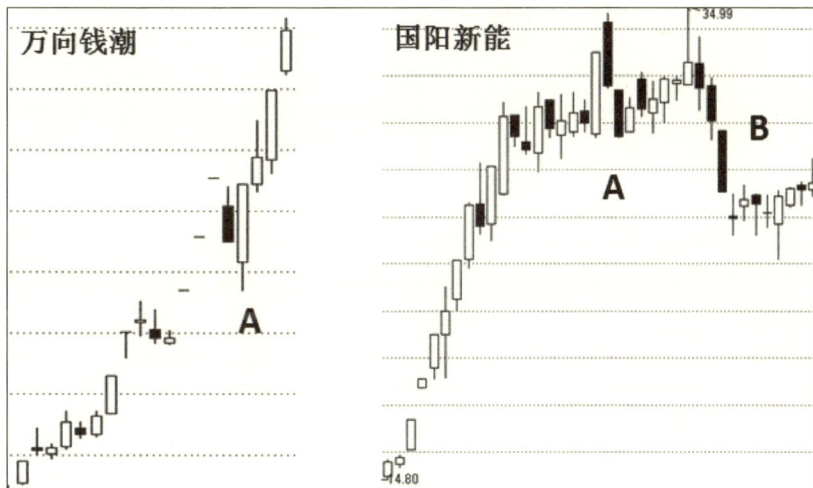

图 6.22　万向钱潮和国阳新能的走势图

图 6.22 是特斯拉龙头万向钱潮和煤炭股龙头国阳新能（现已改名阳泉煤业）的走势图，左图 A 处出现暴跌，第一天跌停，第二天最大跌到 –8% 以上，短线跌幅接近 –20%，可谓非常凶猛凌厉，但是该股又迅速把股价拉回，所以龙头股的故事继续演绎，不算顶部；而右图 A 处也出现连续大幅下跌，但是股价又迅速拉回，龙头股的股性没有被破坏，此时依然看不出是顶部；但 B 处的三个大阴线出现后，股价迟迟拉不回去，说明顶部成立了，应该选择相对高位出货了。

（4）高位连续出现实体短影线长的K线

实体是 K 线的主体部分，影线是 K 线的上影线和下影线。实体小影线大就是指上影线或者下影线很长而实体很小的 K 线，或者上、下影线都很长的十字星，图 6.23 就是典型的影线长实体短的 K 线。这里需要强调的是，实体的阴阳没有关系，上影线或者下影线也没有关系，关键是影线要长。

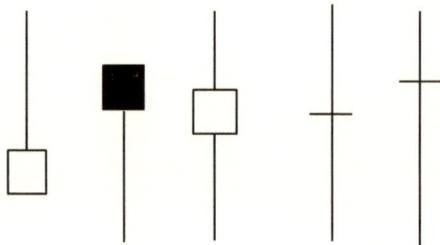

图 6.23　大影线小实体 K 线图示例

这种 K 线反映一个重要问题，主力已经逐步控制不住盘面，或者已经没有兴趣控制盘面了，主力在放弃。如果偶尔出现一两个这类 K 线，说明问题还不大，如果连续出现这类 K 线问题就大了，就说明风险临近了。

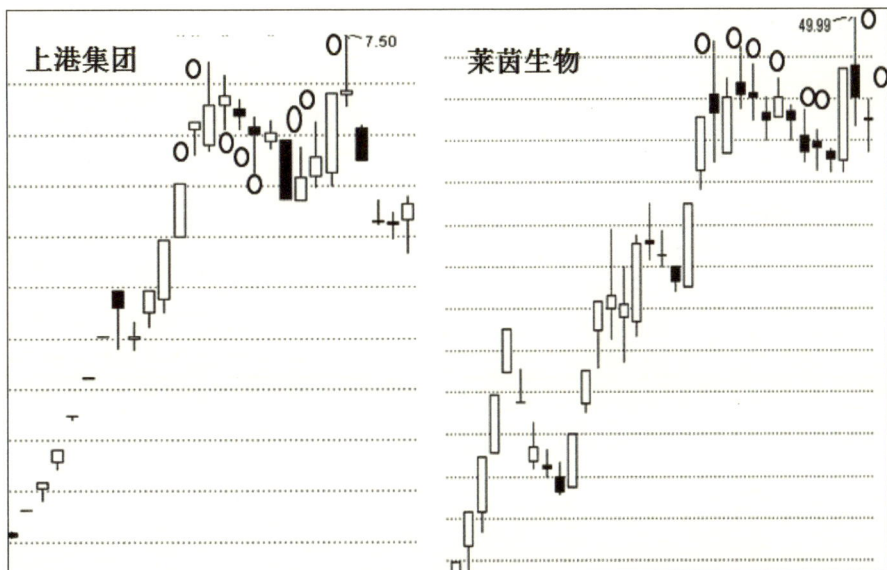

图 6.24　上港集团和莱茵生物走势及顶部长影线图

　　图 6.24 是两个龙头股顶部的走势图，我们把小实体长影线用圈圈标注，从图中我们可以很清晰地看到，长影线逐步增多且连续出现时，顶部就逼近了。我们可以多找些龙头股的案例题研究一下，很多股顶部都是局部这种特征。

（5）K线的节奏和美感被严重破坏

　　龙头股是个股行情最绚丽的花朵、是股价最精彩的一段、是涨势的高潮，其 K 线走势一定是流畅、均匀、如排兵布阵又似行云流水，一眼看去有一种整齐划一、荡气回肠的节奏感，从 K 线组合上能看出主力强烈的控盘色彩，这是种美感、一种按部就班的节奏。一旦这种节奏美被严重破坏，K 线走势出现杂乱，股价就有见顶之险了。图 6.25 是辽宁成大充当龙头股时的走势图，我们可以看到，前期走势整齐匀称，后来走势飘忽不定，从 K 线组合上看，前面和后面就明显不是一个调，如同音乐的旋律突然改变，唱着唱着跑调了，这就是龙头股要见顶的信号。

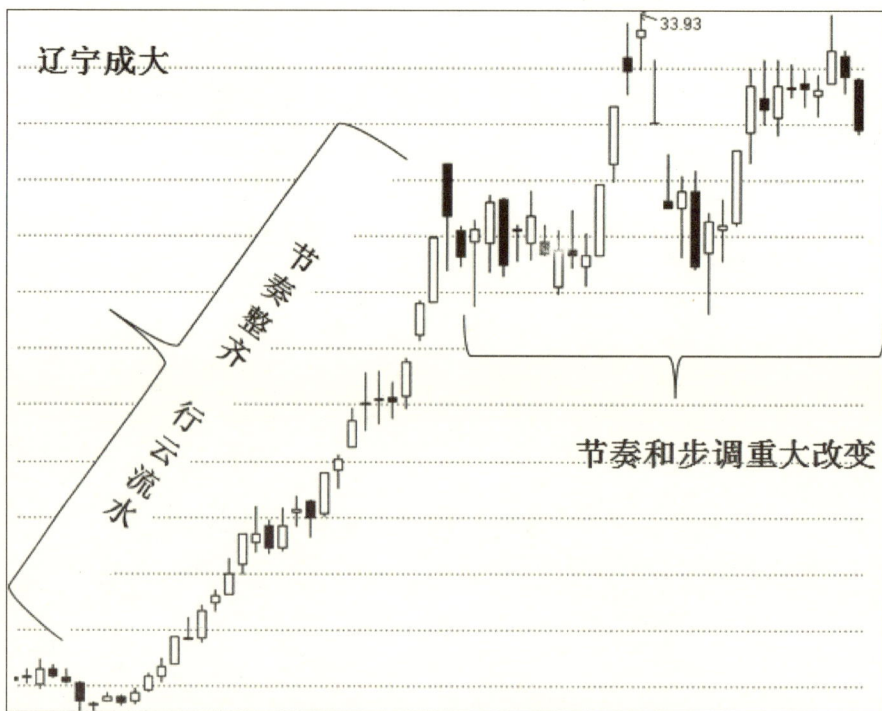

图 6.25　辽宁成大 K 线图

（6）乌云盖顶

乌云盖顶就是在连续大幅上涨后出现一根大阴线，像一朵黑云一样压在天空中。我们可以来看图 6.26 古井贡酒的走势图，可以明显地看到这段行情非常壮阔其终结点是一个乌云盖顶的大阴线。像这样的大阴线就是典型的危险信号。

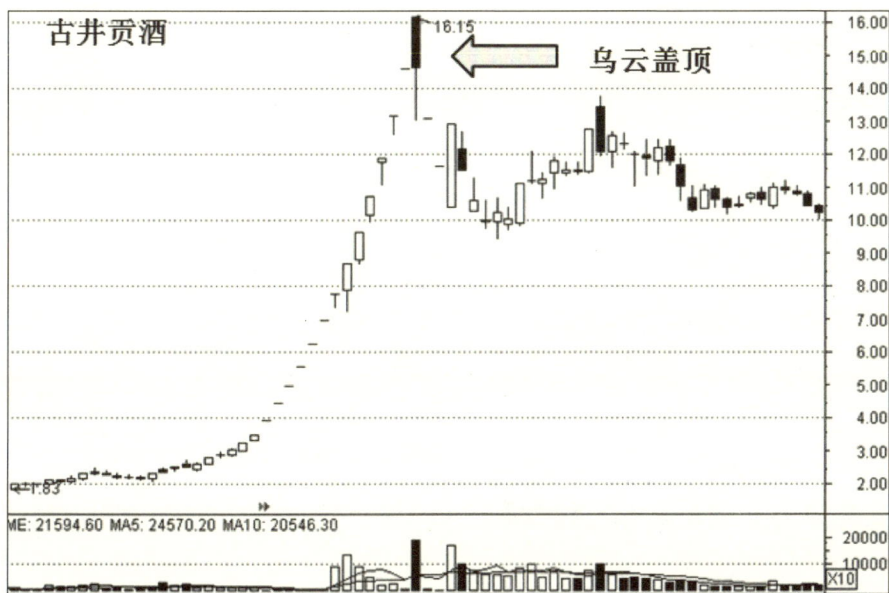

图 6.26　古井贡酒走势图

（7）单根影线

上面介绍过，高位出现实体小影线长的 K 线组合是见顶信号，有时候不用那么多，仅仅出现一根影线就可以断定见顶，上影线、下影线或者十字星都没有关系，关键是这种影线要足够夸张和变态。看图 6.27：

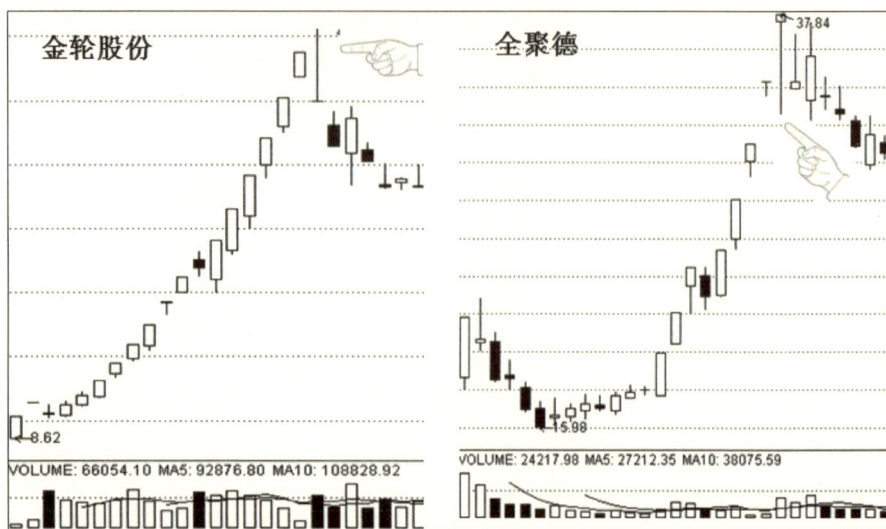

图 6.27　金轮股份和全聚德走势图

　　图 6.27 是两个龙头股的走势图，我们看到在高位时都出现两个很夸张的影线，金轮股份是长上影线，全聚德是长下影线，这两个长影线终结了股价上涨势头。影线本身代表的就是波动，长影线代表的是巨大的波动，背后的含义是主力分歧非常大，说明龙头股的气势已泄，见顶是必然的。需要注意的是，高位这个信号才明显，低位不明显。

（8）管理层天天找茬、反复监控

　　龙头股不怕利空，也不怕大盘暴跌，但它怕管理层。管理层对龙头股的调控一般是没有什么可怕的，因为龙头股够强大，但反复调控就可怕了。

　　罗杰斯有个观点，管理层的政策往往与股价走势相反，上涨的时候政府喜欢打压股价，但股价依然会上涨，所以不要太在意管理层的调控，但如果管理层反复调控就要注意了，这说明政府当真了。罗杰斯的观点非常有见地。具体到龙头股上，管理层最常见的调控是停牌审查，这一般不影响龙头股的上涨，但如果政府反复调控、反复停牌审查或者停牌时间太长，问题就不妙了，这会造成主力的时间成本增加，主力耗不起这个时间。

以上八条是典型的龙头股见顶预警器，其实龙头股见顶的信号还有很多，大家可以根据自己的观察去总结。需要注意的是，龙头股见顶不一定等到以上八种情况全都出现，有时候仅仅是出现其中的一条，就足以说明顶部到了。如果出现以上八条中几条，那就很危险了。龙头股涨起来凶猛，一旦跌起来也会凶猛，我们不要把赚的利润再亏掉了。

6.15　龙头股的介入机会

原则上，我们应该在发现龙头股的一刹那就第一时间买入，但龙头股会自我设限，也许发现时已经涨停了，买不到，等到能买到时股价已经翻番了，怎么办？

我的建议如下：

（1）发现就买，不管涨多少

这是针对那种大盘行情配合、题材级别很大的龙头股，此类的龙头股只要发现就买入，不要考虑太多。比如，上海自贸区题材、禽流感题材、4万亿元振兴计划题材、创业板题材，这些都是超级震撼题材，应该在第一时间买入龙头股，哪怕股价已经翻番，买错也要买。

（2）下跌处买

龙头股的下跌是送钱的机会，特别是瞬间的暴跌。

通常情况下龙头股是桀骜不驯的，其使命就是上涨、不停地上涨，一旦急跌，那就是天上掉馅饼。我研究过很多龙头股，发现其出货都是在拉升中完成的，很少有龙头股在下跌和洗盘中出货，所以凡是龙头股上涨过程中的洗盘和瞬间急跌，都是黄金坑。

　　与常识不同的是，急跌和瞬间暴跌比缓跌和慢跌好，因为急跌和瞬间暴跌难以出货，要彻底出货必然要再度拉升，跌得急涨起来也会急。这是个秘诀，我以前从来没有透露过。

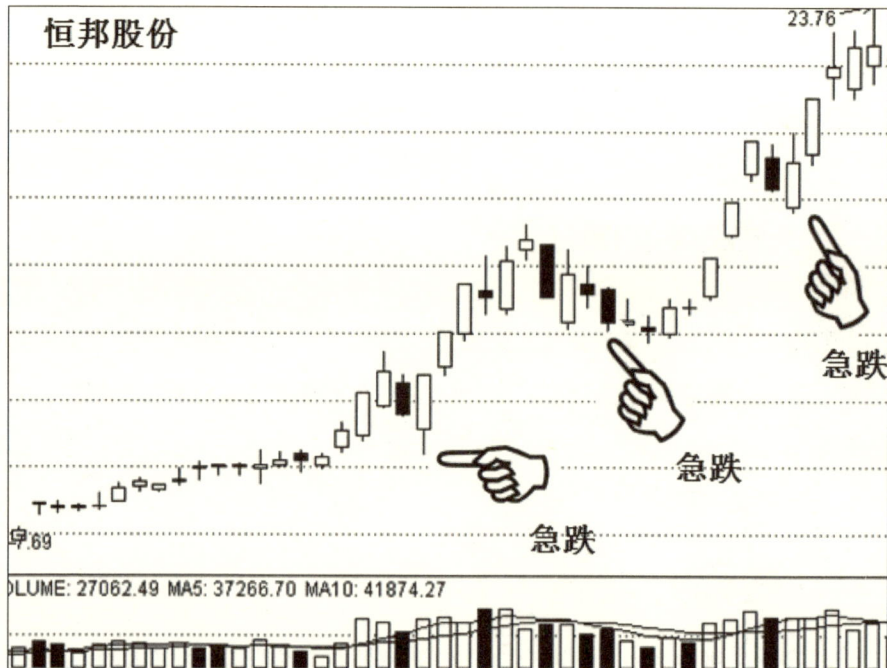

图 6.28　恒邦股份走势图

　　图 6.28 是 2009 年恒邦股份的走势图，从图上我们可以看到有三次急跌，手指处就是急跌的位置，第一次急跌跌幅近 20%，第二次急跌跌幅 30% 多，第三次急跌跌幅近 15%，三次急跌都可以做买入动作。关于这一点，大家要去悟，这个道理很深刻，语言往往无法传达其妙不可言之意。

（3）越涨越买

能在龙头股的暴跌处买当然好，至少短线风险降低，但是有些情况下龙头股根本不跌，我们必须追着买。一个股票是否成为龙头股，往往在一开始无法看出，我们要等它具备龙性的时候才知道，而龙性的核心就是不顾一切地上涨。当一个股票不顾一切地涨出龙性的时候，我们应该不计条件地买，无论它是在涨还是在洗盘。就像我们发现一个人具备真龙天子的命，无论他在顺境还是逆境，我们最好的选择都是追随。

不会追涨的人买不好龙头股，也不配做龙头股。龙头股的本性是领涨，其使命是不顾一切地上涨，追涨买入龙头股应该成为常态。没有人能在第一天就看出谁是龙头股，很多龙头股是涨了 30%～40% 才被发现的，这个时候我们应该做的是不管涨跌先"上车"，如果股价进一步证明我们的判断是正确的，还应该再加仓追涨，如果错了止损就是了。我们看个例子：

图 6.29　吉峰农机走势图

图 6.29 是第一批创业板龙头股吉峰农机，从图上我们可以看到，此类的龙头股几乎是一路狂奔，马不停蹄，想要操作此类龙头，除了追涨别无他法。事实上，这样类型的龙头股还很多，比如，海虹控股、北辰实业、金轮股份，等等。

此种买法就是遵守龙头股最根本的逻辑，越涨越证明是龙头股，越是龙头股就越能涨，所以我们越要买涨。

（4）尾盘买入

我原则上建议第一时间买入龙头股，但是很多情况下龙头股不是那么精准判断的，只怀疑是龙头股，怎么办？此时我建议尾盘买入。尾盘买不是等到下午 2 点 50 左右买，而是下午买。经过一上午观察，我们大概可以看出大盘风险，同时也可以看到疑似龙头的分时图是否强劲，此时再买既回避风险又不失去机会。我们来看两个图：

图 6.30 是两个龙头股的某日分时图，我们在分时图上可以看到，这种股票非常适合尾盘。当然，我们提倡尾盘买入不是为了博当天涨停赚点蝇头小利，而是防止当天追上假龙头股被套。

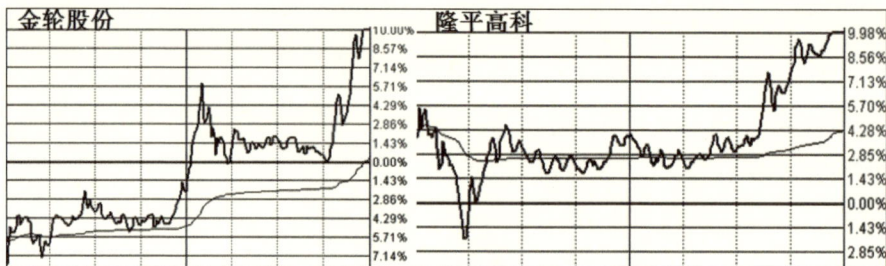

图 6.30　金轮股份和隆平高科分时图

图 6.31 就是个失败的龙头股，其分时图走势很害人。申达股份我少量参与了，对它的记忆很深刻，当天把这个股当龙头股追得几乎全部被套，这还不算什么，接下来又连吃了两个跌停板，我们从右边的 K 线图可以看到。

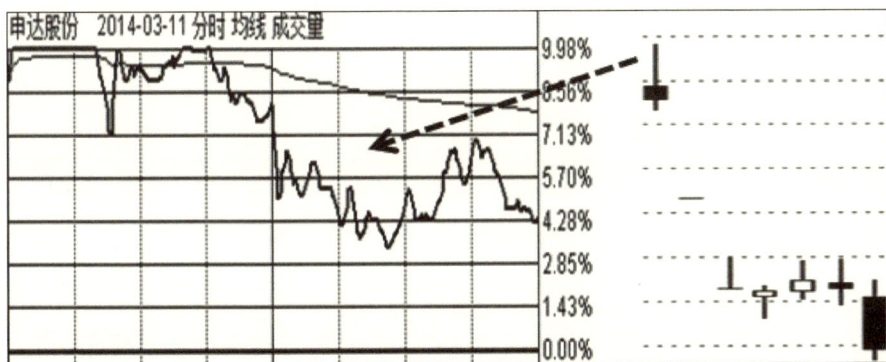

图 6.31　申达股份分时图

对疑似龙头采取尾盘买入是谨慎性激进策略，既不放过，也不追错。

（5）潜伏第二春行情

龙头股还有一个很好的买入方式，那就是潜伏第二春行情。这是一个很重要的内容，我会在后面专门讲这个问题，暂且不做展开。

龙头股主要有以上五种介入机会，大家可以根据自己的风险偏好来选择。这五种机会看起来平淡，但从理论认知到游刃有余地应用，有很长的路要走，需要反复修炼不断体会，其中艰辛非语言能形容，纵千言万语，也道不完其中的奥妙。

6.16 龙头股的风险与对策

通过上面的分析大家都明白一个道理，当一波行情到来的时候，龙头股是涨幅最大的也是最值得依靠的股，能否抓住龙头股关系到能否赚足一波行情。相信大家看到这里也都已经热血沸腾、摩拳擦掌了，龙头股就是"唐僧肉"呀，抢着吃吧。我也反复介绍要大胆追龙头股、第一时间介入、想尽一切办法介入，但我从来不敢忘记风险。我在本篇开头介绍到了龙头股的难与易，其中难的部分就暗含风险，这里我来把风险问题展开讨论一下。

与传统观念不同的是，我认为龙头股的风险不在于追高被套，而在于追错龙头股。这又分为两种：一是把跟风股当龙头股，辨识错误；二是把跳蚤当龙种，空欢喜一场。

第一种风险关系到龙头股的识别，其实我们上面花了很多笔墨已经在解决这个问题了，龙头股的身世、属性、技术特征等都是用来解决如何识别龙头股的，也都是化解跟风股风险的。

第二种风险问题就大了。我们经常发现很多股具有龙头相，但中途夭折，市场放了个哑炮，事后看只是一个跳蚤，害得我们空欢喜一场，赔了夫人又折兵。这种风险会让我们损失很大，不过这是龙头股战法必然付出的代价，人又不是神，谁也不能保证每次都准确无误地辨出哪个是龙种哪个是跳蚤。解决这个问题除了严格遵守止损之外，根本之道在于对题材和行情的把握。原则上，大题材都会产生龙头股，级别越大的题材产生的龙头股越生猛；中小级题材，如果有行情配合就可以产生中小型的龙头股，如果行情不配合顶多产生几只跳蚤，即使具备龙种也只能落了龙游浅水的命运。这样，对行情和题材的分析就显得十分重要。在行情和题材篇中，我们已经进行过相关论述，大家可以结合这两篇的内容来反复揣摩这个问题。至于什么样的行情和题材对应什么样的龙头股，龙种和跳蚤分别取决于什么样的题材和行情，很难有一个机械的公式，这点还需要大家在实盘交易中去总结和体会。不是什么技巧都可以通过语言来表述的，我只在这里给大家指出思维方向。只在此山中，云深不知处。

能正确识别龙头股，能摆脱跳蚤的干扰，基本上就高枕无忧了。难点在于这两个问题很难有一个放之四海而皆准的标准，这就是龙头股风险。其对策在于修炼，——我喜欢修炼这个词，我认为炒股不是在比技术而是在比修炼，其实投资的大道理也就那么多，很容易学，关键是对细节的拿捏和对非指标性的东西深入骨髓的领悟，这种境界非修炼无法达到，其高低直接决定风险的高低。很多人喜欢从股票书籍和股票课程中寻找几个具体指标和公式，比如，MACD 中的 DIF 上穿 DEA 如何，5 日均线和 20 日均线交叉则如何，仿佛多几个这样的公式就能高枕无忧了。炒股如果这么简单那岂不是人人都赚了？炒股靠的不是技术上的加法，而是修炼上的减法，我们这里讨论的龙头股风险问题，就很难靠公式和指标来解决，关于题材大小行情性质与龙头股之间的具体关系，如果你不去修炼不去感悟不在实战中总结，你永远不知道，奢求别人给你几个要点或几个公式就能解决这个问题无疑痴人说梦。所以，解决龙头股风险说到底还是要从自己的实践中去找答案，不过我已经把答案圈定在题材与行情上了，希望大家能总结出自己的风险控制体系。

6.17　龙头股的第二春：不老的传说

第二春也称第二波。很多龙头股第一波大幅拉升后经过一段时间的洗盘会再次飙升，如同人之第二春的到来，又如古代王朝中的西汉后又有东汉、北宋后又有南宋一样，这就是第二春。其实，第二春是个泛指，很多股不但有第二波，还会有第三波、第四波，我们把这种现象统称第二春。杭萧钢构（见图6.32）是个典型的第二春龙头，它不但有第二波还有第三波甚至第四波，这种现象在 A 股屡见不鲜，虽然很多龙头股不一定都有三波四波，但第二波还是很常见的。

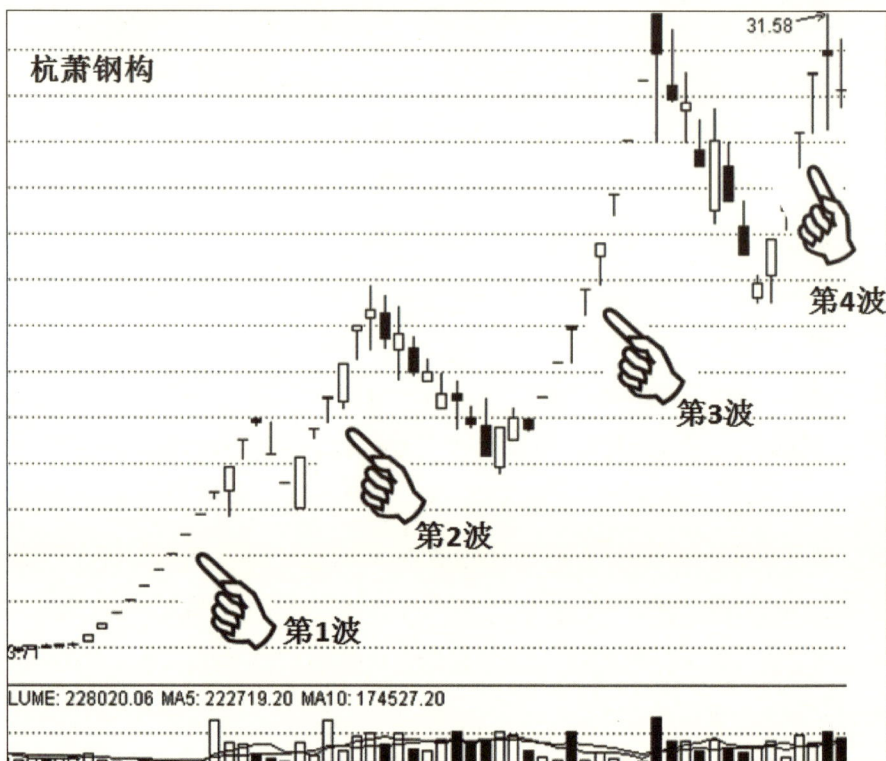

图 6.32　杭萧钢构第二春现象走势图

　　龙头股是躁动的种子，是一座挖掘不完的金矿，它永远不甘寂寞，一有机会就春风吹又生，其股价就像石头下的种子的力量一样，总是往上蹿。龙头股天生英雄命，一身英雄胆。我们一定要树立一种思路，一旦发现龙头股，就等于发现一座金矿的采矿权，要准备着反复去采掘金银。龙头股有第二春，其走势要历经几波才能消停，就像金矿很久才能采掘完一样。这是龙头股的秉性，我们可以用这个特性来套利，我在龙头股介入机会中就介绍到了潜伏第二波，那正是龙头股第二春的应用，接下来还会详细地、反复地来讲这个问题。

6.17.1　第二春的前因后果

龙头股为什么会有第二春？我们可以从以下几个角度去理解：

第一，龙头股的DNA决定的。有人天生就是为了权柄，比如，朱元璋、铁木真、斯大林；有人天生就是为了财富，比如，巴菲特、和珅、李嘉诚；有人天生就是为了艺术，比如，凡·高、贝多芬、梅兰芳；而有的股票天生就是为了上涨，这就是龙头股。龙头股的使命就是拓展向上空间，就是占领上涨的话语权，只要大盘一回暖，龙头股必将一马当先地上涨。春来我不先开口，哪个虫儿敢作声？龙头股就是舍我其谁、老子天下第一！

第二，媾和的产物。股票其实是个工具，特别是A股，我们不能依赖上市公司分红派息，赚取利润的核心就是博取价差，所以股票只是一个代码而已。好的工具主力会反复利用，因为好摆设。炒作一只股票，少不了上市公司高管和主力的"通力合作"，而这个关系一旦确定，就是相对固定的。第一波炒作成功就验证了管理层和炒家之间的"信任"，这个信任和秘密关系是主力敢于反复炒作的重要基础。有了这个基础，主力就敢于在一只股票上放心大胆炒作第二波、第三波甚至第四波，不用担心上市公司突然出利空或者停牌带来的方寸大乱。没有了后顾之忧，方可反复利用。试想，与主力的现有关系相比，去和一个新的上市公司高管构建关系，其时间成本和资源付出，哪个更划算？

第三，出货的需要。龙头股的出货都是在上涨的过程中完成，但是如果突然遇到极大的利空，主力也无法在上涨中出货，只有组织第二次拉升才能完成出货，所以就有第二次表演。

第四，失控的帝国。龙头股一旦腾飞，其本身就凝聚了光芒万丈的眼球效应，四面八方的资金都有可能蜂拥而至，组成一只巨大的蚂蚁军团。此时的龙头股就如一个失控的帝国，主力和数量庞大的蚂蚁军团谁也控制不了谁，非理性会把股价推到癫狂，股价很容易出现第二波、第三波甚至第四波乃至更多上涨。

以上四个因素共同导演了龙头股的第二春。不过，根据我的统计，又发现另外一种奇特的现象，有的龙头股的第二春繁花似锦，不但有第二波还有第三波、第四波甚至第 N 波上涨，而又有一些龙头股连第二波都没有，更遑论第二春。这其中又有什么蹊跷？

6.17.2　每个龙头股都有第二春吗

理论上，每个龙头股都应有第二春，其原因我们上面分析过了。但有些龙头股的第二波很短小，根本不能称为第二春，有的龙头股压根连第二波都没有，一路下跌就出货了，也有的龙头股第二春和第一春之间时间跨度太大，与其称为第二春不如说是另外一波行情，它与第一波没有太大关系。判断这些东西非常重要，如果能准确地判断第二春，我们就可以潜伏在第二春的启动之前赚钱；如果错误地判断第二春，我们就可能被套在龙头股的下跌途中。对第二波存在性的判断是进行龙头股第二春炒作的前提，可不能掉以轻心。那么，又是哪些因素影响第二春呢？

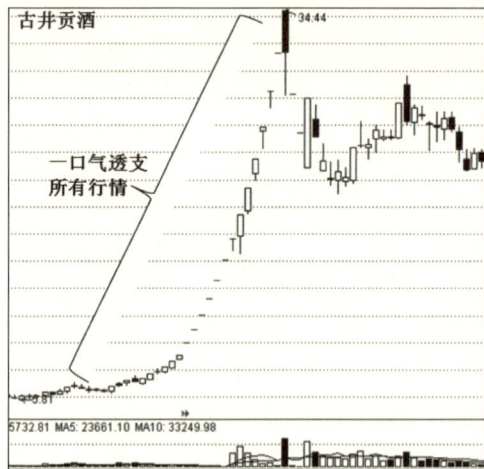

图 6.33　古井贡酒走势图

第一，第一浪就被超额完成，一口就吃了个饱，这种情况就难有第二春。图 6.33 是古井贡酒充当龙头股时的走势，我们发现古井贡酒第一浪太贪婪，吃奶的劲都用上了，从 6 元附近一路涨到 34.44 元，如此巨大的涨幅，已经超额完成主力的所有目标，同时也耗尽第二春的元气和潜力。这种股就不可能有第二春行情了。

第二，行情环境。大盘的背景和行情特点也影响第二春的表现，如果大盘行情火热，龙头股就很容易跟随大盘来个波浪式的前进；如果大盘本身处于下跌的危险中，且自顾不暇，何谈第二春？比如，2008 年六七月间，中视传媒有一波凶猛的行情，但是大盘正处于下跌通道之中，无奈该股翻番后就此下跌，没有任何的反弹，更别说第二波了。这是典型的大河无水小河干。我们再看下面一个例子：

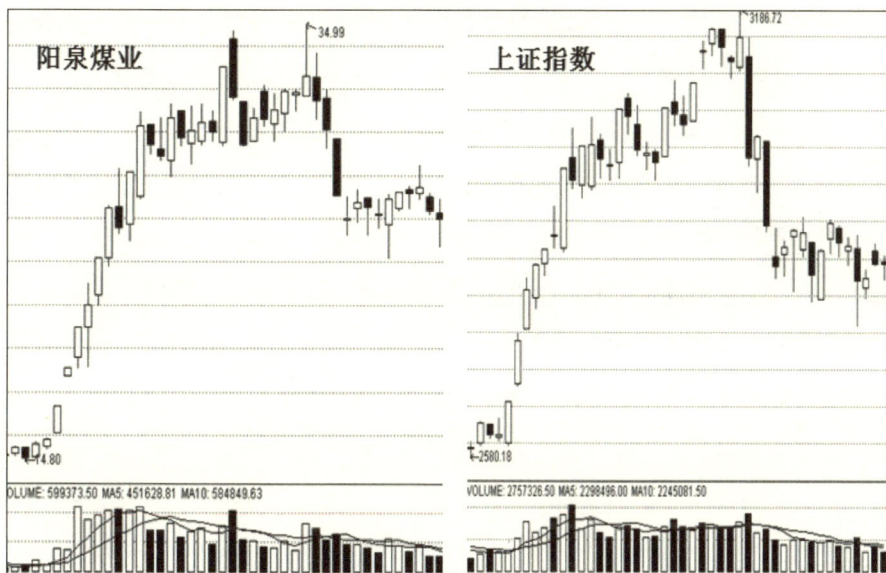

图 6.34　阳泉煤业（国阳新能）与同期大盘走势图

图 6.34 是 2010 年国庆后煤炭股的龙头股阳泉煤业走势图，我们可以看到它一直跃跃欲试地想启动第二波，但它一直受制于大盘，后来大盘暴跌，阳泉煤业的第二春就成黄粱一梦了。大盘行情大多数情况下压制不住龙头股的爆发，但是它会影响到龙头股的第二春，这种影响有大有小，当龙头股诞生在强大题材的温床上时，大盘的影响有限；当龙头股诞生在普通的题材上时，大盘的影响就比较突出。无论如何，我们炒作龙头股的第二春时，要多留意大盘的影响因素。大盘对龙头股的第一波影响可能比较小，但它对第二波的影响是非常大的。

第三，题材的级别。级别越大的题材，其龙头股第二春的概率越高。对于具有震撼性且充满想象力的题材，其领头羊无论如何仅仅用一浪是走不完的，它往往反复折腾。比如，互联网题材、禽流感题材、创业板题材、奥运会题材、上海自贸区题材、民营银行题材、智能穿戴题材、互联网金融题材，这些都是超级大题材，无论大盘行情如何，其龙头股都会有第二波。这个逻辑很好理解，就不再举例了。

第四，信息刺激的连续性。有种题材高度依赖信息的刺激，其龙头股与信息刺激的连续性高度相关，如果信息是一次性的，其龙头股几乎没有走出第二春的可能性，如果信息刺激是间歇性的、连续的，其龙头股的第二春几乎就是大概率事件。比如，2008 年的汶川大地震，受到消息的刺激四川重庆地区的桥梁建设以及水泥方面的股票飙升，但是这种飙升都是一次性的，因为消息刺激是一次性的，不可能总有地震；再比如 2009 年禽流感信息，它刺激了一个大的生物医药题材，由于这个信息是间歇性的、连续性的，今天报道疫情如何，过几天世界卫生组织又对疫情有新的报告，再过些日子又有哪个省疫情有新发展了，你会发现 2009 年春夏几乎全部是禽流感疫情的消息，所以其龙头股莱茵生物（见图 6.35）的第二春非常可观，股价走势气壮山河，陆续拉出四波行情，让人目不暇接。

图 6.35　莱茵生物走势图

　　龙头股的第二春主要与这四个因素有关，我们可以从这四个角度去分析第二春行情的操作性即可。需要注意的是，这四个因素只是相对的，很多种情况下也存在反例，比如第一波涨幅很大，也不是说绝对没有第二春，而是说通常情况下第一波太大容易透支行情，消耗第二春的元气，其他几个因素也是同样，我这里只是交代通常情况下的一种可能性，大家不要绝对化，要懂得灵活变通。

6.17.3　龙头股A浪"龙脉"之研究

　　很多时候龙头股的第二春是走出来之后我们才知道，那怎么做到事前就能预测呢？或者说我们什么时候准备着做第二春呢？看第一浪！如果第一浪好，再具备上面介绍的第二春的四要素，我们就可以大胆布局第二春行情了。

上面研究了第二春四要素，下面我们再谈谈第一浪。

我的股市思维很多源自波浪理论，但我不是照单全收，我是吸取波浪理论的思维和精华。在本篇龙头股的分析中，我大量地潜移默化地使用波浪理论的思维，A浪研究同样也用到波浪理论的内容，如果从艾略特的原教旨主义波浪理论来研究，会引入很多黄金分割以及浪与浪之间关系的研究，还有很多回撤和空间比例，我不准备走这条路，我在这里另辟蹊径地引入中国传统文化中的"龙脉"概念。中国传统风水学有"龙脉"一说，晋代郭璞开启的形势派用观察山峦形态的方法来研究龙脉，借鉴这个思路，我也通过观察形态来研究A浪，从而找到第二春行情的操作方法。

图 6.36　中国古代风水的标准模式图

借鉴这个思路，好的A浪不就是股市里好的"龙脉"吗？只要能找到好的A浪，就等于找到风水宝地。这样，就把寻找A浪转换成寻找股市龙脉的游戏。

龙脉就是位置"高"、有"势",把这个思维挪到股市上来,我可以说股价涨就是山,股价跌就是水。好的山、能称之为龙脉的山就是涨势气壮山河一气呵成的 K 线组合,就是具有上涨之势的股价形态。下面我们就来研究一下哪些上涨之势能称之为龙脉,或者说股市的龙脉有哪些具体形态。

(1)飞龙

飞龙就是一路腾飞上涨的龙。其 K 线走势全部是阳线,是极阳之龙,是通天八卦掌,如同《周易》里乾卦。

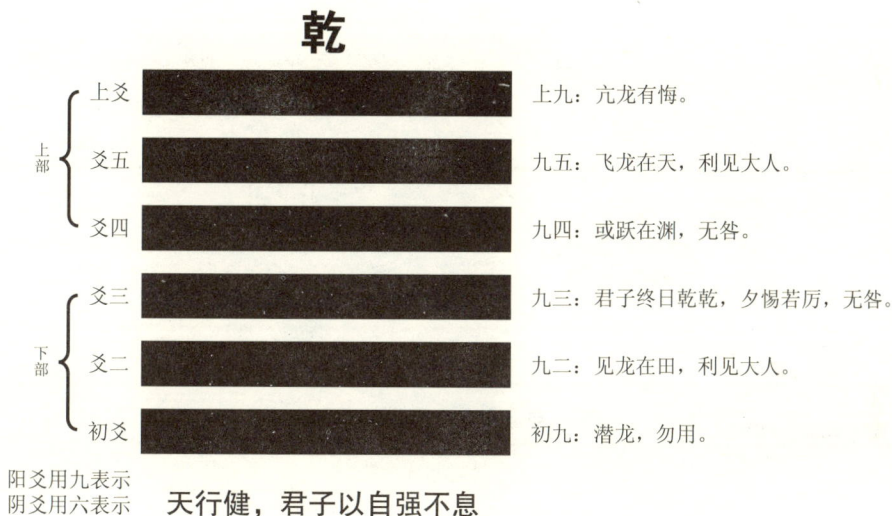

乾

	爻		爻辞
上部	上爻		上九:亢龙有悔。
	爻五		九五:飞龙在天,利见大人。
	爻四		九四:或跃在渊,无咎。
下部	爻三		九三:君子终日乾乾,夕惕若厉,无咎。
	爻二		九二:见龙在田,利见大人。
	初爻		初九:潜龙,勿用。

阳爻用九表示
阴爻用六表示

天行健,君子以自强不息

图 6.37 周易中的乾卦

图 6.37 是乾卦的图,稍微懂点《周易》的人,无论是义理派还是象数派,都知道乾卦是纯阳之卦,六爻中全是阳爻,是六十四卦中的最强卦,所以元亨利贞、飞龙在天。股市中的飞龙也是这样的,全部是阳线,连续涨停,疯狂之极,犹如飞龙附体,又如山脉之珠穆朗玛峰,最高、最凌厉。飞龙之龙脉的特点:

A　　必须是涨停，涨停板是核心 K 线结构；

B　　经常跳空，连续跳空；

C　　持续时间至少是 3～5 天；空间至少是 30%～50%；

D　　多是民间资金或内幕资金启动。

图 6.38 是两个典型的飞龙，S 前锋的第一浪全部是地地道道涨停腾飞来完成的，杭萧钢构也是。这样的龙脉蕴含着非常强大的能量，一旦我们遇到这种走势的第一浪，就要把其收到自选股，随时准备做它的第二春行情。

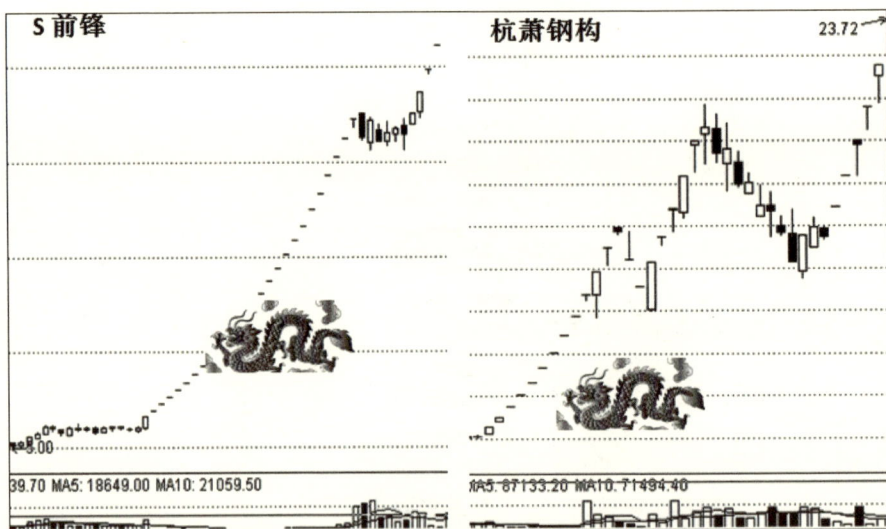

图 6.38　S 前锋和杭萧钢构走势图

飞龙具有稀缺性，这种龙脉往往源于资产重组或者某种内幕，也可能是巨大的政策性利好和突然问世的革命性的技术创新，一旦遇到这种飞龙，只要没有过分透支行情，都可以积极布局第二春行情。

（2）巨龙

巨龙是仅次于飞龙的龙脉，其涨势也极其凌厉霸道，同样具有横扫千军之势。与飞龙不同的是，巨龙不是以全部涨停 K 线组合来完成，它是以涨停为主其他 K 线为辅的组合来完成。具体不同还可以细分如下：

A   巨龙涨停板 K 线结构是小于 50%，而飞龙的涨停板结构大于 90%。即，飞龙几乎全部是涨停板组合，而巨龙只有一半涨停组合。

B   巨龙是涨停 K 线夹大阳线甚至是假阴线上攻，巨龙容许出现阴线，但飞龙不容许出现阴线。

C   巨龙上攻角度大于 60 度，飞龙上攻几乎是 90 度。

巨龙除了不能"腾飞"外，它几乎具备飞龙的绝大部分特征。如图 6.39，这是巨龙的走势，其股价同样是一气呵成。巨龙同样具有稀缺性，一旦形成这种走势，就说明有很大的潜在的不为人知的利好。无论后面能不能走出第二春行情，我们都要高度关注这种股票的未来。

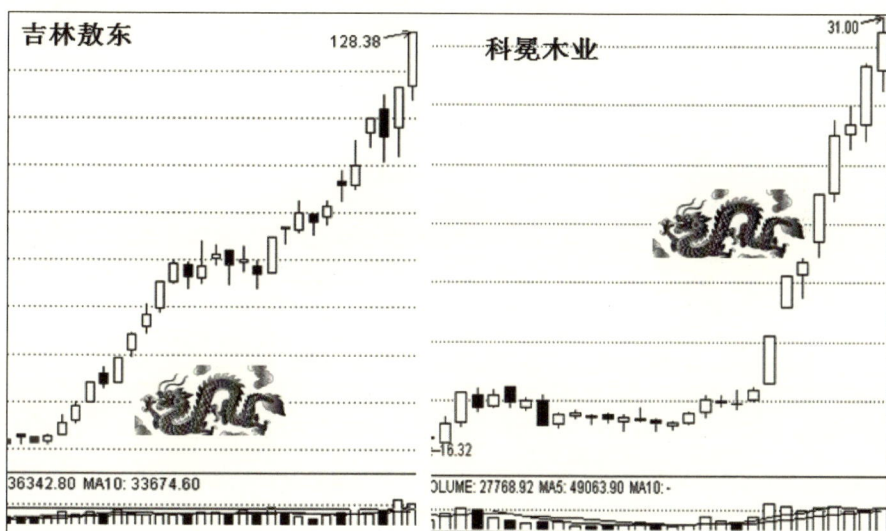

图 6.39   吉林敖东和科冕木业走势图

（3）火龙

火龙正如其名，一生是火。火龙的特点是堆红，连续一堆的红色K线，看上去如同一片火海之中飞出一条巨龙。

火龙与飞龙有点类似，其K线都是红色阳线，但是飞龙以一路狂奔上涨的方式出现，如同天马行空；而火龙则是小K线，是小步快跑的方式上涨，如同排兵布阵。火龙是主力建仓留下的痕迹，它表明主力志存高远，它的吸筹几乎以迫不及待的方式进行。推动火龙的往往是机构资金，一旦火龙布局完成，后期涨势非常可观。我们应该高度重视火龙，我本人就特别热衷于擒火龙。

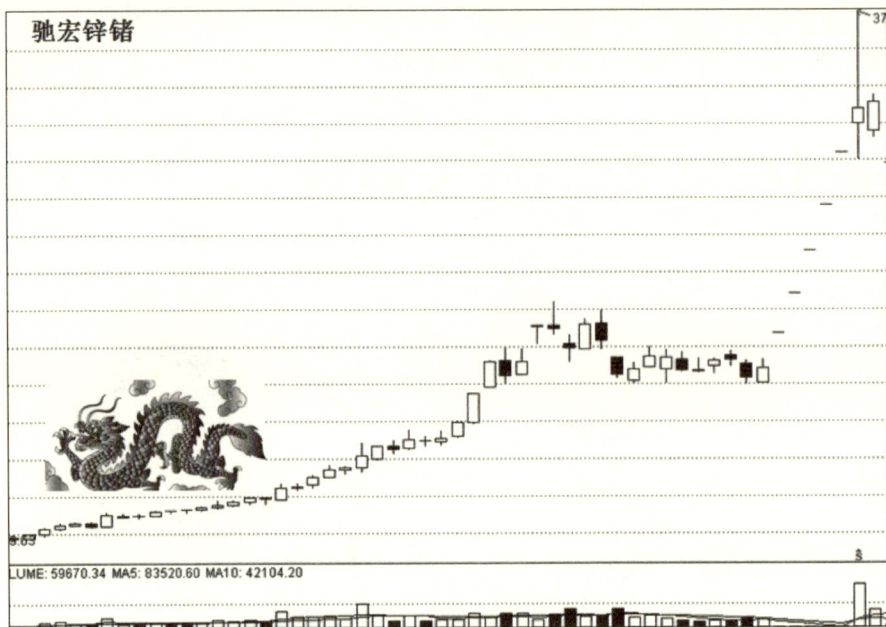

图 6.40　驰宏锌锗的走势图

图 6.40 是驰宏锌锗的走势图，这是一个典型的从火龙中走出的龙头股。我们观察下龙标识的地方，大概有 30 个交易日，几乎全是红色 K 线组成，如同一个车轮阵一样，这种走势是典型的主力预谋好的，根据我的经验凡是能走出这种图形的股票，其后市必然雷霆万钧，一旦爆发行情将是山河变色，蔚为壮观。从图上我们可以看到，驰宏锌锗在这波火龙形成后，第二浪腾空而起，从 18 元左右涨到 37 元，更可观的是，该股后来一路涨到 154 元！可谓不飞则已，一飞冲天；不鸣则已，一鸣惊人。这种火龙走势的股，是根正苗红，是大龙之形，凡是遇到这种龙脉，走出第二春的可能性几乎是百分之百，一定要抓牢不放，与龙共舞。

（4）显鳞之龙

龙鳞是龙的特征。如果一个龙显现其鳞，说明它是真龙了。有种股价的 K 线形态就如同龙之鳞，其走势严丝合缝，恰如大姑娘用绣花针绣出来的一样。如果股价的 K 线组合也类似，这说明主力用心良苦，其操盘手心如发丝，这种迹象就透露了主力心思非同一般，在这种走势的背后一定隐藏更为深远的考虑。

我们可以看以下几个图例，从中感受龙鳞之态。

图 6.41 是东方雨虹和恒邦股份走势图，这两段 K 线组合可谓精心策划，其走势简直巧夺天工，像绣花针一样精雕细琢，这种工笔的运用说明主力来者不善。果不其然，此二股后来都成为大牛股。

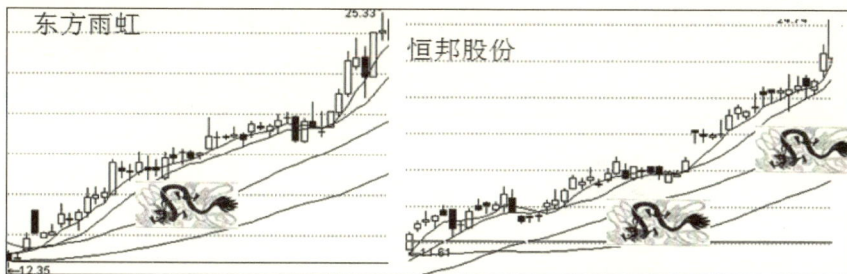

图 6.41　东方雨虹和恒邦股份的走势图

显鳞之龙是一种精心布局下的龙脉，这种龙脉也几乎百分之百有第二春行情。

（5）卧龙

卧龙是诸葛亮的称呼，股市中有种走势很奇特的龙我也把它称之为卧龙。一般而言，龙脉都是有落差的、有高度的，至少是个山是个丘陵吧。卧龙则彻彻底底是个例外，它没有落差、没有高度，它是卧着的，但它确确实实又是龙。我们来看图说话，图 6.42 是烟台万华（现改名万华化学）和北辰实业在大行情爆发之前都走出来的卧龙之势。在龙标图示的地方我们可以看到，股价长期卧在一个地方，仿佛是睡着了，这就叫卧龙。但是这种卧龙一旦醒来，涨幅是非常巨大的。表面上股价是卧着，其实这是一种特殊的龙。是不是所有的横盘卧倒都是卧龙？当然不是。卧龙有个重要的特点，就是横盘时 K 线排列非常匀称，好像有一只无形的手在强烈控制着盘面。这种横盘看似弱，其实很强。如果大盘背景好，这种走势后面会很疯狂。所谓横有多长，竖有多高，说的就是这种股。这种龙脉也是我喜闻乐见的，遇到这种情况我都会高度关注。

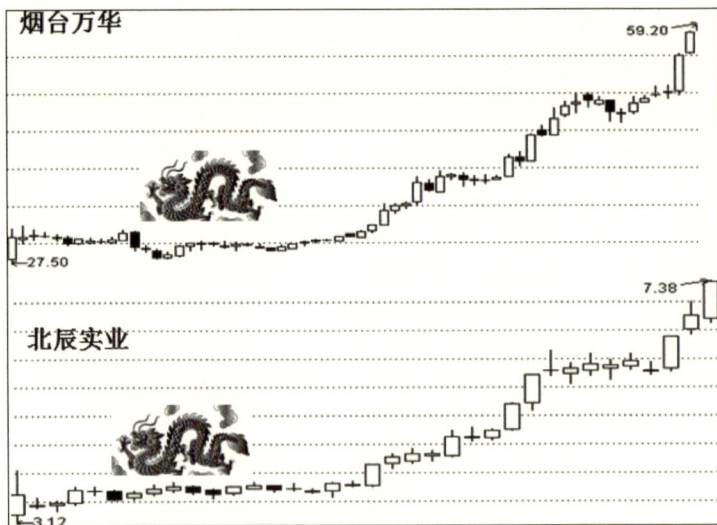

图 6.42　烟台万华和北辰实业的走势图

（6）慢龙

慢龙是走势缓慢但步伐坚定的龙。这种龙在 30 度以下匍匐前进，波澜不惊，娓娓道来。这种龙脉往往连绵数万里，影响达八极，是超级大牛股身段。图 6.43 是锡业股份走势图，它是典型的慢龙特征。这种股看起来不怎么样，很多人还嫌弃股价涨幅慢，但是这种股非常持久，在香港上市的腾讯控股就是这种类型的股，它已经上涨了 10 年，从 3.37 元涨到 337 元，100 倍呀！

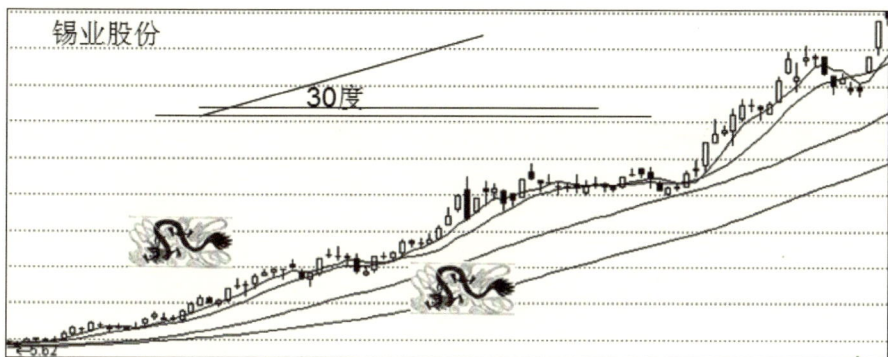

图 6.43　锡业股份的走势图

慢龙的第二春也几乎是百分之百的，它走得慢走得稳，这种龙脉具有一种强大的后劲，越到后面越有力道，如同太极拳一样，看似慢腾腾，一旦发力则有千钧之势。

（7）蜿蜒之龙

蜿蜒之龙是指走势蜿蜒曲折，如同龙之身形。蜿蜒之龙又可分为两种，见图 6.44，A 和 B 是两种蜿蜒形态，A 是往上蜿蜒，B 是往下蜿蜒，此两种都是连绵盘旋，九曲十八弯。这种蜿蜒之龙和上面的那种慢龙有得一比，二者都是走势慢，但是前者娓娓道来，而蜿蜒之龙则曲曲折折而来。也可以说二者都是慢龙，但是蜿蜒之龙更不老实，总想表现一下，但表现后又被理智地拉了回来。我们看图 6.45，恒邦股份在 2009 年的走势就是一个典型的由蜿蜒之龙开启的行情，这个股走完蜿蜒之形后，飙升得非常高。这样的案例还很多，贵州茅台、中国国航的起步都是这样的。这种蜿蜒之龙脉最符合龙脉的本性，走势绵延千里，身姿盘旋，步伐缓慢，时间持久。这种龙脉的第二春也是非常壮阔，一旦发现这种龙脉，我们也应该高度注意。

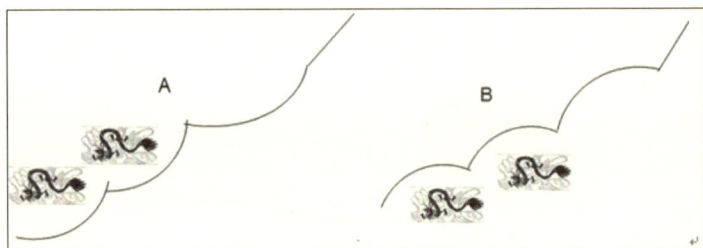

图 6.44　蜿蜒的直观图

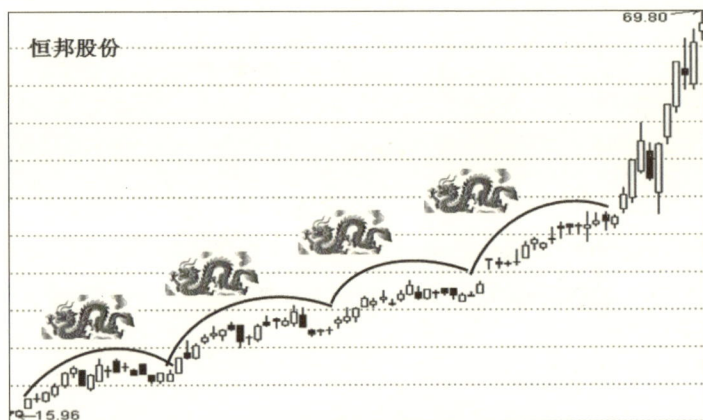

图 6.45　恒邦股份走势图

龙脉主要有以上七种，飞龙、巨龙、火龙、卧龙、慢龙、显鳞之龙、蜿蜒之龙，其中前三种最凶猛，后四种相对温柔。龙脉的本质是一种"势"，具有一种能量，凡是彰显阳之繁盛、能产生影之物者，皆为龙脉。我们可以来个还原思维：产生影子者就是龙脉。龙脉就是阴阳二极的阳极。我们上面分析的七种龙脉都是阳极，卧龙表面上是不产生"势"、没有阳极，不过它严密工整的排列却暗含一种"势"，只不过它没有爆发罢了。

我们这篇是龙头股篇，既然大家习惯把领涨的股称为龙头股，所以我就干脆把 A 浪称呼为龙脉，其实用龙脉只是为了表述一种波浪形态，我们研究龙脉就是研究 A 浪，以上七种龙脉就是七种独特的 A 浪形态。

为什么花那么大的篇幅来讲 A 浪形态？开篇已经讲了，是为了第二春行情。我们不能等到第二春行情来了再去买，我们要懂得潜伏和提前准备。那该怎么潜伏和提前准备？或者说怎样的龙头股应该在其洗盘的时候就埋伏着等待第二春行情呢？答案就在 A 浪中，在第一波的行情形态中。这是我操作第二春行情的重要思维：第二春行情往往与第一春行情高度相关。所以，我们要把第一春行情研究透。我在前面介绍过，第二春行情的存在与否以及行情级别的大小受四要素决定：第一浪的透支性、行情环境、题材级别和消息刺激的连续性。行情环境和题材级别的内容我前面几篇已经介绍过，消息刺激的连续性其实在题材和行情的介绍中，我也已有涉及，所以这里重点介绍下第一浪行情。另外，A 浪的形态具有提前预测功能，也就是说它具有可操作性，我们根据 A 浪的 K 线语言可以提前布局第二春行情。我上面介绍的七种 A 浪形态，也即七种龙脉，就是具有高度预测功能的 A 浪形态，凡是遇到此等 K 线形态组合，无论行情和题材如何，都可以埋伏其第二春行情。我们看到好的 A 浪也可以直接判断是好的股票，可以积极准备着做第二春行情。我在这里给出七种好的 A 浪，大家可以举一反三。需要注意的是，我强调的是看到好的 A 浪可以积极布局第二春行情，不是说让大家一直看着 A 浪表演袖手旁观、视而不见。其实 A 浪也是我们龙头股交易的核心部分。我们上面说过，发现龙头股时应该第一时间买入，说的就是抓住 A 浪。这里是从第二春行情的角度来讨论龙头股，不是要大家放弃 A 浪，请大家明白。

6.17.4　第二春之前的洗盘区研究

A浪和第二春行情之间还有一个重要地带，我称之为洗盘区，也可以叫盘整区或者休养区，这个地带是过渡，之后就迎来了雷霆万钧轰轰烈烈的第二春行情。洗盘地带非常重要，因为我们潜伏第二波就是潜伏在洗盘区，认清了洗盘区就容易潜伏了。我根据操作龙头股的经验，把洗盘区做一个总结，希望对大家有所帮助。

洗盘区没有固定形态，可谓千姿百态，但又有固定的规律。我根据自己的经验，大致总结出以下几种洗盘套路。

（1）横盘洗盘

横盘就是股价横刀立马，相当长一段时间停留在一个价格区间，如同横在天空中的一座桥梁。我们看下图6.46。这是成飞集成和南方航空的走势图，它们的洗盘就是选择横盘的方式。

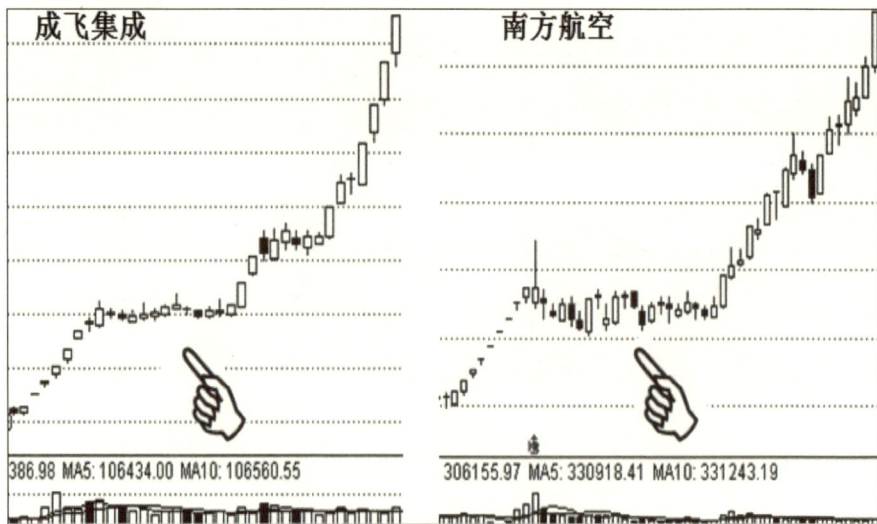

图 6.46　成飞集成和南方航空的走势图

从手指处可以很清楚地看到，它们横盘时间一般都在两周以上。能够连续两周以上把股价横在一个区间，背后肯定有一种强大的力量。这类似于一个小的"卧龙"，一旦睡醒，就龙腾虎跃。

横盘是一种非常强势的洗盘方式。试想，能把股价长时间地控制在一个狭小的区间，这需要很大的耐力，也需要控筹能力，这些都需要真金白银。横盘区间的振幅越小，说明主力控筹能力越强，后市的涨幅也就越凶猛。我本人非常喜欢横盘式的洗盘，这是不套人的洗盘方式，它进可以攻，退可以守，是攻守兼备的洗盘术。

如果后市没有很大的利空，洗盘后必然有一波大的行情。遇到横盘，我一般是直接潜伏进去，等到突破横盘瞬间还会再加仓，我对横盘情有独钟。

（2）V形洗盘

V形洗盘是挖坑式洗盘，给人一个大写的V的感觉。我们看下图6.47，这是云南铜业和恒邦股份的洗盘图，这是典型的V形洗盘。V形洗盘很常见，我见过很多龙头股都喜欢按V形的方式来洗盘。如果大盘行情好，V形洗盘比较浅，时间也很短，类似云南铜业；如果大盘行情比较弱，V形洗盘就比较深，时间也很长，类似恒邦股份。

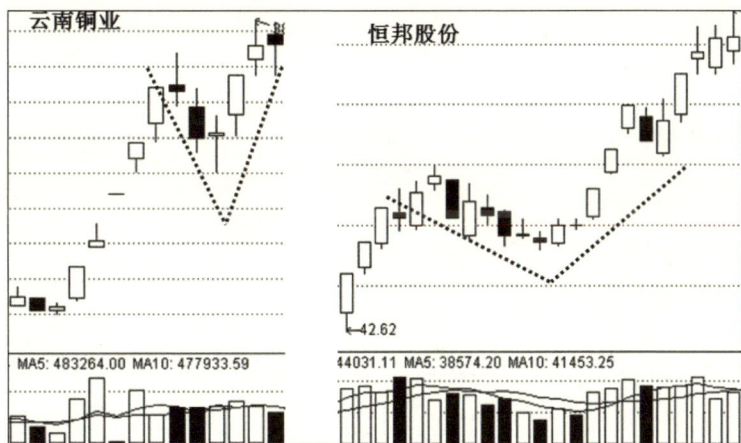

图 6.47　云南铜业和恒邦股份的洗盘图

这类的洗盘如何潜伏？我建议按照三种方式：一是洗盘到 A 浪的黄金分割位置，即 0.618 处；二是暴跌的第二天，如果跌幅再超过 3%，可以逐步潜伏；三是下影线当天的收盘前。

（3）W 形洗盘

W 形洗盘其实是 V 形洗盘的一种特殊形式，也可以说是双 V 形洗盘，我们看图 6.48，这是广发证券（当时是 S 延边路）和安信信托的洗盘图，它们是典型的 W 形洗盘。W 形洗盘比 V 形洗盘复杂一些，首先洗盘时间长很多，相当于两个 V 形洗盘的时间。此类洗盘过程，给我们潜伏买入造成一定的麻烦。不过，我们要对此类股有耐心。我个人建议买点选择在第二个 V 低，也就是洗盘的下轨处，再就是股价突破高点时。由于这类的洗盘充满变数，大家操作的时候可以灵机应变，根据自己的风险承受能力来操作。

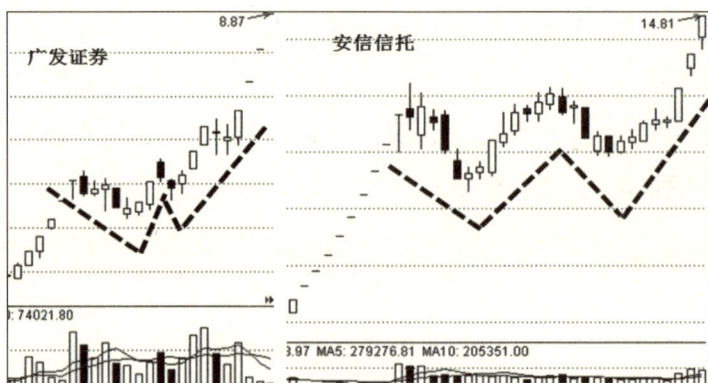

图 6.48　广发证券和安信信托的洗盘图

（4）老鸭头式洗盘

老鸭头洗盘是指洗盘形状看起来非常形象，类似老鸭头。我们看图 6.49，这是一个典型的老鸭头洗盘，此类的洗盘非常常见，很多龙头股都喜欢用此类洗盘方式。这类洗盘跟 V 形和 W 形洗盘有一个重大不同是，V 形和 W

形洗盘的风格相对比较快速和凌厉，而老鸭头式洗盘则比较慢，在股价形态上给人的感觉是呈现一个弧度，如同在高位画了一个老鸭头。

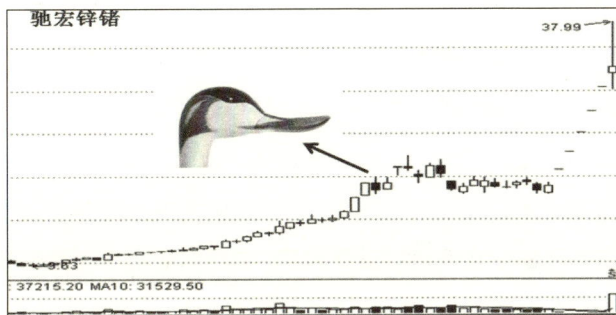

图 6.49　驰宏锌锗洗盘图

（5）星星点灯式洗盘

这类的洗盘与形状无关，主要是 K 线形态特别，几乎全部是带影线小 K 线组成，如同一个个星星在闪烁，看图 6.50，大括号的地方就是星星点灯的洗盘处。此类洗盘一般是强势洗盘，如果大盘环境配合，洗盘后会走出很强烈的行情。

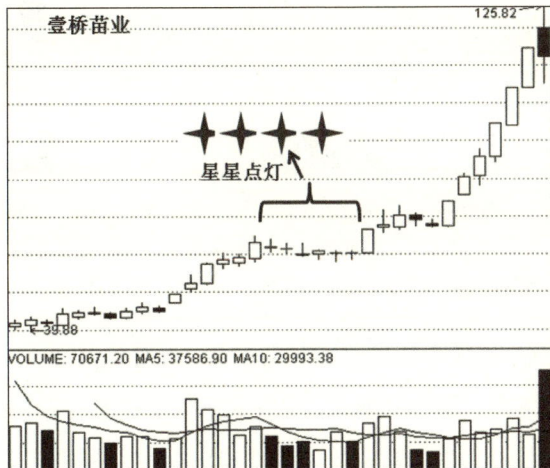

图 6.50　壹桥苗业的洗盘方式图

（6）跌停洗盘

跌停洗盘和洗盘形态无关，主要是讲洗盘方式的凶狠。它可能是以上任何一种形态的洗盘，它区别以上洗盘方式的最大特点就是它以跌停的方式来洗盘，采取极端方式完成清洗动作。我们看下图 6.51，这是跌停洗盘的典型代表，银星能源是连续四个跌停洗盘，道博股份是六天内四个跌停，这种以跌停为主的洗盘方式我称之为跌停洗盘。这种洗盘是最凶狠的洗盘，给人感觉是兵败如山倒，如果被套其中则如同刀俎上的鱼肉般痛苦。此种洗盘最彻底最残忍，但是也最有效，把意志不坚定的人彻底赶出。

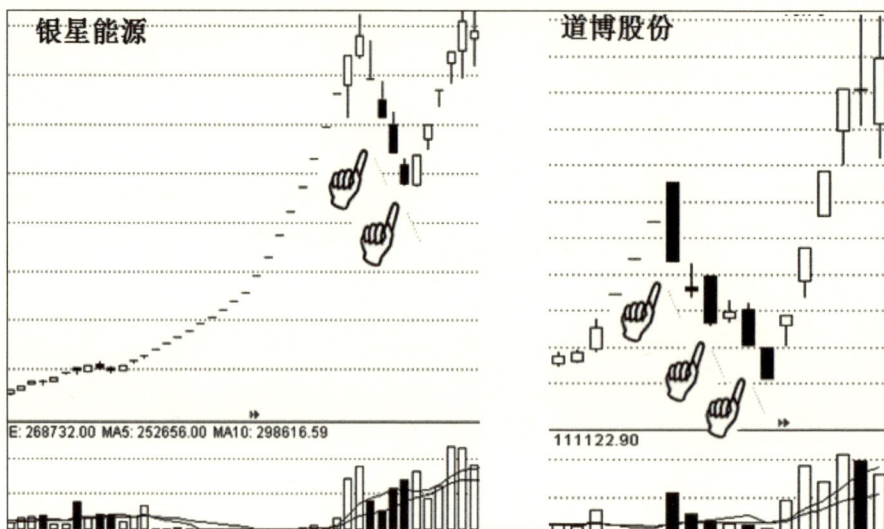

图 6.51　银星能源和道博股份的洗盘方式图

跌得狠也有个好处，就是它涨起来也狠，跌停洗盘要么熊下来，要么就立即以雷霆之势反攻，以血还血、以牙还牙。只是这类洗盘不好潜伏，也许要付出几个跌停的代价，还要防止反弹失败，以免肉包子打狗有去无回。对于此类反弹，我建议在跌停后第一个涨停板追入，这样既安全又暴利。

（7）黑太阳洗盘

我们都知道太阳是红色的，太阳蕴含着巨大的能量，可以说太阳是地球上所有能量的总源泉。但股市中有种太阳却是黑的，这就是我所说的黑太阳。黑太阳是指洗盘中的一种形态，其具体特点就是：在一波轰轰烈烈的行情当中，突然出现一个巨大的阴线，在很多红 K 线的映衬下显得非常扎眼，如同一个黑色的太阳悬在空中，我把这种洗盘称为黑太阳。我们看图 6.52，这是宝钛股份的洗盘图，在箭头处有一个很显眼的黑 K 线，实体很大，这种洗盘就是我所说的黑太阳。为什么又称之为黑太阳呢？因为它带着能量，黑太阳出现后预示着强烈的暴涨而不是下跌。这种洗盘一般是一天完成，第二天立即暴涨，我也把黑太阳洗盘称为一天式洗盘。这种洗盘方式很常见，全聚德、中青宝、启明信息、华兰生物等股票在充当龙头股时都用过这种洗盘。黑太阳既是洗盘又是预测线，一般而言其后市涨幅应该等于或者超过黑太阳之前的涨幅。我会用黑太阳出现的位置来衡量整波行情的涨幅。黑太阳其实是加油站，出现它之后，行情会比之前更加凌厉，希望大家多去体会它的绝妙之处。这种洗盘的潜伏点也很好选择，我一般喜欢在黑太阳之后第二天的涨停处或第二天大阳线的尾盘买入。这样既降低风险，又可以搭上第二春行情的列车。

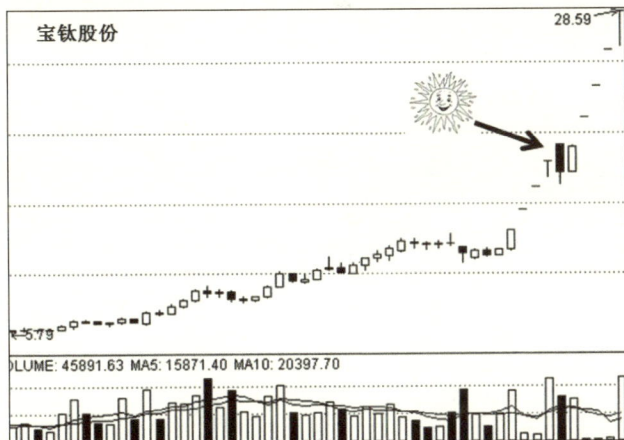

图 6.52　宝钛股份的洗盘图

龙头股篇：擒贼先擒王

6

以上七种是常见的洗盘形态，也是我最喜欢研究的七种洗盘方式。其实，每个人根据自己不同的视角和思维习惯，可以归纳出自己容易理解的洗盘方式。但无论如何，洗盘主要研究方向都是时间的长短和空间的深浅，前者是周期、后者是振幅，只要把这两个问题解决，其他都迎刃而解。

前面我们已经详细探讨了第二春行情的决定因素以及在什么样的A浪形态下着手准备第二春行情，也分析了A浪和第二春行情之间的过渡行情——洗盘，那么我们接下来就要解决一个重要问题：如何捕捉第二春行情？

主要是两种方式，一是追击，二是潜伏。

6.17.5　追击参与第二春行情

追击表面上很好理解，就是追涨，只要第二波行情来了就去追，问题是什么才算第二春行情来了？什么情况下追入第二春行情？我根据自己的研究，提出两种主要方式：

（1）创新高、突破

创新高就是突破A浪高点，在价格"闯关"之后的那一刹那买入。我们看下图6.53，这是壹桥苗业的走势图，我们可以清楚地看到该股的第二波行情就是从突破点开始的。手指图案处买入就是创新高买入点。突破对很多股都是一个好的追击点，因为突破意味着向上的上升空间被打开，进入一波没有压力的大行情。

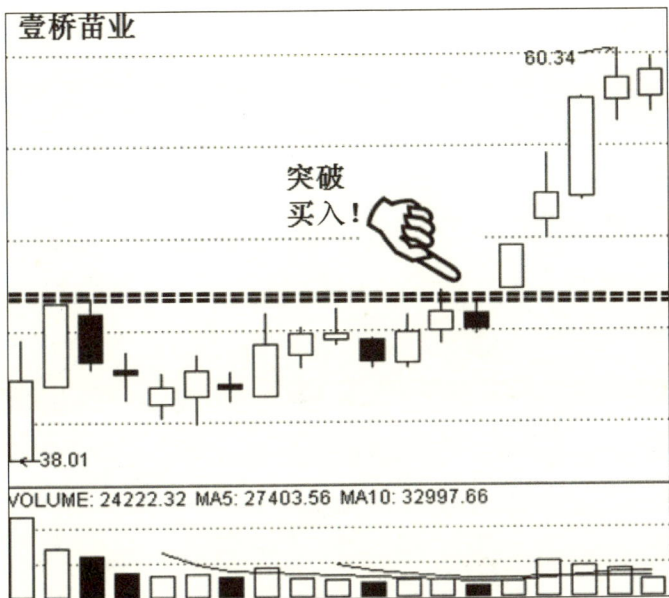

图 6.53 壹桥苗业走势图

突破点交易是一个很大的交易原则，海龟交易的很多买入法则都是选择在突破点。我记得《十年一梦》的作者青泽说过，如果你能做到只在突破点上进行交易，只要你有耐心，那你的结果肯定是赚的。这说明，突破点交易非常重要。做个军事上的比喻，突破点类似于重要的关口要隘，比如，虎牢关之类，一旦这种重要的关键关口被攻破，等待千军万马的就是一马平川、沃野千里，主力再发动进攻就如入无人之境了。所以，关口很重要，股市上最重要的关口就是股价高点，突破高点也就是突破"天下第一关"了，从此敢教日月换新天。

有个私募基金经理把突破点买入比喻成国税局长交易模型，其意思就是说在突破点买入等同于税务局收税，雁过拔毛。这种说法非常形象，股价只要敢突破新高，就说明其志存高远。本质上，突破是改变股价旧有的运行方式、抛弃旧有的地盘，进入新的格局，如同军队攻入关内，从此改天换地。

6

龙头股篇：擒贼先擒王

突破点买入是捕捉第二春行情的首要方式，我本人也非常喜欢突破买入模式。当然这种模式有时候会被假突破欺骗，但是只要我们灵活运用、会止损，同时通过其他条件来相互验证其有效性，突破买入仍不失为最佳追击模式之一。

（2）起涨、起跳

起涨就是起跳，就是第二波开始爆发的一刹那。这种买法比突破新高买入更早，但对技巧和经验的要求也比突破新高买入更高。突破新高买入是等大军攻下城池再去参与战斗，起涨买入时大军开拔的当天就随主力出征，前者安全，后者有风险，但前者容易被假突破捉弄，后者即使面临假突破依然会有短线利润。所以，如果技法纯熟且能承担一定的风险，在起涨点提前买入可以获得更多利润。

怎么判断起涨、起跳？主要有两个关键点：一是相对低位，在洗盘区间的下轨；二是以涨停板或者大阳线的面目出现。我们从图6.54可以看到，手指指的两个K线就是起涨点。起涨点其实就是洗盘区间内股价的暴动，不难判断。

图 6.54　海王生物的走势图

买起涨点是要追涨的，在没有涨成大阳线的时候我们无法判断它是起涨点，只有已经涨很多（分时图）的时候我们才知道原来这就是起涨点，这个时候只要我们买肯定就是追涨了。买在起涨点也有买失败的，因为有假起涨，但其风险比假突破风险低。这两种方法运用得当，可以互相取长补短，配合运用。

突破买入和起涨点买入虽然都是追涨，但是它们和盲目追涨有很大的不同，它们是建立在有完美 A 浪做背景且经过分析有高概率会走出第二波行情的基础上。我们是先判断第二波行情的有无，然后再决定在哪里去追击，而不是我们先去追涨，然后再等待第二波行情。希望大家能领会这先后顺序和内在逻辑。

6.17.6　潜伏参与第二波行情

潜伏参与第二波行情是与追入相对应的，追涨会面临假突破和假起涨，而潜伏恰恰是为了规避这个问题而诞生的。

潜伏是潜入洗盘区深处，不追涨不逞能，看准低点建仓潜伏起来。只要上涨，无论是短期涨还是突破新高上涨，都能获得利润。与追涨相比，潜伏是玩阴的，其手段更毒辣。如果说追涨是两军交战斩大将于阵前，那么潜伏就是抄到敌人阵后断其退路。如果能把这两种战法结合应用，则彻底实现正合奇胜变幻无穷，任行情斗转星移我亦稳坐钓鱼台。

潜伏的关键在于潜得"深"，"潜"到价格下轨，这样才有足够的"底"气来应对洗盘。当然潜伏买入也有风险，如果是遇到 A 浪下跌或者 C 浪下跌，潜伏有可能是肉包子打狗有去无回。不过，止损可以解决这一问题。总体而言，潜伏是一种很好的参与第二春行情的方法。

潜伏有以下几种主要的方法：

（1）潜伏在重要比例关口

重要的比例关口有很多，但龙头股洗盘最主要的数字关口只有两个：一个是黄金分割点 0.618 处，还有一个是 0.5 处。偶尔也有 0.382 处，但是比较少，根据我的经验，既然是龙头股，其洗盘就相对克制，如果洗盘到 0.382 处那就很嚣张了，这样反而降低了龙头股的档次和级别。洗盘到 0.618 和 0.5 处是最常见的，特别是前者。我们可以根据这个法则来在 0.618 和 0.5 的位置潜伏。

如何计算呢？很简单，就是从 A 浪起涨点开始到 A 浪最高点，然后乘以 0.618 或者 0.5 就可以了，在股票软件上有工具可以自动计算，不必人工来加减乘除。图 6.55 是潜能恒信和莱茵生物的 A 浪和洗盘图，我用画线工具把 A 浪分割，从图 6.55 中我们可以看到，潜能恒信的洗盘正好洗到 0.5 分割处，莱茵生物的洗盘正好洗到 0.382 分割处，也就是正好处于 A 浪涨幅的 0.618（1−0.382=0.618）位置，这两个图是经典的 0.5 和 0.618 分割洗盘图。如果我们潜伏在这两个价格位置，正好可以把这两个股的第二春行情逮个正着。这就是潜伏的绝妙之处。

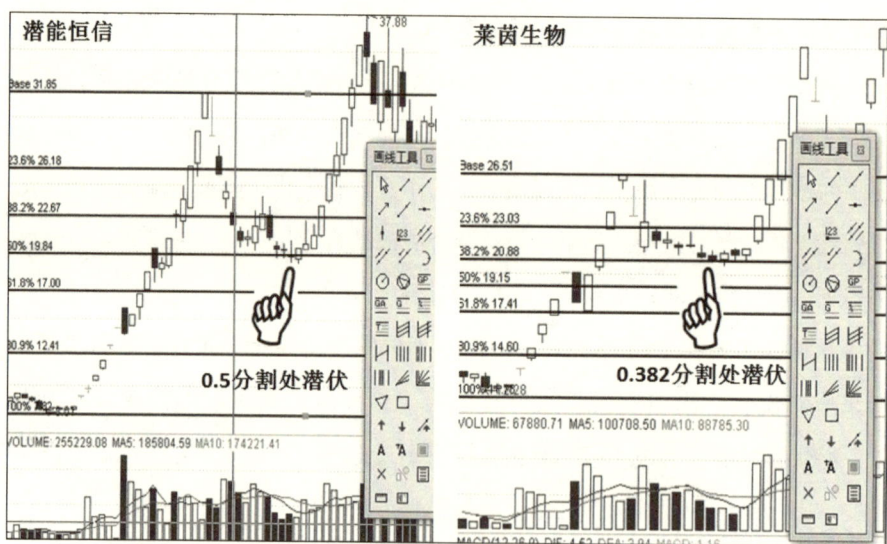

图 6.55　潜能恒信与莱茵生物洗盘分割图

也许有人会问，我怎么知道什么时候潜伏在 0.5 分割处什么时候潜伏在 0.618 分割处？这是个很好的问题。我也给不了一个统一的答案，我们只能是根据当时的行情和题材本身的级别来判断，而且还要灵活运用。我的炒股经验是这样的，如果 A 浪涨幅比较紧凑和流畅，其题材级别也很大，行情也比较好，我倾向于在 0.618 分割处就潜伏；如果以上情况次之，我倾向于在 0.5 分割处潜伏。也就是说，如果你对某个股乐观，你可以早点潜伏，在股价洗盘到 0.618 处就买，如果你对某个股谨慎乐观，或者有点悲观，你要等到 0.5 分割处再买。这里就有个人艺术发挥的成分了。

（2）潜伏在价格下轨

潜伏在价格下轨是针对横盘洗盘而言的。这个很容易理解，横盘区我们可以当成夹板模式来操作，直接在价格下轨买入即可。图 6.56 是南方航空的走势图，两虚线之间是该股的横盘洗盘区，上面虚线是上轨、下面虚线是下轨，我们只需要潜伏在下轨处即可。只要股价接近下轨，图中手指处，我们就逐步建仓潜伏，这样就既可以降低风险，又能获得尽可能大的利润空间。

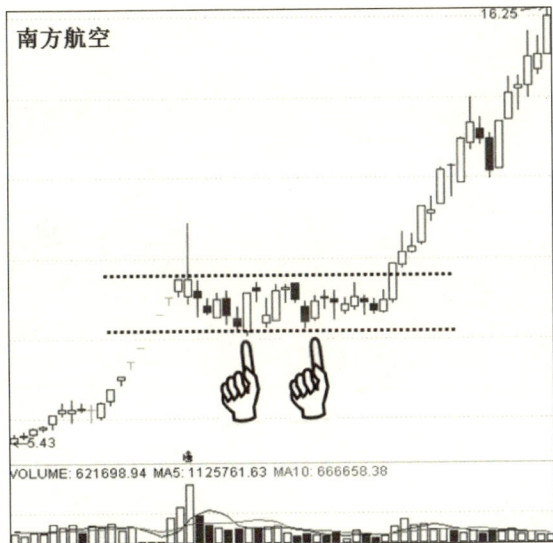

图 6.56　南方航空走势图

6

龙头股篇：擒贼先擒王

这样说其实是事后诸葛亮，因为横盘区也会失败，所以临场的观察和应变很重要，我在这里只是给大家一种思路，具体细节还要靠大家自己领会。

（3）潜伏在长下影线当天

长下影线代表下跌动能衰竭，如果在洗盘区出现长下影线，特别是已经跌得差不多了再来根长下影线，那就说明洗盘的底部很可能到来，此时潜伏就是一个明智的选择了。需要说明的是，长下影线是走出来才知道的，也就是说，我们只有在尾盘才知道那天是长下影线收盘的，所以这种买点其实也是尾盘买点。我们看图 6.57，这是云南铜业的走势图，其洗盘的结束就是以长下影线为标志的，只要在此潜伏就非常完美。也许有人说，如果在单针探底买入后第二天继续跌呢？完全有这个可能性，不过我们做任何事情讲究的是概率，只要是高胜算我们就可以做。另外，我在本书讲的很多技术，其实是要结合长久的实战修炼，需要反复感悟，更需要临场的观察和发挥，炒股是技术和艺术的双结合，有些东西只能意会。

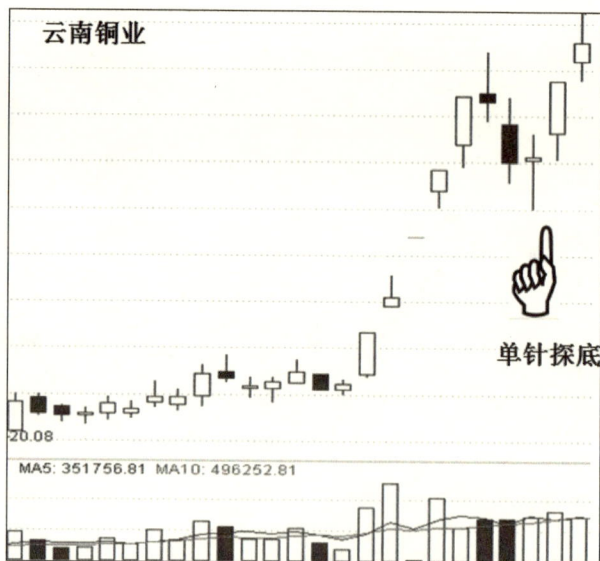

图 6.57　云南铜业的走势图

（4）潜伏在跌停之后

一般而言，我根据 A 浪特征、市场行情和题材特征判断有第二春行情后，洗盘越凶猛我越喜欢，因为行情迟早会上去的，洗盘的凶猛正好给我提供潜伏的绝佳机会。这个问题涉及对股价运行的理解，有人见到凶猛地跌，特别是跌停，会吓个半死，纷纷抛售清仓；而有人见到凶猛的跌停非常高兴，大呼过瘾，机会来了。其实这两种人的差距就是一层窗户纸，捅破这层窗户纸后，你瞬间就会醍醐灌顶。这种窗户纸就是如果你要介入第二春行情，跌得越狠可以套利的空间越多；而且，跌得越狠也意味着下跌越接近尾声。根据这个逻辑，我认为跌停之后反而是重要的潜伏点。

一般而言，我不建议跌停当天在跌停板潜伏，这样风险比较大，但是跌停后第二天再大幅下跌且跌幅达 −5% 以上的，我认为就是绝佳潜伏点，无论短线还是中线，都是百年难遇的买点。如果第二天小跌，跌幅在 −2% 以上，依然是不错的潜伏点。图 6.58 是两个以跌停洗盘的龙头股，我们可以看到，万向钱潮跌停后第二天曾瞬间洗盘到 −8.01%，根据我的理论，在跌停第二天洗盘到 −5% 以上区域，都是非常好的潜伏点；而右图复旦复华就复杂点，首先它的洗盘时间相对长一些，在洗盘尾声再来个跌停，一般而言，洗盘尾声的跌停就暗示洗盘结束，我们可以在跌停第二天、第三天甚至跌停的当天去潜伏，这个股跌停后第二天曾经瞬间洗盘到 −2.47%，第三天曾经瞬间洗盘到 −7.22%，这两天都是很好的潜伏点。

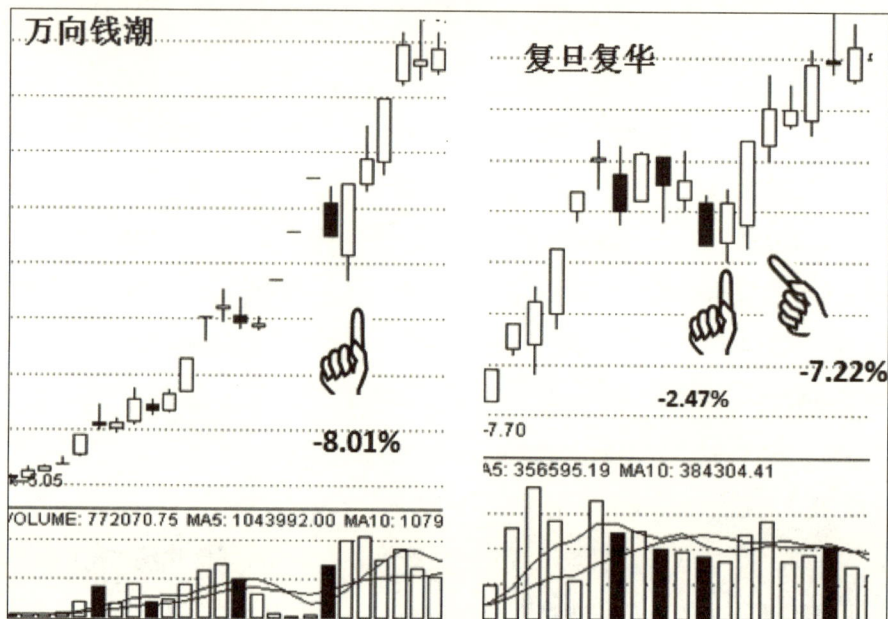

图 6.58　万向钱潮和复旦复华的走势图

　　我在龙头股篇开始就介绍过，龙头股是桀骜不驯的、是具有王者气质的，它的洗盘往往温柔且蜻蜓点水，出现跌停洗盘已经是龙头股不能承受之辱，第二天再来下跌洗盘这是龙头股绝对不能接受的，肯定会报复！我就根据龙头股的这个秉性来抄底，这种做法就是打蛇打七寸、四两拨千斤，非常巧妙。

（5）潜伏在跌无可跌处

　　有种洗盘是采取一路下跌的方式，跌到最后都跌麻木了，无论大盘是涨是跌还是其他风吹雨打，它都跌不动了，K线都变成了很小的星星，股价被挤压到一个很狭窄的地带，这种情况就是跌无可跌。既然跌无可跌，就不要等待它再跌，我们直接潜伏就是了。图 6.59 是莱茵生物的洗盘图，我们看图中手指处就是跌无可跌，不管大盘涨跌，它就在那里每天玩小碎步。这种走势就是一种很好的潜伏点，因为主力无心再洗盘，我们还等什么呢？

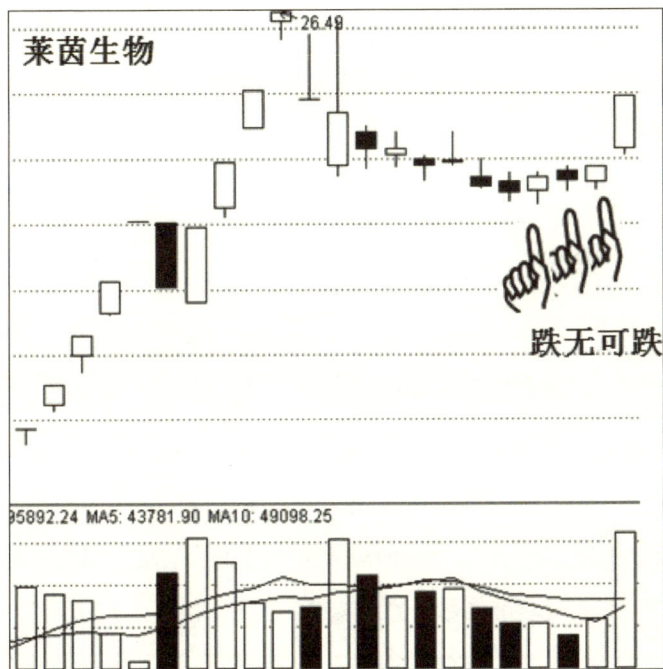

图 6.59　莱茵生物的走势图

这种跌无可跌有时候也适合横盘洗盘的股，横盘到最后 K 线也都变成了很小的星线，也就意味着变盘不远了。

以上五种是非常典型的潜伏买入点，当然你还可以再细分，但法无定法，归根结底就是找到洗盘的底线和行情反转的前夜。以上五种潜伏方式其实可以结合使用，哪种用得顺手就可以用哪种，它们互相补充互相配合，运用得当能够应付变化万千的洗盘形态。

追击和潜伏是两种主要的参与第二春行情的方式，二者各有优缺点，追击是以暴制暴的方式，类似于炮对炮的战斗；潜伏是以柔克刚，类似于以退为进、以逸待劳的四两拨千斤的战斗。

讲到这里，我基本把参与第二春行情的方式讲完了。但还有一种特殊的方式，与上面两种都不同，它是抛开技术和价格走势，根据"风吹草动"来参与，如同诸葛亮借东风，我把这种方式称之为等风来。下面我们就来看看这种方式有何特殊之处。

6.17.7 等风来

电影《等风来》在它的结尾有一段很经典的话，是男主角跟等待起飞的倪妮说的：无论你有多着急或者有多害怕，我们都不能往前冲，冲出去也没有用，飞不起来的。现在你只需要静静地，等风来……

在股市里，我们也要学会等风来。对于龙头股的第二春行情，有时候我们不想去追，因为这样会有被套的风险；也不想去潜伏，因为有可能潜伏失败。但我们又不想放弃第二春行情，该怎么办呢？接下来我就介绍一种解决这个问题的特殊方法，这种方法只需要去等"风"，"风"来我们就去买，如果"风"没有来我们一直不操作就可以了。就这么简单。

等风来的操作模式有个好处，它不管你是处于什么样的洗盘状态，不管是不是新高，不管是不是在洗盘区的价格底部，只要"风"能来，就去买，简明直接。这种模式对技术分析的要求低，只需要加强对"风"的识别和辨认即可。

当然，这里的"风"是隐喻，它是指一种信号。根据我对龙头股的研究，我发现有几种"风"可以掀起第二春行情，那么我们直接等到这几种信号就可以了。

（1）信息刺激之风

信息会刺激股价。主力洗盘，其实也是一种等待，等待新的力量来打破股价的短暂休整，信息就是其中最强大的一种新的力量。新的信息会打破股价洗盘的状态，刺激股价上涨。根据我的观察，我发现很多龙头股的第二春行情是新信息刺激下启动的。举几个例子：图6.60是万向钱潮和罗顿发展的。先看左图万向钱潮，我们多次举这个股为例子，这里我们再从另外一个角度来解读这个案例。该图手指指向的那个 K 线是第二春行情的启动点，当天股价涨停，那是 2014 年 2 月 26 日。抛弃技术分析，我发现那天的重要的消息：

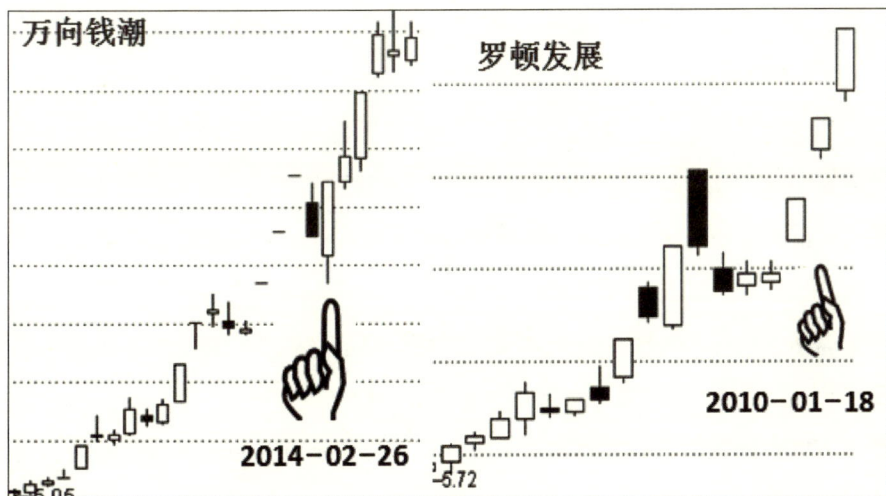

图 6.60　万向钱潮和罗顿发展

北京市今年（2014 年）将首次大规模建设新能源汽车充电桩，年内将完成 1000 个公用快充桩布局建设，覆盖中心城区和近郊。而且，今天将公布新能源汽车候选车型。

这个消息像一个重磅炸弹一样扔向市场，对特斯拉概念是个极大的利好。该天，特斯拉和新能源汽车龙头万向钱潮应声涨停，而且从此，万向钱潮开启了第二春行情，四天内涨幅超过 40%。这就是消息刺激的威力，这个消息就是万向钱潮的东风，2 月 26 日该股的主力等到了这个利好的"风"，于是借风表演，可谓好风凭借力，送我上青云。

再看右图的罗顿发展，当时海南国际旅游岛政策出台，作为该题材的龙头股罗顿发展应声大涨，出现一波可观的 A 浪行情，后来进入洗盘。2010 年

1月17日，我记得当时是周日，有媒体大篇幅报道海南房价受国际旅游岛刺激大幅涨价，很多网站跟着转载，这个消息是个很大的利好，刺激着相关股票。第二天，也就是1月18，那天是周一，股市一开盘罗顿发展就迅速摆脱洗盘区跳空涨停，而且从此开启了第二春行情，连续拉三个涨停板。这也是消息刺激第二春行情的案例，对于罗顿发展，房价暴涨信息就是主力等的"风"，主力就是借着这个风来启动第二春行情的。

信息刺激——股价反应——第二春行情开始，这是一种全新的捕捉龙头股第二春行情的模式，这种模式不用照顾洗盘洗到哪里了、也不用顾及当时的技术特征和行情走势，而是直接根据信息来参与第二春行情。就像诸葛亮借"东风"，只要风起就立即开战。

当然，这种战法的关键是等到信息，只要信息属于利好且具有刺激性，我们就可以直接判断：第二春行情来了，买去吧！

所以，炒股要眼观六路耳听八方，一定要留意重大新闻和政策动向，要从蛛丝马迹中寻找可能会刺激股价的信息，炒股炒的其实是敏锐力。我们要目光如炬，要洞若观火，从海量信息中寻找刺激股价的"东风"。

（2）技术走势之风

消息是"风"，其实技术走势也是"风"。索罗斯有个反身性理论，通俗地来解释就是说人的认知与股价走势互相影响。什么意思？人的思维判断影响股价，股价反过来也影响人的思维认知。具体到龙头股，如果某天股价走势突然"暴动"，那么这种暴动就会影响到股民的心理认知，进而影响股价。这就说明技术走势也是"风"，能传达第二春行情的消息。

具体到股价技术走势上的暴动主要是涨停板，大阳线有时候也勉强可以算是。我们来看个案例。

图6.61是北辰实业的走势图，它在启动后几波行情的时候经历过两段横盘洗盘区，每次打破横盘洗盘都是一个涨停板。我们从图中手指处可以看到，两个涨停板分别开启两波大行情。在我看来，这两个涨停板就是两股"风"，

它以股价"暴动"的方式来与旧的洗盘区间告别，它宣布股价进入新一波上涨行情。其实，很多龙头股的第二春行情都是由一个涨停板宣告开幕的，这就给我一种触动，我由此总结出了根据股价涨停来寻找第二春行情的战法。

在龙头股的洗盘区（最好是洗盘的中后期），不管是洗盘到哪里、不管当天有没有信息出来刺激股价，只要我们看到股价迅速涨停，我们就可以做个判断：第二春行情很可能要启动了。这个时候我们追入就可以了。对我们来讲，这个涨停板就是信息、就是语言，它告诉我们："我要腾飞了！"就像战争，我不管你有没有对我宣战，只要你的军队大举踏入我国国境，就是视同战争爆发。

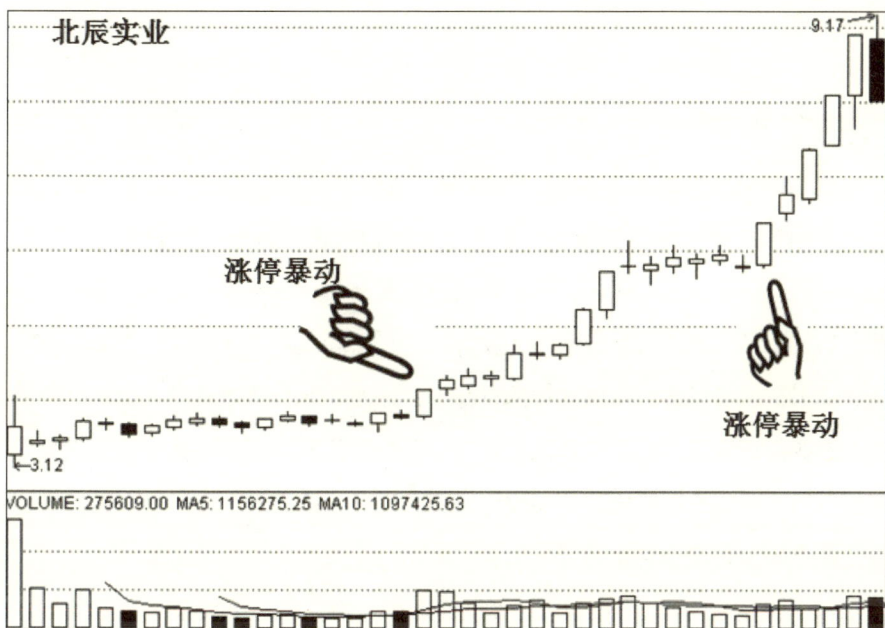

图 6.61　北辰实业走势图

这种方式很好操作，等涨停板就可以了。有时候大阳线也有这种作用，但是胜率低一些。当然，涨停板启动也有失败的时候，一是涨停板最后打开了，没有最终涨停；一是涨停板后第二天没有接着涨反而继续洗盘下跌。这些情况都存在，如果有篇幅我再专门跟大家介绍哪种情况下的涨停板具有高度可信性；哪种情况下的涨停板要小心。

（3）大盘行情之风

大盘行情之风就是大盘的异动。如果大盘启动了轰轰烈烈的行情，它也会带动龙头股的第二春行情，此时的大盘行情就变成一种信号。这个很好理解，大河有水小河满，大盘的火热一定会波及个股，没有哪个主题板块能对大盘行情完全无动于衷。龙头股本身又是市场的最题材和主流热点，它一定是强烈回应大盘的火热的。所以，我们可以根据大盘的启动来布局龙头股的第二春行情。

（4）枕边风

枕边风就是姊妹股的异动。姊妹股与我们要炒的标的股高度相关联，它们可谓同床共枕，姊妹股价突然暴涨会像枕边吹来一股风一样刺激同板块的股，它们会联袂表演。比如，我们看到山东黄金启动行情了，就可以备战中金黄金的行情了；万科启动行情了，就可以备战保利地产的行情了；工商银行行情启动了，就可以备战中国银行的行情了；江西铜业行情启动了，就可以备战云南铜业的行情了。这其实是比价效应，我们盯住同一题材的其他股，只要发现它有风吹草动，该板块的龙头股肯定不会落后，因为龙头股是最分秒必争、唯我独尊的，它岂会甘居人后？

等"风"来主要是等待以上四种风，有时候它们是单独来，也有时候它们是一起来，当然风来得越多越好。风越多说明第二春行情的概率越高，也暗示第二春行情越大。我们按照等风来的模式去参与第二春行情可以节省很多精力和筹码，省去无谓的折腾。这种模式对追击和潜伏参与第二春行情是很好的配合，它们从不同的角度去介入第二春行情。

总之，追击、潜伏、等待，这是我发明的参与第二春行情的最重要的三种方法，它们各有特色各自秉承不同的思路，其背后的逻辑和操作方法也不同，但是它们的目的是一样的：千方百计逮住第二春行情。

在这里我还要强调一点，无论哪种方式参与第二春行情，都是建立在第二春行情存在性的基础上，这还要回到我们前面反复分析的什么样的龙头股具有第二春行情这个问题上来。我这本书的写作是讲究逻辑的，我是层层推进、步步为营，如果不搞清楚什么样的龙头股容易有第二春行情就直接想办法来捕捉第二春行情，那属于舍本逐末，跟只开枪不看靶子没什么区别。我的思维是先有好的大级别的题材，然后又有好的未被过分透支的 A 浪，然后大盘行情再配合，再加上信息刺激的连续性，才有高概率的第二春行情，最后才是用什么办法去参与第二春行情，该追击的追击，该潜伏的潜伏，该等待的等待。

本篇即将结尾，需要特别说明两点。

一、本篇我举了大量案例。也许有人问，你用有限的一些图例来证明你的观点，是不是单薄了点？你自己也犯了局限性风险呀，有以偏概全之嫌嘛。这个问题问得非常好。我本人非常反对用一两个孤例来证明一个法则，事实上确有很多人偶尔一两下得手就急于总结一套战法，还没有在市场上去验证就迫不及待地向别人兜售，这样的大神太多了。我不是这样，我的战法都源于我实盘交易多年的心血总结，我经过反复实战验证不断优化，可以说是千锤百炼，屡试不爽。我用一两个案例附在我的观点下面，绝对不是用案例来证明我的观点，而是用图例来解释我的观点，因为文字表述往往不够直观，不能一目了然，我就诉诸图例来说明。我的图例不是用来证明的，而是用来演示和阐述观点的。

二、本篇有大量细节性、战术性的描述。有很多人热衷于具体的技术细节，希望给出几个不用动脑筋就可以操作的买卖点，所以我在第二春行情的介绍中加入了大量细节性、战术性的内容。需要提醒的是，千万不能把这些战法机械化，当成定律和教条。这些战法是适合我个人交易风格的，它植根于我个人的交易经验和操作灵感，至于是否放之四海而皆准，还需要每个人根据自己的经验和灵性加以修正。更重要的是，这些战法再严密，也不能穷尽所有的可能性，万法皆有纰漏。如果痴迷于这些法则，则易流入不可穷尽的术的攀比，而放弃对"道"这一根本规律的认识。正如《金刚经》所言："一切有为法，如梦幻泡影。如露亦如电，应作如是观。"关键是法背后的"道"。我一直强调，炒股需要修炼，需要加深对股市运行规律的深刻认识，而不要太痴迷于术。因为具备了道的深度，术自然就浮出水面、水到渠成。我在龙头股篇介绍的所有的术，都是植根于我对龙头股属性和身世的认识，这才是龙头股的 DNA。不断加深对龙头股本性的认识才是根本，当操作龙头股经验丰富了、思考深刻了，具体怎么买卖龙头股、怎么做 A 浪行情、怎么介入第二春行情，那都不是个事儿。本质认识深刻了，可以派生出无数个战法和细节；战法的多寡从来都不是衡量一个人交易技术高低的标准，对股市本质的领会才是关键因素。如果你能够目光如炬地发现哪个股是龙头股，其他所有的术都可以放弃，因为龙头股战法的根本在于发现谁是龙头股；正是因为担心大家对这个根本把握不准，所以我才在后面啰唆那么多细节性的东西。但是我们不要被细节性的花哨所吸引放弃了本质性的认识。这也是我为什么反对堆砌图表的书籍，因为那是执著于法而不见道。真正的大师，比如查尔斯·道、李费佛、索罗斯、巴菲特、科斯托兰尼、芒格、克罗、罗杰斯、彼得·林奇，他们写的文章，是很少用细节、战术和图表来描绘，因为他们执道之牛耳，用几个规律配合少得可怜的图表就可以把问题讲得很清楚了。像我这样无法达到那个境界的人，才不得不用一些图表和细节来说。一对比，吾辈不得不觉得汗颜呀。

6.18 本篇回顾与总结

龙头股是我投资思想的压箱底之作，我现在已逐步放弃其他交易法则全力专做龙头股，因为我在多年的交易实践中认识到龙头股统御一切，它集安全性和暴利性于一身。当一波行情来临的时候，龙头股总是最能涨，它能涨到我们想象力的极限、能涨得令我们心理崩溃，它傲视群雄、笑傲天下。抓住龙头股就等于坐上直升机，可以平步青云。可是为什么大家不去做龙头股呢？原因无他，无胆识、无见识耳！龙头股桀骜不驯、一日千里，其行踪翻云覆雨、雷霆万钧，很多人看着都害怕，何来胆识参与？龙头股挑战的是人性的极限，它握准了人们害怕涨、害怕高的心理，尽情地挥洒行情，一般人是不敢玩的，没那个气场。

仅胆识就甩开了很多人，龙头股还需有见识和智慧。龙头股具有稀缺性，它识别难且自我设限，如果不能越过重重关口，终不会入龙头股之门的。龙头股的精髓在于其借势，它借主流热点和最强大题材之势，有底气自封老子天下第一，有资本我行我素。只有深刻理解了这点，并能从题材、资金性质、流通盘和技术层面等方面参透龙头股的属性和身世的人，才有资格参与龙头股的游戏。

龙头股交易的最高法则在于能火眼金睛识别出龙头股，在第一时间介入它，并且克服短炒的冲动一路捂住龙头股与之共舞。任何在龙头股上赚一把就走的短炒客，注定与龙头股命中无缘，最终只能成为偷鸡摸狗的市场跳蚤。我主张在龙头股上长捂不放，不但要做起第一波，还要做第二春行情，吃尽龙头股的利润。本篇还从技术上详细介绍了如何介入龙头股、如何介入其第二春行情，这些都是具体的战术，关键还是对龙头股本性的深刻认识和准确识别。本篇占本书最大比例，其实它的核心可以浓缩为一点：找到龙头股、占有龙头股。至于其他的一切，都是为这个核心服务的。准确识别、全程参与、心无旁骛跟着龙头股走，若做到这一点，则万法皆可废。

6

龙头股篇：擒贼先擒王

7 涨停板篇："面子"的风光与"里子"的冷暖

涨停板是股市的奇观，是股市单日最大涨幅的表现。A股实行涨跌停制度，涨停板是A股才会出现的奇葩。这个奇葩出现也好，它诞生了一个新的交易法则：涨停板战法。

我本人以前很喜欢交易涨停板，几乎从我炒股那天起，我就开始研究涨停板。这个过程让我尝尽酸甜苦辣，也想尽各种办法，我几乎读过能在市场上找到的任何一本关于涨停板的书，经过反复思考总结，不敢说已经完全入道，至少有自己的独特心得。

我对涨停板的认识和市场书籍上常见的观点不一样，它们都喜欢列举多少种涨停板战法、技术走势符合什么条件就可以追入涨停，我不打算这么简单地罗列。我侧重于把涨停板背后的逻辑搞清楚，然后再去研究到底什么涨停板可以介入。我不追求千招会，我只求一招精。有人能写出几十种涨停板战法，我想他一定是自己没有彻底搞明白涨停板是怎么回事，因为这几十种战法记都记不过来，何谈灵活运用？真正把涨停板搞明白，能透过几十种涨停现象深入到本质，只需研究五六种高胜算的涨停板战法就足够了，何用虚张声势？

我对涨停板的认识经历了一个返璞归真的过程，一开始只看到涨停板

"面子"的光鲜，于是刻苦研究追涨停的战法。后来我认识到涨停板的风险比机会大，稍有不慎就会偷鸡不成蚀把米，需要格外地心细如发和火眼金睛，于是我又研究了一套高胜算机制，以此来保证追涨停的安全和利润。再后来眼界开阔了，我发现追涨停其实不是最好的做法，能让涨停追我才是最好的，于是我对涨停板又进行终极反思，发现了很多涨停板背后的秘密。在本章，我会把这些内容与大家逐一分享。

7.1　追涨停不是人干的活

提起涨停板战法，很多人第一反应就是追涨停。我可以明确地告诉大家，追涨停不是人干的活。我算是股市老兵，自认为水平不差，更是见证了无数追涨停的股民朋友，也阅览过无数的书籍，我发现没有一个人能靠完全追涨停活下来，更遑论持久赢利。也许在某些阶段或某些条件下追涨停能得手，但持久下去终逃不过被股市抛弃的命运。太多的人跟我说，我专做涨停板，今天追上明天就卖，这样很赚钱。但是一轮牛熊下来，这帮人不是被股市消灭就是转换为其他交易方法。这不是技术高低的问题，而是一个根本的逻辑问题。

首先，背离股市大道。股市的根本逻辑是低买高卖，而追涨停的逻辑是高买更高卖。从这一点上，追涨停就偏离了股市的"大道"。追涨停的买入价比较高，一般是 +7% 左右追入，有的是 +10% 涨停板上追上去的，其筹码成本非常高。这种局势下只有一种出路，那就是更高价卖出。这就决定追涨停是只能进不能退的刚性交易模式，它把所有的希望都寄托在短线一两天内股价要更高这一唯一出路上。其实，这就近似于赌了。

其次，失败一次需要成功几次来挽回。涨停板的附近追入，一旦失败，当天就会套住很多利润，假如第二天再下跌，一次炒作下来就亏损很大，需要几次正确的操作来挽回。举个例子，+10% 追入涨停板，当天封涨停失败，收盘 +4%，如果第二天 −3%，这次操作收益率为 −9%，仅仅一次就足抵消好几次成功炒作的利润。可怕的是，这样的例子根本不是小概率和偶然现象，而是大量的高样本的广泛存在。所以追涨停是种高风险的活。

再次，统计陷阱。我们看到很多书上都有追涨停的案例，写得很精彩，可是如果深究背后的逻辑，就会发现是有问题的。所有涨停战法都建立在一个基础上——股价是涨停的，事实上呢，很多股价涨停后会打开，我们只看到案例中涨停板之后第二天会如何如何，没有看到涨停封不住会如何如何。也就是说涨停板战法的案例分析具有统计上的误导性，比如，我们拿出某种技术特征下 100 个涨停板来研究第二天的走势，假如第二天有 70 个股继续大涨，能不能得出该种技术特征下追涨停的成功率是 70% 呢？市场上很多书都说可以。这就中了一个统计陷阱。因为我们统计的是 100 个已经涨停的股，事实上很多股一开始是涨停的，后来打开了，尾盘没有封住涨停，而这些没有纳入统计范围。对于实盘操作来说，我们承担的最大风险恰恰是涨停板封不住带来的风险，这种风险完全被一些所谓的涨停板战法统计所遗漏。故此，我认为很多涨停板战法都是一叶障目不见泰山。

最后，追涨停是带着脚链跳舞。追涨停一般是 +7% ~ +10% 这个涨幅区间追入，留给当天的盈利的余地是 0% ~ 3%，而留给当天风险的余地是 17% ~ 20%，也就说用 3% 的空间博弈 17% 的风险，这本身就是不占优势的赌局。一旦追涨停失败，面临的可能是 17% ~ 20% 的亏损，而即使当天是盈利的，再假设第二天是涨停，其收益也顶多是 13%，这也不划算，这完全是做困兽之斗，一开始就把自己置于不公平的起点上，这个游戏很不公平。

综合来看，追涨停板是一项高风险的炒法，有点类似于破釜沉舟，虽然勇气可嘉，但风险太大。事实上也如此，在股市完全靠追涨停积累巨大财富的人是不存在的。我们不要把自己的财富梦寄托在追涨停上。

那么是不是说涨停板就没有意义呢？当然不是！涨停板最大的意义是提供中线信号。

7.2 涨停板是用来放风的

涨停板对我的最大意义是用来放风的，它的价值是提供信息——"盟军"来了。所以，很多人把涨停板当作短线工具是浪费了涨停板的价值，涨停板更大的意义是给一波大行情放风用的。

经过研究，我发现很多涨停板是启动一波行情的信号。来看两个例子，图 7.1 是中国软件和棕榈园林的走势图，我发现它俩的最后一波大行情都是涨停板启动的。如此一来，涨停板的妙用就不再是短线的蝇头小利了，而是用来发现大机会的、是配合中线的。也就是说，涨停板战法的关键是寻找能够启动一波大行情的涨停板，而不是今天追涨停板明天卖掉盈利。这就是我的涨停板思维。

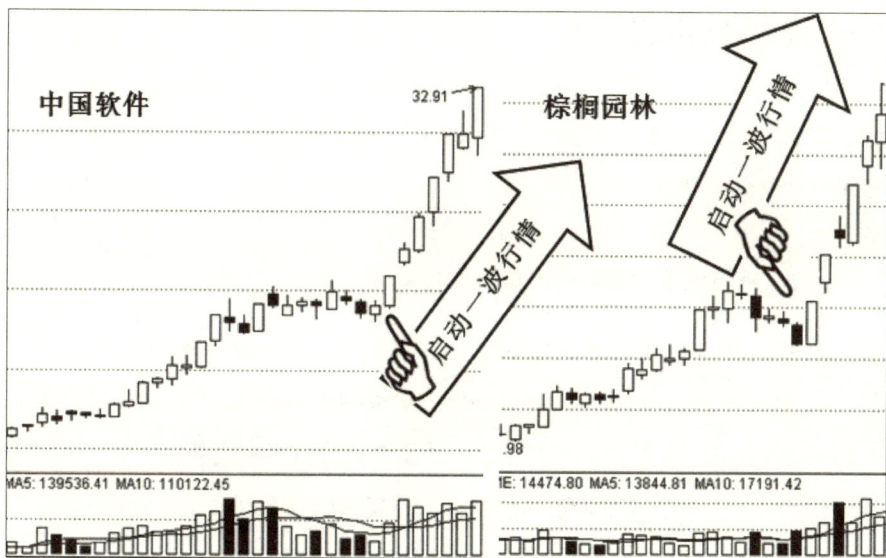

图 7.1　中国软件和棕榈园林的走势图

市场上每天有很多个股涨停，我们要去追的是那种能够开启一波大行情的涨停板。这样追涨停才有意义，这是为了一大波行情去追高，而不是为了短线蝇头小利去追高。这里，我追的已经不是一个简单的涨停板，而是一波行情，涨停板只不过是这波行情的一个把风信号而已。这才是涨停板战法的最高境界和意义。

在这里我要批判一下今天买明天卖的追涨停模式，我觉得这是风险最大的交易模式，因为这是为有限利润去冒巨大风险的交易方法。即使盈利了，也顶多不过赚一个涨停板，一旦亏了可能当天就亏十几个点，这种交易方法还担惊受怕，其实这是最走投无路的交易方式。稍微有其他交易方法，我都不会选择这种模式。

7.3 涨停板的风险分析

在介绍追涨停技法之前，我先来介绍追涨停的风险。只有明白了风险在哪里，才会谨慎地追涨停。

（1）涨停失败面临不可预知未来的风险

具有技术分析功底和股市经验的人都知道，涨停板封死还勉强一好百好，一旦涨停失败，可能面临很多问题。最大的风险就是面临一波暴跌。我们看两个例子，图 7.2 是重庆啤酒和北京旅游涨停失败后的走势图，重庆啤酒没有封住涨停，后来遇到不可预知的利空，出现断崖式下跌；北京旅游涨停失败后，后面等待它的同样是雪雨风霜。所有爱追涨停的人都应该看看这样的风险。当然这种情况比较极端，但在股市里当天封不住涨停，后市面临噩梦般的未来的例子绝不在少数。

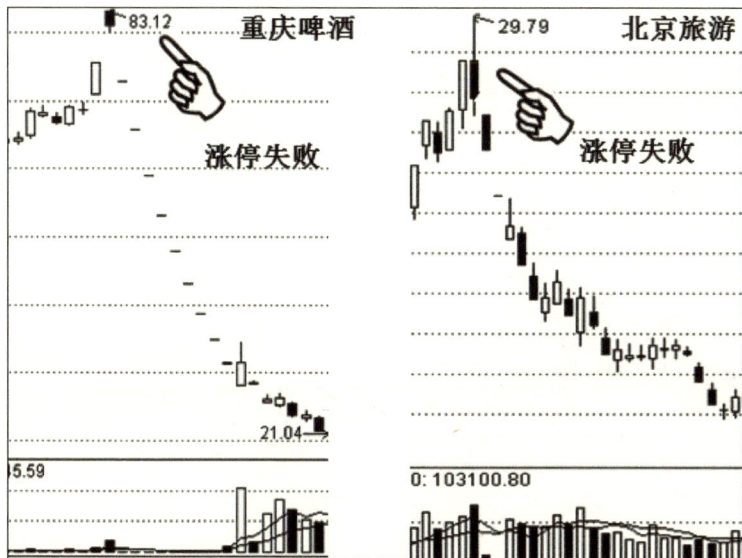

图 7.2　重庆啤酒和北京旅游涨停失败图

（2）涨停失败面临当天就被关门打狗的风险

有的涨停板等不及第二天再露出狰狞面孔，当天它就给人当头一棒。对于爱追涨停的人，一定要留意你所追的涨停当天封不住怎么办？如果在涨停板排队追入的，面临的就是被人关门打狗。更可怕的是，当天被套后，买入者会有惊弓之鸟的心理，第二天股价会大幅下探，此时是卖还是等待，这是个极其痛苦的选择。而且，涨停板打开本身就是利空暗示，特别是尾盘打开涨停的，这对参与追涨停者的心理是个极大的打击。我们看两个例子，图 7.3 是两个涨停失败的例子，左图是绿盟科技，它涨停失败后，当天从涨停 +10% 滑落到 −1.85% 收盘，对于涨停板追入的人来说，当天就套住近 12%。右图是东方热电，当时还是 ST 股名叫 ST 东热的分时图。该股早上涨停，后来打开涨停，后来再封住涨停，再打开，再后来股价一路滑落到 −4.11% 收盘。对于追这个股涨停的人来说，当天同样面临当头一棒。追入这两个涨停板的人不但当天就像吃了个苍蝇，更可怕的是不知道明天有什么噩梦等着他。这种情况就是人为刀俎，我为鱼肉，追涨停的风险一览无余。

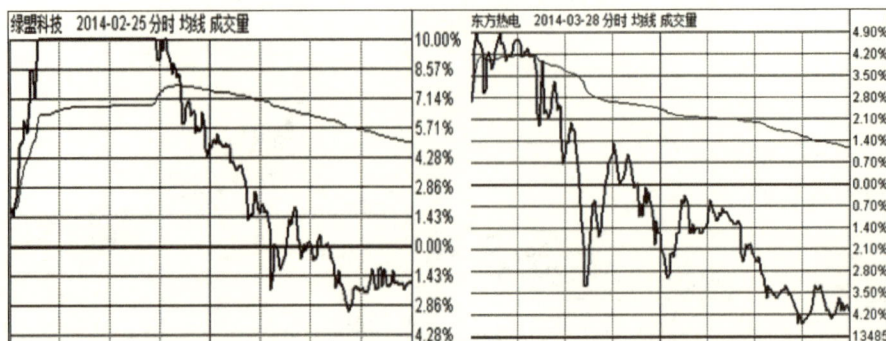

图 7.3　绿盟科技和东方热电分时图

也许你会问，为什么总举最惨的例子？我告诉你，这还不是最惨的，股市中比这更惨的例子还多着呢，我这是随便举例。既然说到风险，我们就应该把最坏的可能性拿出来说，这样才能长记性。

（3）追涨停成功但是第二天补跌风险

即使是涨停板封得很死，看起来安然无恙，依然逃脱不了未知风险，其中有一种风险就是补跌风险。我的炒股经历比较久，遇到的情况比较多，有种情况或许股龄小的朋友没有经历过，我倒是常经历。那种情况是这样的，当利空或者暴跌来临时，有的股票依然涨得很好，依然能封住涨停，无论从分时图的角度、K线的角度、成交量的角度、均线的角度，还是 MACD 的角度来看，都是很好的涨停板。但第二天它不但不涨，反而大幅下跌，即使其他股反弹上涨，它还是暴跌，这种风险就是补跌风险，它欠市场一跌。我们看下图 7.4，这是中色股份走势图，是我的实盘案例，所以记忆很深刻。2007 年 5 月 30 日，即"半夜鸡叫"后第一个交易日，冒着巨大的利空，该股依然非常完美地封住涨停，而且成交量也没有放大，换手率也没有提高，仅 1.19%，如果从纯技术上看，这是一个很完美的涨停板。我当时从技术上判断这个涨停很"安全"，所以就追涨停挂单，后来也成交了。谁知第二天该股跌停，第三天继续跌停，我连续吃了两个跌停板。这就是风险。

图 7.4　中色股份走势图

这不是孤例，涨停后第二天暴跌的案例非常多，大家可以打开股票软件去统计，不胜枚举。我们不要被一些宣扬追涨停板的书籍中所举的完美案例迷惑，以为追涨停板很好，其实涨停板下尸骨累累的例子太多了。市场上追涨停板的书籍大多喜欢举一些成功的例子，须知那都是很小的一部分案例，同样情况下追涨停板失败的反例太多了。就像有人只看到范冰冰、章子怡几个大腕成功就高呼当艺人真好一样，他这是没有看到每年无数艺校毕业生都找不到工作，成明星的实属凤毛麟角。我们要正反两方面都研究，才能得出客观的、实用的规律。

追涨停板主要面临的就是以上三种风险，对于短线投资者而言，最可怕的是当天涨停失败被深度套牢的风险；对于所有投资客而言，涨停失败断崖式下跌是共同的噩梦；对于今天买明天卖的市场跳蚤而言，三种风险都可怕。了解了这些情况，我们对涨停板就冷静多了，不会再意气用事盲目追涨停了。可以说，涨停板的风险平均而言比普通股票高，但其平均收益比普通股票低。所以，在大多数情况下、大多数的涨停板是不值得追入的，只有少数情况、少数的涨停板值得追。那么，哪些情况下可以追涨停板？哪些涨停板可以追呢？我们应该怎么追涨停板呢？

7.4　应该怎么追涨停板

追涨停板是高风险的交易，如同高空作业，它把风险放大很多倍。绝大多数情况下我们都不应该去追，除非对这个涨停板具有很高的把握性。我认为，对于追涨停板，宁缺毋滥，宁可放弃一千也不可错追一个。市场机会很多，交易模式也不止一项，为什么死磕涨停板呢？但涨停板确实有价值，它代表强大的短线动能，它可能是一波大行情的宣言书。综合而言，涨停板是带刺的玫瑰，是有着巨大缺憾的美人。不能弃之不用，又不能尽用，只能选择性使用。我们要明白哪种情形下该用、哪种情况下不该用。这又包括两个方面：哪种情况下涨停板不可以追？哪种情况下涨停板可以追？

7.4.1　哪种情况下涨停板不可以追

抛开涨停板本身先不讲，我们先来看看涨停板的大环境，我认为至少以下几种大环境下的涨停板不可以追。

（1）暴跌区的任何涨停板都不能追

暴跌区包括我们上面讲的有毒区行情，还包括从波浪理论来看的主跌浪——A浪和C浪的主跌区。为什么这个背景的涨停板不可以追？因为这种行情下，所有的K线技术走势都是为了出货，涨停板风险最大。那种看似涨停其实封不住涨停、那种上午接近涨停下午收盘大跌、那种在涨停附近开盘在跌停附近收盘的假涨停板，大多是发生在这种行情下。也许你会问，有的具有重组预期或者重大利好的涨停板不追不就可惜了吗？非也！真正的大利好不会打开涨停，打开涨停的利好都不是真实的利好。即使是真有利好，相比较暴跌区稍有不慎就遭遇暴跌的行情特征来说，不做一点也不足惜。

这个行情是专门收拾"艺高人胆大"的人，很多涨停板高手最后都是在这种行情下灰飞烟灭的。这个行情下最大亏损的还不是价值投资者或者长线投资者，而是追涨停板的人，因为追涨停板可能面临当日巨亏，被反复关门打狗。涨停板交易最大的克星就是这种行情。我奉劝所有的人，不管你是什么动机、不管你发现什么巨大利好，都不要用追涨停的方式来介入你看中的股票。

（2）震荡行情、鸡毛行情和盛极而衰行情一般情况下不追涨停板

这三种行情可以说是不确定行情，充满机会也充满风险。在这三种行情中，我更倾向于做低吸，因为低吸把筹码成本降低了，即使面临不可预知的风险，其损失也不大。但涨停板不一样，涨停板一开始就把自己暴露在风口浪尖，一旦大盘变脸或者个股扛不住，面临的将是巨大的日内风险，被关门打狗。

这三种行情下只可以做高胜算涨停。什么叫高胜算，就是自己交易经验中屡试不爽的交易。于我而言，我在这三种行情下做得最多的是龙头股涨停，因为我对龙头股的研究比较深入，我信赖龙头股涨停的高胜算性。

有的人比较激进，追涨停上瘾，那种人在这三种行情下可能面临大赚大亏的局面，因为这三种行情本质上还是风险行情。

我的总体观点是，这三种行情下谨慎对待涨停板，除非有八成以上胜算，否则不要追涨停板。

7.4.2　哪种情况下涨停板可以追

剔除不可以追涨停板的行情，其他行情应该是都可以大胆追涨停板的行情。

赚钱效益行情可以大胆地追涨停板。这是那种八仙过海、各显神通的行情，追涨停技术当然可以大展拳脚。事实上，我对这种行情采用追涨停手法还是有一丝保留，这倒不是担心追涨停不安全，恰恰相反，这种行情下追涨停很安全，我担心的是这么好的行情用追涨停的方法介入可惜了。因为这种行情很多股一不小心就会涨停了，每天都有一大批的股票涨停，多么好的赚钱环境呀，我们应该采取其他交易方法让涨停板来追我，岂不更好？

游资行情是追涨停最好的行情，是涨停板最佳的舞台。因为游资最喜欢以涨停的方式来演绎，这是游资惯用的手法。游资行情不是全面的行情，而是局部性的、题材性的、热点性的行情，非常适合以追涨停的方式介入，因为强者恒强。

沙漠绿洲行情是小赚钱效应行情，这种行情也适合追涨停。这种行情本身就是短线行情，不能恋战，非常适合追涨停短线操作的胃口。

指数行情类似于游资行情，只不过这种行情是机构主导，这种行情下追涨停也比较适用，关键是要追对题材和热点。

这么一比较，有人可能会问：适合追涨停的行情很多呀，你怎么说绝大多数情况下涨停板不能追呢？大家想想，A股是哪种行情最多？毫无疑问是熊市最长、震荡行情最多、鸡毛行情最常见，真正的赚钱效应行情、游资行情和指数行情很少，A股是熊长牛短，是跌多涨少，所以大多数情况下的涨停板不能追。

筛选了正确的行情，等于给追涨停加了一把安全锁，但这还不够，也不是说所有的好的行情中的涨停板都可以追，我们还必须具体研究每个涨停板本身。只有把行情背景和涨停板个性都加以安全甄选，追涨停才无后顾之忧。下面再来谈谈哪种个性的涨停板可以追。

7.4.3 哪种涨停板值得追

什么样的涨停板能追？什么样的涨停板买入后一路暴涨？什么样的涨停板只能看不能碰？这是目前市场图书中讲得最多的，这也是我接下来要重点讲的。和别人的不同之处是我把涨停板限制在具体的行情背景下，然后再去研究涨停板本身，而不是一上来就告诉你去追哪种涨停板。我构架的是大环境保护、小环境安全、个股具有高胜算性三位一体的交易体系，而不是只讲个股如何彪悍的草莽体系，更不是不顾行情的就事论事。

高胜算是追涨停板的精髓。所谓高胜算就是高概率，十次涨停，能有七次以上明天会接着大涨，甚至会带动一波大行情。如果没有高胜算，绝不染指涨停板，因为它风险比较大。

我曾经总结了很多涨停板战法，最后都放弃了，因为不够高胜算。我也阅览了很多关于追涨停板的书籍，感觉很多所谓的涨停板战法都不够高胜算，只是在凑数，很没有意义。后来，我以高胜算为唯一准绳，潜心研究出几种能经得住反复验证的涨停板战法，我认为它们身经百战值得分享给大家。

龙头股的涨停： 龙头股的涨停具有很大的高胜算。一般而言，龙头股的主升浪 K 线大多数都是涨停 K 线组成的，龙头股几乎从启动到尾声都是在涨停板的包围下生活的，要介入龙头股必须敢于追涨停。从统计意义上来说，龙头股的涨停板最安全，追入龙头股的涨停板第二天继续上涨的概率最大。在龙头股篇我已经介绍过，龙头股洗盘区的涨停板很可能是第二春行情启动的标志，也许我们不知道具体哪个涨停板能启动第二春行情，但我们采取龙头股洗盘区间涨停必追的模式，一定是高胜算的。

对龙头股的任何一个涨停都不能掉以轻心、轻易放过。我们上面讲过，涨停板宁缺毋滥、宁放过一千不可错抓一个，那是对普通的涨停板而言；对龙头股的涨停板恰恰相反，这是涨停板唯一的一个特殊情况，因为任何禁忌都要给龙头股让位，龙头股的涨停板是宁滥毋缺，这是龙头股的特殊政策。为什么给龙头股开绿灯？因为龙头股是最具有上涨潜力的王者之股，它涨停的背后很可能是一飞冲天的新一波大行情，而且龙头股的涨停板是具有安全性的。

有铺垫的涨停板：有铺垫是高胜算涨停的关键因素。所谓有铺垫，就是指主力蓄谋已久、K线走势被控制得很好、主力做局明显、一切水到渠成，不突兀、不勉强，就像被烘托已久、又似众星捧月一般喷薄而出的状态，其涨停之路像是早已被铺垫好的一样。通过研究我发现，凡是被主力精心铺垫的涨停，都具有高胜算性。这就像经纪人要捧一个明星一样，当一切准备工作都做好，明星一登台，接着的都是连续剧，而不可能是见光死。

有铺垫的涨停其铺垫过程都是需要本钱的，主力不可能白花那么多真金白银来铺垫，它要的是后续表演。我发现，有铺垫的涨停比冷不丁的涨停有意义得多，至少前者经过精心策划，而后者大多仓促上阵。我们看下图7.5，手指指向的涨停板就是有铺垫的涨停，在这两个涨停之前，主力进行长久的铺垫，所以这种涨停板看起来才那么顺其自然、水到渠成。

我比较喜欢操作此类的涨停板，主力都已经花那么多真金白银铺好路了，我怕什么呀？这种涨停板一旦发生在大盘行情比较好的环境下，其胜算会非常高。

铺垫其实是预热、是制造舆论和气氛，这种情况下诞生的涨停板当然有底气了。最好的铺垫是一小段排列工整的K线构成的，如果是堆红那就更好了。图7.5就是一堆排列很工整的K线做的铺垫，所以其后市的涨停才理直气壮，后面的涨幅也才蔚为壮观。

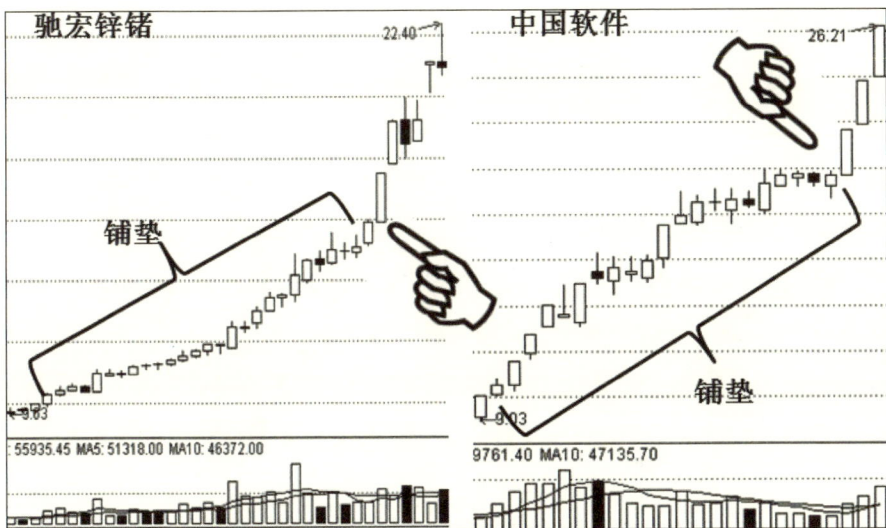

图 7.5　驰宏锌锗和中国软件走势图

　　有种铺垫比较特殊，是以涨停为铺垫的涨停，昨天是涨停板，今天接着又涨停了，对今天来说，昨天的涨停板就是铺垫。这种铺垫我称之为涨停铺垫。这种涨停同样具有高胜算，这说明昨天的涨停是货真价实的，不是跟风涨停，那么今天的涨停也同样是货真价实的，值得去参与。也就是说，当其他情况相同，单独一个涨停没有连续的第二个涨停具有高胜算。这是一个让普通人难理解的逻辑，价格低的时候不安全，当价格高了反而安全了？是的，我们是重势不重价，连续的第二个涨停说明势出来了。

　　还有种更奇特的铺垫，那就是反铺垫。反铺垫不是不铺垫，不是没有铺垫，而是不按正常手法来铺垫，是反着来，就像数学上的反证法。这又分为以下几种：

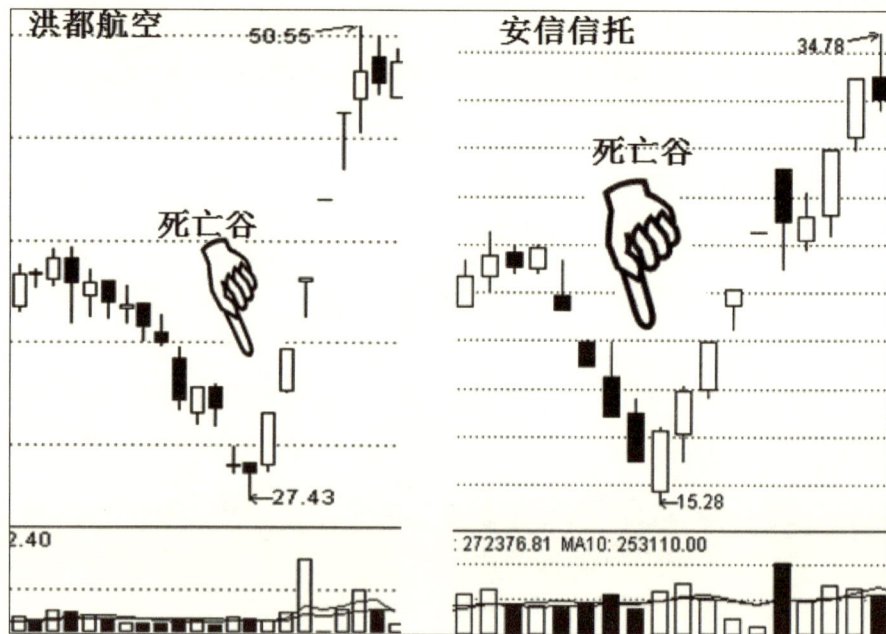

图 7.6　洪都航空和安信信托的"死亡谷"形态图

A. 死亡谷铺垫：股价连续暴跌，给人感觉就像个无底洞，阴跌下来如同死亡谷一样，这就是死亡谷铺垫。我们看图 7.6，洪都航空和安信信托都采取了反铺垫的方式来为涨停铺垫，这种反铺垫比较极端，它是把股价往下打压，以连续的跌停的方式制造一种天塌地陷的恐怖，就像死亡谷一样阴森森的。这同样是一种铺垫，这种连续打压反而说明了主力在做一种局，故意做给外面看的，这是一种高超的铺垫。就像高超公关公司为已经臭名远扬的客户策划公关案，它不是先去漂白，因为已经臭名远扬了直接漂白效果不好。公关公司会先用水军在媒体上继续编造客户的坏事，编到最后连公众都不相信一个人有这么十恶不赦，公众会反过来想同情这个人，然后公关公司会顺势暴露几个明显是造谣的故事，再顺势说其他的也都是造谣，最后再巧妙地把自己客户说成是受害者、蒙受冤屈，一场公关案就此收场。这就是反向操作，反铺垫也是这个逻辑。

凡是遇到在一波排列工整的下跌 K 线图后出现涨停的，我都会高度关注。如果没有基本面利空和大盘暴跌因素，我认为这就是一种很好的涨停板，它具有高胜算。经过精心分析反复揣摩后再在别人担心害怕的死亡谷里出击涨停板，这才叫技压群芳，这才是真正的艺高人胆大！

B. **大阴线、跌停板、长影线铺垫**：死亡谷铺垫是极端的反铺垫模式，大阴线、跌停板和长影线铺垫是温和的反铺垫模式。我们都知道，大阴线特别是跌停板是下跌动能的强烈宣泄，长影线（无论是上影线还是下影线）是趋势逆转的信号，对于做多来说，它们都不是好的信号。主力恰恰就抓住这一点来进行反向洗盘，我称之为反铺垫。也就说，大阴线之后的涨停板、跌停板之后的涨停板、长影线之后的涨停板，通常情况下具有高胜算。主力既然敢在这些魔鬼面前拉出涨停板，这就说明主力敢于冒着炮火前进，不畏空头，这正说明主力意志坚定、有魄力。我们看图 7.7，图中手指指向的要么是大阴线、要么是跌停板、要么是长影线，这些 K 线图后面的涨停板都非常凶猛。在这里，跌停板、大阴线和长影线不但起不到空头的作用，反而充当了多头的帮手，凡是敢在这种 K 线背后拉出涨停板的，其后市走势就会更加有恃无恐。

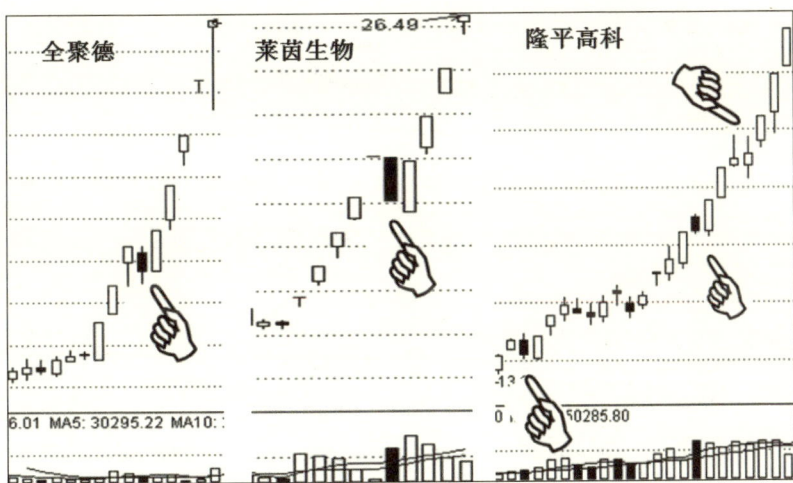

图 7.7　全聚德、莱茵生物和隆平高科走势图

其实这是反铺垫的功劳，我举个例子大家就明白了。如果一个人一直是太顺太成功，大家会比较担心，因为这样容易助长嚣张气焰，但如果一个人从巨大成功遭受突然失败，后来又东山再起超越上次的成功水平，大家反而觉得他（她）不可能再失败了。为什么？因为有过失败经历的成功更有底蕴，如同草原上最凶狠的狼往往是少个耳朵、掉个尾巴、断条腿的，因为它们经历过死亡的边缘、它们痛苦过。股市也一样，遭受跌停、大阴线等巨大空头打击依然能再次拉出涨停板的，其底气更足、战斗意志更强，当然也更值得我们信赖。

正铺垫和反铺垫是有铺垫的涨停板的两种形式，它们共同的特点是：不是无缘无故地涨停，而是经历过策划和导演的涨停。我们每天都会从盘面上看到很多股涨停，但是大多数是冷不丁涨停、仓促涨停和跟风涨停，这些涨停相对于有铺垫的涨停来说，就像是没有组织的散兵游勇、没有计划的盲目行动，其胜算性不可同日而语。

集体涨停：集体涨停就是同一题材的股票大多数都涨停，这种情况下的涨停板具有高胜算性。这就如同打仗，孤军深入是冒险，容易被击败，但是大军一起进攻则安全得多，可以互相接应。股票也一样，当一个题材中多数股集体涨停的时候，这个主题就变成热点和主流题材，它比单打独斗的涨停板更安全。

这也就是联动性，当涨停板的股票有其他股票与之联动，我们认为这种涨停具有影响力和号召力，它的涨停就具有持续性。这个道理比较好理解，我就不再举例子了。

重要技术关口的涨停：重要技术关口很多，但是与高胜算涨停板高度相关的只有那么几个，其中最重要的是：价格新高、某一浪的起点和重要的支撑点。

价格创新高代表主力冲破敌人最后的防线，进入一马平川之地，如果这种新高是以涨停板的方式来实现，那么这种涨停板就非常具有高胜算。所有的技术关口，我最重视的就是价格新高，即使不是以涨停板的方式来创的新高，我都会高度关注，何况以涨停板来引领的新高呢？如果是成交量很小的涨停板创新高，那就更好了，说明主力筹码锁定良好，绝大多数参与者对未来高度认同，这样的涨停板更具有爆发力。

用波浪理论来观察，如果发现前一浪接近尾声、新一浪即将开始时来个涨停板，那么这个涨停板很可能就是新一浪的起点，这样的涨停股也具有高胜算性。这里不管是不是创新高、是不是支撑点，只从波浪理论的角度来判断，当然具有一定的风险性，不过这种涨停板的胜率还是超过很多普通的涨停板。

重要支撑点主要包括：横盘震荡的下轨支撑、某个长期均线的支撑、前期高点支撑、跳空缺口支撑、某个密集成交带的支撑等，如果大盘没有系统性风险，这些支撑点的附近都会有一波反弹，而如果这种反弹是涨停板领衔的，那么这种涨停板就具有高胜算，可以轻仓博一把。

价格新高、新一浪的起点和支撑点，这是三个相当重要的技术关口。一般而言，即使不是涨停板而是其他 K 线，这种技术走势也非常值得一博，何况是不可一世的涨停板。这三种情况的涨停板都具有很高的胜算，至少风险比较低。这种涨停板用文字说起来好像很简单，其实很复杂，在股票的实盘中，仅仅是一个新一浪起点的涨停板就有很多种表现形式，更何况其他。简单的文字是不可能穷尽其中的形态的，所以大家要根据这个思路自己去总结。

图 7.8 是三个实例，我们来演示一下什么叫重要技术关口涨停。左图是棕榈园林，手指指向的涨停板明显是新一浪的起点，这个涨停股就是高胜算涨停股，我们可以放手去追；中间图是陆家嘴，手指指向的涨停股的部位不但是震荡洗盘价格的下轨支撑点，也是 20 日均线的支撑点，双支撑点处的涨停具有双保险，该股不但高胜算，而且高利润；右图是珠江啤酒，手指指向的涨停板是创价格新高的涨停板，这样的涨停板同样是高胜算涨停板。以上三个涨停板就叫重要技术关口的涨停，我们从图中也看到其涨停后的肉有多肥，这就是这种战法的魅力。重要的技术关口如同天险要隘，而涨停板如同悍将，悍将守险关，其固若金汤程度可想而知。

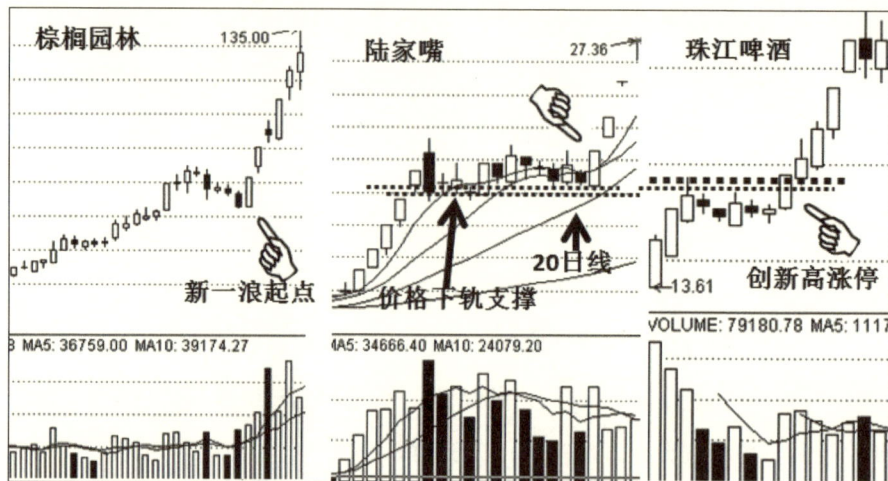

图 7.8　棕榈园林、陆家嘴和珠江啤酒重要技术关口涨停图

　　血盆大口的强悍分时图涨停板：分时图是一天走势的心电图，仅仅从 K 线看涨停板有时看不出有什么大的差别，都是 +10%，可是打开分时图详细观察可谓千差万别。同样的涨停板，分时图几乎没有完全两样的。研究分时图也是我的长项之一，这里我告诉大家一种高胜算的分时图。

　　上涨速度快、气势凶悍、有陡峭长波的分时图，就是高胜算的分时图，这种分时图走出的涨停板，具有很大的惯性。我们看几个例子：图 7.9 是几个股的分时图，左边是吉峰农机、中间是中色股份、右边是吉林高速，从图中我们可以明显地看到主力不计成本地收集筹码，像饿久了的狼一样只顾张开血盆大口，这就是强悍分时图。它们都有长波浪拉升，这显示攻击力强；它们上涨速度都很快，可谓迅雷不及掩耳，说明主力急不可待；它们的上涨气势都气吞山河，说明主力意志坚定。凡是此类分时图的涨停板，都具有短线爆发力，它们是高胜算分时图。好的分时图还有很多，在此我只挑选其中最具有胜算的一种来说，如果有机会，我再跟大家分享我对分时图的研究。

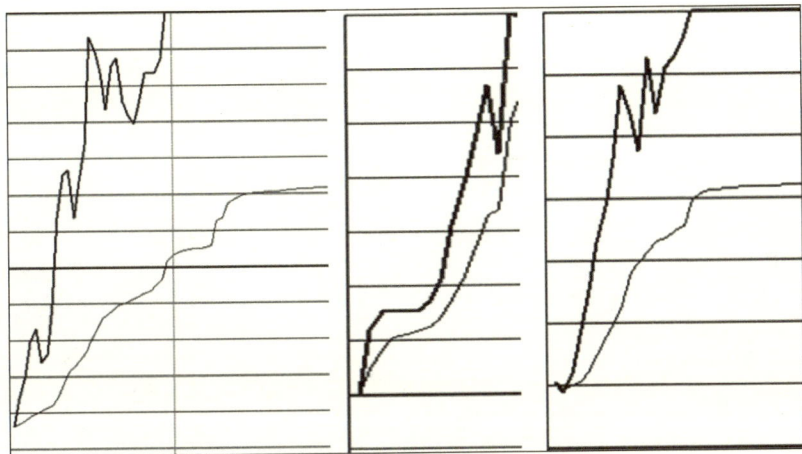

图 7.9　强悍分时图示例

涨停高发带的涨停板：涨停高发带是指经常涨停的地段，是个股进入"疯"的时期。经过研究我发现，有些股进入疯狂状态后，会隔三差五涨停，而且其涨停还具有持续性和爆发力。这说明个股主力在里面很不老实，总喜欢折腾点事来，所谓翻手为云、覆手为雨就是指股票的这种状态。这有点像历史上的英雄人物，他们往往都是成群出现，一个时代要么英雄辈出要么默默无闻，比如，历史上的春秋战国时期、三国时期、隋唐时期、元末明初时期还有民国时期，那真是乱世英雄起四方，而其他大多数时期则比较消沉，英雄喜欢比肩而生、牵手而来。股票的走势也是一样，要么某一段来回涨停、疯狂表演，要么某一段走势如同鸡毛、毫无精彩。当一个股票进入表演期，其涨停往往都是家常便饭，一个个的涨停板仿佛一个个丰收的果实挂在 K 线图上。我们看两个图例：图 7.10 是辽宁成大和广发证券的涨停高发地带，我发现一个很明显的现象，越是喜欢涨停的地带其涨停越具有持续性，好像是某个矿山喜欢专门产某种矿一样，这样的地带就喜欢专门产涨停板。这个发现给我一个启迪：与其去找冷不丁的涨停板，不如去找喜欢涨停地带的涨停板。当我们追涨停板时，最好是去看看该股是不是最近一直喜欢涨停，如果该股最近隔三差五涨停，这说明该股具有涨停"上瘾症"，可以放马一搏。

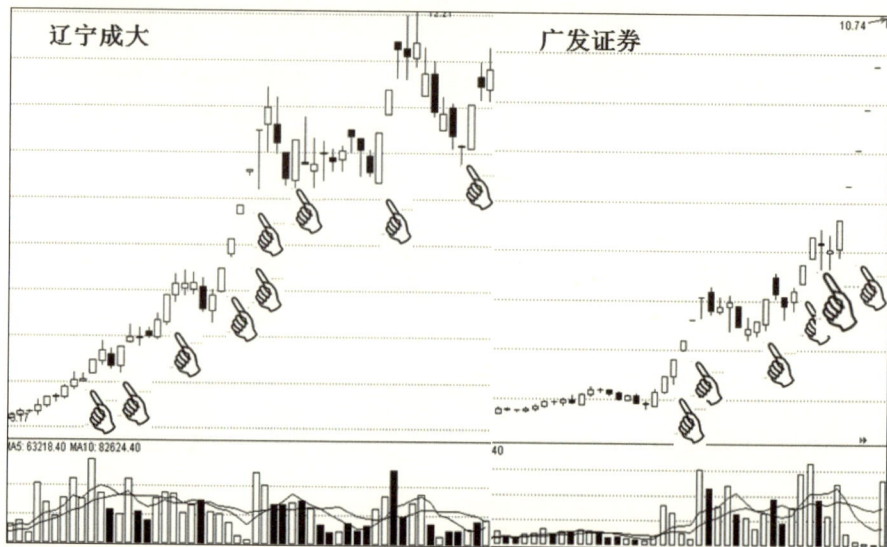

图 7.10　辽宁成大和广发证券的涨停高发带形态图

　　这是一个奇怪的现象，这个现象背后隐藏着一个潜规则，主力喜欢在什么阶段做什么事，涨停高发带就喜欢涨停。我们抓住这个潜规则，可以大胆地陪着主力玩。当然，这其中还有很多细节性的东西，大家可以根据我前面讲的题材、热点和龙头股规律来揣摩。

　　以上就是我介绍给大家的六种高胜算涨停板，这六种涨停板经过我多年的观察值得信赖，具有持续性且利润空间可观。现在有人能总结出几十种甚至上百种涨停板的追法，我觉得那是心虚，很多是牵强附会，如果认真地去追究其本质，我们会发现它们都能从我介绍的六种高胜算涨停中找到根源。我这六种高胜算涨停板是深入到本质属性和关键环节，是若干种涨停板战法的高度提炼和总结。虽然只列了六种，但是如果再细分和深入研究，又可以派生出很多细节性的涨停板战法。

　　这六种高胜算涨停板脱胎于实战，我在操盘中反复运用。以前我也曾总结过几十种涨停板战法，但是后来在实战中慢慢地都给淘汰了，因为不能做到高度的成功率。我比较注重实战，一旦在实战中其成功率低于 70% 的，我都会忍痛割爱地舍弃，因为我知道涨停板的风险大于普通股，如果低于 70% 的胜算，这种涨停板是没有意义的。

总之，涨停板是高风险的交易品种，是一头烈马，只有能降住它才能放心地驱使它。我主要用两种方法来降住涨停板的高风险性，一是选择市场行情，一是选择高胜算涨停板类型。选择市场行情主要是为了回避大盘风险与涨停板风险的叠加；选择高胜算涨停板类型是从统计和经验的角度上为涨停板再把关，把能够经得住实战的、反复检验的、高概率的涨停板作为选择标的，这样才能把追涨停板的风险降到最低，同时又能享受到涨停板的暴利和烈性。可以这样说，市场行情就是空军掩护，高胜算涨停板就是百发百中的神枪手，它们互相配合就如同空军掩护、陆军地面攻击。

当然，追涨停还有一些隐形的条件，比如，手疾眼快、勇气、果断、临危不乱，等等，有的还无法用语言所能描述，所谓法无定法，这就要靠艺术发挥了。

7.5 追到涨停板之后该怎么办

很多人天天想着怎么追涨停板，其实真正重要的是追到涨停板之后该怎么办。交易是一个体系，涨停板战法不是比赛谁更勇敢谁能追到涨停板，而是建立一套从分析行情、判研涨停到持仓出货的一整套闭环交易系统。行情分析和涨停判研我们上面分析过了，下面再谈谈持仓出货。

有人是为了短线利润，做抢帽子的游戏，今天买明天卖。从我的哲学理念出发，我是很看不起这种做法的。今天买明天卖，这种打法确实有人能赚到钱，也确实有此类的交易策略，但用涨停板来做这种打法，风险太大，不值得。这种做法其实就是做神枪手的活，我很少见到有持续成功的。

有时候我也会今天买涨停板明天卖，但这并不是做抢帽子游戏，而是大盘环境变坏了或者追错涨停了，再或者第二天的走势让我看到了尽头，我被迫卖出。否则，我都会继续持有。

上面也介绍过，追涨停板的最高境界是以涨停板为切入点追一波行情，这也是我的"捂"股思维的体现，我认为这才是赚大钱的不二法门。当然，也不是说追入涨停板就一直不卖，我建议在五种情况下卖出：

第一，涨幅达到预期目标，功成名就；

第二，股价走势出现自己看不懂的情况，并且对自己不利时，不打无把握仗；

第三，股价走坏；

第四，行情环境变坏波及个股，孤掌难鸣；

第五，新的信息告诉我们，追错涨停。

我认为只要出现其中任何一种情况就应该立即卖掉，否则就应该持仓。当然，我们也可以采取分仓制，逐步卖出，但其原则仍然是着眼于波段利润。

或许有人说，我就是想赚点短线利润，该怎么办呢？这也有办法，买入依然是按照我说的方法——选择好的市场行情、挑选高胜算涨停板，卖出时按如下方法：

第一，第二天开盘下跌的，如果在一个小时内无法翻红的，当天不计成本地择机卖出；

第二，第二天开盘上涨的，如果无法在一个小时内冲击涨停，当天落袋为安；

第三，第二天一个小时内涨停的或者分时图稳定强悍的，持仓择日再卖；

第四，第二天没有明显涨停希望、来回震荡的，根据行情环境来选择；

第五，第二天直奔跌停的，可以在跌停附近补仓，同时无论如何卖掉昨天的旧仓位。

涨停板长线、中线和短线交易买入法则都一样，关键区别是卖出法则。我以前也喜欢在涨停板上做短线，我就是根据上面的买法再结合这五个卖出法则，赚的也很可观，但是后来受高人指点，我转变为以波段思路来做涨停板，猛然发现原来短线的抢帽子做法简直就是小打小闹，只能抓些小虾米，中线行情才是抓大鱼，后来就慢慢转变为以波段行情为主了，所以我还是建议大家最好把涨停板当成中线工具来做。

7.6 涨停板的终极思考

追涨停到底是在追什么？我不知道大家深思了没有。我觉得99%的是追三个东西：最强势、最热闹、最大涨幅。最强势容易理解，还有什么能比涨停更彰显力量的呢？最热闹是因为涨停板吸引眼球，有轰动效应，很多股民就热爱闹腾，相当多的股民追涨停就是凑这个热闹。最大涨幅是涨到了极限，涨到涨不动了，都直捣黄龙了。

那么到底该不该为这三个最来追涨停呢？

首先分析下最热闹，涨停板确实热闹。买只涨停股等于自己的仓位风光了，饭后谈起股票来都可以扬眉吐气了：我的股票涨停了！很多人买涨停就是冲着这种热闹劲去的。其实这是最要不得的，这是虚荣心作怪。我们要的是利润，热闹不热闹与我们有什么关系呢？炒股不但不能凑热闹，还应该回避热闹，我们在股市思维那章说过，要做少数派，不要去凑热闹。炒股是孤独者的游戏，它天生就与热闹格格不入。

再来分析下最大涨幅，表面上看确实如此，还有比10%更大的涨幅吗？但这里有个问题，涨10%不代表我们就能赚10%，其实涨停板打着最大涨幅的旗号做最小涨幅的事。比如，对于排队追涨停的做法来说，当天涨幅其实是负的（有手续费）；对于大多数所谓的涨停板战法来说，当天的利润顶多三到五个点，哪里是最大涨幅？所以，以最大涨幅为目标的涨停的说法其实是美丽的谎言。

最后来分析下最强势。强势股肯定会涨停，但是涨停不一定都是最强势。有很多涨停板是跟风涨停，有的涨停板分时图还非常弱，这种涨停根本算不上最强势。我认为，从 –5% 涨到 +5% 的股票比涨 10% 的股票强势。强势不强势要靠分时图走势、成交量、换手率和与大盘的对比来综合分析，这其中的变量太多了，我们不能仅仅根据一个涨停板来判断它是最强势。

也就是说，最强势、最热闹、最大涨幅，真正成立的只有半个。那我们追涨停追来追去在追什么？在追别人追的东西、在追表面上风光的东西。记得王家卫导演的《一代宗师》里反复提到两个词——面子和里子，涨停板其实就是面子，能否真正赚到钱才是里子。很多人追涨停都是停留在面子的层面，如果真正刨根问底关心里子的，也许就不这么热衷于涨停。有时候反思到这里，甚至会吓自己一跳，原来我在做自己的理性都不会答应的东西，追来追去都在追求面子上的风光。后来，我沉淀到里子层面，对涨停板进行了终极思考。

我思考的第一个心得是：真正追涨停的高手会破除"涨停"这个概念的束缚，他追的是一种气势、一种信号。有的股没有涨停，不过它有气势、有力拔山兮的上涨欲望，那我们就可以说它是最强势，它就可以享受涨停的待遇；而有的股虽然涨停了，但它的分时图太磨叽、涨得很勉强很拖沓，那我们就不要把它当涨停看。涨停真正意义在于提供一种信号——主力发动总攻了，只要我们会读这种信号，就等于领悟了涨停板 90% 的意义。不要纠结在涨停与否上，要重点分析气势和它所带来的信号。不要为了追涨停而追涨停，不要为了热闹而去追涨停，更不要为了虚假的最大涨幅去追涨停。如果 A 股像港股和美股一样不实行涨跌停限制，也许很多股就涨 7%、9% 左右，不会刻意涨 10%，有了涨停板，很多股为了虚张声势，反而不甘于涨 7%、8%，一定要凑够 10% 来个"皆大欢喜"，这样"将就"的、打肿脸充胖子式的涨停板太多了。所以，要摆脱涨停二字的束缚。

第二个心得是：与其我追涨停，不如涨停来追我。我为什么不像有些人那样对涨停板充满狂热？因为我看到很多人没有看到的东西。有些标榜追涨停的高手，看到的大多是涨停的最强势、最热闹、最大涨幅，而我看到的是这背后的虚荣和一厢情愿，更重要的是我看到很多比追涨停更重要、更有意义、更能赚钱的东西。在所有交易品种中，我只对龙头股狂热，其他一切都无法和龙头股相比。至于涨停板，我觉得更多的是表面光鲜、是暴发户的作风，如果驾驭不住涨停板的烈性，反而会被涨停板所伤害。在我的交易体系里，比涨停板更好的交易工具多得是，比如被涨停追。被涨停追是我研究的一种新的战法，比追涨停过瘾得多。触动我这个想法的是几次偶然的交易，我本来没有冲着涨停板去的，结果涨停板就追我而来，后来我干脆专门研究这种交易法则，这里简单地跟大家透露一二。首先，龙头股喜欢被涨停追；其次，技术支撑位再配合市场行情，这样的股也容易被涨停追；再次，题材和热点把握的精准，同样可以迎来被涨停追的快感。想想看，如果我们以 +2%、+3% 甚至 −2%、−5% 买个股，当天就涨停了，这种感觉多爽呀！这是追涨停永远无法体会到的快意恩仇、酣畅淋漓！

第三个心得是：还有比追涨停更传奇、更大胆的，那就是追跌停。我们听过追涨停，但鲜有人听过追跌停。这是我的独创，这是我的逆思维和少数派思维的具体运用。越是别人害怕的、越是别人心惊胆战的，越蕴藏着巨大机会。很多人觉得追涨停就已经够大胆够心惊胆战了，但那和追跌停比较起来，简直就是小孩子过家家。当然，追跌停需要承担的风险更大，所以其限制条件也就更苛刻。但追跌停运用得当，可以赚到意想不到的巨大利润。这就如同兵法上的奇兵，奇兵当然风险巨大，有全军覆没的可能，但是奇兵起到的作用往往是四两拨千斤，有时候它能起到正兵所不能企及的意外效果。历史上最著名的奇兵战例是李靖征服突厥之战，李大将军在此战中把奇兵用到天兵下凡的境界，仅仅 3000 人的部队，就平定了突厥，这是奇兵作战的军事史上最出彩的一笔。追跌停就如李靖用兵。

我有个交易模型叫"赌客信条"，专门追击这些看似风险很大、实则可以赌一把的股票，追跌停是其中排在第一位的战法。这种交易法很有意思，我们看个案例。图 7.11 是恒邦股份的走势图，箭头处是跌停的 K 线及其分时图。

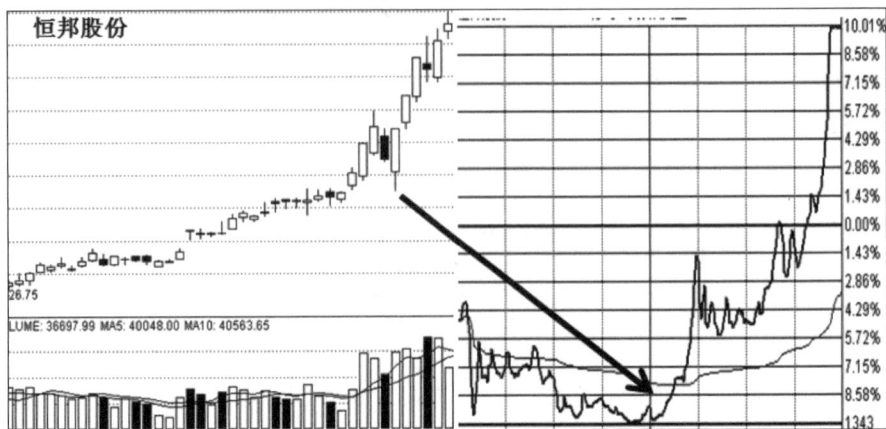

图 7.11   恒邦股份的走势图

从 K 线走势和趋势来看，该股处于上升通道而且 K 线排列完美工整，这说明有主力做局。当时的市场行情是典型的赚钱效应行情，只是遇到利空短暂震荡。从图上我们可以看到，该股第一天跌停洗盘，第二天再来个跌停洗盘。我在第二天接近跌停洗盘的时候就开始琢磨了，这个时候能不能赌一赌？首先，该股是在上升通道中，有大趋势保护；其次，当时的行情环境好；再次，个股技术走势完美；最后，短线洗盘已经超过 20%。有这四点，我觉得条件就够了。而且该股以连续跌停的方式洗盘，跌得快跌得狠，相应地，一旦上涨也必然会涨得快涨得狠。我判断该股不可能再大跌了，这个时候可以进场做"赌客"了。这样做有几个好处：一是已经跌 10% 了，当天不会再跌了，当天没风险；二是一旦反弹，所有反弹的空间都是利润；三是这个股有趋势保护和行情保护，不会再有大的风险了，况且已经连续洗盘 20% 了。也许有人问，如果当天封死跌停，第二天继续跌怎么办？有这个可能性，但是对于一个走势很好、行情很配合、已经吃了连续两个跌停的股，试想其第三天再继续大跌的概率有多大？即使跌，也不可能再是大跌了吧，我在第三天有足够的时间并且付出很小亏损的代价就可以从容止损了，这点损失比起追对跌停成功所获取的利润来说那简直就是芝麻比西瓜，后来的走势也证实了这一点。这就是以很小的损失博取很大利润的"赌客信条"交易法，这也就是我说的追跌停交易法。当然，这个案例比较特殊，其后来涨停了也实属意外之财，很多时候我们不盼着它能涨停，只要随便反弹下都可以，都会有可观的利润，而且我们也没有必要等到跌停再追，只要跌到跌停附近都可以出手。必须提醒的是，追跌停属于虎口拔牙，如果交易经验不丰富、对行情和个股把握不精准、没有足够的时间看盘的交易者，千万不要尝试。追涨停就已经是高风险的交易法了，何况追跌停呢？此类交易法只能作为奇兵偶尔用之，万万不可沉迷于此。

第四个心得是：把涨停当成最强势，其实也对也不对。上面我们分析过，强势不强势还要看分时图、换手率、成交量，等等，即使这些指标都证明该涨停板是最强势的，也不能得出这个股市是最强势的。为什么？因为这样短视，强势与否不是由一天的 K 线决定，而是由一组 K 线决定的。一个简单的涨停板，不能证明它是当天最强势的股，更不能证明它是最近最强势的股。在我的眼里，一段时间内最强势的股是龙头股，即便除了龙头股，还有很多技术走势比涨停板强势。这样分析下来，我们发现涨停板既有可能是最强势的，它又有可能什么都不是。所以，我们要破除对涨停板的崇拜。

这就是我对涨停板的终极思考，当我思考到这里，我发现我们对待涨停板最好的态度就是把它当成一个涨幅为 10% 的普通股，不要因为它涨停就如何如何，我们要跳过面子，研究里子。研究涨停板的分时图结构、换手率、上涨气势以及涨停板所处的具体位置，这远比分析涨停板本身更有意义。况且，如果我们足够细心，我们会发现比追涨停板更有意义的交易方法多得是，它们无论涨幅还是强势程度，都比涨停板有优势，这其实是更大的"里子"。这样，我就把涨停板解构了，还原涨停板本来的面目。告诉大家在面子上风光背后的涨停板，其里子并非如此，恰似如人饮水，冷暖自知。

这就是涨停板的真面目，事实就摆在面前，每个人根据个人情况可以选择，到底是按照涨停板高胜算的战法来追涨停板呢，还是另辟蹊径让涨停板追我呢？更或者是跳过涨停板来寻找更实在的里子呢？

7

涨停板篇：『面子』的风光与『里子』的冷暖

7.7 本章回顾与总结

本章重点研究了涨停板，开篇就把涨停板的风险问题放在首位，为了解决风险问题，我开出两个药方，一个是寻找好的市场行情，一个是寻找高胜算的涨停板。当这两个问题解决后，我们才可以大胆地追涨停，才可以以涨停板为信号来做一波大的行情，而不是做今天买明天卖的市场跳蚤。同时，我还对涨停板本身进行了反思，其实涨停板不像我们想象得那么好，所谓最强势、最大涨幅、最热闹，这只是涨停板面子上的光鲜，如果从里子上来看，有很多交易方法都比涨停板好，所以我们破除涨停板迷信，寻找更有意义的交易方法，比如龙头股交易法、比如让涨停来追我的交易法，甚至可以偶尔尝试追跌停的交易法。需要提醒的是，涨停、跌停，不论追哪个，都是高风险的交易，偶尔用之尚可，沉迷其中养成坏习惯则万万不足取也。

8

新股篇：亦正亦邪

新股，也称为次新股，是指刚 IPO 上市的股票，它是股市中一个特殊的群落和板块，与老股相比有一些迥然不同的特征，由此诞生了一种独特的交易法：新股战法。新股是我最爱的交易品种之一，我在新股战法上倾注了大量的心血，在这我就把这些心血的结晶拿出来与大家分享。

8.1　新股的特色

新股与"老股"比较起来有一些独特的地方，主要是：

不稳定性：新股比老股更不稳定。所有的新股，都有一个特征，那就是巨大的波动性，特别是在上市第 1～7 个交易日，甚至在上市前三周内。除了价格不稳定，新股的成交量也比较大、换手率也很高、上涨方向也飘忽不定，它是一个不安分的主。新股往往不按常理出牌，涨起来往往暴涨，跌起来也喜欢狠跌，更甚者涨跌无常，涨得好好的突然可能掉转枪头下跌，跌得好好的有时候又犯神经的上涨，新股总喜欢给人惊喜和意外。不稳定给操作带来困难，暴利和风险交替而生。

利润快而且高：很多新股在 IPO 后的 3 个交易日内（不算首日）就能产生暴利，涨幅 30% 以上的很多，比如，中国神华、中海油服、招商轮船、我武生物、金轮股份。更可观者，新股在前一个月内涨幅 100% 以上者也很常见，比如，西部矿业、全聚德、吉峰农机。新股一旦疯起来，涨得快、涨得高。

章法怪而且乱：新股的上涨往往很难把握，市盈率高的反而可能爆炒，市盈率低的则往往暴跌，无法按常理来推测。很多新股能否被炒往往不是取决于该股本身，而是取决于当时的市场特点和游资的胃口，所以不能简单地按基本面来分析。很多人按照正常思路无法理解新股炒作的规律，又乱又怪，难以理喻。

风险多而且大：风险和利润是天生的一对，新股既然利润快和高，其风险相应就又多又大，可谓步步惊心。由于新股天生的不稳定性，加之其章法之怪和逻辑之乱，新股天生就比老股风险大。在这方面我有切肤之痛，炒作新股稍有不慎就可能蒙受难以名状的亏损。

如此一来，新股就是个妖孽，它亦正亦邪、让人又爱又恨，爱它利润之高之快，恨它风险之大章法之怪。那么新股到底还有没有规律呢？

有！

这个世界上的任何东西都有规律，问题的关键是我们有没有认识到这个规律，至少也要接近这个规律。炒作新股也有规律，我对哪些新股容易被爆炒有过深入的研究，发现很多秘密。

8.2 什么样的新股容易被爆炒

新股有自己的规律和逻辑，但它可以理解。孙子兵法言：兵者诡道也。这句话在新股上特别适用，新股能否被炒，关键就在"诡道"二字，下面我就跟大家来道一道。

唯一： 唯一是指排他性、独占性、垄断性、专一性和绝对稀缺性，如果一个新股具有唯一性，那么它被炒的概率几乎 90% 以上。比如，粤传媒是唯一一个由三板转到深交所上市的品种，结果被爆炒；紫金矿业是唯一一个面值为 1 毛的股票，同样被爆炒。唯一性越强、稀缺性概念越明显，主力越不愿意放过。炒新股其实就是炒噱头，主力要的是一个借口和理由，而唯一就是最大的噱头和理由。

第一： 第一是指第一次吃螃蟹、敢为天下先，是第一次、第一回、第一个，是破天荒、是处女地、是首当其冲。只要一个股具有第一的概念，其被炒作的概率也几乎 90% 以上。和唯一性一样，第一也是个绝好的噱头，主力没有任何理由来拒绝这份大礼。举个例子，中国中铁是第一个先 A 后 H 的股票，以前都是先在 H 股上市再回到 A 股，这回中国中铁来个反其道而行之，这可谓是破天荒，这是个噱头十足、石破天惊的概念，主力当然不会放过这个机会，在不到一个月内就把股价由 7.2 元炒到 12.57 元，而且这还是发生大盘下跌的情况下。第一的例子还很多，比如，宁波银行是新世纪以来第一个在深圳中小盘上市的小银行股、中工国际是第一个开闸的 IPO 股、中国人寿是第一个在 A 股上市的保险股，这三个股都被爆炒。如果第一同时又具有唯一性，那就更是炸开锅了，主力肯定会把它炒翻了不可，这几乎是游资志在必炒的宠儿。

百年品牌： 百年品牌、老字号也容易被爆炒，比如，全聚德、贵州茅台，其上市之初都被短炒过。百年品牌代表悠久的文化传承，具有广泛的民间认可，主力会利用这些群众基础来炒作股票。

无法估值： 有些股，用目前的估值方法暂时无法对它进行令人信服的公认的估值，容易形成估值争议，这样的股容易被爆炒。比如，西部矿业，它有很多矿业资源，无法用传统的 PE 进行估计，所以后来被爆炒，短短一个月股价涨幅超过一倍。还有中国人寿，一开始很多分析师就对它的估值有很大争议，因为以前 A 股没有保险股。为了它的估值，中金证券和招商证券还打起口水仗。这样的股比较热闹，游资喜欢在这种说不清的股票上面来倒腾，因为说不出个所以然来，资金不会受到估值的束缚，可以放开手脚来大炒一番。

独特产品： 独特产品本身就是噱头，越独特越好。香港夜店第一股MagnumEnt（02080.HK）是独特产品，所以其IPO时就被很多人追捧，超额认购3559.2倍，创下香港"超购王"神话；内地殡葬业龙头福寿园国际集团有限公司（01448.HK），它更是独特产品，其IPO公开发售时，总计超购678倍，冻资1140亿港元，也被追捧。虽然这两个股在香港IPO后没有被爆炒起来，但其估值、发行价和认购都已被提前爆炒，这说明独特产品是被格外吹捧的。H股和A股不一样，如果上述两个股在A股上市，其IPO后的股价走势一定会气壮山河、石破天惊。A股对独特产品的炒作可谓达到痴迷的程度，凡是其主营产品具有独特性的新股，几乎都被爆炒，比如，养殖鲍鱼的獐子岛被爆炒、风力风电龙头金风科技被爆炒、与互联网有关的网盛科技被爆炒、提供炒股服务的东方财富被爆炒、与音乐有关的珠江钢琴被爆炒、与期货产品橡胶高度相关的海南橡胶被爆炒、生产新能源汽车的比亚迪也被爆炒，此类例子不胜枚举。独特说明具有想象力，而想象力是主力炒作新股的关键，凡是具有想象力的公司，主力都喜欢去炒一把，何况又是新股？

独特地域： 我们在讲龙头股的身世之谜的时候讲过独特地域，其实新股也讲地域。独特地域的新股也具有独特的想象力，容易被主力拿来说事。一般而言，少数民族地区、京沪穗地区的新股被炒作的概率高一些。另外，还有一些更独特的地域，其股票也容易被炒，举个例子，宁波银行IPO上市的时候，我就大胆判断该股必然会被爆炒，这是我迄今为止在新股上赚得最多的一个股票，我有很多理由来炒该股，其中有一条就是地域。宁波银行是宁波的股，我们再想想宁波还有什么？有宁波涨停板敢死队呀，他们岂会放过自己眼皮子下面的股？这是独特地域的灵活运用。至于青海地区的西部矿业、新疆地区的北新路桥、西藏地区的西部矿业、海南地区的海南橡胶，它们被爆炒都与独特地域有很大的关系。

负面消息满天飞： 新股的负面消息就像女明星的绯闻，越是满天飞越好，这说明有故事，越有故事主力就越喜欢炒作。负面消息按道理来说是坏事情，但是主力偏偏反其道而行之，究其原因，坏消息往往能压低股价，能让主力捡到便宜筹码；甚至连坏消息本身都是主力为了吸纳筹码策划的一个阴谋。比如，中国中铁 IPO 时，负面报道特别多，中欧工商管理 EMBA 的会计教授丁远亲自撰文指责中国中铁的会计报表是虚假的，其利润是调账调出来的。可是中国中铁上市后丝毫不理会这些负面消息，一个月内几乎涨一倍。利用坏消息来吸纳筹码，是 A 股机构投资者卑鄙的阴谋，他们常和一些媒体和三流专家唱双簧。2013 年年底我武生物同样上演了这一幕，上海师范大学商学院投资与保险系副教授黄建中在其微博中实名举报我武生物在 IPO 时配售环节涉嫌寻租腐败，并要求监管部门紧急叫停其于 1 月 21 日的上市。但我武生物不但没有受到这个影响，反而是那批新股中涨幅最大的一个。2006 年上市的中国国航、2007 年上市的荣信股份，其 IPO 之初都是负面消息阴云密布，但这两个股后来都成了大牛股。有时候我会想，在今天市场经济年代，什么样的"专家""教授"的负面指责上市公司用钱摆不平？非不能也，实不为也。这是双簧！今天的知识分子和媒体的贞操我们早就领教过，他们还会为了普通股民的利益死磕上市公司？别逗了，他们是作秀而已，配合主力炒作，所谓指责都是逗你玩的。这能蒙得住不明事理的人，但这恰恰为我们炒作新股提供蛛丝马迹，为我们通风报信。凡是利空铺天盖地的，也许就是未来上涨最疯的。与此相反，凡是被广为唱赞歌的新股，往往都是不值得买的，比如，中国石油。所以，兵者诡道也，新股忠诚地诠释了这个道理。

和主流热点高度吻合：当某个新股与目前正在炒作的主流热点高度吻合时，基本上 90% 会被爆炒。比如，2006 年 7 月上市的保利地产，恰逢地产股炒作热潮，结果被爆炒；2006 年 10 月上市的北辰实业，恰逢奥运会题材和地产股题材的炒作高潮，结果不到两个月从 3 元左右涨到 9 元左右；2007 年 10 月上市的中国神华，恰遇炒作大盘指数股的热潮，结果被爆炒，来三个涨停板；2007 年年底上市的全聚德，恰逢奥运会炒作高潮，后来被炒到让所有人都目瞪口呆的程度。凡是吻合市场热点、迎合市场需求的新股，主力都不会放过，这几乎是一个高概率事件。就像今天流行某种审美，如果发现哪个新星符合这种审美，媒体肯定不会放过一样。一旦市场炒作某个主题，新股往往首当其冲，因为它的筹码比较新鲜，没有沉淀的老庄。

震撼题材：题材是永恒的传说，如果新股具有某种震撼题材，主力是绝对不会放过它的。上面举过例子的全聚德和北辰实业，它们是正宗的奥运会题材；网盛科技，它具有互联网题材；獐子岛，它具备消费升级题材。它们都被拿来爆炒。题材容易编故事，容易激发想象力，一旦新股有题材附身，那它被炒作的概率就大大提升。

基本面太好的股：基本面太好的股，主力也不会放过，谁嫌弃真正赚钱的公司呀？我记得中国远洋上市时，其筹码遭到爆抢，就是因为其基本面太好了，又赶上波罗的海指数暴涨之际；中国平安也是因其基本面太好，上市之后就走出了大牛之势；还有山河智能、中信证券、烟台万华、洋河股份等，这些股都是以其无与伦比的基本面吸引无数资金竞折腰。

新股充当博弈工具、充当主力的连环计：这一点比较重要，也很特别，我想多说几句。新股能否被炒，大多数与其自身的因素有关，但也有极少数情况，其被炒是因为主力把它当成博弈工具和连环计来用，它已身不由己了。最典型的是中国石油IPO时，主力就明显地用了连环计。中国石油IPO时的炒作不仅仅是中国石油一只股票的事情，它涉及非常庞大的资金，这些资金有SGX新华富时中国A50指数期货上豪赌A股指数的资金、有中国石化上的套利资金、有H股中国石油和中国石化上套利的资金、有与两桶油有关的香港认购权证上套利的资金，这些资金毕其功于一役，一定要确保中国石油在A股高价上市。为此，它们不能冒任何无法想象的风险。为了中国石油上市成功并且保持高估值，中国石油之前上市的两个与之高度相关的股必须被爆炒，以此来作示范效应，这两个股是中国神华和中海油服。试想，如果中国神华和中海油服IPO时遇到极大的冷遇或者暴跌，中国石油还会有那么多人追捧吗？所以，此时的中国神华和中海油服已经不单单代表它们自己了，而是庞大的资金博弈工具，它们充当了连环计的马前卒，它们只可能被爆炒，绝不可能出现暴跌。果不出其然，中国神华和中海油服上市即被爆炒，这是做给中国石油看的。

以上就是新股能否被爆炒的关键因素，我也把它们称之为爆炒因素。当然还有其他一些情况，比如说低价股容易被炒，震荡行情容易炒新股，不同券商承销的股被炒概率也不一样，换手率也与新股能否被炒高度相关，不过这几个方面的概率没有那么高，我就不再一一述说。上面诸内容中，既有新股自身基本面的因素、也有行情的因素，还有主力的阴谋的因素，它们或正或邪，共同导演了新股的行情。很多时候，当我在实盘操作新股的时候，能明显地感觉到新股的炒作规律如同兵法一样，兵不厌诈、兵者诡道，炒新股就是进行一场没有硝烟的战争。

8.3 如何炒新：有所为、有所不为

上面讨论了什么样的新股容易被爆炒，那么我们该如何来参与它们的炒作呢？七个字：有所为、有所不为。有两层意思。第一层意思是，符合以上容易被爆炒因素的新股，我们要积极参与；不符合以上因素的，我们不参与。第二层意思是，即使符合了容易被爆炒因素的新股，我们也要选择时间介入，有的时候能买，有的时候不能买。下面我们就来具体说说。

8.3.1 有所不为

原则上首日不介入新股：除非有九成把握，遇到绝对的唯一、第一、百年品牌和主力博弈工具，可以首日介入，否则一般不介入。2014 年之前我一般都是建议不要首日买入新股，因为没有涨跌停限制，风险太大。但是，2014 年后的新股首日涨幅已经改革，其涨跌都限制得很死，现在不是我们首日不介入的问题，而是我们根本买不到的问题。也许新股首日涨幅限制还会再改来改去，

但我们记住一点，如果没有涨跌停幅度限制，新股首日最好不要参与。

大盘处于暴跌区不参与新股： 虽然弱市炒新股，但是弱市也会埋葬新股，一般情况下我不建议大家在弱市重仓参与新股。我们只看到弱市新股大幅上涨的一面，其实弱市还有新股大幅下跌的一面，我们翻一下 2009 年后上市的新股，看看有多少是被暴跌吞没的。

被广为传颂的新股不要参与： 新股亦正亦邪，它最怕一边倒地称颂，凡是被广为看好的新股，往往都是哑炮。兵者诡道也，当天下人都知道是好股了，它就不是好股了。最典型的就是中国石油，其上市之前大家口口相传、交口称赞，什么大国崛起的能源基石、什么亚洲最赚钱的公司、什么大盘的定海神针，等等，溢美之词都把它捧上天了，结果它的走势让人大跌眼镜，问君能有几多愁，恰是满仓中石油，它成了熊股的代名词。

8.3.2　有所为

有所为就是可以干、应该干，是新股炒作的亮剑行动。根据我的研究，凡是遇到以下情况，可以大胆地买入新股。

新股嬗变为龙头股： 我在龙头股的身世之谜的时候提过次新股，说到次新股容易成为龙头股。这是我发现的一个秘密，一般情况下，当一波行情来临的时候，次新股喜欢充当龙头。比如，奥运会行情来的时候，新股北辰实业和全聚德分别是不同时期的龙头；有色金属行情来的时候，新股西部矿业和中国铝业充当了龙头；2010 年券商股行情来的时候，新股兴业证券充当了龙头；2007 年股指期货行情来的时候，新股工商银行充当了龙头；波罗的海涨价行情来临的时候，新股中国远洋充当了龙头；航空股行情来临的时候，新股中国国航充当了龙头。新股以其干净、新鲜和处女盘面，常常被主力相中来充当龙头股，我把这种情况称为新股嬗变为龙头股。一旦新股完成这种嬗变，它就完成了自己的惊险一跃，飞越到龙头股的阵营，那就可以按照龙头股战法来操作它。而且，我再透露一点我的新发现，当新股充当龙头股的时候，它的涨幅比旧股充当龙头股更无法无天，因为它新、它没有历史包袱。

新股充当博弈工具：新股有三个惊险一跃，其成为龙头股为第一飞越，充当博弈工具为第二飞越，价格创新高为第三飞越，只要完成其中任何一跃，新股都会身价百倍，后面我们还会提到。充当博弈工具是新股由自己的人变成他人的人这一飞越，它的兴衰已经不再是个人的事，而是关乎主力连环计上的每一环，这个时候主力会拼命地保它，它会大旗永不倒，直到它的使命结束。一旦新股是这个角色，我们最好也要第一时间买它，至少应该买点仓底货，一旦判断得到确认再大举重仓买入。

天生异胎：天生异胎是具有唯一、第一、百年品牌和独特产品的新股，一旦发现这种新股，我们要敢于亮剑。这点在上面已经介绍过，这里从略。这种新股我的建议是首日轻仓参与，后面再根据走势陆续跟仓。

新股创新高：创新高是新股的三种惊险一跃之一，凡是创新高的新股，都要特殊对待。新股不像老股，它创新高的欺骗性相对较少，它在新高下继续前进走出一段行情的概率比老股高。我们可以在创新高当日或者创新高三日内买入。

容易被爆炒的因素复合出现：新股大多数是不值得参与的，除非其中有容易被爆炒的关键因素。天生凡胎和博弈工具上面我已经提到了，其他因素也很重要，如市场行情配合，等等。还有一种情况更加带劲，那就是爆炒因素复合出现，这等于给我们多重保险，一旦遇到这种情况，我们可以在新股上大干一场。

上述就是炒新的总原则，有所为有所不为。新股本身利润高、风险也高，它亦正亦邪，如果对新股没有把握，我们最好不要参与。但是，一旦新股中有我们看重的容易被爆炒的一个或多个因素，我们还是可以在新股上放手一搏的。如果新股能嬗变成龙头或者充当博弈工具，我们就更可以大胆地操作了。

8

新股篇：亦正亦邪

8.4　新股等级理论

炒新股的关键是找到哪些新股可以炒哪些新股不能炒，而这又取决于爆炒因素的级别和多寡。仅仅于此还不够极致，我还要把爆炒因素按照概率性和重要性来分级管理，于是诞生了新股等级理论。

假如新股是公民，我会给它们划分以下等级。

特等公民：嬗变成龙头或博弈工具的新股；

一等公民：有爆炒因素的新股；

二等公民：创新高的新股；

三等公民：普通新股。

新股主要分为这四个等级。特等公民是最高级别，应该列入必炒品种。嬗变成龙头或者嬗变为博弈工具是新股的惊险一跃，完成此跃后，新股再也不仅仅是自身的事，它告别了自己的一亩三分地，转变为一个题材的代言人或者主力连环计上的关键一环，它炒作的成败关乎的是一批股票和一群人的利益。当新股完成这种嬗变，就相当于黄袍加身，它当然享受特等公民的待遇了。我炒新股的时候，特别注意新股的这种身份转变，这比技术分析有用一百倍。我研究的是主力预谋和布局，我买的不再是简单的新股，而是一种利益格局。市场上流行的关于炒新股的方法可谓汗牛充栋，但那都是见招拆招、就事论事，我炒新股跳出了这种思维圈子，从主力布局的角度去与主力合谋，这是我新股理论的精髓。新股炒作最大的方法就是找到能够或者刚刚嬗变为龙头股或博弈工具的新股，重仓去参与。这是炒新股最好的方法，其他一切的方法加起来都没有这一句话管用。当我们明白这个道理后，再炒新股就不要把重点放在换手率、成交量、市盈率、K线图等细枝末节上了，要把主要的精力放在主力预谋上、发现龙头股的潜质上，重点分析题材、分析主力的前后布局、分析筹码的战略意图。

爆炒因素有很多，我们上面已经详细分析过，其实嬗变为龙头股或博弈工具也是爆炒因素，只是它俩太特别了太重要了，归类为特等公民，其他的爆炒因素比如第一、唯一、独特产品等也很重要，我把拥有这些因素的新股归为一等公民。出现爆炒因素和没有出现爆炒因素是大不一样的，通常情况下，出现爆炒因素的新股容易被炒作，因为这类新股有噱头、有借口、有理由，主力容易以此为号召来成功炒作新股，用一句简单的话来说，此类新股有群众基础，容易出货、容易编故事。爆炒因素越多越好，如果一个股具有第一概念，还有唯一概念，还有独特产品，还与主流热点高度吻合，又有震撼题材，基本面还不错，此类新股必然会被炒。我炒新股比较喜欢分析新股背后的逻辑，喜欢看新股的DNA和身世，这些炒作因素就是具体体现。我认为K线和技术走势具有欺骗性，但是新股的DNA骗不了人。而且，技术走势只是爆炒因素的外现，关键是这个股本身有没有"料"。凡是具有爆炒因素的新股，它们必然优人一等，它们是一等公民，如果我们炒新股，应该优选它们。

创新高是指价格不断创出新高，或者价格刚刚创出新高，这是唯一一个我高度重视的技术指标。我研究新股重点研究主力的预谋和布局，喜欢搞透兵者诡道的诡异之处，我认为这比技术分析重要，所以此章关于技术分析的内容不多，但我还是列出了一个我最关心的技术指标，那就是价格。价格新高是新股的关键，如果新股不敢创出价格新高、不敢连续创新高，那一切都没有意义。一个新股，只要它的价格创出新高，我认为它就是好的新股，它就可以立即晋升为优等公民。价格新高是新股的试金石，是最后的裁判。短线爆炒的新股当然价格是新高，因为总共就没有几个交易日，我在这里说的价格新高最大的意义是对上市有些时日的新股、对中长线运作新股的人。当新股告别喧闹之后，比的是后劲，此时选择新股，价格新高的意义就十分重大，特别是价格一路创新高的新股，很有可能成为长线大牛股。所以，我把价格新高列为二等公民。

普通的新股是指没有以上特征的新股，它们乏善可陈、平平庸庸、老实巴交、安分守己，这是三等公民，这类的新股很多，占整个新股群落的80%以上。我们选择新股是选短跑健将和长跑选手，不是选择老好人，所以炒新时尽量回避它们。

以上就是我的新股等级理论，当我们炒新股时，优先选择特等公民，没有特等公民就选择一等公民，没有一等公民就选择二等公民，同时尽量回避三等公民。我始终认为，选择比努力重要，选对新股比努力用技术手段去分析重要百倍，这就是我新股理论的指导思想。

8.5 实盘交易中的几个关键判断

尽管上面已经很详尽了，但是我在实际操作新股中还不止于此，我还会对新股有几个提问，这些提问是对新股进行更深入的判断。判断很重要，邓小平关于世界主题是和平与发展的判断带来改革开放的大格局，可以说有什么样的判断就有什么样的行动。新股的判断也是如此。

判断一：方向判断，是上还是下？

方向是上还是下，这是新股的第一判断，它十分重要，生死攸关，它是我们做不做新股的首要判断。当一个新股来临时，我会根据上面介绍的内容进行综合思考，然后形成第一个判断：这是个向上炒的新股还是向下走的新股？为了进行这个判断，我除了分析上述的诸多内容外，还会思考一下问题：

基本面分析：产品本身，商业模式，财务指标。其中财务指标我比较注重主营业务增长率和净利润增长率。

行情因素分析：大盘所处的趋势状态，行情结构，赚钱效应，游资兴奋度。

市场分析：特别是市场上题材和热点的状况。

筹码分析：主要是看机构席位和游资席位的介入。

技术分析：流通盘，换手率，成交量，前三个交易日的分时图状态。

通过这些分析，我会对新股的方向进行一个大致的方向判断，向上的留下来，作为备选；向下的，直接淘汰。

判断二：行情判断，是做还是弃？

方向向上也并不等于可以直接做，还要判断行情的有无。往上走的股票也千差万别，有的具有操作性，有的纯粹是鸡肋。行情判断就是找出方向向上且能干净利索上涨的股票，淘汰掉磨磨叽叽、一步三回望的股票。炒新股博的是其利润的快和高，否则为什么要在风险之大和章法之乱的股票上投入那么多精力。

当然，总体而言，方向向上的股票都算有行情，但在我看来只有跑赢大盘且能走出漂亮波浪的新股才算是真正有行情的好股，而不是简单的方向向上。涨得干脆、波浪漂亮、跑赢大盘、上涨幅度大，这是判断行情有无的关键。炒新股时就要选出这种有行情的股票，淘汰没有行情的股票。

判断三：速度判断，是快还是慢？

速度判断是为不同风格炒作来用的，其意义在于把握炒作的节奏，知道什么情况下做中长线，什么情况下做短炒。一般而言，短线要选择速度快的，长线可以选择速度慢的。

判断出新股上涨还不够，判断出其上涨速度才更细腻。我把有炒头的新股划分为三类：过把瘾速度、行云流水速度和慢牛速度。

过把瘾速度，其走势是一招致命、一浪走完、分秒必争，其股价像奔命一样上涨，涨完就消停了，仿佛是过把瘾就死。这种新股是一把火，急性子，它的行情只有一浪，中间不历经洗盘，上涨角度也不发生改变，其上涨的风格总是凌厉上攻、一气呵成，一波涨完就谢幕，从来没想过走第二波。

图 8.1 中的左图兰石重装就是过把瘾速度的典型代表，它的上涨都是血雨腥风、横扫千军式的，但这种上涨容易耗尽元气，一波上涨之后，主力过把瘾

8 新股篇：亦正亦邪

赚完钱就走人，来无影去无踪，这种股只适合短炒，切勿留做投资价值，再好的价值也经不起这种炒法。

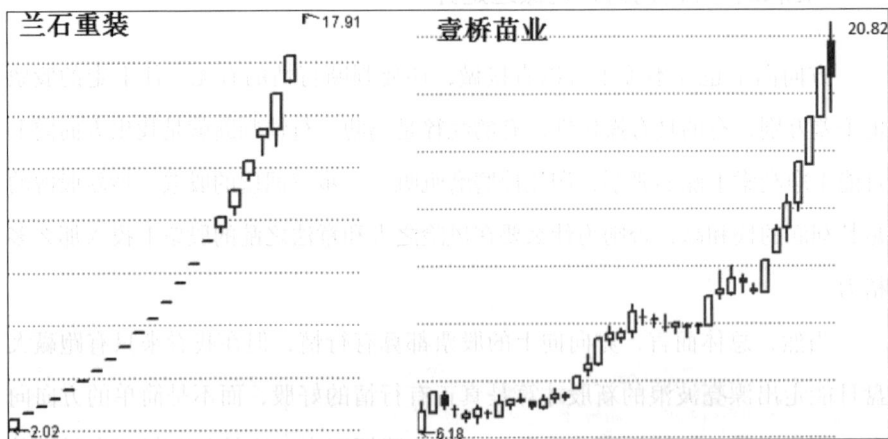

图 8.1　两种不同走势的新股：兰石重装和壹桥苗业

行云流水速度，其走势比较从容，给人感觉行云流水、波澜不惊，但又于无声处听惊雷，此类股其操盘手的水平很高，有大将风范之感。这种走势速度有个特点：

（1）一般是走出标准的三浪，至少是走出两浪，横盘和拉升；

（2）时间跨度比较长，至少是一个月；

（3）大阳线和小阳线交替，不会连续用涨停板耗散阳气，除非高潮阶段。

行云流水速度是我最喜欢的新股，因为容易把握，而且也比较符合股票操盘稳健从容的规律，图 8.1 中的右图壹桥苗业就是典型的行云流水速度，这种速度既张扬又隐忍，它娓娓道来又不乏激情，它是新股中的极品。

慢牛速度，其走势比较慢，但是走得比较稳、走得比较远。此类新股具有以下特点：

（1）大多是基本面非常好的股，很多是行业的龙头；

（2）时间跨度更长，炒作周期更久，它的走势大多是以年为单位；

（3）参与资金都是长线机构，其中社保和保险公司也喜欢扎堆此类股。

此类股不能用简单的波浪理论和其他技术分析手段去操盘，要用价值投资和长线思维去分析。图 8.2 是两个典型的慢牛股，中国国航在一年内涨幅就接近 10 倍，而巴菲特旗下的公司伯克希尔的股价走势更是牛气冲天，从 8.2 的右图可以看到，伯克希尔是一个史无前例、气壮山河的慢牛股。本书前几章提到的腾讯控股和唯品会也都是慢牛走势的新股。慢牛走势需要基本分析的功底，需要独具慧眼。A 股中慢牛新股很多，比如，中国平安、洋河股份、烟台万华、苏宁电器、华峰氨纶，等等，这种走势一旦遇到，可以轻仓长线参与。

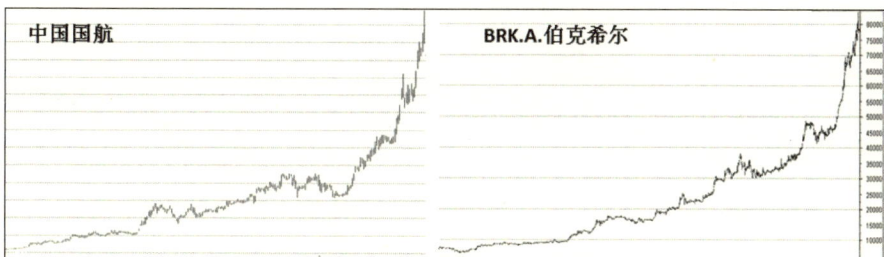

图 8.2　中国国航和伯克希尔的慢牛走势图

好的新股主要就是这三种上涨速度，通常情况下，过把瘾速度的新股很难成为行云流水速度的股，而它们又都难成为慢牛走势股。我们把新股走势这样划分，主要是把握其炒作节奏，不同的上涨速度采用不同的炒作方式。什么股对应短线、什么股对应中线和什么股对应长线，我们要做到心里有数，如此才能临危不乱、运筹帷幄。

对新股上涨速度判断还有一个作用，那就是预期管理。如果你想短时间赚些快钱，就多参与过把瘾速度的股；如果你资金庞大以安全为主，那就多选择慢牛走势股；如果预期介入二者之间，那就应该选择行云流水速度的股票。

判断四：洗盘判断，横盘洗盘、锅底洗盘还是V形洗盘？

除了过把瘾速度的新股，其他新股都会洗盘。洗盘形态万千，但对于好的新股来说主要有三种洗盘方式：横盘、V形、锅底。我很重视洗盘研究，因为洗盘形态本身就是一种语言，不同的洗盘会透露不同的信息。

横盘洗盘，这是我最喜欢的洗盘方式。横盘洗盘很常见，但相对于老股，新股的横盘更有意义。新股是处女盘，没有历史包袱，如果新股上市后一直处于横盘状态，这说明有种资金在强力地控制盘面，这是好现象。我发现个规律，如果大盘不走坏，新股越横盘越好，很多大牛股都是从横盘后走出来的，中国国航、天马股份、华峰氨纶、烟台万华、北辰实业无不如此。其实，让一个股票涨，对操盘手来说很容易，买就是了；但是让一个股票横盘不涨不跌，对操盘手就相对难多了，因为同时要面对卖盘和买盘的双向干扰。在我看来，横盘洗盘对新股是个试金石，主力敢于用此种方式洗盘说明其操盘技巧高超，同时也能反映出主力不急不躁和深谋远虑。此种新股不但会涨，而且会大涨，这是大牛股的操盘风范。

锅底洗盘，就是先跌后涨，洗盘形态像个半圆形的锅底，这也是大牛股常用的洗盘方式。在新股历史上，给我印象最深刻的锅底洗盘是中国银行和东方雨虹，后来它们都成了大牛股。锅底洗盘相对横盘洗盘稍微弱点，但是锅底洗盘一旦走出锅底创出新高，其威猛之势也绝不能等闲视之，很多大牛股洗盘用这些洗盘以退为进，后来都一飞冲天。

V形洗盘，顾名思义，洗盘形态是V形的，而且是快洗快拉，这种洗盘往往是短线主力的最爱，即使是长线牛股，一旦进入主升浪和爆发区，大都也喜欢以V形的方式来洗盘。V形洗盘还有变种，W形洗盘可以看成是双V形，头肩底也可以看成是V形，我们要学会变通。

值得注意的是，这三种洗盘形态不是绝对的水火不容、互为鸿沟，它们很多时候复合出现、连环表演，可能这一段横盘那一段来个锅底，再后来又V形洗盘。这个时候我们要看主要矛盾，看看主力最主要的、最长时段的洗盘是哪种形态。

研究这三种洗盘形态，可以看透主力的操盘风格、操盘技巧和长短线周期，V形洗盘以短线为主，另外两种以中线为主，但也不绝对，只是大抵上如此。三种洗盘形态的稳定性也不一样，V形洗盘的股票最脆弱，横盘和锅底洗盘相对比较稳定。三种形态透露的主力意图不一样，V形洗盘捞一把就走，锅底和横盘不赚够就不收手。三种洗盘形态的买点也不相同，横盘洗盘买点在震荡下轨和突破横盘的附近，锅底洗盘在走出锅底再次洗盘的地方，创新高处也是买点，而V形洗盘我大多建议在黄金分割的0.618处买、下影线处买还有V底的第一个涨停板处买。

洗盘研究不仅仅指形态，还有洗盘时间长短、洗盘空间深浅和成交量的大小，等等，这些内容和老股的技术分析没有多大区别，这里不再一一说明了。

判断五：介入点判断，洗盘买还是突破买？

新股的买点是个大问题，我在上面行文中也部分涉及买点，这里再深入讲点。从根本上讲，新股最有意义的买点就是两个，一个是洗盘洗到低处买，一个是突破后看到行情来了再买。

不同的风险承担能力、不同操作周期和投资理念会有不同选择。对于新手和超短线人士，应该选择突破买点，这样既安全，又买在爆发点上。对于大资金，需要布局的，我建议选择洗盘洗到底部就逐步建仓，特别是锅底洗盘这样的股票，当然这是建立在艺高人胆大的基础上，这需要对新股走势有非常精准的判断。也就是说，把握性很大的情况下，我更倾向于在洗盘底部买入；把握性不是很大，我需要等到创新高后行情明朗了再买。大盘走势也对这个有影响，如果大盘是下跌趋势，最好慎用洗盘底部的买点，因为大盘的下跌可能把个股带入无底洞，哪里是底部谁也搞不清楚，此时的突破买入也要慎用，因为也许突破就是见顶，不过突破买点比洗盘买点相对安全点。如果大盘在牛市，怎么选择都没有关系。

判断六：布局判断，炒本身还是炒代表？

这个内容其实前面已经讲过，因为它太重要了，谈到新股的重要判断必然离不开它，所以我在这里再次提及它。炒新股要分清楚炒什么，是炒它自己，还是炒一个代表。当新股成为一个符号、成为一个工具、成为主力运作上的一环的时候，它炒作起来就特别嚣张、不按章法，因为它成了旗杆和方向，不把它炒疯狂，主力难以达到号令其他股票的目的，而当它仅仅是炒自身，其爆发性就规矩很多，因为它仅仅是它自己。每当我们炒一个新股，我们最好都做个判断：我是炒它还是以它为符号炒一个代表。

以上几个方面就是新股的重要判断，通过这几个判断，我们就可以对新股进行更精准的定位了，然后按此来参与新股，这样不但提高了命中率，而且降低了风险，更重要的是做到了心中有数，知道为什么炒这个新股而不炒那个新股了。

8.6 本章回顾与总结

新股是一群特殊的股，它们刚刚上市，尚未经历大风大浪的洗盘，其风险和收益都比一般的股要高，可以说新股亦正亦邪，用其正则能获得暴利，中其邪则容易暴亏。新股炒作的关键是研究哪些因素容易让新股暴涨，我把之称为爆炒因素，并对其进行等级划分，加上更加细腻的诸多判断，形成我独有的新股理论。我认为，在炒新股问题上选择永远比努力更重要，选择高等级的新股（特等公民和一等公民）是炒新股的最高境界，这是超越一切技术分析的首要问题，本章的核心都尽在此中。

9 拾遗篇：投资心得

本书是从我十多年来的投资日记和手稿中节选整理而成的。我有写投资笔记的习惯，十多年来的投资笔记有一麻袋多，当我把它们整理成书的时候，总感觉挂一漏万，没有写到的比写到的多很多。但限于篇幅，不能尽兴也实属无奈。为了更多地与读者交流，下面我再简要地谈几点我的投资心得。

9.1 止损：永远正确

止损是个天大的问题，因为股市处处有风险，我们可能时时犯错误，所以我们不得不拿起止损的武器。止损绝不单纯是散户和初级股民的问题，也是机构、大师和股神们的问题，无论是全球期货市场上的风云人物滨中泰男，还是国企背景的中航油老总陈久霖；无论是股票大作手李费佛，还是金融大鳄索罗斯，他们也常常面对止损问题，而一旦疏忽、侥幸、漠视止损，其下场同样会遭受失败，甚至是破产和自杀。李费佛、陈久霖、滨中泰男就是栽在止损面前活生生的例子，而善于止损的索罗斯又是另外一种风光，止损让他一次次劫后余生。会不会止损、重视不重视止损，是决定投资命运和最终结局的大事。

可以这样说，在没有学会止损之前，你只不过是在博傻。我觉得止损是股市第一重要的问题，它甚至比会买更重要，因为止损本质上是对股市的敬畏、对不确定性的承认、对市场的尊重。会不会买只是我们能赚多少的因素之一，而会不会止损却是我们能亏多少的全部因素，赚多少还取决于市场，亏多少几乎全部取决于自己。

我认识一个高手，他的观点是止损永远正确，哪怕事后看是错误的。一开始我觉得这个观点有点极端，后来我慢慢悟到这个提法其实很深刻，是参透了股市玄机之后的肺腑之言，是大彻大悟后的觉悟之语。因为只有如此才能从灵魂深处接纳止损，而不是口头提提。只有接受止损永远是正确的观点，我们才能在止损问题上摆脱扭扭捏捏、瞻前顾后和犹豫不决，才能把侥幸、赌一把、再等等、期待奇迹这些思想从潜意识深处赶尽杀绝，才能建立真正的止损思想。

很多人不愿意止损，主要是他的灵魂深处有几个关过不了：

第一个是侥幸关。也许再等等就反弹了，也许奇迹会出现，这几乎是阻碍止损最大的心理障碍。很多人不愿意止损，或者在止损问题上犹豫不定，就是有这个思想作祟。其实，此时我们应该扪心自问：我愿意开仓吗？如果不愿意，那我就应该止损。

第二个是羞辱关。万一止损后大涨，该多么羞辱呀？绝大多数不愿意止损的人都有这种心理作怪。从行为经济学的角度来看，这种痛苦远远大于在其他股票上赚同等的钱带来的心理安慰。所以，股市是反人性的，从止损的心理来看就很明显。止损后股价大涨，是要承担重大的心理折磨的，这种折磨具有很大的屈辱感，仿佛自己是笨蛋、智商低人一等。为了扭转这个心理误区，我们应该转念想一下：止损是我们对自己过去的错误负责，即使它明天大涨，但那是另外一个问题，它们是两个逻辑。而且，止损后还有很多大跌的例子呢，我们为什么纠结在止损后大涨的几个股票上呢？止损后再大涨，那顶多让我们少赚，而一旦我们不止损则有可能会走上穷途末路，亏掉所有，中石油就是活生生的例子呀。

第三个是误解关。典型的有三个"利润是被频繁止损止完的""止损说明不会买，会买就不用止损""止损是没有本事"，这些流行的误解让很多本来就心存侥幸的人找到借口，荼毒甚深。其实这几个问题都不值得一驳，试问：谁见过止损能把利润止完的？我见过绝大多数人因为不止损而破产，从来没有见过因为止损而破产的。我也见过很多会买而不会止损的人，最后竹篮打水一场空，从来没有见过善于止损的人最后赚不到钱的。我在前面说过，如果解决了风险问题，利润将不请自来。会止损就是来解决风险问题的。真正善于止损的高手，他的利润是不请自来的。在我看来，止损不是没本事，而是大本事。这如同兵法上的先为不可胜以待敌之可胜，哪个常胜将军不是先保护自己不被击败然后再去击败敌人的？看不起止损的陈久霖爆仓破产了，看不起止损的荣智健谢幕了，这俩人腕儿够大吧，他们不止损照样被市场埋葬。

第四个是死扛关。我已经亏这么多了，再止损还有什么意义？说白了，这是麻木，是破罐子破摔。如果这种人能回头看看中国石油从 48.62 元跌到目前的 7.62 元、中国铝业由 60.60 元跌到目前的 3.31 元、中国船舶从 300 元跌到现在的 19.87 元，他就知道自己有多愚蠢。我们在分析盛极而衰行情的时候说过，一个股票一旦结束了漫长的盛极行情，其衰落起来会很漫长，会没完没了，如果不止损，也许真要把股票留给子孙后代了。

第五个是不在乎关，才亏一点点呢。这和上面的恰恰相反，上面是亏得太多，这里是亏得还不够多。小亏看起来不要紧，但是很多大亏都是从小亏来的，很多人不止损就是因为一开始是小亏，不屑于止损，后来变成大亏，又麻木了死扛下去不去止损，结果就是问君能有几多愁，恰似满仓中石油。

以上五个关口是阻碍止损的拦路虎，其核心就是不敢直面自己的错误，希望以更大的"赌"来掩盖已经发生的错误。这是股市最可怕的事情。任何事情都有成本，止损也有成本，止损的成本就是万一止损错了怎么办。很多人不愿意止损就是不愿意为止损付出哪怕一丁点的成本，希望所有的东西都是免费的，所有的好处都占尽。这怎么可能？很多人不去止损其实是害怕止损错误，而荒唐的是这种人对已经发生的错误可以不管不问，反而担心未来还不一定会是错误的止损。更何况，止损是用来终止错误的最好手段。所以，我坚信，止损永远正确。即使止损错了，也顶多是少赚，而止损却可以永恒地避免破产，后者才是股市安身立命之本。

具体到战术上，我建议如下止损：

一、亏损额度达到总资金的5%，无论任何理由和借口，都无条件地止损；

二、行情不好，且走势对我不利时，立即止损；

三、走势看不懂，且对我不利时，立即止损；

四、买入股票后，没有实现预期，逐步止损；

五、时间止损，买入后长时间没有行情，逐步止损；

六、买股的理由不存在了、发生了变化、被澄清，逐步止损；

七、个股亏损额超过30%，无论任何理由和借口，无条件止损。

我的止损主要是按照这七条，而且只要具备其中之一者就立即止损。对我而言，止损是刚性的，到了止损位置我就执行，不管它第二天会不会反弹，不管当时行情是否变暖，我先把止损做了再说。至于止损错了，股票又反弹了怎么办？我再买上就是了。止损是一回事，再买入是另外一回事，它们是两个独立的逻辑，是两笔独立的操作，它们不能互相抵消。我这样做的目的就是贯彻我的止损永远正确的思想，把止损变成一种习惯。

9.2 资金管理

资金管理也叫仓位管理，有人也称之为头寸管理。资金管理很重要，不过遗憾的是这个领域没有令人信服且达成共识的理论，不像K线、波浪理论、均线理论、形态理论等，这些理论有自己完备的理论体系，而资金管理几乎只有提法，没有一个大家都接受的理论。我曾在深圳接触过一个研究资金管理的高手周佛郎，他的做法是用数学精算的方法来研究仓位和股价波动的关系，根据规律来管理仓位。不过这种方法没有被很多人接受，资金管理领域还是没有一言九鼎的理论。但是，从来没有人敢否认它的重要性。

对资金管理研究最积极的是期货领域的高手，因为期货高杠杆和强行平仓制度决定了它对仓位的极端敏感。股市与之不同，股市没有强行平仓制度，也不能使用杠杆，股市的风险不像期货那样深不可测，股市最大的风险也顶多就是投入的全部资金。但是，仓位管理对股市依然不可轻视。在我看来，资金管理和交易技术、情绪管理一样重要，它们一道构成股市交易体系的三驾马车。资金管理我一直比较重视，本书的行文中已经大量涉及了资金管理的内容，比如，重仓、轻仓，等等。现在我把我常用的方法跟大家交流一下。

全仓，投入全部资金。这是仓位的极端状态，只有极少数情况才可以如此。我一般在两种情况下投入全仓，一是龙头股，一是赚钱效应行情。炒股最忌讳的是该大胆时却担心害怕、该小心时却盲目乐观。龙头股和赚钱效应行情是天赐良机，这种情况应该豪赌，任何胆小和轻仓都是对天赐良机的浪费。龙头股是在个股上全仓押注，赚钱效应行情是在行情上全仓押注，后者可以进行仓位组合，分散投资。

重仓，投入资金超过70%者为重仓。重仓只配给战略性机遇，重大博弈也可以用重仓。重仓虽然不是全仓，但它几乎和全仓相差无几，必须慎重。于我而言，我会在战略性的大机会来临时才用重仓。何谓战略性机会，就是那种大行情安全，同时出现主流热点和震撼题材的机会，这是千载难逢的机遇。

中仓，投入资金在30%~70%之间谓之中仓。中仓是我最常用的仓位，大多数情况下我都如此。我也常劝身边的朋友，不要动不动就重仓，那样风险很大，中仓就够用了。中仓进可以攻，退可以守，心态上很自如。就股市常态而言，跌多涨少，熊多牛少，用中仓再合适不过。

轻仓，少于30%者叫轻仓。轻仓也叫试探性仓位，如果对了可以在此基础上逐步加仓，这种模式也可以叫试探—加码模式。有时候机会和风险都很大，比如超级强势股且股价已经很高但是还有行情，这种情况下就可以用轻仓。轻仓是具有投机性质的，是且行且观察用的。

上述四种仓位在股票市场就够了，如果在期货市场上则要更加细化。需要说明的是，上述仓位的描述是静态的，而实际交易中是动态的，轻仓可以变成重仓，全仓也会逐步减仓到中仓。追加仓位和降低仓位是很常见的事，所谓法无定法，是以为法，我们要学会以变应变。

资金管理最重大的意义就是它提供了一套风险和收益相匹配的博弈思想和工具，它告诉我们：当你还不是有很大把握的时候，不要赌太大；当你技术还不纯熟的时候，不要赌太大；当行情不是太好的时候，不要赌太大；当你看不懂的时候，不要赌太大。同样它也号召我们：当大机会来临的时候，不要轻易放过，要豪赌；当你看准的时候，不要前怕狼后怕虎，要疯狂地扑上去。看对和看错都不重要，关键的是看对时你赚了多少，看错时你亏了多少。这其中关键的就是仓位。索罗斯曾训斥他的操盘手德鲁肯·米列：你把 10 亿元也叫仓位？这就是资金管理上的大师风范。当明白了资金管理的思想和背后的哲学，具体战术和技巧都会简单起来，所谓大道无术，大象无形。

这里我再提出一个重要的原则：向上加仓而不向下摊薄成本。这点太重要了，它的精髓就是只在已经证明是正确的仓位上加仓。很多人喜欢摊薄成本，逢低加仓，这是十分愚蠢的，这是把错误扩大。我的原则是永远只在红色的仓位上追加筹码，我要的是扩大战果，乘胜追击，而不是兵败强撑着。向上加仓特别适用于试探—加码的资金管理模式，这是资金管理的黄金法则。仓位管理还有一个不能称之为原则但却是极端重要的东西，我要跟大家特别交代一下，那就是永远不要在气急败坏的时候、永远不要在重亏之下以急于扳回损失的名义开仓，因为重亏和盛怒之下的仓位大多是错误的。

资金管理的战术和技巧还确实不少，比如，如何加仓？如何先试探再加码？如何减仓？如何在仓位之间自由转换？这部分内容很丰富，如果详细展开，可以变成独立的一章。有机会再跟大家一起分享，这里我就不做展开，就点到为止吧，权作抛砖引玉。我相信，能把上面我介绍的那几个仓位运用纯熟，就已经够应付普通的股票交易了。需要一提的是，资金管理还和资产组合有很大的关系。比如，我们买辽宁成大 50% 的仓位，再买吉林敖东 50% 的仓位，表面上看是分仓，是进行分散化的资产组合，其实则完全没有，因为这两个股本质上是一个股，它们的关联系数几乎是 100%。我们这样做的本质就是在一个股票上占有仓位达 100%，这是在个股上押入全仓，而不是中仓，这种做法是具有很大风险的。研究资产组合最牛的人是马克维兹，他是现代理论金融派的鼻祖，他的思想可以给我们仓位管理提供灵感，比如，同等仓位下，分散投资和资产组合可以降低风险，等等。这个理论体系很庞杂，有兴趣的朋友可以找他的书看看，那可是一个根深叶茂的学科，也是当今金融界的显学。

9.3　抢反弹

　　我是旗帜鲜明地反对抢反弹的，除非有明显证据证明反弹是沙漠绿洲行情，否则原则上不抢反弹。需要说明的是，我这里的抢反弹特指抄底行为。

　　在大行情到来的时候，是我们最容易赚钱的时候，为什么要在逆市中找机会？为什么要这样为难自己呢？人们在找工作的时候，总希望挣钱多的、活不累的、离家近的工作，但是在股市里，为什么行为和想法总是与之相反呢？

　　取易取之利，败已败之敌。不战而屈人之兵，善之善者也。

　　弱水三千，取一瓢饮。

　　反弹路上，最大的敌人是怕踏空！

　　交易不是你要怎么样，而是市场邀请你怎么样，并且这种邀请是如此翩翩有礼，简单明了。

　　不要强行做交易，要耐心等待市场发给你邀请函。不要企图在艰难世道抢钱，那样不明智，须知，这个世界上，除了钱，还有阳光、白云、山水、爱情和生活。

人生所有的物质生活水平的高低，已经大体上由其累世所修得的福报大小所决定。拼命地努力可以在一定程度上改变命运，然而效果有限。小富靠人，大富由天。所以，赚钱，急什么？不是你的东西，抢也抢不来。另外，我反对抢反弹的原因还很多，比如：

我看过太多的股民死在抢反弹的路上，包括股神大腕。没有人知道哪里是底，即使跌到地狱，地狱还有十八层呢，我们怎么能提前知道哪里会反弹？还记得媒体报道杨百万抢中国石油反弹的案例吗？现在这个股他只能留给孙子了。

在下跌过程中有一种变态的风险，那就是看对做错风险。下跌过程不同于震荡行情和上涨行情，很多股即使我们看准了，但它还会洗盘或者低开，这可能会触及我们的止损线，即使后来股价走上去了，但是洗盘还是可以要我们的命，也就是说，我们看对了，未必能赚到钱。

抢反弹操作让人担惊受怕。即使操作对了也需要时时刻刻盯着盘面看，生怕出现差错。这种做法最让人操心，而收益也不会太多。这是冒着断臂的风险去换来一碗口粮，值吗？

下跌世道技术分析容易失效。技术分析在牛市最适用，一旦在下跌过程中，技术分析很多时候会欺骗人，不但不管用还会起反作用。比如创新高，下跌过程中的这招最容易失败，假突破最多的就是在下跌反弹的过程中。没有技术分析的保护，我们抢反弹会少了一个左膀右臂。

下跌市股价对信息的反应会走形。下跌的过程中最大的风险不是一路下跌，而是不断地放出利好消息，因为股价对利好的反应会诱惑很多人。在下跌中，很多利好对股价的刺激只维持半天，上午上涨下午大跌，这样足以葬送所有上午抢反弹的人。没有利好消息大家倒还消停，一旦有利好，我仿佛就听到了一阵厮杀。在下跌市亏最多的就是在利好消息"掩护"下不断冲进去抢反弹的人。

下跌市中苍天不公。下跌市所有的政策都会被解读为不利政策，所有的消息都会被当作出货的工具，所有好的技术形态一旦构建雏形马上就失效，不得不说这是苍天不公呀。我们在下跌市抢反弹就是与苍天对抗，与最不利的情况对抗。

总之，反弹是邪道，我们要走正道，不要抢反弹。

但是，有时候，反弹看起来又那么诱惑人，忍不住会参与一把。如果我们实在管不着自己的贱手想做一把的话，就要做好足够的思想准备：这是在高风险区作业，必须坚持保守和防风险为第一原则，且仓位上还必须做出调整。我会在大跌的时候强制性地把账户资金的 70% 转走，这样做就是怕手痒，即使想做也只能有 30% 的资金可供操作，从制度上防止重仓参与反弹。另外，还要注意若干细节问题，下面我把自己日记中记的细节摘录下来，与大家分享。

（1）下午 2 点之前不看盘，最最起码的要求是早上一个小时不看盘，绝缘管理，休克疗法。抄底最大的风险来自于抄错底部，特别是活仓变死仓风险。底部最大的特点是震荡，只有不看盘，才能最大可能性地摆脱震荡，戒除手痒，才能解决冲动、急躁、赌性，保护资金。实在管不着自己不看盘，那就下午看一会，即使买错了影响也不大，如果早上一股脑冲进去，也许就套大了。

（2）抢反弹必须坚持抄底不追高原则。抄底风险可控，追高则冒着很大风险。抢反弹的过程中，一旦追高，必然付出巨大代价。

（3）抄底必须是快进快出原则，绝对不可恋战。

（4）见底信号的选择，底部有些特点，我们最好等这些特点出现后再去抢反弹，这些特点是：前期强势 ST 股率先反弹并涨停，因为 ST 股是股市提前启动的信号，它代表游资的态度；

大盘 K 线出现长上影或下影线，表示资金在反抗；

成交量突然极其低，表示做空告一段落；

早盘有 3~5 个股票敢于封住涨停，有资金活跃；

大盘暴跌后，突然出现向下的跳空缺口；

大盘暴跌过程中，突然有重大利空释放；

暴跌中，市场出现某一个板块被炒作，说明资金已经在集结。

9

拾遗篇：投资心得

（5）大盘在熊市中，抢反弹风险不是单日大跌的大阴线，往往是单日大涨的大阳线。指数的大阳线充满诱惑，而主力在熊市做法恰恰是逢大涨就卖。

（6）底部必须有"前戏"才能买。什么意思，底部第一波反弹行情千万别急着买，因为第一反弹没有经过考验，没有"预热"，只有经历"前戏"的预热酝酿才能买。放弃第一次没有前戏行情，买第二次有预热的反弹行情，这才是上策。陈胜、吴广先抄底秦始皇，失败，刘邦后抄底，成功；瓦岗寨李密抄底隋朝失败，李渊第二次再抄底隋朝，结果成功。历史上太多这样的例子。我们一定不要做第一个抢反弹第一个抄底者。这是回避风险。我们什么时候看过大盘暴跌后一次就反弹成功的？哪次反弹不是在底部一波三折反复酝酿？

（7）抢反弹要善于找的是阻力位置，而不是支撑位。下跌的路上，任何支撑位都会被击穿，而任何阻力位都会变成现实。所以，抢反弹要善于找高点，善于及时抽身。

（8）抢反弹最要不得的就是害怕踏空心理。人类对踏空的风险的担忧远远大于对套牢风险的担忧。反弹不要害怕踏空，因为小行情不在乎踏空，大行情不可能踏空。其实，踏空是个伪命题，一波大行情来临，必然要经过一个月到三个月的酝酿。这个时间足够长，够我们准备和观察的了。

（9）必须明白，错过一个好机会没有什么关系，因为无数个好机会还会出现。可是亏钱是不可以的，因为它会让你失去捕捉下一个机会的能力。本钱如同种子，种错了，就没有了。

（10）反弹中，要有放弃前半场只赚后半场的大智慧。

（11）熊市反弹只能用左手交易，牛市时左右手都可以。熊市以低吸为主，以寻找阻力位置为核心。

（12）如果要抢反弹，只能抢一个：热点。

（13）一有风吹草动，必须先撤出，赢利目标缩小。

（14）关于超跌度的把握，从大盘的角度上看，连续下跌一段后，再出现大阴线，指数远离 5 日线；从板块的角度上看，超跌的板块在连续下跌一段后，再次出现集体性的大幅杀跌，当两者结合的时候，便是超跌的出击时刻。

（15）反弹的过程，有一个窍门辨别当天是否反弹成功。如果当天 10:30 的时候，有数目比平时多很多的股票敢于封住涨停板，那么当天反弹成功的可能性就很大。因为反弹成功代表着先知先觉的资金看好当天，他们多数都在当天做多，当天上扬就是大概率。

（16）反弹亏损后，不要急于报仇。想报仇，你要先等等。这是股市规律。

9.4 索罗斯神秘的投资世界

巴菲特与索罗斯到底谁更伟大，这是一个争论不休的问题。2011 年北京时间 7 月 27 日，索罗斯宣布将不再为外部投资者理财，媒体一致猜测是为规避奥巴马政府的证券监管新规，其近 40 年的对冲基金经理人生涯将结束。当我听到这个消息，无限感慨，于是写下一篇《索罗斯与巴菲特谁更伟大》的文章来"纪念"他，全文如下：

索罗斯与巴菲特谁更伟大

今后，无论索罗斯是管理家族基金还是做其他的事情，我们都很难在明处看到他的投资动作了。

惜乎？惜哉！

索罗斯的投资成就无与伦比，事实上他比另一个大师巴菲特更加伟大。表面上，巴菲特个人财富更多，但是只要我们深通背后的逻辑，我们就发现索罗斯比巴菲特的成绩高很多。

首先：起点大不一样。巴菲特是地道的美国人，家庭背景比索罗斯好。巴菲特的爷爷欧内斯特·巴菲特曾担任奥马哈扶轮俱乐部主席，是地方名流。巴菲特的爸爸霍华德·巴菲特是美国议员，交友甚广，而且他还是一名出色的股票经纪人。霍华德·巴菲特曾在 1963 年，即去世的前一年立遗嘱，把他财富中的 33 万美元投到小巴菲特的公司。在此之前，1957 年，也就是索罗斯刚到美国的第二年，巴菲特就掌管 50 万美元的资金；1962 年，巴菲特个人已经拥有 100 万美元，而此时索罗斯刚到美国第 6 个年头，还是个为混饭而发愁的分析师呢。与巴菲特的家世比起来，索罗斯相形见绌。就在巴菲特还是学生时代就可以拿出 11000 美元买股票的时候，而彼时索罗斯和他父母天天还在躲避希特勒的迫害，索罗斯在英国伦敦商学院读书的时候还不得不申请贫穷救济才能糊口。索罗斯 1956 年到美国的时候，身上携带的全部家当只有 5000 美元，生存和生活只能全靠 5000 美元，而此时巴菲特个人资产已经几十万美元。当索罗斯 1969 年刚刚成立双鹰基金的时候，巴菲特的个人财富已经达到 6500 万美元。起点大不一样，这是一个屌丝和贵族之间的差别，初始财富差距以万倍来计。

其次，资金分配天壤之别。巴菲特是有名的抠门，每天就喝可乐吃面包，对于子女也是十分抠门，比尔·盖茨到巴菲特家造访，发现他简朴得不得了。巴菲特在给比尔·盖茨慈善基金捐钱之前，是有名的吝啬鬼，基本上很少捐款。巴菲特的钱只有一个用处：继续投资，复利赚钱。而索罗斯就大不一样了。索罗斯有伟大的社会目标，他一生致力于开放社会，为此他捐了很多钱，在比尔·盖茨和沃伦·巴菲特开始捐款前，索罗斯的捐款金额多年蝉联第一。索罗斯在最近发表的一篇文章中称，在过去 30 年时间里，他捐赠了 80 多亿美元资金来促进民主、培育言论自由、改善教育和消灭全球范围内的贫穷现象。虽然巴菲特也把钱捐出去了，但那是后来一次性捐出去的，之前一直是积累，本金没有缩小。而索罗斯捐款是在投资过程中不断捐出去的，每捐出去一笔钱，都缩小本金。苏联解体的时候，索罗斯个人曾经出资养活苏联近1/3的科学家，索罗斯害怕这些科学家被极端独裁分子和恐怖分子拉拢，所以出手很慷慨。巴菲特是赚到钱等老来一起捐，索罗斯是边捐款边赚钱，这是两种模式，当然巴菲特积累的更多了。如果索罗斯把捐出的80多亿美元也加在他的基金上面，按照他本人的收益率，索罗斯的总财富要翻一番还不止。

再次，巴菲特通过控制伯克希尔·哈撒韦公司来控制投资，而索罗斯通过基金来控制投资，本质上，巴菲特是作为股东，用经营企业的方法来投资，而索罗斯则是基金经理，通过拿提成和管理费来投资。这两种企业组织形式，当然巴菲特更容易积累钱。说白了，巴菲特更接近企业家，而索罗斯更充满金融投资家的色彩。

这么一比较就知道，索罗斯和巴菲特个人财富差别是有很多原因的。但我说索罗斯比巴菲特伟大，还源于：

第一，投资收益。据复旦大学郭飞舟博士的博士论文《乔治·索罗斯金融投资思想研究》统计，从1969～2002年，巴菲特的复合收益率24.31%；而索罗斯是30.23%。关于这两个大师的收益率比较，媒体有不同版本，但是记者的写法都不严谨，我采用博士论文的数据，这比我们经常在媒体上看到的数据严谨多了，也比证券公司的数据客观真实。根据郭飞舟博士的统计，我把索罗斯和巴菲特的年度收益率和累计收益率用两个图表来直观对比，如图9.1和9.2。从图上我们可以看到，年度收益率巴菲特比较稳定，索罗斯波动比较大，但整体上索罗斯比巴菲特收益高。这点在后面的累计收益图就更明显了，索罗斯的收益总是遥遥领先于巴菲特。这是用数据说话，索罗斯比巴菲特更能赚钱。

9

拾遗篇：投资心得

索罗斯、巴菲特及SP500收益率比较

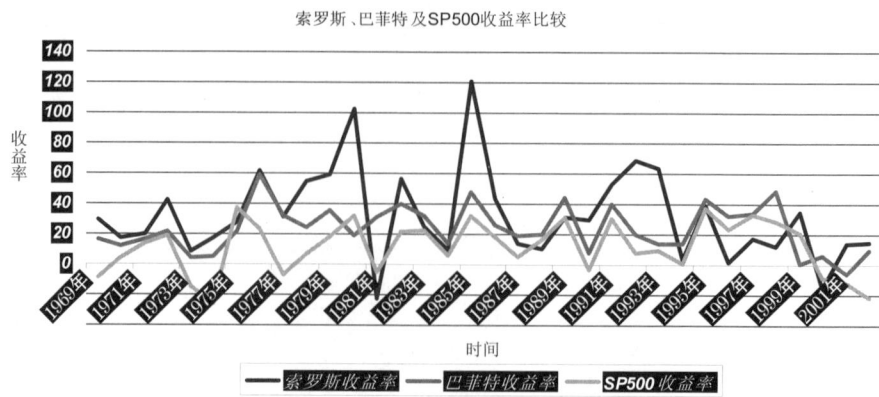

图 9.1　巴菲特、索罗斯及 SP500 每年年度收益率比较
数据来源:《乔治·索罗斯金融投资思想研究》第 59 页, 复旦大学博士论文

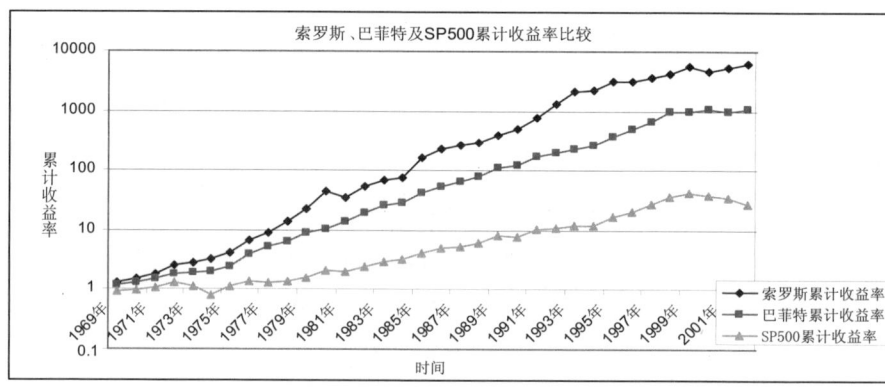

图 9.2　索罗斯、巴菲特及 SP500 累计收益率比较
数据来源:《乔治·索罗斯金融投资思想研究》第 59 页, 复旦大学博士论文

　　第二, 投资标的范围。巴菲特核心投资标的是企业, 是股票, 核心投资地区在美国; 而索罗斯投资标的无所不包, 外汇、期货、黄金、股

票、期权，等等，投资范围也遍及世界每一个角落。巴菲特是专而精，索罗斯是包罗万象。

第三，投资的灵活性。投资灵活性在金融危机中最能体现。2007年，次贷危机袭来，索罗斯王者归来，当年收益率达到32%，远超巴菲特；2008年，索罗斯在金融危机最深渊中纵横捭阖，当年对冲基金2/3亏损，索罗斯的基金也曾一度遭受重大亏损，而索罗斯后来居然神奇般地把其基金投资收益扳回为正10%，而此时的巴菲特还被高盛套着呢。最明显的例子是巴菲特和索罗斯同时投资的康菲石油，索罗斯及早发现商品期货见顶，迅速斩仓石油多头，调转枪头做空；而巴菲特还迟迟持有康菲石油，后来在股东大会上认错，说投资康菲石油是败笔。

第四，理想与目标。巴菲特只喜欢赚钱，赚钱就是他的理想和目标。而索罗斯致力于开放社会、市场经济以及众多慈善。曾经在苏联解体前后挥钱无数，为了他的哲学和政治理想。巴菲特只是到快死了才在比尔·盖茨的忽悠下明白过来，慈善才是最终的目标。

第五，如果换个位置，索罗斯用巴菲特的方法无恙，巴菲特用索罗斯的方法不行。

第六，根据福布斯排行，索罗斯的财富不好统计，因为他有对冲基金的财富，也有家族隐蔽的财富，所以每次福布斯财富排行榜上，索罗斯的财富波动就比较大。按照索罗斯金盆洗手前一年2010年福布斯财富排行榜来看（见图9.3），巴菲特排名第3，索罗斯排名第35，巴菲特个人财富是470亿美元，索罗斯是140亿美元，巴菲特是索罗斯的3.36倍，可是，他们的初始资金相差可是万倍呀！更何况索罗斯还一路捐出80多亿美元做慈善呢。事实上，索罗斯更会理财。

世界排名	姓名（简介）	国籍	年龄	净资产（亿美元）	居住地
1	卡洛斯·斯利姆·埃卢	墨西哥	70	535	墨西哥
2	比尔·盖茨	美国	54	530	美国
3	沃伦·巴菲特	美国	79	470	美国
4	穆克什·安巴尼	印度	52	290	印度
5	拉克希米·米塔尔	印度	59	287	英国
35	乔治·索罗斯	美国	79	140	美国

图 9.3　2010 年福布斯财富排行榜部分内容

资料来源：http://www.fx678.com/indexchart/ForbesRank.htm

当然，巴菲特的资金规模大，巴菲特是全球第 2 富翁，巴菲特总量上更有钱。如果单单这样看，巴菲特更伟大。这就要看你的标准了，如果比较总量，你可能崇拜巴菲特多些，如果比较增长率，索罗斯就伟大多了。

本文本来想写点索罗斯，但其成绩太辉煌，无法直接写，所以就把他和巴菲特比较着写，这么一来，诸位读者自然就知道，索罗斯才是大师中的大师。

谨以此文献给"金盆洗手"的索罗斯以及在投资道路上正在探索的未来的"索罗斯"们！

经过比较分析，我认为索罗斯更会赚钱。《金融炼金术》是我最常看的书，索罗斯的投资案例我几乎如数家珍。当然，巴菲特也不简单，巴菲特最伟大的地方在于他很年轻的时候就懂得一个朴素的道理并用一生来坚守。巴菲特的定力是无与伦比的，巴菲特对投资标的的观察是入木三分的，巴菲特对市场本质和股民情绪的认识也是洞若观火的，巴菲特的伟大在于他以不变应万变。索罗斯与之恰恰相反，索罗斯呼风唤雨、翻江倒海，股票、期货、外汇、国债、大宗商品等无所不去染指，索罗斯是以万变达到不变。巴菲特的不变是投资价值，索罗斯的不变是反身性哲学。他们都是穿越时空的大师。

巴菲特的投资思想容易理解，简单直接，而索罗斯的投资思想恰恰相反，非常晦涩难懂。他的《金融炼金术》在内地卖了很多年，总共也只不过销售了十几万册，而其中很可能相当大的一部分读者从来没有阅读超过 10 页——那本书语言晦涩得让你怀疑翻译水平有问题。所以，在此我要重点谈谈索罗斯的投资哲学。

索罗斯的投资思想很庞杂，晦涩难懂，又很容易产生歧义。从严格意义上来讲，索罗斯从来没有对外透露过他的具体投资方法。索罗斯在哈佛大学演讲时幽默地说，凡是读过他书的人绝对赚不到钱，因为没有人能够知道真实的他。一位观众举手问他："你能告诉我们真实的你是什么样的吗？"索罗斯笑答："不能，说出了就没有索罗斯了。"[①]所以，外界只能是从他的哲学和投资案例来了解他，我也不例外。

我读过索罗斯写的所有书，也读过很多研究索罗斯投资思想的博士、硕士论文，我对索罗斯的投资思想有自己的看法。我认为，索罗斯的投资思想是建立在一个基石上，这个基石是可错性、彻底的可错性。市场会犯错误，人会犯错误，一切貌似正确的投资理论也只不过是等待接受检验的错误而已，说得更极端点——塑造了历史面貌的思想无非是一些内涵丰富的谬论。一套富于衍生性的谬论往往最初被人们视为真知灼见，只有在它被解释为现实之后，它的缺陷才开始暴露出来，然后将会出现另一套同样内涵丰富的但与之相反的新谬论，并且这一过程仍将不断地进行下去。[②]这种观点在正统那里可以说是"异端邪说"，但索罗斯靠着这个思想衍生出来的投资方法获得惊人的成就。

可错性与索罗斯的哲学信仰一脉相承。索罗斯的哲学根基主要来源于卡

① 梁恒. 与索罗斯一起走过的日子 [M]. 广州：广东经济出版社，2012：2.
② 索罗斯. 金融炼金术 [M]. 海口：海南出版社，1999：19.

尔·波普的证伪主义，还有部分是来源于哈耶克的《感觉的秩序》和《科学的反革命》。证伪主义可以说是认识论上的一次革命，它振聋发聩地提出了新的观点。它认为所有的科学知识都是暂时的，都是等待被证伪的，一些今天看来颠扑不破的真理，很可能只是明天的谬论而已。科学命题不能被证实，只可以被证伪，可证伪性是科学与非科学的划分标准。人类科学知识的增长不是累积式的前进，而是排除错误式的前进，先提出假说，然后予以反驳。由此，索罗斯提出两个反对，一是反对归纳法，二是反对科学主义。索罗斯认为，不可能经由归纳法则概括出赢取超额利润的一般方法，假如存在，那么投资者理论上就可以通吃市场，而市场将不复存在。归纳法是典型的累积式的认识论，它违反了从猜想到反驳的证伪原则。用黑天鹅理论来说，即使发现了 99 只白天鹅，也不能用归纳法说所有的天鹅都是白的，也许第 100 只是黑的。所以，索罗斯认为，试图照搬自然科学研究方法来归纳出金融市场的历史过程，或者从历史过程中总结出一般性的盈利方法，都犯了投资大忌。与此同时，索罗斯还极力反对科学主义。自然科学和社会科学有巨大的差异，前者研究的对象是独立的事实，无论研究者抱着什么样的态度都改变不了事实，而后者掺杂了观察者的偏见，研究者的信仰、价值观、立场、思维方式的差异都可以重塑事实。金融市场属于后者，股价怎么走不仅取决于事实即基本面，也取决于人们的偏见即怎么看待基本面，由此金融市场就充满巨大的不确定性。为了说明这个问题，索罗斯引用量子力学的理论。海森堡的量子力学认为，量子粒子的质量和速度不可能同时得到精确的测量，其原因在于测量行为干扰了测量对象，在这种情况下，不确定因素是由外部观察者引入的。[①]索罗斯认为，金融市场的参与者和量子力学原理一样，参与者的思维会影响金融市场本身，从而让股价的走势不再是独立的，它总是与参与思维发生反复的共振，这也就是反身性。既然是这样，金融市场就不可能用简单的科学方法来计算。而科学主义者却机械地、毫无批判地将科学方法加诸其研究之上，从这个意义上来说，科学主义恰恰是对

---

① 索罗斯. 金融炼金术 [M]. 海口：海南出版社，1999：11.

科学精神的背叛。索罗斯赞哈耶克的观点，科学主义是我们的现代科学文明中自我毁灭的力量，是滥用理性的极端表现。他反对任何人假借科学的名义而妄称掌握终极真理的理性狂妄。这也就是为什么投资大师反对过度数学化、工程化倾向，索罗斯甚至不无讽刺地说，他的数学符号从来不比 α、β 更多。而另一个大师巴菲特也说，他用到的数学知识不超过小学水平。索罗斯很反对一些主流经济学家所谓的数量分析，他认同凯恩斯的观点：经济现实中的变量往往是互相依赖的，而某些传统的学者却假设它们是独立存在的，从而用偏微分的方法得出一定的结论，而当他们把结论用于现实时，却又忘记了这些结论赖以存在的假设条件……这是典型的伪数学方法……假设条件使那些作者能在矫揉造作和毫无用处的数学符号中，忘记现实世界的复杂性和互相依赖的性质。[1]

对归纳法和科学主义的深恶痛觉让索罗斯不得不另辟蹊径，由此索罗斯进入了反身性的世界，并最终得出炼金术的观点。什么是反身性？这个概念很晦涩，我们来剥茧抽丝地认识它。我们先来看一个命题：一个罗马人说，所有罗马人都撒谎。请问这个罗马人的话是真命题还是假命题？如果相信他，那么就面临一个逻辑悖论：承认了至少有一个罗马人说真话，从而又否定了他。这就是著名的"说谎者悖论"。大哲学家罗素面对这个悖论的时候说，我们应该把命题分为涉及自身的陈述和不涉及自身的陈述，如此就可以解决说谎者悖论。这里就引出一个重要的因素：涉及自身。索罗斯由此出发来导出反身性概念，索罗斯认为，凡是涉及命题者自身、在内容上"或真"的命题，都是反身性命题。进一步说，研究对象受到研究者自身的影响就叫反身性。如此一来，股票市场天然就是反身性了，因为股票参与者的观点必然影响到股价，进而让股价不再独立。为了说明这个问题，索罗斯又引出两个函数：

$$y=f(x) \qquad 认知函数$$

$$x=F(y) \qquad 参与函数$$

9

拾遗篇：投资心得

---

① 凯恩斯. 就业、利息、货币通论 [M]. 北京：商务印书馆，1981，21 章第 3 节.

人的行为是 y，人的认识是 x，行为是认识的函数，表述为认知函数。其含义是：有什么样的知识就有什么样的行为。而人的行为对人的认识有反作用，认识是行为的函数，表述为参与函数，其含义是：有某一类行为就会有某一类知识。"两个函数同时发挥作用，互相干扰。函数以自变量为前提产生确定的结果，但在这种情境下，一个函数的自变量是另外一个函数的因变量。确定的结果不再出现，我们看到的是一种相互作用，其中情景和参与者的观点两者均为因变量，以致一个初始变化会突然同时引起情景和参与者观点的进一步变化，我称之为反身性。"① 上述函数又会产生递归性，它们不会产生均衡，而只有一个永无止境的变化过程。用函数表达其变化为：

$$y=f\left[F(y)\right]$$
$$x=F\left[f(x)\right]$$

这就是说，x 和 y 都是它自身变化的函数——认识是认识变化的函数，行为是行为变化的函数。它实际上也是一种"自回归系统"。索罗斯用这个函数是想说明，金融市场根本区别于自然科学研究的过程，在那里，一组事件跟随另一组事件，不受思维和认知的干扰。而金融市场是思维参与其中，因果关系不再是一组事件直接导向下一组事件，相反，它以一种类似鞋襻的模式将事实联结与认知，认知复联结于事实。② 如此，反身性理论构建完毕，用通俗的话来解释，就是参与者的认知和被认知对象互相影响，基本面影响观点，观点反过来也影响基本面，它们永不均衡，互动变化，以至无穷。美国学者约翰·特雷恩在《大师的投资习惯》中对此有过精彩解读："'反身性原理'的本质是指认知可以改变事件，而事件反过来又改变认知。这种效应通常被称为'反馈'。这就好比，如果你拴住一条脾气好的狗并踢它，骂它'坏狗'，那么这条狗会真的变得很凶，并扑过来咬你，而这又会引来更多的踢打、更多的撕

---

① 索罗斯. 金融炼金术 [M]. 海口：海南出版社，1999：18.
② 索罗斯. 金融炼金术 [M]. 海口：海南出版社，1999：18.

咬。"① 再举个更直白的例子，如果投资者相信美元升值，那么他们的购买行为会让美元上涨，这反过来又会使利率降低，刺激经济增长，从而推动美元再次升值。这也就回到前面的那个说谎者的悖论，凡是涉及自我的命题，自我都难逃脱干系。在这个过程中，任何简单的只研究股价本身而不顾参与者偏见的科学主义都是错的。说得更极端些，那些即使是认识错误的命题，只要有足够强大的影响力，它依然能在股市获利，这就是为什么股价有时候看起来泡沫很大但买的人很多，有时候看起来又低得可怜但无人问津。因为金融市场可以用"炼金术"检验，投资者的决策意识和决策行为具有像"炼金师"那么改变"事实结构"的"意志力"。在科学家看来，改变"物质结构"的"意念"是伪科学的，但在金融世界里，"改变市场结构"的"主流偏见"却是真的，却是可以赚大钱的。所以，金融市场拒绝了科学主义，却接纳了金融炼金术。

整理一下刚才的逻辑，索罗斯认为，很多认知貌似真理，其实是错的、不确定的，它们所谓的正确只是暂时的、等待证伪的。无论它们是通过归纳法还是科学主义得到的认识，都不足以垄断真理和科学，在自然科学领域如此，在社会科学领域更是如此。更荒谬的是，很多人把自然科学的方法和结论强加在社会现象的研究中，这如同把魔术方法应用到自然科学领域的炼金术一样，只能使炼金术身败名裂。社会科学是特殊的领域，研究者可以对研究对象施加自己的影响，在社会、政治、经济事物中，理论即使没有确凿的证据也可以是有效的，因为社会科学充满反身性，只要主流偏见足够强大，谬论也会在某些情况下变成"真理"，所以金融炼金术可以大行其道。

金融市场是反身性市场，它的决策不可能成为一个科学研究的命题，相反，它更像一个"非科学"的"炼金术"，因为金融市场中的决策评价取决于参与者们歪曲了的见解。正是因为参与者的决策并非基于客观的条件，而是对条件的解释，所以金融市场的根基是不确定的、是可错的。没有人能完全正确认识市场，任何所谓正确的认识都只能是猜测，它还须接受反驳和证伪。投资

---

① 梁恒 . 与索罗斯一起走过的日子 [M]. 广州：广东经济出版社，2012：76.

的过程就是不断提出猜想并让市场验证和反驳的过程，而不是用科学命题去决策的过程。在索罗斯眼里，金融市场是不确定的，这种不确定是根本性的、是绝对的，任何看法都可能错，任何错误都可能发生，它们本质上也就是风险。索罗斯思想的底色就是可错性、不确定性、认知的不完备性，也就是风险性。

索罗斯的哲学认知论让他怀疑一切，包括他自己。索罗斯谈到他为什么和罗杰斯分道扬镳时说，罗杰斯有个重大缺陷："他极为藐视华尔街专业人才的精明"——尽管在这一点上索罗斯认为自己和罗杰斯看法相同，但是"罗杰斯却极为自信，从来不承认自己也可能犯错"，而"我却时刻相信自己也会犯错误"。[①] 这道出了索罗斯内心的哲学根基：证伪主义。市场总是错的，我也总会犯错。这就形成了索罗斯对股市的根本判断：股市风险第一，不确定第一，所以要想在股市生存必须时刻学会逃跑，因为投资本质上是在冒险。

说到风险，不得不说索罗斯的风险观。我们知道，风险是现代金融学的核心，但是现代主流金融学关于风险的定义和认知却被马科维茨及其门徒所垄断。马科维茨学派"大言不惭"地声称把金融研究带入科学领域（索罗斯最反对以科学的名义来研究金融市场），因为他们实现了金融的数学化。马科维茨学派用均值方差定义风险，他们认为风险是由收益的历史波动性来定义的，而且是可以计量的，致命的是他们用来定义的波动的数据是先验给定的。通俗地说，马科维茨根据历史上股价的波动来推导股市的风险，用过去来观察未来。索罗斯对此提出反驳。第一，均值方差定义风险的前提是股票收益率的历史分布是正态的，是均衡状态，而索罗斯认为市场是非均衡的，其《金融炼金术》第一章开篇就是批判均衡理论。第二，索罗斯认为马科维茨学派极度缩小了风险的范围。马科维茨的风险和索罗斯的不确定内涵不同，前者是通过给定数据分布计算出来的，是已知的，而索罗斯的不确定性根本就不能通过已知的给定事件来计算，而是一个独一无二的事件。马科维茨派的均值方差理论把风险缩小了。按照马科维茨派的理论，最优的投资组合就是跟市场签订一份合同——

---

① 郭飞舟.乔治·索罗斯金融投资思想研究 [D].上海：复旦大学，2005：99.

投资者承担市场风险，市场向投资者支付平均利润。而事实上这仅仅是按照先验的数据来签订的合同，当遇到不可抗力、特别是黑天鹅事件时，这个合同的根基会轰然倒塌。长期资本公司在俄罗斯深陷泥潭遭遇破产就是因为遇到了非先验的事件，遭遇黑天鹅式的风险。举个简单的例子，马科维茨派的风险理论只是测平静海面上波涛的波动，对百年不遇的海啸无能为力，而真正的风险从来不在平时波澜不惊的海面上，而在百年不遇的海啸上。1929 年大危机、1987 年大危机、1998 年俄罗斯崩盘危机、2008 年次贷危机，这些都是大海啸，这才是真在的风险，而在这些风险中破产的大多是信奉马科维茨学派风险理论的投资者，比如，长期资本公司、雷曼兄弟公司。这种海啸风险被马科维茨学派的理论当成小概率给予忽略，而这恰恰是索罗斯所在乎的。所以我们看到，越是金融市场动荡，索罗斯越兴风作浪，2007 年他闻到金融危机海啸的味道，立马换下已经接班的大儿子再次出山。在整个次贷危机中，索罗斯领导量子基金纵横捭阖，翻云覆雨，2007 年盈利 32%，2008 年在绝大多数基金经理遭遇破产时还能盈利超过 10%，2009 年盈利 29%。此前也是，1987 年美国股市大危机，索罗斯在暴亏的逆境下还能扭转战局，当年盈利 14.1%；1998 年俄罗斯金融市场大危机爆发，卢布一度贬值 50%，索罗斯曾被曝出巨亏 20 亿美元，而长期资本公司更是以破产收场，即使如此，索罗斯还是绝地反击，借助他的回天之力实现化腐朽为神奇，当年量子基金竟盈利 12.4%！从这里可以看到索罗斯眼光的狠辣和深邃。第三，马科维茨学派以科学主义来定量风险，通过归纳过去的价格波动来给定今天的风险，这在索罗斯看来简直是胡闹。索罗斯哲学的根基是认知力的不确定性，是金融市场的彻底的可错性，是绝对不能接纳科学主义的，只能用金融炼金术。索罗斯反驳马科维茨学派：用证券的历史波动来定义未来的风险，这不是暗含了明天的波动可以根据昨天的特征加以总结吗？这大错特错，因为一个事件序列曾经以一定的频率出现，并不意味着它未来出现的频率也不会改变，相反，频率分布的发现很可能会改变事件出现的概率。① 通过

① 郭飞舟. 乔治·索罗斯金融投资思想研究 [D]. 上海：复旦大学，2005：104.

以上三个方面，一是均衡与正态分布上反对，二是风险范围上的反对，三是哲学认识论上的反对，索罗斯把自己和马科维茨理论为主流的当今金融界区分开来。由此，我们看到了索罗斯眼中的最大风险是人们受到主观局限约束而不自知、却自以为能够根据某种历史经验或"科学"归纳而对市场得到确定性的把握的"过度自信"。[①]

上述就是索罗斯投资思想的主体部分，由这种思想出发，派生出索罗斯投资的几种习性。

第一，学会逃生，保存实力。用通俗的话来说要学会止损，善于认错，永远要给自己留下东山再起的机会。学会逃生是索罗斯的天性，是他从小就从父亲那里学会的本领。在逃避希特勒屠杀犹太人的过程中，索罗斯悟到，永远不要抱有幻想，永远要想到最坏的情况。历史给索罗斯的教训太深刻了，1943年，纳粹轴心国之一的意大利投降，盟军已经登陆欧洲南部，苏联也转入反攻并节节胜利，反法西斯阵营已经合围了纳粹，胜利的曙光已经照耀在犹太人的头上。所有人都能看到希特勒完了，胜利只是时间问题，很多犹太人都等待解放。而索罗斯的父亲却没有那么乐观，他认为希特勒很可能随时屠杀犹太人。于是他想尽办法给家人办假身份证，还四处挖地窖，让索罗斯练习逃生。后来果不其然，就在胜利的前夜，当其他犹太人盼着回家的时候，纳粹针对犹太人的大屠杀开始了。预期与现实的反差给幼小的索罗斯上了刻骨铭心的一课，他从活生生的生命历程中学会了逃生课，懂得了什么是风险。这种逃生经历对索罗斯的影响可谓深入骨髓，它让索罗斯每个毛孔都流淌着逃生、求生的习性。所以，我在总结索罗斯的投资案例中，多次看到他果断清仓、就地认输。当然，逃生止损的习性不仅仅源于童年经历，还与他的哲学信仰有关。索罗斯的哲学根基是伪证主义，是批判思维，索罗斯相信这个世界是不确定的，金融市场是彻底可错的，没有人能完全认清股市，包括他自己在内。所以，当错误来临时，索罗斯敢于大胆认错，要敢于批判自我，敢于向市场低头。举个索罗斯

---

① 郭飞舟. 乔治·索罗斯金融投资思想研究 [D]. 上海：复旦大学，2005：104.

最典型的投资案例。1987 年，索罗斯在日本股市建立空头仓位，同时在美国大举建立多头仓位。让他没有想到的是，日本股市由于有政府托盘没有下跌，而美国股价却狂跌，最狠的是一天下跌 22%！据媒体报道，索罗斯是整个市场上一天之内赔得最多的人。他的好友梁恒很担心，就问索罗斯，说媒体报道你差一点全军覆没，是真的吗？索罗斯坏笑着告诉梁恒，他还有更坏的消息呢，他准备认赔出场，全部清仓。梁恒担心地追问：真的有灭顶之灾？索罗斯是这样回答的：

> 我刚才正在写投资日记，好像还没有写下什么死到临头之类的心得感受。我现在要做的是保存实力。
>
> 梁恒：这就是，只要不死，还有活法，对吗？
>
> 索罗斯点点头，说：没错。[①]

当时很多人不理解索罗斯为什么在低位清仓，其实这源于索罗斯内心深处的逃生欲望，因为他从纳粹铁蹄下死里逃生过，他知道活着比什么都重要。虽然从战术上，索罗斯低位卖出让他巨亏，但是索罗斯这种生存哲学让他一直活到今天。案例中的清仓已不是具体战术选择了，而是一种战略和哲学的选择。同样的选择也发生在 2000 年互联网泡沫时期，索罗斯在纳斯达克指数高位被套后，选择再一次认赔出场，夺门而逃，又有了生路。虽然那次泡沫让索罗斯的基金从 240 亿美元的巨无霸降到 70 亿美元，但索罗斯没有血本无归，他又有了翻身的本钱。所以，在 2007 年后的次贷危机中，他又可以东山再起，在次贷危机深渊的 2007 年、2008 年、2009 年三年中连续获得 32%、10%、29% 的收益率，更牛的是在 2013 年一举夺下对冲基金收益率第一名的宝座，全年盈利 55 亿美元！留得青山在，终于有柴烧。索罗斯把本金看得比命都重要，他相信所谓的回天之力就是现金，能保住多少现金，就有多大的回

9

拾遗篇：投资心得

---

① 梁恒. 与索罗斯一起走过的日子 [M]. 广州：广东经济出版社，2012：108.

天之力。大师况且如此，我们有何理由不去止损呢？

第二，狠辣多变，必要时反戈一击。索罗斯投资思想的底色是不确定性，他认为股市瞬息万变，所以其投资风格狠辣多变。郎咸平曾评价索罗斯说，此人见人说人话，见鬼说鬼话，当面跟朱镕基总理说绝不袭击香港，转头就开始攻击港币。郎咸平观察得很对，索罗斯就是这种多变的人。他大脑中同时存在互相矛盾的观点，他在黄金市场唱空的同时还不耽误去做多。典型的例子是 1987 年美国股指暴跌，索罗斯遇到灭顶之灾，是整个市场亏损最多的人，但他瞬息之间就使出霹雳手段，先是清空多头的股票，然后迅速反戈一击做空美元，最后力挽狂澜，当年把量子基金由巨亏转为盈利 14.1%，狠辣多变可见一斑。同样的例子还发生在 2008 年，那时次贷危机正达到高峰，金融海啸让几乎所有的对冲基金叫苦不迭。索罗斯虽然提前预计到了金融海啸，但他没想到这次危机影响这么大，2008 年上半年他的仓位还处于亏损状态，但是下半年他迅速调整仓位，全年居然神奇地实现整体收益超过 10%，而彼时大多数对冲基金正蒙受灭顶之灾呢。姜还是老的辣！关于索罗斯狠辣多变的风格还很多，我们从他生活中的例子也可以领略一二，据他身边好友梁恒说，有几次索罗斯在飞机上与人聊得火热，大有相见恨晚之感，于是下飞机时邀请对方加入自己的公司出任副总裁。但第二天当对方去他公司报到时，索罗斯却说：对不起，你的能力不能胜任这个职位。

第三，冒险。索罗斯童年逃生的经历还让他学会了冒险，他认为为了生存，冒险是值得的。说到这里我补充一下，冒险和风险不是一回事，冒险肯定有风险的成分，但是冒险更多的是在重大机遇面前放手一搏。我在本书第一篇说过，过分重视确定性容易丧失冒险精神。我认为冒险是一种可贵品质，历史上伟大的传奇的战役，无不充满冒险性；所有伟大的划时代的大人物，也无不充满冒险精神，比如秦始皇、成吉思汗、拿破仑、毛泽东。回到投资上来，索罗斯认为，金融市场本质是不确定的，要想赚大钱必须冒险。如果等到对信息有绝对的可靠的把握，或者要等待事情真相与研究论证完全清楚以后才展开决策，实践中经常导致时过境迁与投资机会的丧失。[①] 所以，要勇于冒险。最能说明这点的是 1992 年索罗斯狙击英镑之战。索罗斯手下的基金经理根据调查，预测英镑会大大贬值，于是做好了计划向索罗斯汇报。索罗斯问他下来多少仓位，基金经理回答差不多 20 亿美元。索罗斯反问：如果你相信自己是正确的，为什么只投放这么少？于是索罗斯扣动扳机，把仓位一下子提高了 5 倍，由 20 亿美元提升到 100 亿美元！这是极大的冒险呀。须知，投资前的调研、分析、预测、估算、下注，这是很多基金经理都能做到的，但是下 20 亿美元赌注和下 100 亿美元赌注，这可是天壤之别，特别是扣动扳机的刹那，是需要极大勇气的。就这一点，索罗斯让整个华尔街佩服得五体投地。很多华尔街人士都说，索罗斯跟他们最大的不同就是投资时的魄力，他们感觉索罗斯投资就像在指挥一场核战争。说到这里不得不批驳一下当前有些人主张绝对确定性，其实绝对确定性是没有的，赚大钱必须要冒险，即使是主张安全第一的巴菲特，他动辄在一个股票上持有 10 年 20 年以上，这不也是冒险吗？这是拿时间在赌。冒险和风险绝不是一回事。

第四，直觉。由于索罗斯主张金融炼金术，所以他的投资习性就多了艺术性的色彩，冒险是，直觉也是。索罗斯投资中有很多直觉的成分，按照他自己的话来说，当他觉得情况不妙时，他会后背疼。索罗斯在日本广场协议放空美元，吃进日元、马克，赚了有生以来最多的一次钱，其基金当年盈利 122%，个人收入将近 1 亿美元。有人问他：你是怎么捕捉到商机的？索罗斯说：虽然我说只是运气而已，但实际上，不会有人知道我是如何抓住了百年不遇的机会。

> "对我来说，赚钱没有什么道理可言，就是凭借自己的直觉，既然我的直觉让我做出了决定，那我会对自己的决定坚信不疑，绝不动摇。"[②]

① 郭飞舟. 乔治·索罗斯金融投资思想研究 [D]. 上海：复旦大学，2005：96.
② 梁恒. 与索罗斯一起走过的日子 [M]. 广州：广东经济出版社，2012：72.

9

拾遗篇：投资心得

这就是索罗斯的直觉思维。他接着阐述他的想法：

> "事实上，当时很多优秀的基金经理都在日元大涨时获利回吐，落袋为安，而我的直觉告诉自己，大涨还没有开始，我反而要求手下再多买些日元，然后牢牢地抓住不放，坚持日元的涨幅达到最高，开始回落后才出手卖掉。"[①]

那他怎么知道什么时候是最高点，必须马上套现了呢？索罗斯一口答道：

> "直觉，这时候，我的背会很痛，而且会越来越痛，一直到我做出了立即出场的决定为止。"[②]

索罗斯的这些直觉可以说是对投资学极大的挑战，因为这些东西无法量化。事实上，我觉得投资最难的就是非理性部分，也就是修炼、勇气、直觉和悟性。如果是一个股市老手，肯定会明白一个道理，股市的具体赚钱方法和招数其实不难学，表面上学点 K 线、MACD 之类的技法好像很容易赚钱，其实如果没有悟性和对股市深刻理解，那些招数只能让人亏。这就是为什么很多人学了无数招数，还是一直亏损。真传一句话，假传万卷书，股市真正的真传精髓不在招数那里，不在 K 线图上，而在感悟那里，在 K 线的背后，在勇气、冒险、直觉、情绪管理的世界里。

第五，赚历史性的大波动的钱。索罗斯的投资习性跟其他大师有个重大不同点，索罗斯喜欢在天翻地覆的波动中赚钱。我们看巴菲特赚钱是日积月累，靠的是分享上市公司赢利果实；文艺复兴公司大佬詹姆斯·西蒙斯是靠套利模式来赚钱；技术分析客靠的是图表分析赚钱；还有很多短线客靠今天买明天卖的短期波动赚钱，甚至靠日内波动赚钱。索罗斯与他们都不同，他既不是

---

① 梁恒. 与索罗斯一起走过的日子 [M]. 广州：广东经济出版社，2012：72.

② 同上。

通过上市公司成长来赚钱，也不是赚短线的钱，更不是靠套利模式来赚钱，索罗斯赚钱是靠巨大的历史性的波动，这种波动可以是长线，也可以是短线，但必须是大风大浪、山河巨变。对索罗斯而言，市场偏见与基本趋势相互强化，这种反身性效应自我增强会表现为一种加速发展的历史性演变，它通过一种新的趋势发展对过往的日常波动进行背叛，索罗斯要找的，就是这种具有内在增强性质的历史性机遇，而不是去汲汲于日常波动下那些琐碎的命题。① 我们发现，索罗斯最大的几次赚钱都是发生在巨大历史机遇的背景下，比如，1985年日美贸易大战后的广场协议那年，索罗斯抓住日元和马克的历史性机遇，盈利122%；1992年东欧剧变两德统一，索罗斯狙击英镑同时做多马克，一战成名，当年盈利68.6%；2013年安倍疯狂刺激计划和美国退出 QE3，索罗斯抓住机会做空日元做多美元，全年盈利55亿美元，排名全美第一。索罗斯喜欢在大事件大波动中赚取利益，他鄙视日常波动，他要找的是压死骆驼的最后一根稻草，也就是市场偏见和基本趋势双双反转的时刻。索罗斯热衷暴涨暴跌模式，对他而言，时间是次要的，大波动本身才是重要的。这就与价值投资和技术分析有了天壤之别。

综上，我们可以看出，索罗斯是典型的我行我素者，他的投资思想自成体系，与众不同。他是典型的大鳄思想者，他以可错性和证伪主义为出发点，构建了一套反身性理论，并且用反身性捕捉重大历史关头暴涨暴跌来赚钱。他鄙视主流的金融理论，他攻击马克维茨学派，他总是游走山崩地裂的重大关口，却每次都能化险为夷，满载而归。虽然外界对他的投资理论充满争议，但他每次行动都让资本市场闻风丧胆，他的只言片语都让华尔街洗耳恭听。这是一个神奇的人物。我对他的解读也许只触及他投资思想的万分之一，也许压根就是对他的误解和"偏见"。他是一个谜。

9

拾遗篇：投资心得

---

① 郭飞舟. 乔治·索罗斯金融投资思想研究 [D]. 上海：复旦大学，2005：78.

9.5 股票作手李费佛的功罪

股票作手李费佛，在其他版本的书籍和文章中，也翻译为利佛摩尔、利弗莫尔、里费默、利维摩尔、利文斯顿，等等，这都是 Jesse Livermore 的不同音译版本，他们指的都是同一个人，就是如雷贯耳的杰西·李费佛。

李费佛的传奇故事几乎家喻户晓，我就不再赘述，重点讨论下关于他的几个问题。

第一个问题，李费佛为股票投资界贡献了什么？李费佛一生积累了巨大的财富，仅仅在 1929 年的暴跌中就赢利 1 亿美元，须知此时的美国全年税收只不过 42 亿美元，他的财富比例事实上超过今天的比尔·盖茨和巴菲特，索罗斯更难望其项背。这些巨大的财富还不是李费佛对投资界的最大贡献，在我看来，他的最大贡献在于他用一生的传奇传达一个理念：个人凭借天赋和勤奋可以在股市积累富可敌国的财富；同时，个人如果蔑视股市规律，无论他创造的财富有多少，终将一贫如洗。李费佛晚年的困境正是他自己没有按照自己总结的规律办事的结果，这说明任何人在股市规律面前都不能有例外，哪怕是天才。这些规律包括：顺势、止损、情绪管理、资金管理、谦逊和敬畏。这也是李费佛为投资做出的第二大贡献，他发现并总结这些股市铁律：炒股要炒领头羊、研究大盘趋势然后顺势而为、学会资金管理、学会等待和耐心、止损不止赢法、金字塔加码法、学会止损、管理好自己的情绪、顺势交易、寻找最小阻力线、赚钱要在大行情中赚、捂住股票留住自己的位置、不要听信小道消息自己的股票自己做主。这些铁律今天看来好像不是很重要，那是因为它太重要了，重要得都已经变成了股市的常识和我们习以为常的东西了，就像空气、阳光和水一样，太重要反而让我们感觉不到重要了。这些铁律中的任何一条，放在今天都是一个很大的课题，李费佛仅仅凭借自己的悟性在几百年前当股市还是"原始时代"就已经认识到它们。李费佛的第三大贡献是他又屡战屡败屡败屡战的传奇经历激励了一代又一代人从破产中东山再起，也警示每个人尊重市场，永远谦卑，否则破产就在不远处等着他。

第二个问题，李费佛最后真的输光了吗？中国大多数媒体和书籍都说李费佛最后破产了，输了个精光，最后饮弹自杀。事实上，李费佛最后是"破产"了，但是美国的破产不等于中国语境中的输光，美国破产还有申请法律保护的意思。读过《股票大作回忆录》的人都知道，李费佛有好多次输个精光，后来他为了避免再次输个精光，于1917年他建了一个50万美元的信托基金——即使再破产他也不会再穷了。这说明李费佛已经给自己留了后路，他即使在股市的资金亏光，还有50万美元的资金呢，须知那个年代50万美元远非今天的50万美元可比，怎么说李费佛亏个精光？另外，据李费佛的小儿子Paul Livermore告诉Richard Smitten说，他的继母接到警方通知李费佛自杀的电话后，立刻把家中那原本属于他们两兄弟的300多万美元现金及价值超过100万美元的珠宝，实际的数目可能更多的遗产悄悄运往别处藏匿私吞，只留下100万美元信托基金（已经由1917年的50万美元增值到1940年的100万美元）拿不走。可见，李费佛留下了很丰厚的财产，仅仅上述加起来就有500万美元，那个时候的500万美元远比今天的5000万美元值钱。我不知道为什么后来的媒体却报道李费佛遗产1万美元，负债30多万美元。也许媒体喜欢添油加醋，谁风光时就会把他写成富可敌国，谁落魄时也会把他贬得一文不值。

至于他的"破产"和最后选择自杀，是不是说明他的投资方法是失败的呢？非也。项羽兵败自刎，你能说项羽的武功都是浮云吗？韩信最后被人所杀，你能说韩信的兵法是不堪一击吗？关羽被马宗所擒，你能说纵横一生的关羽武功不高吗？这样例子太多了，我们不能根据人最终的结局来直接否定或者肯定一个人，我们要具体地分析其功过是非。

李费佛破产的原因很多，也是众说纷纭，很多人其实在给他做辩护，比如说仓位太重成为市场上的目标，比如说他经历太多感情纠纷没有静下心来处理股票，比如说他遭到黑社会的威胁并扬言要枪杀他影响到了他的操作，甚至说李费佛的抑郁症影响了他的投资。当然这些也是原因，但是根本原因不是这个，我认为李费佛破产的根本原因是他后来不可一世，违背了他自己发现的股市铁律。我读《股票大作回忆录》经常发现这样一幕：李费佛再次破产了、李费佛又输个精光、李费佛再次被驱逐出市场。李费佛破产过 N 次，这说明什么？这说明李费佛不知不觉地喜欢重仓去"赌"，而且还不止损，一旦输了就输个精光。这道出了李费佛生命中的一个极端致命的交易恶习：喜欢押注全部（《股票作手回忆录》的很多描述都表明他一直有保持超大仓位赌注的风格），喜欢杠杆交易，喜欢扛到底。也就是说，李费佛自己发明的资金管理和及时止损，他自己都没有遵守，只要他严格遵守其中之一，他也不会经常破产。这是典型的执行型风险，李费佛连他自己都没有跳出自己发现的陷阱。我们不能因为崇拜李费佛就为他护短，这点确实是他致命的硬伤，我猜测也正是这点导致了他从 1929 年赚到 1 亿美元后依然在后来的操作中破产。不得不说，李费佛在这个问题上远不如后来的巴菲特和索罗斯，我们喜欢悲剧英雄，李费佛的巨大失败让我们觉得他更传奇更具有英雄的悲壮，其实巴菲特和索罗斯的做法才更值得学习。1987 年，索罗斯曾在道琼斯一天暴跌 22% 的情况下及时止损认错，巴菲特也在 2007 年次贷危机后也坦然地承认错误，果断地在康菲石油上止损，更可贵的是，巴菲特、索罗斯从来都不把全部身家赌注在一次交易和一个股票上，他们都告诫我们，永远给自己留后路，永远留好东山再起的本钱。

当然，李费佛晚年破产表面的原因是资金管理和止损没有做好，但其本质上的原因估计是李费佛晚年太狂妄太目空一切了。他在几乎所有人都暴亏的 1929 年股市大灾难中石破天惊地赚了 1 亿美元，他认为他已经无所不能，甚至超越所谓股市的铁律，可以摆脱任何束缚，可以为所欲为了，已经有了可以蔑视逆势交易、重仓交易和不止损的资本了，就像有些车技很好的人狂傲地说，我完全可以闭着眼睛开车了，恰恰在这时，他中招了。这是我对李费佛晚年破产的猜测，这种破产不但不能否认李费佛所发明的投资哲学和投资方法，恰恰以反证法的方式证明了他投资方法的有效性，连他自己都不能违背。这就像商鞅之死、韩非之死，他们的死不但不会否认法家治国思想的有效性，反而死亡更能证明法家理论的强大威力和无所不能。李费佛只不过是投资界的商鞅、韩非而已。

9.6　本章回顾与总结

本章是补遗之作，其实再补也不能穷尽我的想法，那我就挑选我认为比较重要的内容来阐述以飨读者。这些内容是止损、资金管理、抢反弹、如何读书，以及对一些投资大师的看法。其实这些内容可以单独成章详细分析的，但限于书籍的篇幅我就只能点到为止了，希望大家能够根据自己的投资实践来深挖掘吧。

9

拾遗篇：投资心得

参考文献 ▶▶▶▶▶▶▶▶

[1] 白青山.民间股神（第三集）[M].上海：上海人民出版社，2007.

[2] 史蒂夫·尼森.日本蜡烛图技术——古老东方投资术的现代指南[M].北京：地震出版社，1998.

[3] 约翰·墨菲.期货市场技术分析[M].北京：地震出版社，1994.

[4] 埃德温·拉斐尔.股票作手回忆录[M].上海：上海财经大学出版社，2006.

[5] 青泽.十年一梦[M].北京：企业管理出版社，2006.

[6] 奥利佛·瓦莱士，格雷格·卡普拉：短线交易大师——工具和策略[M].北京：地震出版社，2004.

[7] 范·撒普.通向财务自由之路[M].北京：机械工业出版社，2009.

[8] 江恩.江恩华尔街45年[M].北京：机械工业出版社，2009.

[9] 柯蒂斯·费斯.海归交易法则[M].北京：中信出版社，2007.

[10]马博.从亏损到赢利——股票、期货、外汇实战总结[M].北京：企业管理出版社，2008.

[11]孙惟微.赌客信条：你不可不知的行为经济学[M].北京：电子工业出版社，2010.

[12]投资家1973.金融交易学——一个专业投资者的至深感悟[M].上海：上海财经大学出版社，2010.

[13]劳剑勇.交易的三根木头[M].北京：九州出版社，2009.

[14]唐伯志.魔山理论[M].北京：中国三峡出版社，2008.

[15]王毅.道破天机：解读股票指数黄金期货市场投资制胜的策略[M].广州：广州出版社，2008.

[16]威廉·彼得·汉密尔顿.股市晴雨表[M].海口：海南出版社，1999.

[17]索罗斯.金融炼金术[M].海口：海南出版社，1999.

[18]梁恒.与索罗斯一起走过的日子[M].广州：广东经济出版社，2012.

[19]郭飞舟.乔治·索罗斯金融投资思想研究[D].上海：复旦大学，2005.

[20]张弘林.西方股票投资思想的演变与当代中国股市研究[D].上海：复旦大学，2006.

[21]彭道富.中国医药行业上市公司投资价值展望[D].四川：四川大学，2012.

[22]李兵.中华兵书宝典[M].北京：京华出版社，2006.

[23]姜国柱.中国军事思想简史[M].北京：新世界出版社，2006.

[24]杰西·利佛莫尔.世界上最伟大的交易商——股票作手杰西·利佛莫尔操盘秘诀[M].北京：地震出版社，2007.

[25]李进军.大牛股，谁活着谁看得见——私募高手Y先生领导者法则[M].广州：南方日报出版社，2008.

[26]百度百科，http://baike.baidu.com/view/24364.htm

参考文献